中国科学院规划教材

新编经济法教程

（修订版）

王宾容　范小华　张　颖　编著

科学出版社

北 京

内 容 简 介

本教材紧跟立法和司法实践，反映法律和法学发展的最新动向。在内容设置上，本教材将与经济生活的联系最为密切的法律如合同法、公司法、商标法和专利法的变化为重点，将作者近年来从事的科研工作和法律实践工作为基础，对教材内容进行了更新和充实。本教材在进行必要的理论阐释的基础上，更强调教材的实践应用。

本书可作为国际经济与贸易、金融工程、会计、工商管理、信息管理与信息系统专业的本科生及研究生教材使用，也可供对法律感兴趣的相关人士参考、阅读。

图书在版编目(CIP)数据

新编经济法教程/王宾容，范小华，张颖编著.—修订本.—北京:科学出版社,2008

ISBN 978-7-03-020995-5

Ⅰ.新… Ⅱ.①王…②范…③张… Ⅲ.经济法-中国-高等学校-教材
Ⅳ.D922.29

中国版本图书馆 CIP 数据核字(2008)第 012286 号

责任编辑:王剑虹 李俊峰/责任校对:陈玉凤
责任印制:徐晓晨/封面设计:无极书装

斜 学 出 版 社 出版
北京东黄城根北街 16 号
邮政编码:100717
http://www.sciencep.com

北京九州迅驰传媒文化有限公司 印刷
科学出版社发行 各地新华书店经销

*

2008 年 2 月第 一 版 开本:B5(700×1000)
2018 年 9 月第十三次印刷 印张:27 1/2
字数:511 000

定价:**68.00元**
(如有印装质量问题,我社负责调换)

作 者 简 介

　　王宾容，北京科技大学经济管理学院教授，执业律师。1988 年毕业于中国人民大学法律系，获法学硕士学位。主要研究方向为商法、经济法。自 1994 年调入北京科技大学经济管理学院任教以来，为专科、本科、硕士研究生和 MBA 学生主讲了国际商法、经济法、企业法律实务等课程，指导硕士研究生多名。作为主要负责人主持、参与了数项国家级、部委级的科研项目，并发表论文多篇。主编了《经济法教程》、《企业经营管理中的法律风险及防范》等教材和著作。

　　范小华，北京科技大学经济管理学院讲师，执业律师，中国注册会计师非执业会员。主要研究方向为经济法。1996 年毕业于中央财经大学，获经济学学士学位；1999 年毕业于中国政法大学，获法律硕士学位。自 1999 年到北京科技大学经济管理学院任教以来，为本科生、研究生主讲经济法、国际商法等课程，参与数项国家级科研项目，发表论文多篇。参与编写《经济法教程》、《电子商务法律规范》等教材和著作。

　　张颖，北京科技大学经济管理学院副教授，1987 年获法学学士学位；1999年毕业于北京大学法学院，获法律硕士学位。主要研究方向为经济法。为本科学生、硕士研究生、MBA 学生等开设了法学概论、经济法、经济法专题、知识产权等课程，指导硕士研究生多名，发表论文多篇。参与编写了《经济法教程》等教材。

作 者 序

秋天是收获的季节。在金色的秋天里，我们收获了这本沉甸甸的《新编经济法教程》。

本书是在编者编著的《经济法教程》基础上修订完成的。《经济法教程》第一版于 2001 年 7 月出版，第二版于 2004 年 3 月出版。该书出版后得到了使用者的肯定，很多学校选用其作为经济法课程的教材。为适应社会经济发展的需要，近年来，国家出台了许多新的法律，并对已有法律进一步修改完善。立法工作上的成就有目共睹，法制建设有了突飞猛进的发展，原《经济法教程》已经无法满足变化了的法律和现实的需要，再次修订成为必然。

本次修订坚持了实用性、实践性、灵活性的原则，不拘泥于经济法学科的划分，从实际需要出发进行体例安排，以便能够更充分地发挥使用者的主观能动性和聪明才智，更加突出本书的实践性。

本书的三位作者多年从事经济法教学、研究和法律实践工作，有感于这样一种现象：人们往往在出现纠纷的时候才想到法律。是的，法律具有决之于已然的功能，但是，法律更具有防患于未然的作用。如果人们在进行经济活动时，有较强的法律意识，能够充分考虑到法律的相关规定，许多纠纷是完全可以避免的。切记"有备未必无患，无备必有大患"。

本书第 1 章、第 2 章、第 5 章、第 6~9 章由王宾容撰写；第 3 章、第 4 章、第 10 章、第 12 章由范小华撰写；第 11 章由张颖撰写；第 13~15 章由王宾容、张颖撰写。王宾容、范小华对本书作最后的修改、定稿。本书具有广泛的适用性，可供 MBA、MPA 和经济管理专业研究生、本科生等非法律专业的经济法课程教学之用，也可作为法学爱好者和各类经济法课程培训之用。

在本书的编撰过程中，北京科技大学经济管理学院的领导给了极大的支持与帮助，在此表示感谢！尤其要感谢戴淑芬教授，她的辛劳为本次修订奠定了基础，有了她的鞭策与鼓励，才有了这本《新编经济法教程》。

真诚地希望本书能为读者提供切实的法律帮助，希望每个人都能知法、守法，充分运用法律赋予的权利，在市场经济的大潮中施展自己的才能。

由于笔者水平有限，本书不完善之处在所难免，欢迎广大读者指正。

编 者

2007 年 10 月 30 日

目　　录

第1章 绪 论

课程要求：通过本章的学习，掌握法的概念与特征、经济法的概念与作用、经济法律关系的概念及构成要素等经济法的基本问题，对经济法的基本问题有初步的了解，为经济法的进一步学习奠定基础。

1.1 概 述

1.1.1 法的概念和特征

1.1.1.1 法的概念

"法是什么"，"什么是法"，这是自法律、法学诞生以来无数法学家努力解决的问题。不同的时代，不同的法学流派对"什么是法"给予了不同的解释。在我国古代，法写作"灋"，《说文解字》中称，"法，刑也。平之如水，从水；所以触不直者去之，从去。""廌"，"兽也，似山牛一角，古者决讼，令触不直，象形从豸"。"律"，《说文解字》则解释为，"律，均布也"，均布是古代调音律的工具。从法的古体写法，我们可以看出古代人们认为法应体现公平正义，应该人人遵守的朴素意思。

马克思主义对什么是"法"，做了科学的阐释：法是由国家制定或认可，并由国家的强制力保证实施的，反映着统治阶级意志的规范体系，这一意志的内容是由统治阶级的物质生活条件所决定的。它通过规定人们在社会关系中的权利和义务，确认、保护和发展有利于统治阶级的社会关系和社会秩序。

1.1.1.2 法的基本特征

从法的概念，我们可以清晰地看出，法具有以下基本特征：

（1）法是由国家制定或认可才得以形成的，即法具有国家意志的属性。所谓制定，就是指有权制定法律的国家机关在其权限范围内，按一定的法定程序创制不同的规范性文件。而认可则是指有权的国家机关将社会上已经存在着的、有利于统治阶级的行为规范赋予一定的法律效力。制定和认可是国家创制法律的两种形式，国家意志的属性是法律不同于其他社会规范所独有的特征。

（2）法凭借国家强制力的保证而获得普遍遵行的效力，即法具有国家强制性。法是由国家强制力保证实施的，如果没有相应的军队、警察、法庭、监狱等国家暴力机关即国家强制力的保障，法在全社会范围内得到实施就将成为一句空话。

（3）法律规范具有高度的规范性、概括性和普遍性。所谓规范性，是指法律规定人们可以怎样行为，应该怎样行为或不应该怎样行为，对何种行为予以保护，对何种行为予以制裁等，从而为人们的行为规定出一个模式。法的概括性是指法的对象是抽象的、一般的，并非指特定的具体的人，在同样的条件下可反复适用。法的普遍性则是指在国家权力管辖和法所界定的范围之内，法具有普遍的约束力，任何人的违法行为都将受到法律的制裁。

（4）法以权利和义务为其主要内容，它通过规定社会关系参与者的权利和义务来确认、保护和发展有利于统治阶级的社会关系和社会秩序。法不仅仅规定人们的义务，更规定人们在现实生活中应享有的权利，法应该体现权利和义务的统一。

（5）法的内容是由一定的物质生活条件决定的。不同的物质生活条件会产生不同的内容的法。因此，评价某一法律，必须与它赖以生存的物质生活条件相联系，单纯的法律条文间的比较是片面的、不科学的。

1.1.2　经济法的概念和调整对象

自经济法这一概念进入我国，我国的法学界便对经济法的概念和调整对象问题进行了广泛而深入的探讨，其热烈程度令人瞩目。各方人士众说纷纭，称经济法不是一个独立的法学部门的人有之，称经济法是一个独立的法学部门的人有之……本章对经济法的概念和调整对象的描述，参考借鉴了经济法学界的主流观点。

1.1.2.1　经济法的概念

经济法是调整国家协调经济运行过程中发生的经济关系的法律规范的总称。这表明：经济法是有特定调整对象的法律规范的总称；经济法属于法的范畴，与其他法的部门存在着普遍联系。经济法的特定调整对象是国家协调经济运行过程中发生的经济关系，这表明经济法与其他法的部门如与调整行政隶属关系的行政法、调整平等民事主体之间财产关系和人身关系的民法、调整商事交易关系的商法等有根本性的区别。

1.1.2.2　经济法的调整对象

明确经济法的调整对象的特殊性，是区别经济法与其他法的部门的关键所在。经济法的调整对象是经济关系，但并不是一切经济关系，而是国家协调经济运行过程中发生的经济关系。其内容具体包括下列几个方面。

1. 企业组织管理关系及其法律调整

企业组织管理关系，是指在企业设立、变更、终止和企业内部管理过程中发生的经济关系。在市场经济条件下，企业是最主要的市场经济主体，国家为了协调经济的运行，对企业的设立、变更和终止，企业内部机构的设置及其职权，企业的财务、会计管理等，进行必要的干预。

2. 市场管理关系及其法律调整

在市场管理过程中发生的经济关系，简称为市场管理关系。要实行社会主义市场经济，必须建立统一、开放的市场体系。为维护正常的市场经济秩序，使市场经济有序发展，克服垄断和不正当竞争等现象，需要国家干预市场管理关系。

3. 宏观经济调控关系及其法律调整

实行市场经济，必须建立以间接手段为主的宏观调控体系；这对弥补市场调节的缺陷，优化资源配置，具有重要意义。所谓宏观调控，是指国家为了实现经济总量的基本平衡，促进经济结构的优化，引导国民经济持续、快速、健康发展，对国民经济总体活动进行的调节和控制。在以间接手段为主的宏观调控过程中发生的经济关系，简称宏观经济调控关系。

4. 市场经济保障关系及其法律调整

在对作为劳动力资源的劳动者进行社会保障过程中发生的经济关系，简称市场经济保障关系。通过国家的干预，建立强制实施、互济互助、社会化管理的社会保障制度，有助于充分开发和合理利用劳动力资源，保障劳动者的基本生活权利，维护社会稳定，促进经济发展。

1.1.3　经济法的产生和发展

法是随着私有制、阶级、国家的出现而出现的。法的发展经历了从以《汉谟拉比法典》、《摩奴法典》、《十二铜表法》、《查士丁尼法典》为代表的奴隶制法到封建制法、资本主义法再到全新的社会主义法的历史过程。

需要指出的是，各个部门法并不是同时产生的，如宪法是随着资产阶级革命的成功而诞生的，而经济法则是 19 世纪末 20 世纪初的产物。

经济法是在资本主义经济由自由竞争走向垄断时产生的，是国家权力干预社会经济生活的产物。一般认为，资本主义经济法产生于 19 世纪末 20 世纪初。"经济法"一词，最早出现在法国空想社会主义者摩莱里 1755 年出版的《自然法典》一书中。1771 年法国学者尼古拉·波多在《经济哲学导论或文明国家分析》

一书中首次使用了"经济立法"一词。1842 年，法国空想社会主义者德萨米在他的《公有法典》一书中用专章阐述了经济法。1906 年，德国学者莱特在《世界经济年鉴》上正式使用了经济法这一提法。

19 世纪末 20 世纪初，欧洲资本主义商品经济有了高度发展，自由竞争的资本主义进入了垄断阶段，传统的民法已经无法解决经济生活中出现的矛盾。1914 年第一次世界大战爆发，德国作为这场战争的发动者，需要大量的财力和物力，于是加强了国民经济的战时管理，采用立法手段干预国内商品经济活动，颁布了一系列经济法律、法令。如 1915 年的《关于限制契约的最高价格的通知》，1916 年的《确保战时国民粮食措施令》。人们将这些法律称为"战时经济立法"。第一次世界大战后，德国为挽救危机和振兴经济，大力加强经济立法，先后制定了《煤炭经济法》、《钾素经济法》、《防止滥用经济权力的命令》等法律、法规。这些法律，突破了传统的私法理论，国家运用立法手段直接干预经济生活。这一现象引起了法学家的关注，德国的法学家把这些经济法规正式称为经济法，列为法学研究的对象。1916 年，德国法学家海德曼在《经济学字典》一书中使用了经济法的概念，认为经济法是经济规律在法律上的反映。1922～1924 年德国出版了很多以经济法为题的学术著作。所以，人们一般认为经济法起源于德国，并将德国称为"经济法母国"。

美国虽然没有明确使用经济法这一概念，却是最早制定反垄断法的国家之一。1890 年，美国国会制定了《谢尔曼反托拉斯法令》，经过几十年的运用、解释，对规范"反托拉斯"案件发挥了较大的作用。为了补充这个法令的各项规定，1914 年又制定了《联邦贸易委员会法令》和《克莱顿法令》，以后虽经多次修改，但其内容都是制止大公司垄断，发展自由竞争。此外，美国还颁布了调整农业、税收、银行等方面的法规，并特别重视对内对外经济和贸易关系方面的合同法律制度。

日本是运用经济法管理商品经济非常成功的国家。第二次大战后，日本为了迅速恢复和发展国民经济，在引进外国科学技术的同时，加速进行经济立法，制定了一系列经济法规。1947 年颁布的《关于禁止私自垄断和确保公正交易法》，就是其中一项极为重要的经济法规，并成为日本经济立法的核心。

我国经济在历史上有相当长的一段时期属于闭关自守的自然经济，商品经济不发达，人们的商品意识比较淡薄。中华人民共和国成立后，由于长期受产品经济观念的影响，对经济法的重要性认识不足，经济立法工作进展较迟缓。

改革开放以后，随着我国市场经济的建立和逐步完善，经济法的立法工作有了突飞猛进地发展。可以说，我国实行市场经济的过程，就是加强经济立法的过程。目前，我国在企业法、市场运行法、宏观调控法等各个方面的立法，都已形成体系，无法可依的状况已得到根本的改善。

加入 WTO 给我们提供了一个完善和发展我国社会主义市场经济法制的良好契机，也使经济法的发展面临一个繁荣的新阶段。WTO 是一个以市场为走向的、提倡贸易自由化的国际组织，是世界唯一处理国与国之间贸易关系的国际组织，其工作的目标是消除关税及非关税壁垒，通过对政府权力的限制来鼓励国际贸易的自由化。WTO 的基本法律框架正是反映了这一价值趋向。WTO 给我们提供的法律框架和我们改革开放的方向相一致，我们要适应这种法律环境，获取这种法律环境所带来的利益，构建一个与我们的国际承诺相一致的经济法体系，以此促进我国的改革开放，加强我国的竞争实力。

1.2　经济法的地位和作用

1.2.1　经济法的地位

1.2.1.1　经济法的地位的概念

经济法的地位是指经济法在法的体系中的地位。就像有些学者指出的那样，20 世纪以来迅速风靡全球的经济法，既是一门新兴的法律部门和法律学科，也是一种与现代市场经济相伴而生，如影随形的现代法律思潮。当代世界各国的政党、政府，以及政治、经济和法律界的理论家和实务工作者，不论是否承认经济法，甚至不论是否意识到经济法的存在，他们事实上都从不同角度、在不同程度上按照经济法的思想，观察和处理着法律对经济的关系。总而言之，在法的体系中，经济法是一个独立的法的部门，在社会经济生活中，发挥着巨大作用。

1.2.1.2　经济法与其他部门法的关系

从某种意义上说，与经济法联系最为密切的法律是民法与行政法。

民法调整的是平等民事主体间的法律关系，包括财产关系和人身关系。民法的许多概念、制度都对经济法产生极为重要的影响。但是二者有很多不同。民法主要关注当事人权利的实现，而经济法则更多关注公共利益；在调整手段上，民法采用的是平等协商的方法，而经济法采用的是隶属命令与平等协商相结合的方法调整经济法律关系；经济法通过行政干预、司法救济、惩罚还有奖励等手段保证其实施，而民法则不采用奖励手段。

与行政法调整以隶属关系为特征的行政管理关系不同，经济法所调整的经济关系具有纵向和横向交错的特征，虽然经济法使用行政手段调整经济法律关系，但该行政手段具有辅助性特点，并且以实现经济利益为目的，与行政行为形成明显对比。

1.2.2　经济法的作用

我国的经济法，作为一个重要的法律部门，在保障和促进以经济建设为中心的社会主义建设中发挥着巨大作用。

1.2.2.1　确保社会主义方向，促进以公有制为主体的多种所有制经济的发展

国有经济，即社会主义全民所有制经济，是国民经济中的主导力量。国家保障国有经济的巩固和发展。为此，国家制定和颁布了《中华人民共和国全民所有制工业企业法》（以下简称《全民所有制工业企业法》）、《全民所有制工业企业转换经营机制条例》等一系列有关国有经济的法律、法规，这对提高企业经济效益，促进国有经济的发展，起到了重要作用。

在加强国有经济的同时，我国对其他经济形式也予以充分的法律调整。为此，国家颁布了《中华人民共和国乡村集体所有制企业条例》、《中华人民共和国城镇集体所有制企业条例》、《中华人民共和国私营企业暂行条例》。国家还颁布了《中华人民共和国中外合资经营企业法》（以下简称《中外合资经营企业法》）、《中华人民共和国中外合作经营企业法》（以下简称《中外合作经营企业法》）、《中华人民共和国外商独资企业法》及相应的实施条例。

为建立起与市场经济相适应的现代企业制度，国家制定和颁布了《中华人民共和国公司法》（以下简称《公司法》）、《中华人民共和国合伙企业法》（以下简称《合伙企业法》）、《中华人民共和国个人独资企业法》（以下简称《个人独资企业法》）等法律，为现代企业制度的建立和巩固，提供了法律依据。

1.2.2.2　保障经济体制改革的顺利进行，促进市场经济的发展

经济法对于保障经济体制改革的顺利进行发挥着巨大作用。国家把经济体制改革中一些行之有效的政策、方针和措施，及时以法律的形式固定下来，以保障经济体制改革的顺利进行，保障市场经济的发展。

1.2.2.3　扩大对外经济技术交流和合作

中国的市场是世界市场的一个组成部分。进行社会主义市场经济建设，必须树立全球观念。在当代，国际经济技术交流十分密切，任何一个国家的经济技术都不能孤立地发展。为了扩大对外经济技术交流和合作，我国先后在对外贸易、涉外投资、涉外税收、涉外金融等方面制定了大量的法律、法规。这为保障开放政策的实行和发展国际经济合作，提供了良好的法律环境和基础。加入 WTO 后我国将承担起一系列的国际义务，这为我国对外经济技术交流与合作提供了良好的契机。我国的对外经济技术合作与交流必将进入一个新的历史时期。

1.2.2.4 保障国民经济持续、快速、健康、稳定发展

市场调节具有其内在的局限性，国家通过立法，加强和改善宏观调控，可以弥补市场调节的局限性，有效解决市场调节不能解决或解决不好的问题，对市场主体行为的规范化、市场经济的秩序正常化、提高资源配置效益起到重大作用，从而保障国民经济持续、快速、健康、稳定发展，奠定法律基础。

1.3 经济法的渊源

1.3.1 经济法渊源的概念

法律渊源又称法律形式，是指法的各种具体表现形式。我国社会主义法的渊源是指我国最高国家权力机关及其他有权机关制定的各种规范文件所表现的不同形式。经济法的渊源是指经济法的表现形式。经济法是我国法的组成部分，所以经济法的渊源与我国法的渊源是一致的。

1.3.2 经济法的渊源的种类

根据我国宪法和立法法，我国经济法的渊源有以下几种。

1.3.2.1 宪法

宪法是我国的根本大法，是我国法律最主要、最高的渊源，具有最高法律效力。我国《中华人民共和国立法法》（以下简称《立法法》）和《中华人民共和国宪法》（以下简称《宪法》）都明确规定，宪法具有最高的法律效力，一切法律、行政法规、地方性法规、自治条例和单行条例、规章都不得同宪法相抵触。

1.3.2.2 法律

这里所称的法律是狭义的法律，是指由国家最高权力机关全国人民代表大会及其常务委员会制定、颁布的规范性文件的总称，包括全国人大及其常委会作出的具有规范性的决议、决定等，如《中华人民共和国合同法》、《中华人民共和国证券法》等。法律的效力和地位仅次于宪法，高于行政法规、地方性法规和规章。

我国宪法规定，全国人民代表大会和全国人民代表大会常务委员会行使国家立法权。《立法法》规定，全国人民代表大会制定和修改刑事、民事、国家机构的和其他的基本法律。全国人民代表大会常务委员会制定和修改除应当由全国人民代表大会制定的法律以外的其他法律；在全国人民代表大会闭会期间，对全国人民代表大会制定的法律进行部分补充和修改，但是不得同该法律的基本原则相

抵触。《立法法》还规定，对非国有财产的征收，民事基本制度，基本经济制度以及财政、税收、海关、金融和外贸的基本制度等只能制定法律。只能制定法律的事项尚未制定法律的，全国人民代表大会及其常务委员会有权作出决定，授权国务院可以根据实际需要，对其中的部分事项先制定行政法规。

1.3.2.3　行政法规

行政法规是国家最高行政机关——国务院依据宪法和法律制定的有关国家行政管理活动的规范性文件，包括决议、决定、指示、命令、条例、章程等，如《中华人民共和国公司登记管理条例》、《计算机软件保护条例》等。行政法规的法律地位和效力低于宪法和法律，高于地方性法规和规章，行政法规不得与宪法和法律相抵触。《立法法》规定：国务院可以就为执行法律的规定需要对行政法规的事项和国务院行政管理职权的事项制定行政法规。

1.3.2.4　地方性法规、民族自治地方的自治条例和单行条例

我国地域辽阔，各地区经济发展状况相对不平衡，地方法规、民族自治地方的自治条例和单行条例等的制定机构可以依照本地区的情况，制定符合本地区经济发展要求的法规。因此，地方性法规、民族自治地方的自治条例和单行条例等在地方经济发展中具有重要地位。

《立法法》规定："省、自治区、直辖市的人民代表大会及其常务委员会根据本行政区域的具体情况和实际需要，在不同宪法、法律、行政法规相抵触的前提下，可以制定地方性法规。""较大的市的人民代表大会及其常务委员会根据本市的具体情况和实际需要，在不同宪法、法律、行政法规和本省、自治区的地方性法规相抵触的前提下，可以制定地方性法规，报省、自治区的人民代表大会常务委员会批准后施行。省、自治区的人民代表大会常务委员会对报请批准的地方性法规，应当对其合法性进行审查，同宪法、法律、行政法规和本省、自治区的地方性法规不抵触的，应当在四个月内予以批准。""较大的市是指省、自治区的人民政府所在地的市，经济特区所在地的市和经国务院批准的较大的市。"

"地方性法规可以就下列事项作出规定：（一）为执行法律、行政法规的规定，需要根据本行政区域的实际情况作具体规定的事项；（二）属于地方性事务需要制定地方性法规的事项。"除上述事项外，"其他事项国家尚未制定法律或者行政法规的，省、自治区、直辖市和较大的市根据本地方的具体情况和实际需要，可以先制定地方性法规。在国家制定的法律或者行政法规生效后，地方性法规同法律或者行政法规相抵触的规定无效，制定机关应当及时予以修改或者废止。"

"经济特区所在地的省、市的人民代表大会及其常务委员会根据全国人民代

表大会的授权决定，制定法规，在经济特区范围内实施。"

地方性法规的效力高于本级和下级地方政府规章，不得同宪法、法律、行政法规相抵触。

"民族自治地方的人民代表大会有权依照当地民族的政治、经济和文化的特点，制定自治条例和单行条例。自治区的自治条例和单行条例，报全国人民代表大会常务委员会批准后生效。自治州、自治县的自治条例和单行条例，报省、自治区、直辖市的人民代表大会常务委员会批准后生效。""自治条例和单行条例可以依照当地民族的特点，对法律和行政法规的规定作出变通规定，但不得违背法律或者行政法规的基本原则，不得对宪法和民族区域自治法的规定以及其他有关法律、行政法规专门就民族自治地方所作的规定作出变通规定。"

自治条例和单行条例依法对法律、行政法规、地方性法规作变通规定的，在该自治地方适用自治条例和单行条例的规定。经济特区法规根据授权对法律、行政法规、地方性法规作变通规定的，在该经济特区适用经济特区法规的规定。

1.3.2.5　规章

规章可以分为国务院各部委的部门规章和地方性规章。我国颁布了大量规章以调整我国的经济生活。

《立法法》规定："国务院各部、委员会、中国人民银行、审计署和具有行政管理职能的直属机构，可以根据法律和国务院的行政法规、决定、命令，在本部门的权限范围内，制定规章。"规章的制定与法律行政法规相比，具有较大的灵活性，因此，规章的法律效力等级虽然不高，但是在调整国家经济生活领域具有重要地位，部门规章规定的事项应当属于执行法律或者国务院的行政法规、决定、命令的事项。《立法法》规定：涉及两个以上国务院部门职权范围的事项，应当提请国务院制定行政法规或者由国务院有关部门联合制定规章。

《立法法》规定地方政府规章可以就为执行法律、行政法规、地方性法规的规定需要制定规章的事项，属于本行政区域的具体行政管理事项制定政府规章。《立法法》规定：省、自治区、直辖市和较大的市的人民政府，可以根据法律、行政法规和本省、自治区、直辖市的地方性法规，制定规章。

关于规章的效力问题，《立法法》规定，部门规章之间、部门规章与地方政府规章之间具有同等效力，在各自的权限范围内施行。同一机关制定的法律、行政法规、地方性法规、自治条例和单行条例、规章，特别规定与一般规定不一致的，适用特别规定；新的规定与旧的规定不一致的，适用新的规定。

1.3.2.6　特别行政区的法律

特别行政区的法律包括全国人大制定的有关特别行政区基本法，以及由特别行政区的有关立法机关以基本法为依据制定的各种具有规范性的法律文件。

1.4　经济法律关系

1.4.1　经济法律关系的概念

经济法律关系是指在国家协调经济运行过程中根据经济法的规定发生的权利和义务关系。

经济关系是一种社会关系，是与人类社会共始终的一类最基本、最重要的社会关系，它是在一定生产方式基础上产生的生产、交换、分配和消费关系的总和。

经济关系是经济法律关系产生的前提和存在的基础。国家根据客观需要，将客观上已经发生和存在的那些重要经济关系，通过自己制定的法律予以调整，使之具有法律的形式，获得国家强制力的保护。这种上升为国家意志的具有权利义务内容的经济关系，就是经济法律关系。

1.4.2　经济法律关系的构成要素

经济法律关系的构成要素，是指构成经济法律关系的不可缺少的组成部分。

经济法律关系由经济法律关系主体、经济法律关系内容、经济法律关系客体等三要素构成。

1.4.2.1　经济法律关系主体

经济法律关系主体是指经济法律关系的参加者或者当事人。

经济法律关系主体的范围是由经济法调整对象的范围决定的。在我国，经济法律关系主体包括国家机关、法人、非法人组织、企业内部组织、自然人等。

法人是具有民事权利能力和民事行为能力，依法独立享有民事权利和承担民事义务的组织。在法人中，企业法人的市场经济意义更为重要。企业是经济法律关系主体中最主要的构成要素，企业法人的活动、积极性的发挥及经济效益的好坏，直接关系到我国市场经济建设的成败。作为现代企业制度的核心，即现代企业的最普遍、最基本的形式的公司，在市场经济中的主体地位更加突出。公司制度是社会化大生产的产物，是与生产力的高度发展紧密联系的。因此，了解经济法律关系，不了解公司制度是不可能的。

非法人组织是指依法设立的不具有法人资格的组织，如依照《合伙企业法》设立的合伙企业、依照《个人独资企业法》设立的个人独资企业等。法律赋予非法人组织经济法律关系主体地位，既可以满足市场经济多层次发展的需要，也为这类组织参与经济生活提供了方便条件和法律保障。

1.4.2.2 经济法律关系的内容

经济法律关系的内容，是指经济法律关系主体享有的经济权利和承担的经济义务。

1. 经济权利

所谓经济权利，是指经济法律关系主体在国家协调经济运行过程中，依法具有的自己为或不为一定行为和要求他人为或不为一定行为的资格。

不同的经济法律关系主体享有的经济权利是不同的，具体有以下四方面：

第一，经济职权。国家机关行使经济管理职能时依法享有的权利称之为经济职权。经济职权的产生是基于国家授权或法律规定。国家机关行使经济职权既是其权利，也是其义务。经济职权包括决策权、资源配置权、指挥权、调节权、监督权和其他经济职权。

第二，财产所有权。财产所有权是所有人依法对财产享有的占有、使用、收益和处分的权利。

第三，经营管理权。经营管理权是指企业进行生产经营活动时依法享有的权利。

经营管理权包括产、供、销、人、财、物等各方面，是经济法律关系主体，特别是法人自主经营所必需的。

第四，请求权。请求权是指经济法律关系主体的合法权益受到侵犯时依法享有要求侵权人停止侵权行为和要求国家机关保护其合法权益的权利。

2. 经济义务

经济法律关系主体的经济义务包括守法，履行经济管理职责，全面履行合同义务，完成国家指定性计划，依法纳税，不得侵犯其他经济法律关系主体的合法权益等。

1.4.2.3 经济法律关系客体

经济法律关系的客体，是指经济法律关系的主体享有的经济权利和承担的经济义务所共同指向的事物。

经济法律关系的客体包括经济行为、物、货币和有价证券、智力成果。

经济行为是指经济法律关系主体为达到一定经济目的所进行的经济活动。包括经济管理行为、完成工作的行为和提供劳务的行为。

物是指可以为人们控制和支配的、有一定经济价值的、以物质形式表现出来的物体。对于作为经济法律关系客体的物，根据不同的标准可做不同的划分，如动产和不动产，种类物和特定物，流通物、限制流通物和禁止流通物，可分物和不可分物，主物和从物，原物和孳息等。

不动产是指不能移动或移动会损害其用途或价值的物。我国担保法对不动产的规定为："本法所称不动产是指土地以及房屋林木及其地上附着物。"而动产是指能够移动而不损害其价值或用途的物。

种类物是指具有共同属性，可以以品种、规格和度量衡加以计算的物，具有可替代性；特定物是指具有特定属性，不能以其他物代替的物。

流通物是指法律允许在民事主体间自由流通的物；限制流通物是指在流通过程中受到法律和行政法规限制的物；禁止流通物是指法律和行政法规禁止流通的物。

可以进行实物分割而不影响其价值和使用价值的物是可分物；分割后，物丧失了原使用价值、降低价值的物是不可分物。

以物与物之间是否具有从属关系，可将物分为主物与从物。两种以上的物互相配合、按一定的经济目的组合在一起时，起主要作用的物是主物；配合主物的使用而起配合作用的物是从物。

原物是指原本存在的物，孳息是原物产生的收益。孳息又可分为法定孳息和自然孳息。

货币是充当一般等价物的特殊商品。在生产流通过程中，货币是以价值形式表现的资金。

有价证券是指具有一定票面金额、代表某种财产权的凭证。股票、债券、汇票、支票、本票等都是有价证券。

智力成果是人们智力劳动创造的非物质财富。主要包括专利、商标、专有技术等。随着科学技术的发展，知识经济的概念深入人心，智力成果也越来越引起人们的广泛关注。

1.4.3　经济法律关系的产生、变更和终止

经济法律关系的产生，是指在经济法律关系主体之间形成一定的经济权利和经济义务关系。

经济法律关系的变更，是指经济法律关系主体、内容、客体的变化。

经济法律关系的终止，是指经济法律关系主体之间的经济权利和经济义务关系的消失。

经济法律关系产生、变更和终止，都是基于一定的法律事实。所谓法律事实，是指能够引起经济法律关系产生、变更和终止的情况。法律事实可分为法律行为和法律事件。

法律行为，是指能够引起经济法律关系产生、变更和终止的人们有意识的活

动。法律行为又分为合法行为和违法行为。法律事件，是指能够引起经济法律关系产生、变更和终止的，不以人们的意志为转移的客观事实，如自然灾害、战争等。

思　考　题

1. 什么是法，法有哪些基本特征？
2. 什么是经济法？简述经济法的作用。
3. 简述经济法的渊源。
4. 什么是经济法律关系？简述经济法律关系三要素。

第2章　企业法律制度

课程要求：通过本章的学习，掌握我国法人制度和企业法的基本制度；掌握法人、企业法人、个人独资企业、合伙企业、外商投资企业（中外合资经营企业、中外合作经营企业、外资企业）的基本概念和企业的设立条件及企业在市场经济中的权利、义务等内容。

2.1　概　　述

2.1.1　企业的概念

经济生活中存在着各种机构、组织，企业是社会生活的重要参与者之一。不同于机关事业单位等社会组织，企业是以营利为目的经济组织。所谓企业，是指从事生产经营或者服务等经济活动，有独立的资金，依法自主经营、自负盈亏、独立核算的经济组织。

2.1.2　企业的分类

研究企业的分类，可以使我们充分了解不同企业的特性。按照不同的标准，可以对企业进行如下几种分类。

2.1.2.1　按照企业所有制形式分类

按照企业所有制形式，可以将企业分为全民所有制企业、集体所有制企业、私营企业、混合所有制企业等。这是一种较为传统的分类，但是在现实社会中依然具有一定意义。

全民所有制企业是由国家投资设立的，依法自主经营、自负盈亏、独立核算的商品生产和经营单位。全民所有制企业具有法人资格。企业财产属于全民所有，国家依照所有权和经营权分离的原则授予企业经营管理权。企业对国家授予其经营管理的财产享有占有、使用、收益和依法处分的权利，以国家授予其经营管理的财产承担民事责任。

集体所有制企业包括城镇集体所有制企业、乡村集体所有制企业和乡镇企业等。

城镇集体所有制企业是财产属于劳动群众集体所有、实行共同劳动，在分配方式上以按劳分配为主体的社会主义经济组织。乡村集体所有制企业是指由乡村农民集体兴办的、企业财产属于举办该企业的乡村范围内全体农民集体所有、企业职工实行共同劳动和按劳分配的社会主义经济组织。集体企业具备法人条件的，依法取得法人资格，以其全部财产独立承担民事责任。乡镇企业，是指依照《中华人民共和国乡镇企业法》（以下简称《乡镇企业法》）设立的农村集体经济组织或者以农民投资为主，在乡镇（包括所辖村）举办的承担支援农业义务的各类企业。所谓以农民投资为主，是指农村集体经济组织或者农民投资超过 50%，或者虽不足 50%，但能起到控股或者实际支配作用。乡镇企业是农村经济的重要支柱和国民经济的重要组成部分。乡镇企业符合企业法人条件的，依法取得企业法人资格。

私营企业是指由自然人投资设立或由自然人控股，以雇佣劳动为基础的营利性经济组织。

混合所有制是投资主体多元化的产物，是由不同所有制企业、组织或者公民个人投资设立的企业，公司就是典型的混合所有制形式。

2.1.2.2　按照企业组织形式分类

按照企业组织形式可以将企业分为个人独资企业、合伙企业、公司等。

个人独资企业，是指依照《个人独资企业法》的规定，在中国境内设立，由一个自然人投资，财产为投资人个人所有，投资人以其个人财产对企业债务承担无限责任的经营实体。

在我国，合伙企业是指自然人、法人和其他组织依照《合伙企业法》在中国境内设立的普通合伙企业和有限合伙企业。

公司是依照《公司法》的规定，在中国境内设立的，以营利为目的而组织生产和经营活动的经济组织。《公司法》所称的公司包括有限责任公司和股份有限公司两类。

2.1.2.3　按照企业的法律地位分类

按照企业的法律地位分类可以将企业分为法人企业和非法人企业。

所谓法人企业是指具有法人资格的企业，如依照《公司法》组建的公司。非法人企业是指不具有法人资格的企业，如依照《个人独资企业法》组建的个人独资企业。

2.1.2.4　按照投资主体的国籍和企业组织形式分类

按照投资主体的国籍和企业组织形式，可以将企业分为内资企业和外商投资企业。

内资企业是指依照中华人民共和国法律的规定，由中国投资者投资设立的企业。

外商投资企业是指依照中华人民共和国法律的规定，在中国境内设立的，由中国投资者和外国投资者共同投资或者仅由外国投资者投资设立的企业，包括中外合资经营企业、中外合作经营企业、外资企业等。

中外合资经营企业简称合营企业，是指中国投资者与外国投资者按照中国法律的规定，在中国境内共同投资、共同经营、共同出资并按出资比例分享利润、分担风险与亏损的企业。

中外合作经营企业是中国投资者与外国投资者，根据中国法律的规定，在中国境内设立的，由合作合同确定合作各方的权利和义务，并根据合同从事生产经营活动的企业。《中华人民共和国中外合作经营企业法》规定："中外合作者举办合作企业，应当依照本法的规定，在合作企业合同中约定投资或者合作条件、收益或者产品的分配、风险和亏损的分担、经营管理的方式和合作企业终止时财产的归属等事项。""合作企业符合中国法律关于法人条件的规定的，依法取得中国法人资格。"

外资企业是指依照中国有关法律在中国境内设立的，全部资本由外国投资者投资的企业，不包括外国的企业和其他经济组织在中国境内的分支机构。外国投资者可以是外国的企业、其他经济组织，也可以是个人。

2.1.3 有关企业的立法

为了规范企业的组织与行为，我国颁布了一系列法律、法规对企业进行调整，主要有调整全民所有制企业的《全民所有制工业企业法》、《全民所有制工业企业转换经营机制条例》、《全民所有制工业企业承包经营责任制暂行条例》、《全民所有制小型工业企业租赁经营暂行条例》；调整集体所有制企业的《城镇集体所有制企业条例》、《乡村集体所有制企业条例》、《乡镇企业法》；调整私营企业的《私营企业暂行条例》；调整外商在我国的投资的《中外合资经营企业法》、《中华人民共和国中外合作经营企业法》（以下简称《中外合作经营企业法》）、《中华人民共和国外资企业法》（以下简称《外资企业法》）以及适应市场经济发展需要颁布实施的《公司法》、《合伙企业法》、《个人独资企业法》等法律、法规。

2.1.4 企业法人制度

法人制度是我国民法、经济法体系的重要组成部分。不了解我国的法人制度，就无法深入了解我国企业的法律制度，也就无法全面了解整个市场经济的运行机制。

2.1.4.1　法人制度概述

法人之所以称之为法人是相对于自然人而言的，它是社会组织在法律上的人格化。《中华人民共和国民法通则》（以下简称《民法通则》）对于什么是法人作了明确的规定："法人是具有民事权利能力和民事行为能力，依法独立享有民事权利和承担民事义务的组织。"

设立法人必须符合法律的规定，《民法通则》规定，"法人应当具备下列条件：（一）依法成立；（二）有必要的财产或者经费；（三）有自己的名称、组织机构和场所；（四）能够独立承担民事责任。"

法人参与民商事活动，应当具有相应的民事权利能力和民事行为能力。法人的民事权利能力是指法人依法参与民事活动、享有民事权利、承担民事义务的资格。它是法人享有权利、承担义务的前提条件。法人的民事行为能力是指法人通过自身的行为，为自己取得民事权利，设定民事义务的能力。法人的民事权利能力与民事行为能力同时产生。法人的民事权利能力取决于它的宗旨和法律许可的经营范围。法人的民事行为能力的范围，取决于法人的民事权利能力范围，也就是说法人的民事行为能力的范围必须与其资金、设备、技术力量、业务经营范围相适应，法人应在其民事权利能力范围内为民商事行为。

2.1.4.2　企业法人的概念

《民法通则》按照法人的功能、设立方法以及财产来源的不同，把我国的法人分为企业法人和非企业法人两大类。

企业法人是从事生产经营活动，以获取利润为目的法人。公司、全民所有制企业、集体所有制企业、三资企业等都是企业法人。而合伙企业、个人独资企业虽然也是企业但不具有法人资格，不是企业法人。与企业法人不同，非企业法人是非生产性、非营利性的法人。非企业法人又可分为机关法人、事业单位法人和社会团体法人。

机关法人是依法直接设立、获得法人资格的国家机关。《民法通则》规定，"有独立经费的机关从成立之日起，具有法人资格。"机关法人不同于企业法人，不能从事生产经营活动。只有当国家机关以平等主体的身份参与民事活动时，才是以法人的身份依法享有民事权利、承担民事义务，因此，必须将其民事行为与国家机关依照法律的规定行使职权的行政行为相区别。

事业单位法人是被赋予民事主体资格的事业单位。事业单位是指由国家财政拨款从事公益事业的社会组织。需要注意的是，在体制改革过程中，有些事业单位开始自负盈亏或者实行企业化管理，目前判断某一组织是否具有法人资格就不能以国家财政是否拨款为标准了。

社会团体法人是指由法人或者自然人组成，谋求公益事业、行业协调或同道志趣的法人，如协会、学会、研究会等。

《民法通则》规定："具有法人条件的事业单位、社会团体，依法不需要办理法人登记的，从成立之日起，具有法人资格；依法需要办理法人登记的，经核准登记，取得法人资格。"

2.1.4.3　企业法人的设立

依照我国相关法律设立企业法人必须符合下列条件：

1. 有自己的名称、组织机构和章程

名称是企业法人相互区别的标志。企业法人只准使用一个名称，这一名称经核准登记后，在规定的范围内享有专用权，不允许其他法人、组织冒用。

企业法人组织机构担负着领导与组织企业法人的生产经营活动的重要职责。科学、合理、现代化与规范化的组织机构，对企业法人在市场竞争中获取更大的效益，具有不可低估的作用。公司是现代企业的基本形式，《公司法》以法律形式对公司的组织机构进行了规定，我国的公司采用世界通行的三会制度：股东会享有所有权，董事会享有经营决策权，监事会行使监督权，三会互有分工，又彼此合作，共同完成公司的业务活动。

企业法人的章程应对法人的名称、设立企业法人的目的、生产经营的范围与方式，法人内部组织机构、企业的盈余分配与亏损负担等一系列问题作出规定，它是规范企业法人自身行为的重要法律文件。

2. 固定的经营场所和设施

固定的经营场所和设施是企业法人进行生产经营活动的前提条件，法律的这一规定，对维护当事人的合法权益，维护社会经济秩序，有着重大意义。

3. 符合国家规定并与其生产经营和服务规模相适应的资金数额和从业人员

不同种类的企业法人，从事不同的生产经营活动，保障企业运作的资金数额也各不相同，但必须符合国家的规定，并与其生产经营和服务规模相适应。企业法人的注册资金，是国家授予企业法人经营管理或企业自有财产的数额体现，企业法人注册的资金数额与出资人实际出资额不一致，应依法承担法律责任。

企业法人的一切活动都离不开人，因此，一定数量的从业人员是必不可少的条件。

4. 能够独立承担民事责任

能否独立承担民事责任，关系到法人能否参与一定的经济、民事法律关系，享有权利、承担义务的大事。某一经济实体，如不能独立地承担民事责任，就不能取得法人的资格，不能以法人的名义进行民事活动。《公司法》明确地指出，公司以其全部法人财产享有民事权利，承担民事责任。

5. 符合国家法律、法规规定的经营范围

任何企业法人的经营活动，都不能违背国家和社会的公共利益，企业法人的经营范围，必须符合法律的规定，并经登记主管机关核准，超越登记主管机关核准的经营范围从事的经营活动，是违反法律规定的。

6. 依法登记

企业法人登记是国家对法人进行管理和监督的重要手段。某一社会经济组织若要取得企业法人资格，必须经过核准登记这一必备程序。企业法人登记主管机关即国家工商行政管理局和地方各级工商行政管理局经过审核，对符合企业法人必须具备的各项条件的社会经济组织，准予登记注册，颁发《企业法人营业执照》，该社会经济组织取得企业法人资格。依法需办理企业法人登记而未办理的，不得从事经营活动。企业法人登记注册的主要事项包括：企业法人名称、住所、经营场所、法定代表人、经济性质、经营范围、经营方式、注册资金、经营期限等。

2.1.4.4　企业法人的变更、终止

所谓企业法人的变更，是指企业法人在性质（如所有制形式）、组织机构、经营范围、财产状况（增加或者减少注册资本）以及名称、住所等方面的重大变更。这些变更，有的涉及企业法人的民事权利能力和民事行为能力，有的关系到企业法人的财产制度和法律地位。企业法人的变更应当向登记机关办理登记并公告，企业法人分立、合并，它的权利和义务由变更后的法人享有和承担。

企业法人的终止是指企业法人依法丧失法人资格。导致企业法人终止的原因为依法被撤销、解散、依法宣告破产以及其他原因。依照我国法律规定，企业法人终止，应当向登记机关办理注销登记并公告。

2.2　合伙企业法律制度

2.2.1　概述

2.2.1.1　合伙企业的概念和分类

合伙是指两个或两个以上的主体为着共同的目的，订立合伙协议，共同出

资、合伙经营、共享收益、共担风险的自愿联合组织。

在我国，合伙企业是指自然人、法人和其他组织依照《中华人民共和国合伙企业法》（以下简称《合伙企业法》）在中国境内设立的普通合伙企业和有限合伙企业。

普通合伙企业由普通合伙人组成，合伙人对合伙企业债务承担无限连带责任。《合伙企业法》对普通合伙人承担责任的形式有特别规定的，从其规定。

《合伙企业法》在普通合伙中规定了特殊的普通合伙。以专业知识和专门技能为客户提供有偿服务的专业服务机构，可以设立为特殊的普通合伙企业。

有限合伙企业由普通合伙人和有限合伙人组成，普通合伙人对合伙企业债务承担无限连带责任，有限合伙人以其认缴的出资额为限对合伙企业债务承担责任。

2.2.1.2　合伙企业的特征

一般而言，合伙具有以下特征：

（1）合伙企业是建立在合伙协议基础上的一种企业。合伙人之间签订合伙协议，规定各合伙人在合伙中的权利和义务。也就是说，即使合伙企业设立一定的组织机构负责日常的业务，其内部关系仍然主要适用合伙协议的有关规定。

（2）合伙企业是"人的组合"，除合伙协议另有约定，合伙人的死亡、破产、退出等都影响到合伙企业的存续和发展。

（3）一般而言，合伙人可以用固定资产、货币或知识产权等作为合伙企业的出资，亦可以用劳务作为出资。

（4）普通合伙人对合伙企业的债务负无限连带责任。合伙人以个人的全部财产作为合伙债务的担保，一旦合伙企业的财产不足以清偿其债务，债权人有权向任何一位合伙人请求履行全部债务。有限合伙人以其认缴的出资额为限对合伙企业债务承担责任。

（5）合伙人原则上均享有平等参与管理合伙事物的权利。除非合伙协议另有约定，每个合伙人均有权对外代表合伙企业从事业务活动。

（6）合伙企业不具有法人资格。合伙企业的财产由全体合伙人依法共同管理和使用。合伙企业存续期间，合伙人的出资和所有以合伙企业名义取得的收益均为合伙企业的财产。

（7）合伙企业各合伙人间的利益分配及债务承担依合伙协议的约定和法律的规定执行。合伙人在分享企业利益以及承担合伙企业债务时，依合伙企业的约定办理；没有约定的，依照法律的规定办理。

2.2.1.3　合伙企业的利弊

合伙企业作为一种企业形式，对合伙人而言既有有利的一面，也有不利的一面。

合伙企业的有利之处在于以下几点：

（1）设立合伙企业的手续比较简单，费用较少；

（2）通过合伙可以集中起比个人企业较多的资金；

（3）每个合伙人都有参与管理的权利，对企业经营管理、企业的发展等问题有较多的控制权和发言权；

（4）合伙企业的经营管理有较大的自由和灵活性，合伙企业不需公开财务账目和年度报告。

合伙企业的不利之处在于：

（1）合伙企业人数有限，很难募集大量资金，因而规模一般不大；

（2）合伙人对合伙企业的债务承担无限连带责任，一旦经营失败，很容易导致倾家荡产；

（3）每一合伙人都参与管理不利于企业管理的集中和统一，不利于实行科学化的管理；

（4）合伙企业的存续时间不稳定，一旦合伙人死亡或者退伙，合伙企业一般就解散了，这不利于合伙企业的稳定发展。

综上所述，合伙企业主要是一种适合中小规模企业或者家族企业经营的商事组织形式。

2.2.1.4　合伙企业立法

为了规范合伙企业的行为，保护合伙企业及其合伙人的合法权益，维护社会经济秩序，促进社会主义市场经济的发展，1997 年 2 月 23 日第八届全国人民代表大会常务委员会第二十四次会议通过《中华人民共和国合伙企业法》，该法于 1997 年 8 月 1 日起开始实施。2006 年 8 月 27 日第十届全国人民代表大会常务委员会第二十三次会议对该法进行了重大修订，增加了有限合伙、特殊的普通合伙等内容，使得合伙企业法更能适合经济发展的需要。修订后的《合伙企业法》自 2007 年 6 月 1 日起实施。

2.2.2　合伙企业的设立

我国合伙企业法规定设立合伙企业，应当具备下列条件：

（1）有 2 个以上合伙人。合伙人必须符合法律规定的条件。《合伙企业法》规定，合伙人可以是自然人，合伙人为自然人的应当为具有完全民事行为能力的人。国有独资公司、国有企业、上市公司以及公益性的事业单位、社会团体不得成为普通合伙人。除法律另有规定的外，有限合伙企业由 2 个以上 50 个以下合伙人设立；有限合伙企业至少应当有一个普通合伙人。合伙人为自然人的，应当具有完全民事行为能力。

（2）有书面合伙协议。合伙协议是规定合伙人之间权利义务的法律文件，是确定合伙人在出资、利润的分配、风险及责任的分担、合伙的经营等方面权利义务的基本依据。

《合伙企业法》规定，合伙协议应当依法由全体合伙人协商一致，以书面形式订立。合伙协议应当载明下列事项：①合伙企业的名称和主要经营场所的地点；②合伙目的和合伙经营范围；③合伙人的姓名或者名称、住所；④合伙人的出资方式、数额和缴付期限；⑤利润分配、亏损分担方式；⑥合伙事务的执行；⑦入伙与退伙；⑧争议解决办法；⑨合伙企业的解散与清算；⑩违约责任。

有限合伙的合伙协议除应包括上述内容外，还应当载明下列事项：①普通合伙人和有限合伙人的姓名或者名称、住所；②执行事务合伙人应具备的条件和选择程序；③执行事务合伙人权限与违约处理办法；④执行事务合伙人的除名条件和更换程序；⑤有限合伙人入伙、退伙的条件、程序以及相关责任；⑥有限合伙人和普通合伙人相互转变程序。

合伙协议经全体合伙人签名、盖章后生效。合伙人按照合伙协议享有权利，履行义务。修改或者补充合伙协议，应当经全体合伙人一致同意；但是，合伙协议另有约定的除外。

合伙协议未约定或者约定不明确的事项，由合伙人协商决定；协商不成的，依照《合伙企业法》和其他有关法律、行政法规的规定处理。

（3）有合伙人认缴或者实际缴付的出资。合伙人可以用货币、实物、知识产权、土地使用权或者其他财产权利出资，普通合伙人可以用劳务出资，有限合伙人不得以劳务出资。

合伙人以实物、知识产权、土地使用权或者其他财产权利出资，需要评估作价的，可以由全体合伙人协商确定，也可以由全体合伙人委托法定评估机构评估。

合伙人以劳务出资的，其评估办法由全体合伙人协商确定，并在合伙协议中载明。

合伙人应当按照合伙协议约定的出资方式、数额和缴付期限，履行出资义务。

以非货币财产出资的，依照法律、行政法规的规定，需要办理财产权转移手续的，应当依法办理。有限合伙人应当按照合伙协议的约定按期足额缴纳出资；未按期足额缴纳的，应当承担补缴义务，并对其他合伙人承担违约责任。

（4）有合伙企业的名称和生产经营场所。合伙企业的名称必须与其组织形式相符，普通合伙企业名称中应标明"普通合伙"，特殊的普通合伙企业名称中应标明"特殊普通合伙"，有限合伙企业名称中应当标明"有限合伙"字样。

(5) 法律、行政法规规定的其他条件。

2.2.3　合伙企业财产

2.2.3.1　合伙企业财产的构成

合伙企业存续期间，合伙人的出资、以合伙企业名义取得的收益和依法取得的其他财产，均为合伙企业的财产。

除《合伙企业法》另有规定外，合伙人在合伙企业清算前，不得请求分割合伙企业的财产。

合伙人在合伙企业清算前私自转移或者处分合伙企业财产的，合伙企业不得以此对抗善意第三人。

2.2.3.2　合伙企业财产的转让

1. 合伙企业财产份额的转让

合伙企业财产份额的转让是指合伙企业存续期间，合伙人向其他合伙人或者合伙人以外的其他人转让其在合伙企业中的全部或者部分财产份额的行为。

(1) 普通合伙的财产份额转让。除合伙协议另有约定外，合伙人向合伙人以外的人转让其在合伙企业中的全部或者部分财产份额时，须经其他合伙人一致同意，在同等条件下，其他合伙人有优先购买权。合伙人以外的人依法受让合伙人在合伙企业中的财产份额的，经修改合伙协议即成为合伙企业的合伙人，依照《合伙企业法》和修改后的合伙协议享有权利，履行义务。

合伙人之间转让在合伙企业中的全部或者部分财产份额时，应当通知其他合伙人。

(2) 有限合伙的财产份额转让。有限合伙人可以按照合伙协议的约定向合伙人以外的人转让其在有限合伙企业中的财产份额，但应当提前 30 日通知其他合伙人。

2. 出质

由于合伙人出质其在合伙企业中的财产份额可能导致该财产份额非法转移，《合伙企业法》规定，普通合伙人以其在合伙企业中的财产份额出质的，须经其他合伙人一致同意；未经其他合伙人一致同意，其行为无效，由此给善意第三人造成损失的，由行为人依法承担赔偿责任。有限合伙人可以将其在有限合伙企业中的财产份额出质；但是，合伙协议另有约定的除外。

2.2.3.3　合伙企业利润分配和亏损的承担

合伙企业的利润分配、亏损分担，按照合伙协议的约定办理；合伙协议未约定或者约定不明确的，由合伙人协商决定；协商不成的，由合伙人按照实缴出资比例分配、分担；无法确定出资比例的，由合伙人平均分配、分担。

合伙协议不得约定将全部利润分配给部分合伙人或者由部分合伙人承担全部亏损。有限合伙企业不得将全部利润分配给部分合伙人；但是，合伙协议另有约定的除外。

合伙人按照合伙协议的约定或者经全体合伙人决定，可以增加或者减少对合伙企业的出资。

2.2.4　合伙企业的事务执行

2.2.4.1　合伙事务的执行方式

合伙人对执行合伙事务享有同等的权利。可以由全体合伙人共同执行合伙企业的事务，也可以由合伙协议约定或者全体合伙人决定，委托一名或者数名合伙人执行合伙企业事务。执行合伙企业事务的合伙人对外代表合伙企业。合伙企业对合伙人执行合伙事务以及对外代表合伙企业权利的限制，不得对抗善意第三人。

1. 共同执行

共同执行是指全体合伙人共同执行合伙企业事务。这是合伙事务执行的最基本方式，在这种形式下，按照合伙协议的约定，所有合伙人都直接参与合伙企业的经营管理，处理合伙企业事务，对外代表合伙企业。

2. 委托执行

委托执行是指根据合伙协议的约定或合伙人的决定，委托一名或者数名合伙人执行合伙企业事务。《合伙企业法》规定，按照合伙协议的约定或者经全体合伙人决定，可以委托一个或者数个合伙人对外代表合伙企业，执行合伙事务。作为合伙人的法人、其他组织执行合伙事务的，由其委派的代表执行。采用委托执行的方式时，其他合伙人不再执行合伙事务。

3. 有限合伙的执行

有限合伙企业由普通合伙人执行合伙事务。执行事务合伙人可以要求在合伙协议中确定执行事务的报酬及报酬提取方式。有限合伙人不执行合伙事务，不得对外代表有限合伙企业。有限合伙人的下列行为，不视为执行合伙事务：①参与决定普通合伙人入伙、退伙；②对企业的经营管理提出建议；③参与选择承办有限合伙企业审计业务的会计师事务所；④获取经审计的有限合伙企业财务会计报告；⑤对涉及自身利益的情况，查阅有限合伙企业财务会计账簿等财务资料；⑥在有限合伙企业中的利益受到侵害时，向有责任的合伙人主张权利或者提起诉讼；⑦执行事务合伙人怠于行使权利时，督促其行使权利或者为了本企业的利益以自己的名义提起诉讼；⑧依法为本企业提供担保。

2.2.4.2　合伙事务执行的决议办法

《合伙企业法》规定，合伙人对合伙企业有关事项作出决议，按照合伙协议约定的表决办法办理；合伙协议未约定或者约定不明确的，除《合伙企业法》对合伙企业的表决办法另有规定的，实行合伙人一人一票并经全体合伙人过半数通过的表决办法；但是除合伙协议另有约定外。合伙企业的下列事项应当经全体合伙人一致同意：①改变合伙企业的名称；②改变合伙企业的经营范围、主要经营场所的地点；③处分合伙企业的不动产；④转让或者处分合伙企业的知识产权和其他财产权利；⑤以合伙企业名义为他人提供担保；⑥聘任合伙人以外的人担任合伙企业的经营管理人员。

2.2.4.3　合伙人在执行合伙事务中的权利和义务

1. 权利

《合伙企业法》规定，合伙人对执行合伙事务享有同等的权利。

在采取委托执行的情形下，不执行合伙事务的合伙人有权监督执行事务合伙人执行合伙事务的情况。执行事务合伙人应当定期向其他合伙人报告事务执行情况以及合伙企业的经营和财务状况，其执行合伙事务所产生的收益归合伙企业，所产生的费用和亏损由合伙企业承担。

合伙人为了解合伙企业的经营状况和财务状况，有权查阅合伙企业会计账簿等财务资料。

合伙人分别执行合伙事务的，执行事务合伙人可以对其他合伙人执行的事务提出异议。提出异议时，应当暂停该项事务的执行。如果发生争议，由合伙人依照合伙协议对有关事项集体决定。

受委托执行合伙事务的合伙人不按照合伙协议或者全体合伙人的决定执行事务的，其他合伙人可以决定撤销该委托。

2. 义务

合伙人不得从事损害本合伙企业利益的活动。

在普通合伙中，普通合伙人承担竞业禁止义务，合伙人不得自营或者同他人合作经营与本合伙企业相竞争的业务。除合伙协议另有约定或者经全体合伙人同意外，合伙人不得同本合伙企业进行交易。合伙人不得从事损害本合伙企业利益的活动。

在有限合伙中，有限合伙人可以同本有限合伙企业进行交易；但是，合伙协议另有约定的除外。有限合伙人可以自营或者同他人合作经营与本有限合伙企业相竞争的业务；但是，合伙协议另有约定的除外。

2.2.4.4　经营管理人员

被聘任的合伙企业的经营管理人员应当在合伙企业授权范围内履行职务。被聘任的合伙企业的经营管理人员，超越合伙企业授权范围履行职务，或者在履行职务过程中因故意或者重大过失给合伙企业造成损失的，依法承担赔偿责任。

2.2.5　合伙企业与第三人

合伙企业与第三人的关系是指有关合伙企业的对外关系，涉及合伙企业对外代表权的效力、合伙企业和合伙人的债务清偿问题。

2.2.5.1　合伙企业对外代表权

合伙企业以合伙企业的名义从事生产经营活动，必然与其他市场主体发生联系，形成外部关系。可以取得合伙企业对外代表权的合伙人主要有三种情况：第一，全体合伙人共同执行合伙企业事务，此时全体合伙人都有权对外代表合伙企业；第二，有部分合伙人执行合伙企业事务的，只有受委托执行合伙企业事务的那一部分合伙人有权对外代表合伙企业；第三，由于特别授权在单项合伙事务上有执行权的合伙人，在授权范围内可以对外代表合伙企业。

合伙人的代表行为对全体合伙人发生法律效力，即执行合伙事务产生的收益归合伙企业，所产生的费用和亏损由合伙企业承担。

为保护善意第三人的利益，《合伙企业法》规定，合伙企业对合伙人执行合伙事务以及对外代表合伙企业权利的限制，不得对抗善意第三人。

2.2.5.2　债务的承担

1. 普通合伙

合伙企业对其债务，应先以其全部财产进行清偿。合伙企业不能清偿到期债务的，合伙人承担无限连带责任。合伙人由于承担无限连带责任，清偿数额超过合伙协议规定的其亏损分担比例的，有权向其他合伙人追偿。

合伙人发生与合伙企业无关的债务，相关债权人不得以其债权抵销其对合伙企业的债务；也不得代位行使合伙人在合伙企业中的权利。

合伙人的自有财产不足清偿其与合伙企业无关的债务的，该合伙人可以以其从合伙企业中分取的收益用于清偿；债权人也可以依法请求人民法院强制执行该合伙人在合伙企业中的财产份额用于清偿。

人民法院强制执行合伙人的财产份额时，应当通知全体合伙人，其他合伙人有优先购买权；其他合伙人未购买，又不同意将该财产份额转让给他人的，依照《合伙企业法》第五十一条的规定为该合伙人办理退伙结算，或者办理削减该合伙人相应财产份额的结算。

2. 特殊的普通合伙

特殊的普通合伙是以专业知识和专业技能为客户提供服务的，为了保证特殊的普通合伙企业的健康发展，《合伙企业法》对特殊的普通合伙中合伙人的责任形式等内容做了特别的规定：

一个合伙人或者数个合伙人在执业活动中因故意或者重大过失造成合伙企业债务的，应当承担无限责任或者无限连带责任，其他合伙人以其在合伙企业中的财产份额为限承担责任。

合伙人在执业活动中非因故意或者重大过失造成的合伙企业债务以及合伙企业的其他债务，由全体合伙人承担无限连带责任。

合伙人执业活动中因故意或者重大过失造成的合伙企业债务，在以合伙企业财产对外承担责任后，该合伙人应当按照合伙协议的约定对合伙企业造成的损失承担赔偿责任。

为了化解经营风险，《合伙企业法》规定特殊的普通合伙企业应当建立执业风险基金、办理职业保险。执业风险基金用于偿付合伙人执业活动造成的债务。所谓执业风险基金是指特殊的普通合伙从其经营收益中提取相应的比例自己留存或者根据相关规定上缴至特定机构所形成的资金。

3. 有限合伙

有限合伙人的自有财产不足清偿其与合伙企业无关的债务的，该合伙人可以以其从有限合伙企业中分取的收益用于清偿；债权人也可以依法请求人民法院强制执行该合伙人在有限合伙企业中的财产份额用于清偿。

人民法院强制执行有限合伙人的财产份额时，应当通知全体合伙人。在同等条件下，其他合伙人有优先购买权。

第三人有理由相信有限合伙人为普通合伙人并与其交易的，该有限合伙人对该笔交易承担与普通合伙人同样的责任。

有限合伙人未经授权以有限合伙企业名义与他人进行交易,给有限合伙企业或者其他合伙人造成损失的,该有限合伙人应当承担赔偿责任。

新入伙的有限合伙人对入伙前有限合伙企业的债务,以其认缴的出资额为限承担责任。

2.2.6　入伙、退伙

2.2.6.1　入伙

入伙是指原非合伙企业合伙人,通过一定的程序,成为合伙企业的合伙人的行为。

新合伙人入伙,除合伙协议另有约定外,应当经全体合伙人一致同意,并依法订立书面入伙协议。订立入伙协议时,原合伙人应当向新合伙人如实告知原合伙企业的经营状况和财务状况。

入伙的新合伙人与原合伙人享有同等权利,承担同等责任。入伙协议另有约定的,从其约定。新合伙人对入伙前合伙企业的债务承担无限连带责任。

2.2.6.2　退伙

退伙是指合伙人退出合伙企业的行为,可以分为自愿退伙和法定退伙两种情形。

1. 自愿退伙

自愿退伙可以分为协议退伙和通知退伙。

关于自愿退伙,《合伙企业法》规定,合伙协议约定合伙期限的,在合伙企业存续期间,有下列情形之一的,合伙人可以退伙:①合伙协议约定的退伙事由出现;②经全体合伙人一致同意;③发生合伙人难以继续参加合伙的事由;④其他合伙人严重违反合伙协议约定的义务。

关于通知退伙,《合伙企业法》规定,合伙协议未约定合伙期限的,合伙人在不给合伙企业事务执行造成不利影响的情况下,可以退伙,但应当提前30日通知其他合伙人。合伙人如按上述规定退伙的,应当赔偿由此给合伙企业造成的损失。

2. 法定退伙

法定退伙是指由于出现法律规定事由导致合伙人退伙的行为。法定退伙包括当然退伙和除名。

合伙人有下列情形之一的,属于当然退伙:①作为合伙人的自然人死亡或者被依法宣告死亡；②个人丧失偿债能力；③作为合伙人的法人或者其他组织依法被吊销营业执照、责令关闭、撤销，或者被宣告破产；④法律规定或者合伙协议约定合伙人必须具有相关资格而丧失该资格；⑤合伙人在合伙企业中的全部财产份额被人民法院强制执行。

合伙人被依法认定为无民事行为能力人或者限制民事行为能力人的，经其他合伙人一致同意，可以依法转为有限合伙人，普通合伙企业依法转为有限合伙企业。其他合伙人未能一致同意的，该无民事行为能力或者限制民事行为能力的合伙人退伙。

退伙事由实际发生之日为退伙生效日。

《合伙企业法》规定，合伙人有下列情形之一的，经其他合伙人一致同意，可以决议将其除名：①未履行出资义务；②因故意或者重大过失给合伙企业造成损失；③执行合伙事务时有不正当行为；④发生合伙协议约定的事由。

对合伙人的除名决议应当书面通知被除名人。被除名人接到除名通知之日，除名生效，被除名人退伙。被除名人对除名决议有异议的，可以自接到除名通知之日起 30 日内，向人民法院起诉。

3. 退伙的后果

退伙的后果是指退伙人在合伙企业的财产份额和民事责任的归属的变动，具体包括财产的继承和退伙结算。

（1）财产继承。合伙人死亡或者被依法宣告死亡的，对该合伙人在合伙企业中的财产份额享有合法继承权的继承人，按照合伙协议的约定或者经全体合伙人一致同意，从继承开始之日起，取得该合伙企业的合伙人资格。

有下列情形之一的，合伙企业应当向合伙人的继承人退还被继承合伙人的财产份额：①继承人不愿意成为合伙人；②法律规定或者合伙协议约定合伙人必须具有相关资格，而该继承人未取得该资格；③合伙协议约定不能成为合伙人的其他情形。

合伙人的继承人为无民事行为能力人或者限制民事行为能力人的，经全体合伙人一致同意，可以依法成为有限合伙人，普通合伙企业依法转为有限合伙企业。全体合伙人未能一致同意的，合伙企业应当将被继承合伙人的财产份额退还该继承人。

（2）退伙结算。合伙人退伙，其他合伙人应当与该退伙人按照退伙时的合伙企业财产状况进行结算，退还退伙人的财产份额。退伙人对合伙企业造成的损失负有赔偿责任的，相应扣减其应当赔偿的数额。退伙时有未了结的合伙企业事务的，待该事务了结后进行结算。退伙人在合伙企业中财产份额的退还办法，由合伙协议约定或者由全体合伙人决定，可以退还货币，也可以退还实物。退伙人对基于其退伙前的原因发生的合伙企业债务，承担无限连带责任。合伙人退伙时，合伙企业财产少于合伙企业债务的，退伙人应当依照合伙协议或者《合伙企业法》的规定分担亏损。

2.2.7 合伙企业的解散、清算

2.2.7.1 合伙企业的解散

《合伙企业法》规定，合伙企业有下列情形之一时，应当解散：①合伙期限届满，合伙人决定不再经营；②合伙协议约定的解散事由出现；③全体合伙人决定解散；④合伙人已不具备法定人数满 30 天；⑤合伙协议约定的合伙目的已经实现或者无法实现；⑥依法被吊销营业执照、责令关闭或者被撤销；⑦法律、行政法规规定的其他原因。

2.2.7.2 合伙企业的清算

1. 清算人

合伙企业解散，应当由清算人进行清算。清算人由全体合伙人担任；经全体合伙人过半数同意，可以自合伙企业解散事由出现后 15 日内指定一个或者数个合伙人，或者委托第三人，担任清算人。自合伙企业解散事由出现之日起 15 日内未确定清算人的，合伙人或者其他利害关系人可以申请人民法院指定清算人。

2. 清算人的职责

清算人在清算期间执行下列事务：①清理合伙企业财产，分别编制资产负债表和财产清单；②处理与清算有关的合伙企业未了结事务；③清缴所欠税款；④清理债权、债务；⑤处理合伙企业清偿债务后的剩余财产；⑥代表合伙企业参加诉讼或者仲裁活动。

3. 财产的清偿顺序

合伙企业财产在支付清算费用、职工工资、社会保险费用、法定补偿金以及缴纳所欠税款、清偿债务后的剩余财产，依照《合伙企业法》的规定进行分配。

4. 注销登记

清算结束，清算人应当编制清算报告，经全体合伙人签名、盖章后，在 15 日内向企业登记机关报送清算报告，申请办理合伙企业注销登记。合伙企业注销后，原普通合伙人对合伙企业存续期间的债务仍应承担无限连带责任。

5. 合伙企业不能清偿到期债务的处理

合伙企业不能清偿到期债务的，债权人可以依法向人民法院提出破产清算申请，也可以要求普通合伙人清偿。合伙企业依法被宣告破产的，普通合伙人对合伙企业债务仍应承担无限连带责任。

2.3　个人独资企业法律制度

2.3.1　概述

2.3.1.1　概念

个人独资企业，是指依照《中华人民共和国个人独资企业法》（以下简称《个人独资企业法》），在中国境内设立，由一个自然人投资，财产为投资人个人所有，投资人以其个人财产对企业债务承担无限责任的经营实体。

2.3.1.2　个人独资企业的特点

（1）个人独资企业由一个自然人投资；

（2）个人独资企业的财产归投资人所有；

（3）投资人以其个人财产对企业债务承担无限责任，投资人在申请企业设立登记时明确以其家庭共有财产作为个人出资的，应当依法以家庭共有财产对企业债务承担无限责任；

（4）法律对个人独资企业的注册资金无最低数额限制；

（5）个人独资企业在管理上采取灵活的方式，既可自行管理，亦可委托他人管理。

2.3.1.3　个人独资企业的立法

为了规范个人独资企业的行为，保护个人独资企业投资人和债权人的合法权益，维护社会经济秩序，促进社会主义市场经济的发展，1999 年 8 月 30 日第九届全国人民代表大会常务委员会第十一次会议通过了《中华人民共和国个人独资企业法》，该法自 2000 年 1 月 1 日起施行。

2.3.2　个人独资企业的设立

2.3.2.1　设立个人独资企业的条件

根据《个人独资企业法》规定，设立个人独资企业应当具备下列条件：

（1）投资人为一个自然人；

（2）有合法的企业名称；

（3）有投资人申报的出资；

（4）有固定的生产经营场所和必要的生产经营条件；

（5）有必要的从业人员。

2.3.2.2 登记

申请设立个人独资企业，应当由投资人或者其委托的代理人向个人独资企业所在地的登记机关提交设立申请书、投资人身份证明、生产经营场所使用证明等文件。委托代理人申请设立登记时，应当出具投资人的委托书和代理人的合法证明。个人独资企业的名称应当与其责任形式及从事的营业相符合，如不得含有"有限责任"或者"股份有限"的字样。

个人独资企业从事经营活动必须遵守法律、行政法规，遵守诚实信用原则，不得损害社会公共利益；不得从事法律、行政法规禁止经营的业务；从事法律、行政法规规定须报经有关部门审批的业务，应当在申请设立登记时提交有关部门的批准文件。

个人独资企业以其主要办事机构所在地为住所。

登记机关应当在收到设立申请文件之日起 15 日内，对符合《个人独资企业法》规定条件的，予以登记，发给营业执照；对不符合《个人独资企业法》规定条件的，不予登记，并应当给予书面答复，说明理由。

个人独资企业营业执照的签发日期，为个人独资企业成立日期。在领取个人独资企业营业执照前，投资人不得以个人独资企业名义从事经营活动。

个人独资企业设立分支机构，应当由投资人或者其委托的代理人向分支机构所在地的登记机关申请登记，领取营业执照。分支机构经核准登记后，应将登记情况报该分支机构隶属的个人独资企业的登记机关备案。分支机构的民事责任由设立该分支机构的个人独资企业承担。

个人独资企业存续期间登记事项发生变更的，应当在作出变更决定之日起的 15 日内依法向登记机关申请办理变更登记。

2.3.3 个人独资企业的投资人及事务管理

2.3.3.1 投资人

投资人必须具有法律规定的资格，法律、行政法规禁止从事营利性活动的人，不得作为投资人申请设立个人独资企业。

2.3.3.2　个人独资企业的财产

国家依法保护个人独资企业的财产和其他合法权益。个人独资企业投资人对本企业的财产依法享有所有权，其有关权利可以依法进行转让或继承。

个人独资企业投资人在申请企业设立登记时明确以其家庭共有财产作为个人出资的，应当依法以家庭共有财产对企业债务承担无限责任。

个人独资企业可以依法申请贷款、取得土地使用权，并享有法律、行政法规规定的其他权利。

2.3.3.3　事务管理

个人独资企业从事经营活动必须遵守法律、行政法规，遵守诚实信用原则，不得损害社会公共利益。国家以法律的形式保护个人独资企业的权益，禁止任何单位和个人违反法律、行政法规的规定，以及以任何方式强制个人独资企业提供财力、物力、人力的行为；对于违法强制提供财力、物力、人力的行为，个人独资企业有权拒绝。

1. 投资人自行管理

个人独资企业投资人可以自行管理企业事务。

2. 委托他人管理

投资人也可以委托或者聘用其他具有民事行为能力的人负责企业的事务管理。

投资人委托或者聘用他人管理个人独资企业事务，应当与受托人或者被聘用的人签订书面合同，明确委托的具体内容和授予的权利范围。投资人对受托人或者被聘用的人员职权的限制，不得对抗善意第三人。

受托人或者被聘用的人员应当履行诚信、勤勉义务，按照与投资人签订的合同负责个人独资企业的事务管理。投资人委托或者聘用的人员管理个人独资企业事务时违反双方订立的合同，给投资人造成损害的，承担民事赔偿责任。

为充分保护投资人的合法权益，《个人独资企业法》明确规定，投资人委托或者聘用的管理个人独资企业事务的人员不得有下列行为：①利用职务上的便利，索取或者收受贿赂；②利用职务或者工作上的便利侵占企业财产；③挪用企业的资金归个人使用或者借贷给他人；④擅自将企业资金以个人名义或者以他人名义开立账户储存；⑤擅自以企业财产提供担保；⑥未经投资人同意，从事与本企业相竞争的业务；⑦未经投资人同意，同本企业订立合同或者进行交易；⑧未经投资人同意，擅自将企业商标或者其他知识产权转让他人使用；⑨泄露本企业的商业秘密；⑩法律、行政法规禁止的其他行为。

3. 劳动者权益保障

个人独资企业招用职工的，应当依法与职工签订劳动合同，保障职工的劳动安全，按时、足额发放职工工资。个人独资企业应当按照国家规定参加社会保险，为职工缴纳社会保险费。个人独资企业违反法律规定，侵犯职工合法权益，未保障职工劳动安全，不缴纳社会保险费用的，按照有关法律、行政法规予以处罚，并追究有关责任人员的责任。个人独资企业职工依法建立工会，工会依法开展活动。

2.3.4　个人独资企业的解散和清算

2.3.4.1　解散

个人独资企业有下列情形之一时，应当解散：
(1) 投资人决定解散；
(2) 投资人死亡或者被宣告死亡，无继承人或者继承人决定放弃继承；
(3) 被依法吊销营业执照；
(4) 法律、行政法规规定的其他情形。

2.3.4.2　清算

个人独资企业解散，由投资人自行清算或者由债权人申请人民法院指定清算人进行清算。投资人自行清算的，应当在清算前 15 日内书面通知债权人，无法通知的，应当予以公告。债权人应当在接到通知之日起 30 日内，未接到通知的应当在公告之日起 60 日内，向投资人申报其债权。

个人独资企业解散后，原投资人对个人独资企业存续期间的债务仍应承担偿还责任，但债权人在 5 年内未向债务人提出偿债请求的，该责任消灭。

个人独资企业解散的，财产应当按照下列顺序清偿：①所欠职工工资和社会保险费用；②所欠税款；③其他债务。个人独资企业财产不足以清偿债务的，投资人应当以其个人的其他财产予以清偿。

清算期间，个人独资企业不得开展与清算目的无关的经营活动。在按前述规定清偿债务前，投资人不得转移、隐匿财产。个人独资企业及其投资人在清算前或清算期间隐匿或转移财产，逃避债务的，依法追回其财产，并按照有关规定予以处罚；构成犯罪的，依法追究刑事责任。

个人独资企业清算结束后，投资人或者人民法院指定的清算人应当编制清算报告，并于 15 日内到登记机关办理注销登记。

2.4　外商投资企业法律制度

2.4.1　概述

2.4.1.1　概念

外商投资企业是指依照中华人民共和国法律的规定，在中国境内设立的，由中国投资者和外国投资者共同投资或者仅由外国投资者投资设立的企业。

中国投资者包括中国的企业和其他经济组织；外国投资者包括外国的企业、组织和个人。

2.4.1.2　外商投资企业的法律地位

外商投资企业是依照中国法律设立的，是中国企业，受中国法律管辖；符合中国法律规定的法人条件的，是中国法人。

2.4.1.3　调整外商投资企业的立法

为了扩大对外经济技术交流，1979 年 7 月 1 日第五届全国人民代表大会第二次会议通过了《中华人民共和国中外合资经营企业法》（以下简称《中外合资经营企业法》），1990 年 4 月 4 日第七届全国人民代表大会第三次会议对该法作了第一次修订；为适应加入世界贸易组织的需要，2001 年 3 月 15 日第九届全国人民代表大会第四次会议作了第二次修订。该法开宗明义，在第一条中明确指出："中华人民共和国为了扩大国际经济合作和技术交流，允许外国公司、企业和其他经济组织或个人（以下简称外国合营者），按照平等互利的原则，经中国政府批准，在中华人民共和国境内，同中国的公司、企业或其他经济组织（以下简称中国合营者）共同举办合营企业。"该法的颁布，开始了我国外商投资企业法律调整的新时代。

为了扩大对外经济合作和技术交流，促进外国的企业和其他经济组织或者个人——外国合作者按照平等互利的原则，同中华人民共和国的企业或者其他经济组织——中国合作者在中国境内共同举办中外合作经营企业，1988 年 4 月 13 日第七届全国人民代表大会第一次会议通过了《中华人民共和国中外合作经营企业法》（以下简称《中外合作经营企业法》），该法对规范中外合作企业发挥了巨大的作用。针对实施过程中的问题以及加入世界贸易组织的需要，2000 年 10 月 31 日第九届全国人民代表大会常务委员会第十八次会议对该法作了修正。

为了扩大对外经济合作和技术交流，促进中国国民经济的发展，中华人民共和国允许外国的企业和其他经济组织或者个人——外国投资者在中国境内举办外资企业，保护外资企业的合法权益。1986 年 4 月 12 日第六届全国人民代表大会第四次会议通过《中华人民共和国外资企业法》（以下简称《外资企业法》），2000 年 10 月 31 日第九届全国人民代表大会常务委员会第十八次会议对该法作了修订，以适应迅速变化的时代要求。

除上述法律外，国务院、商务部、国家工商总局等部门还颁布了大量的行政法规和部门规章，对外商投资企业进行规范化调整。《中华人民共和国公司法》也适用于公司制的外商投资企业。上述法律构成了我国多层次的系统、规范、严谨的外商投资企业法律调整体系，为外商投资企业的健康、持续发展奠定了法律基础。

为了指导外商投资方向，使外商投资方向与我国国民经济和社会发展规划相适应，并有利于保护投资者的合法权益。根据国家有关外商投资的法律规定和产业政策要求，经国务院批准，有关部委颁布了《指导外商投资方向规定》、《外商投资产业指导目录》和《中西部地区外商投资优势产业目录》等部门规章。

2.4.2　外商投资企业的分类

根据不同的标准可以对外商投资企业进行不同的分类，从企业形式角度，可以将外商投资企业分为中外合资经营企业、中外合作经营企业、外资企业等。

2.4.2.1　中外合资经营企业

中外合资经营企业简称合营企业，是指中国公司、企业和其他经济组织与外国公司企业和其他经济组织或者个人按照中国法律规定，在中国境内共同投资、共同经营、共同出资并按出资比例分享利润，分担风险与亏损的企业。

中外合资经营企业有以下特点：

（1）合营企业由中外合营者共同举办。中国合营者和外国合营者的资格都要符合中国法律的规定。

（2）合营企业依照中国的法律在中国境内设立。合营企业的设立、变更、终止及其企业的一切经营管理活动都要符合中华人民共和国法律的规定。

（3）合营企业实行股权式联营，各方的投资比例是确定各方权利义务的依据。合营企业由中外合营者共同投资、共同经营、共负盈亏、共担风险是合营企业最重要的法律特征。共同投资是指中外合营者可以用货币出资，也可以用实物、知识产权、土地使用权等可以用货币估价并可以依法转让的非货币财产作价出资；但是，法律、行政法规规定不得作为出资财产的除外。合营各方的出资比例在法律规定的范围内由各方协商确定。共同经营是指合营各方均有权利和义务参与企业的经营管理，共负盈亏、共担风险是指合营各方按照出资比例，分享利润、承担风险，合营各方以自己的出资为限对合营企业承担有限责任。

2.4.2.2　中外合作经营企业

中外合作经营企业是中国公司、企业或者其他经济组织与外国的公司、企业和其他经济组织，根据中国法律的规定，在中国境内设立的，由合作合同确定合作各方的权利和义务，并根据合同从事生产经营活动的企业。《中外合作经营企业法》规定："中外合作者举办合作企业，应当依照本法的规定，在合作企业合同中约定投资或者合作条件、收益或者产品的分配、风险和亏损的分担、经营管理的方式和合作企业终止时财产的归属等事项。""合作企业符合中国法律关于法人条件的规定的，依法取得中国法人资格。"

合作企业与合营企业一样，也依照中国的法律在中国境内设立。合作企业的设立、变更、终止及其企业的一切经营管理活动都要符合中华人民共和国法律的规定。合作企业由中外合作者共同举办。中国合作者和外国合作者的资格都要符合中国法律的规定。与合营企业相比，二者具有下列不同的特点。

1. 法律性质不同

合营企业是股权式企业，合营各方的出资比例决定了其在合营企业中的权利和义务；合作企业是契约式企业，合作各方通过协商在合作合同中确定各方的权利义务。

2. 组织形式不同

合营企业的组织形式为有限责任公司，具有法人资格，合营各方按其出资对合营企业承担责任，合营企业以其全部资产对外承担责任。合作企业可以是法人型企业，也可以是非法人型企业，法人型的合作经营企业具有独立的法人资格，企业以其全部财产对外承担责任；非法人型合作企业不具有法人资格，由合作者对外承担连带责任。

3. 出资方式不同

中外合营者可以用货币出资，也可以用实物、知识产权、土地使用权等可以用货币估价并可以依法转让的非货币财产作价出资；但是，法律、行政法规规定不得作为出资的财产除外。合营各方的出资折算成股金，以货币形式表示合营各方的出资比例；合作企业合作者的出资方式与合营企业各方的出资方式基本相同，但是不需要折算股金计算出资比例。

4. 利润分享和风险、亏损承担的依据不同

合营企业各方依照其在合营企业的出资比例分享利润、承担风险和亏损。合

作企业是依照合作各方在合作合同中的约定，分享利润和承担风险、亏损，合作各方可以就合作企业利润的分配、风险的承担等问题进行协商。

5. 收回投资的期限不同

合营企业在合营期间不得减少注册资金，合营企业只能在合营期限届满后才能收回投资，合作企业允许外国合作者在合作期间先行收回投资。

6. 企业剩余财产的归属不同

合营企业合营期满后，清偿债务后的剩余财产按合营各方的出资比例进行分配。合作企业经营期限届满后的剩余财产按照合作合同的规定确定其归属，如果外国合作者在合作期间先行收回投资，则剩余财产归中方合作者所有。

7. 组织机构不同

合营企业董事会是最高权力机构，负责决定企业的一切重大事项，由总经理负责日常的经营管理活动。合作企业在经营管理上方式十分灵活，既可以采用董事会管理的模式，也可以设立联合管理机构或者委托第三方管理。

2.4.2.3　外资企业

外资企业是指依照中国有关法律在中国境内设立的全部资本由外国投资者投资的企业，不包括外国的企业和其他经济组织在中国境内的分支机构。外国投资者可以是外国的企业、其他经济组织，也可以是个人。

外资企业具有下列法律特征：

（1）外资企业是依照中国法律在中国境内设立的，不同于外国企业在中国设立的分支机构和办事机构；

（2）企业的全部资本由外国投资者投入。

2.4.3　外商投资企业的设立

2.4.3.1　合营企业的设立

申请设立的合营企业应注重经济效益，符合下列一项或数项要求：①采用先进技术设备和科学管理方法，能增加产品品种，提高产品质量和产量，节约能源和材料；②有利于企业技术改造，能做到投资少、见效快、收益大；③能扩大产品出口，增加外汇收入；④能培训技术人员和经营管理人员。

申请设立合营企业有下列情况之一的，不予批准：①有损中国主权的；②违反中国法律的；③不符合中国国民经济发展要求的；④造成环境污染的；⑤签订的协议、合同、章程明显属不公平，损害合营一方权益的。

在中国境内设立合营企业，必须经商务部委托的有关省、自治区、直辖市人民政府或国务院有关部、局审查批准。批准后，由商务部发给批准证书。

设立合营企业由中国合营者向企业主管部门呈报拟与外国合营者设立合营企业的项目建议书和初步可行性研究报告。该建议书和初步可行性研究报告，经企业主管部门审查同意并转报审批机构批准后，合营各方才能进行以可行性研究为中心的各项工作，在此基础上商议签订合营企业协议、合同、章程。然后，中国合营者负责向审批机构报送设立合营企业的申请书及有关文件，审批机构自接到所要求的全部文件之日起 3 个月内决定批准或不批准。审批机构如发现前述文件有不当之处，应要求其限期修改，否则不予批准。

申请者应在收到批准证书后 1 个月内，按《中华人民共和国中外合资经营企业登记管理办法》的规定，凭批准证书向合营企业所在地的省、自治区、直辖市工商行政管理局（以下简称登记管理机构）办理登记手续。合营企业的营业执照签发日期，即为该合营企业的成立日期。

2.4.3.2　合作企业的设立

国家鼓励举办产品出口的或者技术先进的生产型合作企业；不批准设立损害国家主权或者社会公共利益的，危害国家安全的，对环境造成污染损害的，有违反法律、行政法规或者国家产业政策的其他情形的中外合作经营企业。

申请设立合作企业，应当将中外合作者签订的协议、合同、章程等文件报国务院对外经济贸易主管部门或者国务院授权的部门和地方政府（即审查批准机关）审查批准。审查批准机关应当自接到申请之日起 45 日内决定批准或者不批准。

设立合作企业的申请经批准后，应当自接到批准证书之日起 30 天内向工商行政管理机关申请登记，领取营业执照。合作企业的营业执照签发日期，即为该企业的成立日期。

中外合作者在合作期限内协商同意对合作企业合同作重大变更的，应当报审查批准机关批准；变更内容涉及法定工商登记项目、税务登记项目的，应当向工商行政管理机关、税务机关办理变更登记手续。

2.4.3.3　外资企业的设立

设立外资企业，必须有利于中国国民经济的发展。国家鼓励举办产品出口或者技术先进的外资企业；对有损中国主权或者社会公共利益的，危及中国国家安全的，违反中国法律、法规的，不符合中国国民经济发展要求的，可能造成环境污染的外资企业不予批准设立。国家禁止或者限制设立外资企业的行业由国务院规定。

设立外资企业的申请，由国务院对外经济贸易主管部门或者国务院授权的机关审查批准。审查批准机关应当在接到申请之日起 90 天内决定批准或者不批准。

设立外资企业的申请经批准后，外国投资者应当在接到批准证书之日起 30 天内向工商行政管理机关申请登记，领取营业执照。外资企业的营业执照签发日期，即为该企业成立日期。外资企业符合中国法律关于法人条件的规定的，依法取得中国法人资格。

外资企业应当在审查批准机关核准的期限内在中国境内投资；逾期不投资的，工商行政管理机关有权吊销营业执照。工商行政管理机关对外资企业的投资情况进行检查和监督。

2.4.4   外商投资企业的组织形式与注册资本

2.4.4.1   合营企业

1. 组织形式

合营企业的形式为有限责任公司。

2. 注册资本

合营企业的注册资本为合营各方认缴的出资额之和。合营企业的注册资本中，外国合营者的出资比例一般不得低于 25％。

合营企业在合营期限内，不得减少其注册资本。但因投资总额和生产经营规模等发生变化，确需减少注册资本的，须经审批机关批准。合营企业增加注册资本应当经合营各方协商一致，并由董事会会议通过，报原审批机关核准。合营企业增加、减少注册资本，应当修改合营企业章程，并办理变更注册资本登记手续。

合营企业的注册资本应符合《公司法》规定的有限责任公司的注册资本最低限额。

3. 出资方式

合营企业合营各方可以用货币出资，也可以用实物、知识产权、土地使用权等可以用货币估价并可以依法转让的非货币财产作价出资。经审批机关批准，外国投资者也可以用其从中国境内举办的其他外商投资企业获得的人民币利润出资。

外国合营者作为投资的技术和设备，必须确实是适合我国需要的先进技术和设备。如果有意以落后的技术和设备进行欺骗，造成损失的，应赔偿损失。中国合营者的投资可包括为合营企业经营期间提供的场地使用权。如果场地使用权未作为中国合营者投资的一部分，合营企业应向中国政府缴纳使用费。

2.4.4.2　合作企业

1. 组织形式

合作企业依法取得中国法人资格的，为有限责任公司。除合作企业合同另有约定外，合作各方以其投资或者提供的合作条件为限对合作企业承担责任。合作企业以其全部资产对合作企业的债务承担责任。

2. 注册资本

合作企业的投资总额，是指按照合作企业合同、章程规定的生产经营规模，需要投入的资金总和。

合作企业的注册资本，是指为设立合作企业，在工商行政管理机关登记的合作各方认缴的出资额之和。注册资本以人民币表示，也可以用合作各方约定的一种可自由兑换的外币表示。合作企业注册资本在合作期限内不得减少。但是，因投资总额和生产经营规模等变化，确需减少的，须经审查批准机关批准。

3. 出资方式

合作各方应当依照有关法律、行政法规的规定和合作企业合同的约定，向合作企业投资或者提供合作条件。投资是指合作者用货币、建筑物、机器设备或其他物料、工业产权、专有技术、土地使用权等作价的出资。合作条件是指合作者提供的不动产和其他财产权利，包括：土地使用权，附着于土地的建筑物及其他定着物、建筑物的固定附属设备的所有权或者使用权，工业产权和专有技术等财产权利。合作各方向合作企业提供的合作条件属于合作企业的财产，不以货币的形式表示，但应做辅助登记，对企业的债务承担责任。中国合作者的投资或者提供的合作条件，属于国有资产的，应当依照有关法律、行政法规的规定进行资产评估。在依法取得中国法人资格的合作企业中，外国合作者的投资一般不低于合作企业注册资本的 25%；在不具有法人资格的合作企业中，外国合作者的投资不得低于中国和外国合作者投资额之和的 25%。

2.4.4.3　外资企业

1. 组织形式

外资企业的组织形式为有限责任公司，经批准也可以为其他责任形式。外资企业为有限责任公司的，外国投资者对企业的责任以其认缴的出资额为限；外资企业为其他责任形式的，外国投资者对企业的责任适用中国法律、法规的规定。

2. 注册资本

外资企业的投资总额，是指开办外资企业所需资金总额，即按其生产规模需要投入的基本建设资金和生产流动资金的总和。

外资企业的注册资本，是指为设立外资企业在工商行政管理机关登记的资本总额，即外国投资者认缴的全部出资额。

外资企业的注册资本要与其经营规模相适应，注册资本与投资总额的比例应当符合中国有关规定。外资企业在经营期内不得减少其注册资本。外资企业注册资本的增加、转让，须经审批机关批准，并向工商行政管理机关办理变更登记手续。外资企业将其财产或者权益对外抵押、转让，须经审批机关批准并向工商行政管理机关备案。

3. 出资方式

外国投资者可以用可自由兑换的外币出资，也可以用实物、知识产权、土地使用权等可以用货币估价并可以依法转让的非货币财产作价出资。经审批机关批准，外国投资者也可以用其从中国境内举办的其他外商投资企业获得的人民币利润出资。

外国投资者以机器设备作价出资的，该机器设备必须是外资企业生产所必需的、中国不能生产，或者虽能生产，但在技术性能或者供应时间上不能保证需要的。对作价出资的机器设备的作价不得高于同类机器设备当时的国际市场正常价格，应当列出详细的作价出资清单，包括名称、种类、数量、作价等，作为设立外资企业申请书的附件一并报送审批机关。

外国投资者以知识产权作价出资时，该知识产权必须是外国投资者自己所有的，能生产中国急需的新产品或者出口适销产品的，该知识产权的作价应当与国际上通常的作价原则相一致。对作价出资的知识产权，应当备有详细资料，包括所有权证书的复制件、有效状况及其技术性能、实用价值、作价的计算根据和标准等，作为设立外资企业申请书的附件一并报送审批机关。

2.4.5　组织机构

2.4.5.1　合营企业

合营企业设董事会，其人数组成由合营各方协商，在合同、章程中确定，并由合营各方委派和撤换。董事长和副董事长由合营各方协商确定或由董事会选举产生。中外合营者的一方担任董事长的，由他方担任副董事长。董事会根据平等互利的原则，决定合营企业的重大问题。

董事会的职权是按合营企业章程规定，讨论决定合营企业的一切重大问题：企业发展规划、生产经营活动方案、收支预算、利润分配、劳动工资计划、停业，以及总经理、副总经理、总工程师、总会计师、审计师的任命或聘请及其职权和待遇等。

正副总经理（或正副厂长）由合营各方分别担任。

除上述董事会的规定外，合营企业还应依照《公司法》的规定设立其他机构。

2.4.5.2　合作企业

中外合作者的一方担任董事会的董事长、联合管理机构的主任的，由他方担任副董事长、副主任。董事会或者联合管理机构可以决定任命或者聘请总经理负责合作企业的日常经营管理工作。总经理对董事会或者联合管理机构负责。

合作企业设董事会或者联合管理委员会。董事会或者联合管理委员会是合作企业的权力机构，按照合作企业章程的规定，决定合作企业的重大问题。

董事会或者联合管理委员会的成员不得少于 3 人，由合作各方自行委派或者撤换，其名额的分配由中外合作者参照其投资或者提供的合作条件协商确定。董事会董事长、副董事长或者联合管理委员会主任、副主任的产生办法由合作企业章程规定；中外合作者的一方担任董事长、主任的，副董事长、副主任由他方担任。董事或者委员的任期由合作企业章程规定；但是，每届任期不得超过 3 年。董事或者委员任期届满，委派方继续委派的，可以连任。

董事会会议或者联合管理委员会会议每年至少召开 1 次，由董事长或者主任召集并主持。董事长或者主任因特殊原因不能履行职务时，由董事长或者主任指定副董事长、副主任或者其他董事、委员召集并主持。1/3 以上董事或者委员可以提议召开董事会会议或者联合管理委员会会议。

董事会会议或者联合管理委员会会议应当有 2/3 以上董事或者委员出席方能举行，不能出席董事会会议或者联合管理委员会会议的董事或者委员应当书面委托他人代表其出席和表决。董事会会议或者联合管理委员会会议作出决议，须经全体董事或者委员的过半数通过。董事或者委员无正当理由不参加又不委托他人代表其参加董事会会议或者联合管理委员会会议的，视为出席董事会会议或者联合管理委员会会议并在表决中弃权。

下列事项由出席董事会会议或者联合管理委员会会议的董事或者委员一致通过，方可作出决议：合作企业章程的修改；合作企业注册资本的增加或者减少；合作企业的解散；合作企业的资产抵押；合作企业合并、分立和变更组织形式；合作各方约定由董事会会议或者联合管理委员会会议一致通过方可作出决议的其他事项。

董事长或者主任是合作企业的法定代表人。董事长或者主任因特殊原因不能履行职务时，应当授权副董事长、副主任或者其他董事、委员对外代表合作企业。

合作企业设总经理1人，负责合作企业的日常经营管理工作，对董事会或者联合管理委员会负责。合作企业的总经理由董事会或者联合管理委员会聘任、解聘。总经理及其他高级管理人员可以由中国公民担任，也可以由外国公民担任。经董事会或者联合管理委员会聘任，董事或者委员可以兼任合作企业的总经理或者其他高级管理职务。

合作企业成立后委托合作各方以外的他人经营管理的，必须经董事会或者联合管理委员会一致同意，并应当与被委托人签订委托经营管理合同。合作企业应当将董事会或者联合管理委员会的决议、签订的委托经营管理合同，连同被委托人的资信证明等文件，一并报送审查批准机关批准。审查批准机关应当自收到有关文件之日起30天内决定批准或者不批准。

2.4.5.3　外资企业

外资企业法规定："外资企业依照经批准的章程进行经营管理活动，不受干涉。"外资企业的组织形式是有限责任公司的，其组织机构的设置应符合《公司法》的有关规定，这里不再赘述。

2.4.6　利益分配

国家以法律的形式保护外商投资企业的合法权益，保护中外投资者的合法权益，其中的一项重要权利就是收益权。

《中外合资经营企业法》规定：合营各方按注册资本的比例分享利润和分担风险及亏损。合营企业获得的毛利润，按中华人民共和国税收法律制度规定缴纳合营企业所得税后，扣除合营企业章程规定的储备基金、职工奖励及福利基金、企业发展基金，净利润根据合营各方注册资本的比例进行分配。《中外合作经营企业法》规定：国家保护合作企业和中外合作者的合法权益。《外资企业法》规定：外国投资者在中国境内的投资、获得的利润和其他合法权益，受中国法律保护。外商投资企业必须遵守中国的法律、法规，不得损害中国的社会公共利益。国家对外商投资企业不实行国有化和征收；在特殊情况下，根据社会公共利益的需要，对外商投资企业可以依照法律程序实行征收，并给予相应的补偿。

作为有限责任公司的合营企业和以有限责任公司为组织形式的外资企业，利润分配的依据是投资者在企业中的出资比例，而合作企业的利润分配依据的是合作各方在合作合同中的约定。因此，我们在这里重点介绍合作企业的利润分配问题。

《中外合作经营企业法》规定"中外合作者依照合作企业合同的约定，分配收益或者产品，承担风险和亏损。""中外合作者在合作企业合同中约定合作期满时合作企业的全部固定资产归中国合作者所有的，可以在合作企业合同中约定外国合作者在合作期限内先行回收投资的办法。合作企业合同约定外国合作者在缴纳所得税前回收投资的，必须向财政税务机关提出申请，由财政税务机关依照国家有关税收的规定审查批准。""依照前款规定外国合作者在合作期限内先行回收投资的，中外合作者应当依照有关法律的规定和合作企业合同的约定对合作企业的债务承担责任。"

从上述规定可以看到，中外合作企业的利润分配方式是灵活的，中外合作者可以采用分配利润、分配产品或者合作各方共同商定的其他方式分配收益。

中外合作者在合作企业合同中约定合作期限届满时，合作企业的全部固定资产无偿归中国合作者所有的，外国合作者在合作期限内可以申请按照下列方式先行回收其投资：

（1）在按照投资或者提供合作条件进行分配的基础上，在合作企业合同中约定扩大外国合作者的收益分配比例；

（2）经财政税务机关按照国家有关税收的规定审查批准，外国合作者在合作企业缴纳所得税前回收投资；

（3）经财政税务机关和审查批准机关批准的其他回收投资方式。

外国合作者依照上述规定在合作期限内先行回收投资的，中外合作者应当依照有关法律的规定和合作企业合同的约定，对合作企业的债务承担责任。合作企业的亏损未弥补前，外国合作者不得先行回收投资。

外国合作者在履行法律规定和合作企业合同约定的义务后分得的利润、其他合法收入和合作企业终止时分得的资金，可以依法汇往国外。

2.4.7　外商投资企业合并、分立与清算

2.4.7.1　外商投资企业的合并与分立的概念

1. 外商投资企业的合并

外商投资企业的合并，是指两个以上中外合资经营企业、中外合作经营企业、外商独资经营企业等依照法律的有关规定，通过订立协议而归并成为一个企业。合并后存续的企业或者新设的企业全部承继因合并而解散的企业的债权、债务。

外商投资企业的合并可以采取吸收合并和新设合并两种形式。吸收合并，是指企业接纳其他企业加入本企业，接纳方继续存在，加入方解散。新设合并，是指两个以上企业合并设立一个新的企业，合并各方解散。

2. 外商投资企业的分立

外商投资企业的分立是指一个外商投资企业依照法律的有关规定，通过企业最高权力机构决议分成两个以上的企业。分立后的企业按照分立协议承继原公司的债权、债务。

外商投资企业的分立可以采取存续分立和解散分立两种形式。存续分立，是指一个外商投资企业分离成两个以上企业，本企业继续存在并设立一个以上新的企业。解散分立，是指一个企业分解为两个以上企业。

2.4.7.2　外商投资企业合并与分立应遵循的原则和符合的条件

外商投资企业合并或分立，应当遵守中国法律的规定，遵循自愿、平等和公平竞争的原则，不得损害社会公共利益和债权人的合法权益。

外商投资企业合并或分立，应符合《指导外商投资方向暂行规定》和《外商投资产业指导目录》的规定，不得导致外国投资者在不允许外商独资、控股与占主导地位的产业的公司中独资、控股或占主导地位。

外商投资企业因合并或分立而导致其所从事的行业或经营范围发生变更的，应符合有关法律、法规及国家产业政策的规定并办理必要的审批手续。

2.4.7.3　清算的概念及分类

外商投资企业的清算是指外商投资企业终止合营合同、合作合同等合同，依法清理债权债务、分配剩余财产等的行为。外商投资企业的清算分为普通清算和特别清算。

企业能够自行组织清算委员会进行清算的，按普通清算的程序办理。

企业不能自行组织清算委员会进行清算或者依照普通清算的规定进行清算出现严重阻碍的，企业董事会或者联合管理委员会等权力机构（以下简称企业权力机构）、投资者或者债权人可以向企业审批机关申请进行特别清算。企业审批机关批准进行特别清算的，按特别清算程序办理。企业被依法责令关闭而解散，进行的清算按特别清算办理。法律对特别清算无规定的，适用普通清算规定。

企业清算应当依照国家有关法律、行政法规的规定，以经批准的企业合同、章程为基础，按照公平、合理和保护企业、投资者、债权人合法权益的原则进行。

思　考　题

1. 什么是法人，设立企业法人应符合哪些条件？
2. 什么是合伙企业？什么是个人独资企业？二者有哪些区别？

3. 设立外商独资企业应符合哪些条件?

4. 中外合资经营企业与中外合作经营企业有何区别?

案 例 分 析

【案情简介】①

美国公民原告谢某因与美国公民张某、中国上海金刚公司发生股权转让纠纷, 向中国上海市第二中级人民法院提起诉讼。

原告与被告张某原为大学同学, 张某提出将其在被告金刚公司中的 20% 股份转让给原告。基于对老同学的信任, 原告按张某提出的价格, 先后向金刚公司汇入 40 万美元, 以投资人身份被列名为金刚公司的副董事长, 但一直未参与金刚公司的经营管理。1999 年 9 月原告应邀暂时管理公司时, 才发现张某并未按合同、章程的约定, 将其许诺投入的 211 万美元现汇及价值 89 万美元的生产设备注入金刚公司, 而是将原告投入的资金当作他的个人出资进行验资, 并且在经营管理期间还有违规操作及侵害其他股东权益的情形。为此, 原告向张某要求退出金刚公司, 由张某按原价收购其出让给原告的 20% 股权。张某表示同意, 并与原告达成协议, 草拟了《股权让度协议书》, 但在行将签约时, 因张某变更付款条件, 致签约未成。双方又确定以金刚公司董事会决议案的方式代替股权转让合同。2000 年 3 月 13 日, 金刚公司董事会作出 A、B 两个决议案, 同意原告将金刚公司 20% 股权以 40 万美元的价格转让给张某; 同意在决议签署后两日内, 将公司购买的金沙江路 65 弄 7 号 404 室之房产作价 421 145 元人民币过户给原告, 同时将金沙江路 69 号底层店面出售款中的 150 万元人民币先支付给原告, 余款由金刚公司向原告开出远期银行汇票每月支付一次; 若有任何一期透支或被退票, 原告有权主张全部未到期债权。由于张某实际是金刚公司的全额投资人, 因此张某对原告的付款行为, 即为金刚公司向原告的付款行为。

董事会决议作出后, 原告即离开金刚公司, 张某也已经向员工宣布了原告退股的消息。而张某并未将金沙江路 65 弄 7 号 404 室之房产过户给原告, 金刚公司也未向原告开出远期银行票据支付余款。

原告认为, 股权转让协议签订后, 虽未到政府相关部门办理变更登记手续, 但已经是依法成立的合同, 具有法律约束力。现在张某和金刚公司未按协议向原告支付相应的股权转让款, 已构成违约。为维护自身合法权益, 故提起诉讼, 请求判令张某立即向原告支付股权转让款 40 万美元或按 1:8.279 的比例折算的人民币 3 311 600 元; 判令金刚公司连带清偿张某的这一债务。

被告认为, 金刚公司确于 2000 年 3 月 13 日作出董事会决议, 全体董事同

---

① 案例来源: 最高人民法院网站, www.court.gov

意由本人承购谢某的 20% 股权。根据《中外合作经营企业法》的规定，公司股权的变更，光有董事会决议是不行的，必须经过审批机关的批准和登记机关进行变更登记。这次董事会还决议，将属于金刚公司的两处房产作价给谢某支付股权转让款。此举如付诸实施，就会造成合作公司的注册资本减少，这有悖于法律规定。董事会虽然决议谢某把价值人民币 300 万元以上的股权转让给本人，但由董事会决议的形式进行转让，不符合法律的要求。且决议后，谢某没有与本人订立过转让的书面合同。基于以上理由，谢某现在根据金刚公司 2000 年 3 月 13 日的董事会决议主张支付股权转让款，是违法的，其诉讼请求不应当支持。

【问题】

　　1. 中外合资经营企业股权转让应符合哪些条件？

　　2. 张某与谢某之间是否达成了股权转让协议？为什么？

　　3. 谢某的诉讼请求能否得到法院的支持？为什么？

第 3 章 公 司 法

课程要求：通过对公司法律制度的学习，了解公司制度在现代企业制度建设中的地位；掌握公司的概念和特征，有限责任公司和股份有限公司的概念、特征、设立条件，公司的股权转让、股份发行与转让和公司债券，公司组织机构的构成和相应的权利，公司的基本财务会计制度等内容。

3.1 概　　述

3.1.1 公司概述

3.1.1.1 公司的定义与特征

简而言之，公司是依法设立的以营利为目的的企业法人。《中华人民共和国公司法》（以下简称《公司法》）第2条规定："本法所称公司是指依照本法在中国境内设立的有限责任公司和股份有限公司。"《公司法》第三条规定："公司是企业法人，有独立的法人财产，享有法人财产权。公司以其全部财产对公司的债务承担责任。有限责任公司的股东以其认缴的出资额为限对公司承担责任；股份有限公司的股东以其认购的股份为限对公司承担责任。"据此，公司具有以下特征：

（1）公司是以营利为目的的经济组织。公司是企业的一种组织形式，同其他企业一样，营利是其产生的原因和目的，是其经营活动的出发点和归宿。企业的这种特征区别于非企业组织，如国家机关、事业单位、社会团体等。

（2）公司具有法人资格。公司是具有法人人格的企业，这与不具有独立法人资格的个人独资企业和合伙企业相区别。法人是具有民事权利能力和民事行为能力，依法独立享有民事权利和承担民事责任的组织，其特征在于具有独立的人格、独立的组织机构、独立的财产并且能够独立地承担民事责任。

（3）公司依照法定条件和程序设立。《公司法》规定了公司设立的条件和程序，依照法定条件和程序才能设立公司。

3.1.1.2 公司的分类

不同国家、不同时期的法律对公司有着不同的分类，综观世界各国和地区公司法的规定，对于公司主要有以下分类：

（1）按股东对公司所承担责任范围的不同可以把公司划分为有限责任公司、股份有限公司、无限责任公司、两合公司和股份两合公司。

有限责任公司，是指股东以其认缴的出资额为限对公司承担责任，公司以其全部财产对公司的债务承担责任的公司。股份有限公司，是指公司的全部资本分为等额股份，股东以其认购的股份为限对公司承担责任，公司以其全部财产对公司的债务承担责任的公司。

无限责任公司，简称无限公司，是指股东对公司债务承担无限连带责任的公司。

两合公司，是指由负无限责任的股东与负有限责任的股东共同组成，负无限责任的股东对公司债务承担无限连带责任，负有限责任的股东对公司债务仅以其出资额为限承担有限责任的公司。股份两合公司，是两合公司的特殊形式，普通的两合公司兼有无限公司和有限公司的特点，而股份两合公司兼有无限公司和股份有限公司的特点。股份两合公司与普通的两合公司的不同在于其有限责任股东是以认购股份即购买公司股票的形式进行出资的。

现代经济生活日益复杂，而无限公司和两合公司股东的投资风险更加突出，对投资人吸引力日益减弱，因此，无限公司、两合公司和股份两合公司不是现代公司制度的主要形式，采用该形式的国家较少。而有限责任公司和股份有限公司成为现代经济中公司的主要类型，我国《公司法》也只承认这两种形式。

（2）按对外信用基础的不同可以把公司划分为人合公司、资合公司、人合兼资合公司。

人合公司，是指以股东个人信誉作为公司生产经营活动信用基础的公司。这类公司对外进行经济活动时，依据的主要不是公司本身的资本，而是股东个人的信用状况，当公司资不抵债时，股东应当以个人的全部财产清偿公司债务。无限责任公司为典型的人合公司。

资合公司，是指以公司的资本作为其信用基础的公司。这种公司对外进行经济活动时，依靠的不是股东个人信用情况，而是公司的资本。这种公司的股东对公司债务只承担出资额范围内的有限责任，公司股东间以出资相结合。股份有限公司是最典型的资合公司。

人合兼资合公司，是指信用基础兼具股东个人信用及公司资本信用的公司。两合公司和股份两合公司是典型的人合兼资合公司。

（3）按公司分支机构的设置和管辖关系可以把公司划分为本公司与分公司。

本公司，也称总公司，是统辖全部公司组织的总机构。分公司是由本公司管辖的分支机构。《公司法》规定："公司可以设立分公司。设立分公司，应当向公司登记机关申请登记，领取营业执照。分公司不具有法人资格，其民事责任由公司承担。"

(4) 按公司间的控制与依附关系的不同可以把公司划分为母公司与子公司。

母公司,是指拥有另一公司一定比例以上的股份或通过协议方式对另一公司实行实际控制的公司。母公司也称控股公司,但控股公司的概念范围更广,它有时还指专门进行股权控制而不直接进行生产经营活动的母公司,如某些投资公司。与母公司对应,其一定比例的股份被另一公司所拥有或通过协议而受到另一公司实际控制的公司为子公司。子公司虽受控于人,仍为独立的法人,能够以自己所有的财产独立对外承担责任。《公司法》规定:"公司可以设立子公司,子公司具有法人资格,依法独立承担民事责任。"

(5) 按国籍的不同可以把公司划分为本国公司、外国公司和跨国公司。

本国公司,是指具有本国国籍的公司。对于公司国籍的确定,国际上有不同的立法和学说,大多数国家在确定公司国籍时会同时考虑公司设立所依据的法律和设立登记的地点两大因素。我国也采用此做法。因此,凡依中国法律在中国境内登记设立的公司,无论有无外国股东,无论外国股东出资多少,都是中国公司。

外国公司,是相对于本国公司而言的,是指未依本国法律也未在本国境内登记设立的公司。外国公司具有外国国籍。外国公司在得到本国的批准并办理必要的登记手续之后可以在该国营业。

跨国公司,是指以一个国家为基地,在其他国家或地区设立分公司、子公司或其他参股性投资企业,从事国际化生产经营及服务活动的大型经济组织。严格地讲,跨国公司并非公司法意义上的概念,它实际上是指国际性的公司集团。

3.1.1.3 我国的公司形式

《公司法》调整的公司是有限责任公司和股份有限公司。

1. 有限责任公司

依照《公司法》的有关规定,有限责任公司是由 50 个以下股东出资设立的,股东以其认缴的出资额为限对公司承担责任,公司以其全部财产对公司的债务承担责任的企业法人。有限责任公司具有以下特点:

第一,股东责任的有限性。股东以其认缴的出资额为限对公司承担责任,公司以其全部财产对公司的债务承担责任。股东只对公司负责,而不直接面对债权人。股东对公司承担的是有限责任,即股东仅以其认缴的出资额为限承担责任,如果公司财产不足以清偿全部债务,股东也没有义务以个人财产清偿公司债务。公司以其全部资产对外部债权人承担责任。

第二,股东人数的限制性。有限责任公司由 50 个以下股东出资设立。对有限责任公司作出最高人数的限制,是由此类公司自身性质决定的。因为有限公司虽为资合公司，却具有一定的人合性，股东须相互信任，这就决定了其股东人数不可能太多，有必要作出上限的规定。

第三，股东出资非股份化。有限责任公司注册资本不划分为等额股份，每个股东以其认缴的出资额为限对公司承担责任，证明股东出资的权利证书为出资证明书。

第四，股权转让的严格性。公司的股东出资后不能退股，只能转让。但法律对有限责任公司的股份转让作出了严格限制，只有符合法定条件和程序，转让才生效。《公司法》规定："有限责任公司的股东之间可以相互转让其全部或者部分股权。股东向股东以外的人转让股权，应当经其他股东过半数同意。"

第五，公司组织的简便性和非公开性。有限责任公司的设立程序简便灵活，只有发起设立的设立方式，无募集设立方式。有限责任公司的组织机构也较简单、灵活，《公司法》规定，股东人数较少或者规模较小的有限责任公司，可以设一名执行董事，不设董事会；可以设一至二名监事，不设监事会。有限责任公司应将财务会计报告送交各股东，并不需向社会公开。

综上所述，有限责任公司虽然从本质上说是一种资本的联合，股东以其认缴的出资额为限对公司承担责任，但股东人数有上限的规定、资本转让有严格限制等特点反映了有限责任公司还具有一定的人合性质。

《公司法》还规定了有限责任公司中有两种特殊形态，即一人有限责任公司和国有独资公司，这两种特殊形态都是单一投资主体组建的公司。《公司法》规定："一人有限责任公司，是指只有一个自然人股东或者一个法人股东的有限责任公司。""一个自然人只能投资设立一个一人有限责任公司。该一人有限责任公司不能投资设立新的一人有限责任公司。"《公司法》规定："国有独资公司，是指国家单独出资、由国务院或者地方人民政府授权本级人民政府国有资产监督管理机构履行出资人职责的有限责任公司。"

2. 股份有限公司

依照我国公司法的有关规定，股份有限公司是指全部资本分为等额股份，股东以其所认购的股份为限对公司承担责任，公司以其全部财产对公司的债务承担责任的企业法人。股份有限公司具有以下特征：

第一，股东责任的有限性。股份有限公司这一特征与有限责任公司类似。

第二，股东人数的广泛性。我国《公司法》规定，股份有限公司应当有2人以上200人以下的发起人，但这只是对股份有限公司发起人的限制，就公司股东而言，并无上限的限制。

第三，公司资本股份化。股份有限公司的全部注册资本分为等额股份，股东以其所认购的股份为限对公司承担责任，证明股东股份份额的权利证书为股票。

第四，股份转让的自由性。股份有限公司是典型的资合公司，是以资本作为生产经营的信用基础的，股东部分或全部转让其所持股份，只会引起股东会成员构成的变化，对公司的资本额和法律地位并无直接影响，这使股份的自由转让成为可能。而正是由于股份的可转让性，使股份有限公司这种公司形式能够吸引大量的投资者。

第五，公司组织的复杂性和公开性。相对于有限责任公司而言，股份有限公司在设立方式、条件、程序上更为复杂。公开发行股票的股份有限公司还必须公开其财务会计报告。

综上所述，股份有限公司是一种非常典型的资合公司。

《公司法》还规定了作为股份有限公司中特别形式的上市公司。《公司法》规定："上市公司，是指其股票在证券交易所上市交易的股份有限公司。"股份的自由转让是股份有限公司的显著特征，表现为股票的流通性。而股票的流通需要有场所，《公司法》规定，股东转让其股份，应当在依法设立的证券交易场所进行或者按照国务院规定的其他方式进行。股票在证券交易所进行交易被称为场内交易，在证券交易所以外的其他场所进行交易被称为场外交易。由于各国对上市公司做了比较严格的法律规定，能够在证券交易所进行股票交易的上市公司只是股份有限公司中的一部分。

3.1.1.4 公司法人人格否认制度——股东有限责任的例外

公司法人人格否认制度是指在公司滥用其独立人格和股东有限责任的情况下，就具体法律关系中的特定事实，否认公司的独立人格和股东责任的有限性，责令公司的股东对公司债权人或公共利益直接负责的一种法律制度。因为该制度适用时将掩盖在公司身上的法人面纱去掉，因而被形象地称为"揭开公司面纱"。该制度最早出现于英美法系国家的判例法中，后为大陆法系国家所吸收。

股东有限责任是现代公司法中最为坚固的基石。通常情况下，公司应当被看作是具有独立法人人格的法人，股东对公司债务承担有限责任，这种将股东的投资风险降到最低、将股东风险责任有限和股东资产收益无限相结合的制度设计，使得公司作为一种聚集资本的最佳形式，具有了个人独资企业和合伙企业无法比拟的独特魅力。但同时，股东责任的有限性就像一把双刃剑，如果股东以此作为保护伞，以承担有限责任之名，而行损害他人或社会利益之实，就构成了有限责任的滥用。当公司法人特征被用于损害他人和公共利益时，法律将否认公司的独立于股东的独立人格，让股东对公司的行为承担连带责任。现代公司法正是由于认真地把握了股东有限责任制度有利与不利的双重性，在鼓励积极投资的同时约束了消极的投资行为，真正做到了"兴其利而避其害"，从而在现代市场经济中才具有极为重要的法律地位。总之，尽管公司法人的独立性和股东责任的有限性是公司的主要特征，但如果有充分证据证明股东利用此特征，从事妨碍社会利益、欺诈或逃避个人责任的活动，法院将不考虑公司的法人资格和股东责任的有限性，直接追究股东或其他行为人的民事责任，这种公司法人人格否认制度体现了股东有限责任的例外。

需要注意和强调的是，公司法人人格否认制度是法人制度的必要的、有益的补充和完善与发展，目的是阻止公司法人独立性和股东责任有限性的滥用，但该制度同样需要慎用，以维护法人制度的稳定。

《公司法》以成文法的形式规定了公司法人人格否认制度："公司股东应当遵守法律、行政法规和公司章程，依法行使股东权利，不得滥用公司法人独立地位和股东有限责任损害公司债权人的利益。公司股东滥用公司法人独立地位和股东有限责任，逃避债务，严重损害公司债权人利益的，应当对公司债务承担连带责任。"由于《公司法》承认了一人有限责任公司，这种公司容易发生股东与公司财产混同的情形，对此，《公司法》规定："一人有限责任公司的股东不能证明公司财产独立于股东自己的财产的，应当对公司债务承担连带责任。"

3.1.2　公司法概述

3.1.2.1　公司法的定义和特征

公司法是指调整在国家协调经济运行过程中规范公司组织和行为的法律规范的总称。广义的理解是有关规范公司组织和行为的所有的法律，狭义的理解是仅指《中华人民共和国公司法》。公司法具有以下几种特征。

1. 公司法是一种组织法和行为法的结合

公司法规定公司的设立条件、设立程序、公司组织机构以及公司组织的变更、消灭的条件和程序。通过这些规定，着重调整投资者与公司的关系，公司与其内部机构成员的关系，以及公司在设立、变更和消灭过程中与有关主体的关系，体现出组织法的特征。

公司法同时也是一部规范公司行为的法律。公司作为一种企业组织形式，是要开展经营活动的。公司的经营活动中，属于与公司组织特点直接相关的行为，如股票的发行和交易、债券的发行和转让等，在公司法里加以规定；而公司的其他普通商业活动即一般商业组织都可以进行的行为如买卖、运输等，则由其他商行为法加以规范。

2. 公司法是任意性规范和强制性规范的结合

公司法具有一定的任意性，这是由公司法的基本性质决定的。公司是投资者共同投资组成一个实体进行经营活动、获取投资收益的一个组织形式，说到底是一种投资的工具，本质上是为私人的利益服务的，因此，公司法律规范首先属于私法规范领域。作为私法的公司法应当尊重当事人的自主选择，公司法也就具有了任意性。

公司法还应具有强制性。因为公司法所涉及的不仅仅是公司内部的当事人的利益和关系，更重要的还涉及公司之外的相对人、交易者以及潜在的投资者和债权人的利益，会影响到社会交易的安全和整个社会的经济秩序，公司以外这些外部主体和当事人的利益仅仅依靠公司内部当事人自愿的协商约定是无法得到保障的，因为公司是为营利目的而设，其追求的是利益最大化，他们选择的结果有可能是以损害他人利益为代价的。这些外部主体利益需要法律的强制性的干预和介入来提供保障。

3.1.2.2 公司立法

建立产权清晰、权责分明、政企分开、管理科学的现代企业制度，是社会化大生产和市场经济的必然要求。改革开放以来，我国以公司名义登记注册的企业发展迅速，要求用法律规范公司的组织与行为，使公司企业真正成为自主经营的市场经济主体的呼声越来越高。通过广泛征求意见和调查研究，参照国家经济体制改革委员会制定颁布的《有限责任公司规范意见》、《股份有限公司规范意见》，并借鉴国外有关公司制度的立法，在反复修改的基础上，于 1993 年 12 月 29 日，第八届全国人民代表大会常务委员会第五次会议通过了《中华人民共和国公司法》，1994 年 7 月 1 日正式实施。《公司法》的颁布和实施对规范我国企业的组织与行为发挥了不可低估的重要作用。针对《公司法》实施过程中提出的新问题，1999 年 12 月 25 日第九届全国人民代表大会常务委员会第十三次会议对《公司法》进行了第一次修订，2004 年 8 月 28 日第十届全国人民代表大会常务委员会第十一次会议对公司法进行了第二次修订，2005 年 10 月 27 日第十届全国人民代表大会常务委员会第十八次会议对《公司法》进行了全面修订。修订后的《公司法》自 2006 年 1 月 1 日开始实施。

1993 年《公司法》产生于改革开放初期，很多旧的观念还没有完全澄清，在一些制度的设计上过于保守，随着改革的深入和市场经济的发展，这些制度越来越不适应公司制度发展的要求。而 1999 年和 2004 年的两次修订涉及面很窄，仅对少数条文的内容进行了修改。2005 年通过的《公司法》修订案，对《公司法》进行了全面修改，使得《公司法》无论是在立法技术上还是制度规定上都上了一个新台阶。修改的主要内容有五个方面：第一，修订后的《公司法》，完善了公司设立和公司资本制度方面的规定，从而为公司设立提供了制度上的便利，有利于鼓励投资创业，促进经济发展和扩大就业。第二，修改完善了公司法人治理结构方面的规定，从而对保障公司的规范运作和有效管理，推进国有企业继续进行规范化的公司制改造，维护出资人权益，提供了法律制度上的支持。第三，充实了公司职工民主管理和保护职工权益的规定。进一步强化了对劳动者权益的保护，更充分地体现了我国公司立法的社会主义特色。第四，健全了对股东尤其是中小股东利益的保护机制，从而对于维护中小股东的合法权益，保护投资积极性，增强投资信心，提供了法律保障。第五，增加了"公司法人人格否认"或称为"揭开公司面纱"制度的规定，从而为防范滥用公司制度的风险，保证交易安全，保障公司债权人的利益，维护社会经济秩序，提供了必要的制度。总之，2005 年的《公司法》修订既很好地借鉴了国外公司法的先进制度，又根据我国经济体制改革和市场经济发展现状对相关制度予以调整，为我国公司制度的进一步发展提供了广阔的空间，势必对社会主义市场经济的深入发展起到强大的推动作用。

3.2　公司的设立

公司的设立是指为使公司成立而依法进行的一系列法律行为及法律程序的总称。

3.2.1　公司设立的原则

公司设立的原则是指一个国家在法律上对公司设立的基本要求，在不同的时代，不同的国家有着不同的原则。在公司立法史上关于公司设立的原则有以下主张：

（1）自由主义。又称放任主义，即是否设立、设立何种公司、怎样设立等事宜，完全由当事人自由为之，法律不加任何干涉。此原则产生于公司制度萌芽时期，虽然给公司的自由发展创造了很大空间，但也导致公司的设立过于随便，严重损害公司债权人的利益，现代各国很少采用这种设立原则。

（2）特许主义。即公司设立必须经国家元首发布特别命令或以议会颁发特别法令的形式予以许可。这种制度盛行于 17～18 世纪的英国、荷兰等国，但其过强的特权色彩严重阻碍了公司的自由发展，所以逐渐为各国所抛弃。

（3）核准主义。又称许可主义或审批主义，即公司设立除符合法律规定之外，还必须经国家授权的行政机关审查批准。核准主义虽然以法律形式确立了公司设立的条件，避免了特许主义下的不公平现象，但其仍然对公司的设立造成了困难，不适应公司的普遍发展。

（4）准则主义。即公司法预先规定公司的设立条件，只要符合设立条件，公司即可成立。准则主义与自由主义不同，准则主义以法律形式为公司设立规定了准则；准则主义与核准主义不同，准则主义满足了法定准则就可成立而无需有关行政机关核准。准则主义适应了公司发展的需要。为了对公司进行有效控制，避免公司滥设，准则主义进一步演化为严格准则主义，将准则主义与设立登记制度相结合，符合法定设立条件的公司必须经过设立登记，取得营业执照，才能依法成立。严格准则主义被当代大多数国家公司法所采用。

《公司法》规定："设立公司，应当依法向公司登记机关申请设立登记。符合本法规定的设立条件的，由公司登记机关分别登记为有限责任公司或者股份有限公司；不符合本法规定的设立条件的，不得登记为有限责任公司或者股份有限公司。法律、行政法规规定设立公司必须报经批准的，应当在公司登记前依法办理批准手续。"可见，《公司法》对公司设立原则上采用严格准则主义，但对特殊情况，为了维护公共利益和交易安全，仍采取审批方式即核准主义。

3.2.2 公司设立的方式

根据公司资本是否由发起人以外的人认购，公司设立的方式可分为发起设立与募集设立。发起设立指由发起人认足全部资本数额而设立公司，也称共同设立、单纯设立；募集设立指发起人认购资本的一部分，其余部分对外募集而设立公司。

由自身性质决定，有限责任公司只能采用发起设立这一形式，其资本由全体股东出资构成。股份有限公司既可以采用发起设立方式，由发起人认购公司应发行的全部股份而设立公司；也可以采取募集设立方式，由发起人认购公司应发行股份的一部分，其余股份向社会公开募集或者向特定对象募集而设立公司。值得注意的是，以募集设立方式设立股份有限公司的，发起人认购的股份不得少于公司股份总数的 35%；但是，法律、行政法规另有规定的，从其规定。

3.2.3 公司设立的条件

《公司法》对设立公司应具备的条件作了具体的规定，包括下面几个方面。

3.2.3.1 股东或发起人符合法定人数

有限责任公司由 50 个以下股东出资设立。《公司法》承认一人公司包括一人有限责任公司和国有独资公司。一人有限责任公司，是指只有一个自然人股东或者一个法人股东的有限责任公司。国有独资公司，是指国家单独出资、由国务院或者地方人民政府授权本级人民政府国有资产监督管理机构履行出资人职责的有限责任公司。

股份有限公司应当有 2 人以上 200 人以下的发起人，其中须有半数以上的发起人在中国境内有住所。股份有限公司发起人承担公司筹办事务。发起人应当签订发起人协议，明确各自在公司设立过程中的权利和义务。

3.2.3.2　股东出资或发起人认购和募集的股本达到法定资本最低限额

有限责任公司的注册资本为在公司登记机关登记的全体股东认缴的出资额。公司全体股东的首次出资额不得低于注册资本的 20%，也不得低于法定的注册资本最低限额，其余部分由股东自公司成立之日起 2 年内缴足；其中，投资公司可以在 5 年内缴足。有限责任公司注册资本的最低限额为人民币 3 万元。法律、行政法规对有限责任公司注册资本的最低限额有较高规定的，从其规定。《公司法》对一人有限责任公司作出特殊规定：一人有限责任公司的注册资本最低限额为人民币 10 万元。股东应当一次足额缴纳公司章程规定的出资额。一个自然人只能投资设立一个一人有限责任公司。该一人有限责任公司不能投资设立新的一人有限责任公司。

股份有限公司是采取发起设立方式设立的，注册资本为在公司登记机关登记的全体发起人认购的股本总额。公司全体发起人的首次出资额不得低于注册资本的 20%，其余部分由发起人自公司成立之日起 2 年内缴足；其中，投资公司可以在 5 年内缴足。在缴足前，不得向他人募集股份。股份有限公司采取募集方式设立的，注册资本为在公司登记机关登记的实收股本总额。股份有限公司注册资本的最低限额为人民币 500 万元。法律、行政法规对股份有限公司注册资本的最低限额有较高规定的，从其规定。

股东可以用货币出资，也可以用实物、知识产权、土地使用权等可以用货币估价并可以依法转让的非货币财产作价出资；但是，法律、行政法规规定不得作为出资的财产除外。对作为出资的非货币财产应当评估作价，核实财产，不得高估或者低估作价。法律、行政法规对评估作价有规定的，从其规定。全体股东的货币出资金额不得低于有限责任公司注册资本的 30%。股东以非货币财产出资的，应当依法办理其财产权的转移手续。

公司股东或发起人依法缴纳其所认缴或认购的出资额或股款、并经法定验资机构验资并出具证明后，才能按照公司法的规定，提供有关申请文件，申请设立登记。

3.2.3.3　公司必须制定公司章程

设立公司必须依照《公司法》制定公司章程。有限责任公司由股东共同制定公司章程，一人有限责任公司章程由股东制定，国有独资公司章程由国有资产监督管理机构制定或者由董事会制定报国有资产监督管理机构批准；股份有限公司由发起人制定公司章程，采用募集方式设立的经创立大会通过。

公司章程是关于公司内部的组织和行为的根本规则，它对公司、股东、董事、监事、高级管理人员具有约束力。公司章程应规定公司的名称和住所、经营范围、公司股份总数、每股金额和注册资本、公司设立方式、股东或发起人的姓名或者名称、股东的出资方式、出资额和出资时间、公司的机构及其产生办法、职权、议事规则、公司法定代表人、公司利润分配办法、公司的解散事由与清算办法等。

3.2.3.4　有公司名称，建立符合要求的组织机构

公司名称是指使公司人格特定化并区别于其他民事主体的标记。公司名称由行政区划、字号、行业和组织形式依次组成。公司内部的组织机构一般由股东会、董事会、监事会组成，分别行使决策权、经营权和监督权。

公司名称中应当包括行政区划，但全国性公司、国务院或其授权机关批准的大型进出口企业和企业集团、历史悠久及字号驰名的公司、外商投资企业及国家工商行政管理局规定的公司，其名称可以不包括公司所在地行政区划的名称。根据国务院的有关规定，自 1995 年 5 月 29 日起，除了国务院决定设立的公司以外，其他新设立的公司一律不得在名称中冠以"中国"、"中华"、"全国"、"国家"、"国际"等字样。

公司的具体名称不得使用下列内容和文字：有损于国家、社会公共利益的；可能对公众造成欺骗或引起误解的；外国的国名或地区的名称、国际组织名称；政党、党政机关、群众组织、社会团体的名称或部队番号；汉语拼音字母（外文名称中使用的除外）、数字组成的名称；其他法律、法规禁止使用的内容。此外，公司的字数应当由两个以上的字组成。

依照《公司法》设立的有限责任公司，必须在公司名称中标明"有限责任公司"或者"有限公司"字样。依照《公司法》设立的股份有限公司，必须在公司名称中标明"股份有限公司"或者"股份公司"字样。公司设立分支机构时，总公司及其分支机构的名称应符合法律规定。只有下设 3 个以上分支机构时才能在公司名称中使用"总公司"字样；分支机构的名称应冠以所属总公司的名称，并缀以"分公司"的字样，同时标明该分公司的行业和所在行政区划的名称或地名。

3.2.3.5　有公司住所

公司的住所是指法律确认的公司的主要经营场所，是公司法律关系的中心地域，凡涉及公司债务的清偿、诉讼的管辖、书状的送达等均以此为标准。住所同生产经营场所不同，场所包括公司的住所，也包括公司从事生产经营活动的其他地点。《公司法》规定，公司以其主要办事机构所在地为住所。

3.2.3.6　股份有限公司的股份发行、筹办事项符合法律规定

这个条件是股份有限公司与有限责任公司在设立条件方面有所区别的地方。因为股份发行是股份有限公司为了筹集公司资本，出售和募集股份的行为，是股份有限公司所特有的法律行为。《公司法》及其相关法律法规对于股份有限公司发行股份、募集股本的法律要件及法律程序，甚至包括各类法律文件的制作等都有明确而严格的规定。在设立股份有限公司时，股份发行、筹办事项必须要符合这些法律的规定，才能保证设立的顺利完成。

3.3　公司的组织机构

所谓公司的组织机构亦称法人治理机构，是指公司为达到合理配置公司权力应具备的一定的内部结构，包括公司法对公司机构的设置、权限的分配以及组成公司机构的自然人的权利、义务和责任等一系列规定。公司的组织机构的设置是建立在公司法对股东与公司之间关系的认识和定位基础上。事实上，不管各国公司法在法人治理机构规定上有何细微的不同，都是以股东股权和公司法人财产权相互独立与制衡的原则为基础，最终形成了公司各机构之间的相互独立与制衡。这是公司法人治理结构的核心，是公司得以正常运转的关键，更是公司制度得以发扬光大的根源。我国《公司法》规定了有限责任公司和股份有限公司一般均由三部分机构组成：股东会、董事会和监事会。

3.3.1　公司产权关系分析——股东权与公司法人权利的相互独立和制衡

在传统企业（独资企业和合伙企业）中，财产所有权不发生任何形式的分离，所有权和经营权合二为一，所有权人即为企业经营者。而在以公司为代表的现代企业形态中，以股份为媒介，所有权发生了转换，转换为股东的股权和公司的法人权利。一方面，股东让渡自己的财产，获得包括财产权和经营权在内的股东权，具体包括两大类：一是财产权，包括红利分配权、转让出资权、转资优先购买权、增资优先购买权、剩余资产分配权等；二是管理权，包括表决权、选举权、被选举权、查阅公司文件、了解公司财务状况权、咨询、监督、建议权等。另一方面，公司对股东出资构成的公司财产享有占有、使用、收益和处分的权利，公司对财产的权利能够排斥来自包括股东在内的其他主体的非法干预。于是，股东和公司成为两个相互独立的权利主体。但同时，股东的股权和公司的法人权利又相互制约，股东通过行使股东的经营管理权如进行股东会选举、罢免董事、决定公司的大政方针等方式，影响甚至控制着公司。

《公司法》明确规定：公司是企业法人，有独立的法人财产，享有法人财产

权。公司股东依法享有资产收益、参与重大决策和选择管理者等权利。

3.3.2 公司的内部组织机构设置

3.3.2.1 股东会议

股东会议又称股东会、股东大会。《公司法》对有限责任公司采用了股东会的称谓,对股份有限公司采用了股东大会的称谓。股东会议由全体股东组成,是公司的权力机构,是公司的最高决策机构。股东会议是公司的必设机构,但一人有限责任公司和国有独资公司不设股东会。一人有限责任公司不设股东会,股东行使职权作出决定时,应当采用书面形式,并由股东签名后置备于公司。国有独资公司不设股东会,由国有资产监督管理机构行使股东会职权。国有资产监督管理机构可以授权公司董事会行使股东会的部分职权,决定公司的重大事项,但公司的合并、分立、解散、增加或者减少注册资本和发行公司债券,必须由国有资产监督管理机构决定;其中,重要的国有独资公司合并、分立、解散、申请破产的,应当由国有资产监督管理机构审核后,报本级人民政府批准。

股东会的职权有:①决定公司的经营方针和投资计划;②选举和更换非由职工代表担任的董事、监事,决定有关董事、监事的报酬事项;③审议批准董事会的报告;④审议批准监事会或者监事的报告;⑤审议批准公司的年度财务预算方案、决算方案;⑥审议批准公司的利润分配方案和弥补亏损方案;⑦对公司增加或者减少注册资本作出决议;⑧对发行公司债券作出决议;⑨对公司合并、分立、解散、清算或者变更公司形式作出决议;⑩修改公司章程;⑪公司章程规定的其他职权。

股东会议一般分为定期会议和临时会议。有限责任公司的定期会议应当依照公司章程的规定按时召开;代表 1/10 以上表决权的股东,1/3 以上的董事、监事会或者不设监事会的公司的监事提议召开临时会议的,应当召开临时会议。股份有限公司的股东大会应当每年召开一次年会;有下列情形之一的,应当在 2 个月内召开临时股东大会:①董事人数不足本法规定人数或者公司章程所定人数的 2/3 时;②公司未弥补的亏损达实收股本总额 1/3 时;③单独或者合计持有公司 10% 以上股份的股东请求时;④董事会认为必要时;⑤监事会提议召开时;⑥公司章程规定的其他情形。

有限责任公司的股东会会议由股东按照出资比例行使表决权;但是,公司章程另有规定的除外。有限责任公司股东会的议事方式和表决程序,由公司章程规定;但股东会会议作出修改公司章程、增加或者减少注册资本的决议,以及公司合并、分立、解散或者变更公司形式的决议,必须经代表 2/3 以上表决权的股东通过。股份有限公司的股东出席股东大会会议,所持每一股份有一表决权。但是，公司持有的本公司股份没有表决权。股东大会作出决议，必须经出席会议的股东所持表决权的过半数通过；但是，股东大会作出修改公司章程、增加或者减少注册资本的决议，以及公司合并、分立、解散或者变更公司形式的决议，必须经出席会议的股东所持表决权的 2/3 以上通过。另外，上市公司在 1 年内购买、出售重大资产或者担保金额超过公司资产总额 30% 的，应当由股东大会作出决议，并经出席会议的股东所持表决权的 2/3 以上通过。

股份有限公司的股东大会常见的投票制度是一股一票的直接投票制，但在董事、监事的选举问题上，《公司法》还规定可以选择使用累计投票制。累积投票制，是指股东大会选举董事或者监事时，每一股份拥有与应选董事或者监事人数相同的表决权，股东拥有的表决权可以集中使用。股东大会选举董事、监事，可以依照公司章程的规定或者股东大会的决议，实行累积投票制。

3.3.2.2　董事会、经理

1. 董事会

董事会是由股东选举产生的，负责公司经营决策和日常经营管理活动的机构，是公司业务的执行机构。虽然股东会是公司的最高权力机构，但在现实生活中，股东会的权力呈逐渐萎缩态势，董事会在公司的经营决策过程中，发挥着越来越大的作用。因此有人认为，董事会是股东会闭会期间公司的最高权力机构。

有限责任公司设董事会，其成员为 3~13 人；但是，股东人数较少或者规模较小的有限责任公司，可以设一名执行董事，不设董事会，执行董事的职权由公司章程规定。两个以上的国有企业或者两个以上的其他国有投资主体投资设立的有限责任公司的董事会成员中应当有公司职工代表，其他有限责任公司董事会成员中可以有公司职工代表，职工代表由公司职工通过职工代表大会、职工大会或者其他形式民主选举产生。国有独资公司设董事会，董事会成员中应当有公司职工代表，职工代表由公司职工代表大会选举产生，其他董事会成员由国有资产监督管理机构委派。股份有限公司设董事会，其成员为 5~19 人。董事会成员中可以有公司职工代表，职工代表由公司职工通过职工代表大会、职工大会或者其他形式民主选举产生。

董事会对股东会负责，行使下列职权：①召集股东会会议，并向股东会报告工作；②执行股东会的决议；③决定公司的经营计划和投资方案；④制定公司的年度财务预算方案、决算方案；⑤制定公司的利润分配方案和弥补亏损方案；⑥制定公司增加或者减少注册资本以及发行公司债券的方案；⑦制定公司合并、分立、解散或者变更公司形式的方案；⑧决定公司内部管理机构的设置；⑨决定聘任或者解聘公司经理及其报酬事项，并根据经理的提名决定聘任或者解聘公司副经理、财务负责人及其报酬事项；⑩制定公司的基本管理制度；⑪公司章程规定的其他职权。

公司董事会决议的表决，实行一人一票制，董事会应当将所议事项的决定作成会议记录，出席会议的董事应当在会议记录上签名。有限责任公司董事会的议事方式和表决程序，除《公司法》有规定的外，由公司章程规定。股份有限公司的董事会每年度至少召开 2 次会议；代表 1/10 以上表决权的股东、1/3 以上董事或者监事会，可以提议召开董事会临时会议。股份有限公司的董事会会议应有过半数的董事出席方可举行，作出决议必须经全体董事的过半数通过。

2. 董事和董事长

董事是董事会的组成人员，是负责公司业务决策和行使管理权的人。董事的任期由公司章程规定，但每届任期不得超过 3 年。董事任期届满，连选可以连任。董事任期届满未及时改选，或者董事在任期内辞职导致董事会成员低于法定人数的，在改选出的董事就任前，原董事仍应当依照法律、行政法规和公司章程的规定，履行董事职务。

《公司法》对股份有限公司的董事还作出详细规定，董事会会议应由董事本人出席，董事因故不能出席，可以书面委托其他董事代为出席，委托书中应载明授权范围。董事应当对董事会的决议承担责任，董事会的决议违反法律、行政法规或者公司章程、股东大会决议，致使公司遭受严重损失的，参与决议的董事对公司负赔偿责任，但经证明在表决时曾表明异议并记载于会议记录的，该董事可以免除责任。

董事会设董事长一人，可以设副董事长。有限责任公司董事长、副董事长的产生办法由公司章程规定，国有独资公司董事长、副董事长由国有资产监督管理机构从董事会成员中指定，股份有限公司董事长和副董事长由董事会以全体董事的过半数选举产生。董事长召集和主持董事会会议，股份有限公司的董事长还检查董事会决议的实施情况。董事长不能履行职务或者不履行职务的，由副董事长履行职务；副董事长不能履行职务或者不履行职务的，由半数以上董事共同推举一名董事履行职务。

另外，《公司法》对上市公司的董事会成员有特别规定：上市公司设立独立董事，具体办法由国务院规定；上市公司设董事会秘书，负责公司股东大会和董事会会议的筹备、文件保管以及公司股东资料的管理，办理信息披露事务等事宜。上市公司董事与董事会会议决议事项所涉及的与企业有关联关系的，不得对该项决议行使表决权，也不得代理其他董事行使表决权。

3. 经理

经理是日常经营管理工作的负责人。经理由董事会决定聘任或者解聘，对董事会负责，列席董事会会议，行使下列职权：①主持公司的生产经营管理工作，组织实施董事会决议；②组织实施公司年度经营计划和投资方案；③拟订公司内部管理机构设置方案；④拟订公司的基本管理制度；⑤制定公司的具体规章；⑥提请聘任或者解聘公司副经理、财务负责人；⑦决定聘任或者解聘除应由董事会决定聘任或者解聘以外的负责管理人员；⑧董事会授予的其他职权。公司章程对经理职权另有规定的，从其规定。

《公司法》规定，公司法定代表人依照公司章程的规定，由董事长、执行董事或者经理担任，并依法登记。公司法定代表人的变更，应当办理变更登记。

3.3.2.3　监事会

监事会是公司内部的监督机构，其职责是对公司的经营管理活动进行监督。有限责任公司设监事会，其成员不得少于 3 人，股东人数较少或者规模较小的有限责任公司，可以设 1～2 名监事，不设监事会。股份有限公司设监事会，其成员不得少于 3 人。监事会应当包括股东代表和适当比例的公司职工代表，其中职工代表的比例不得低于 1/3，具体比例由公司章程规定。监事会中的职工代表由公司职工通过职工代表大会、职工大会或者其他形式民主选举产生。国有独资公司监事会成员不得少于 5 人，其中职工代表的比例不得低于 1/3，具体比例由公司章程规定，监事会成员由国有资产监督管理机构委派，但其中职工代表由公司职工代表大会选举产生。

公司监事的任期每届为 3 年，监事任期届满，连选可以连任。监事任期届满未及时改选，或者监事在任期内辞职导致监事会成员低于法定人数的，在改选出的监事就任前，原监事仍应当依照法律、行政法规和公司章程的规定，履行监事职务。公司由全体监事过半数选举产生监事会主席，国有独资公司的监事会主席由国有资产监督管理机构从监事会成员中指定，监事会主席召集和主持监事会会议。董事、高级管理人员不得兼任监事。

监事会、不设监事会的公司的监事行使下列职权：①检查公司财务；②对董事、高级管理人员执行公司职务的行为进行监督，对违反法律、行政法规、公司章程或者股东会决议的董事、高级管理人员提出罢免的建议；③当董事、高级管理人员的行为损害公司的利益时，要求董事、高级管理人员予以纠正；④提议召开临时股东会会议，在董事会不履行本法规定的召集和主持股东会会议职责时召集和主持股东会会议；⑤向股东会会议提出提案；⑥依照《公司法》有关规定，对董事、高级管理人员提起诉讼；⑦公司章程规定的其他职权。国有独资公司监事会行使上述第①项至第③项规定的职权和国务院规定的其他职权。监事可以列席董事会会议,并对董事会决议事项提出质询或者建议。监事会、不设监事会的公司的监事发现公司经营情况异常,可以进行调查;必要时,可以聘请会计师事务所等协助其工作,费用由公司承担。监事会、不设监事会的公司的监事行使职权所必需的费用,由公司承担。

有限责任公司的监事会每年度至少召开一次会议,股份有限公司的监事会每6个月至少召开一次会议;监事可以提议召开临时监事会会议。监事会的议事方式和表决程序,除《公司法》有规定的外,由公司章程规定。监事会决议应当经半数以上监事通过。监事会应当对所议事项的决定作成会议记录,出席会议的监事应当在会议记录上签名。

3.3.3 公司董事、监事、高级管理人员的资格和义务

高级管理人员,是指公司的经理、副经理、财务负责人,上市公司董事会秘书和公司章程规定的其他人员。

3.3.3.1 公司董事、监事、高级管理人员的任职资格

董事、监事、高级管理人员是构成公司组织机构的自然人,他们的知识经验、业务能力和个人素质的高低优劣关系到公司的经营成败,因此,对这些人员的任职作出一些限制是各国通行的做法。《公司法》规定,有下列情形之一的,不得担任公司的董事、监事、高级管理人员:①无民事行为能力人或者限制民事行为能力人;②因贪污、贿赂、侵占财产、挪用财产或者破坏社会主义市场经济秩序,被判处刑罚,执行期满未逾5年,或者因犯罪被剥夺政治权利,执行期满未逾5年;③担任破产清算的公司、企业的董事或者厂长、经理,对该公司、企业的破产负有个人责任的,自该公司、企业破产清算完结之日起未逾3年;④担任因违法被吊销营业执照、责令关闭的公司、企业的法定代表人,并负有个人责任的,自该公司、企业被吊销营业执照之日起未逾3年;⑤个人所负数额较大的债务到期未清偿。

公司违反上述规定选举、委派董事、监事或者聘任高级管理人员的,该选举、委派或者聘任无效。董事、监事、高级管理人员在任职期间出现上述规定情形的,公司应当解除其职务。

另外,《公司法》还规定,公司的董事、高级管理人员不得兼任监事。国有独资公司的董事长、副董事长、董事、高级管理人员,未经国有资产监督管理机构同意,不得在其他有限责任公司、股份有限公司或者其他经济组织兼职。

3.3.3.2 公司董事、监事、高级管理人员的义务

董事、监事、高级管理人员拥有公司的重要权力，在很大程度上实际控制公司的运营，他们与公司和股东的利益存在一致性，因此被赋予充分的职权，但他们又有着自己独立的利益，甚至与公司和股东的利益存在冲突。因此，《公司法》作出如下规定：

董事、监事、高级管理人员应当遵守法律、行政法规和公司章程，对公司负有忠实义务和勤勉义务。董事、监事、高级管理人员不得利用职权收受贿赂或者其他非法收入，不得侵占公司的财产。

董事、高级管理人员不得有下列行为：①挪用公司资金；②将公司资金以其个人名义或者以其他个人名义开立账户存储；③违反公司章程的规定，未经股东会、股东大会或者董事会同意，将公司资金借贷给他人或者以公司财产为他人提供担保；④违反公司章程的规定或者未经股东会、股东大会同意，与本公司订立合同或者进行交易；⑤未经股东会或者股东大会同意，利用职务便利为自己或者他人谋取属于公司的商业机会，自营或者为他人经营与所任职公司同类的业务；⑥接受他人与公司交易的佣金归为己有；⑦擅自披露公司秘密；⑧违反对公司忠实义务的其他行为。董事、高级管理人员违反上述规定所得的收入应当归公司所有。

董事、监事、高级管理人员执行公司职务时违反法律、行政法规或者公司章程的规定，给公司造成损失的，应当承担赔偿责任。

股东会或者股东大会要求董事、监事、高级管理人员列席会议的，董事、监事、高级管理人员应当列席并接受股东的质询。董事、高级管理人员应当如实向监事会或者不设监事会的有限责任公司的监事提供有关情况和资料，不得妨碍监事会或者监事行使职权。

3.3.3.3 股东派生诉讼和股东直接诉讼

1. 股东派生诉讼

股东派生诉讼也叫股东代位诉讼，是指公司的合法权益受到董事、监事、高级管理人员或者他人违法行为的损害，而公司拒绝或怠于向该违法行为人请求损害赔偿时，公司股东有权以自己名义向法院提起要求违法行为人赔偿公司损失的诉讼。股东派生诉讼是基于股东与公司之间的特殊关系产生的，其直接目的是维护公司的利益，最终目的是为了维护股东的利益。

《公司法》对股东派生诉讼制度作出以下详细规定：

董事、高级管理人员执行公司职务时违反法律、行政法规或者公司章程的规

定，给公司造成损失的，有限责任公司的股东、股份有限公司连续 180 日以上单独或者合计持有公司 1% 以上股份的股东，可以书面请求监事会或者不设监事会的有限责任公司的监事向人民法院提起诉讼；监事执行公司职务时违反法律、行政法规或者公司章程的规定，给公司造成损失的，有限责任公司的股东、股份有限公司连续 180 日以上单独或者合计持有公司 1% 以上股份的股东，可以书面请求董事会或者不设董事会的有限责任公司的执行董事向人民法院提起诉讼。

监事会、不设监事会的有限责任公司的监事，或者董事会、执行董事收到上述规定的股东书面请求后拒绝提起诉讼，或者自收到请求之日起 30 日内未提起诉讼，或者情况紧急、不立即提起诉讼将会使公司利益受到难以弥补的损害的，有限责任公司的股东、股份有限公司连续 180 日以上单独或者合计持有公司 1% 以上股份的股东有权为了公司的利益以自己的名义直接向人民法院提起诉讼。

他人侵犯公司合法权益，给公司造成损失的，有限责任公司的股东、股份有限公司连续 180 日以上单独或者合计持有公司 1% 以上股份的股东可以依照上述规定向人民法院提起诉讼。

2. 股东直接诉讼

股东直接诉讼是指股东在自身的合法权益受到董事、高级管理人员不法侵害时，为了自己的利益以自己的名义向侵权人提起的诉讼。与股东派生诉讼相比，二者在产生的根据、所受的限制、维护的利益、诉讼结果的归属等方面存在不同。《公司法》规定：董事、高级管理人员违反法律、行政法规或者公司章程的规定，损害股东利益的，股东可以向人民法院提起诉讼。

3.4 公司的股权转让、股份发行与转让和公司债券

3.4.1 有限责任公司的股权转让

有限责任公司是兼具资合与人合性质的一类公司。有限责任公司的本质是资合公司，为了保障外部债权人的利益，必须维持公司的资本，不允许股东随便退股。《公司法》规定，有限责任公司成立后，股东不得抽逃出资，因此，转让股权就成了股东有限责任公司股东退出公司的途径。但与此同时，由于有限责任公司具有一定的人合性，股东之间的具有较强的人身信赖关系，股东的股权转让受到一定的限制。

3.4.1.1 股权的一般转让

有限责任公司股权的一般转让分为内部转让和外部转让两种情形，这两种转让情形对公司人合因素的影响不同，因此法律对这两种转让的条件规定也不一

样。《公司法》对有限责任公司股权的一般转让规定如下：

有限责任公司的股东之间可以相互转让其全部或者部分股权。

股东向股东以外的人转让股权，应当经其他股东过半数同意。股东应就其股权转让事项书面通知其他股东征求同意，其他股东自接到书面通知之日起满 30 日未答复的，视为同意转让。其他股东半数以上不同意转让的，不同意的股东应当购买该转让的股权；不购买的，视为同意转让。

经股东同意转让的股权，在同等条件下，其他股东有优先购买权。两个以上股东主张行使优先购买权的，协商确定各自的购买比例；协商不成的，按照转让时各自的出资比例行使优先购买权。

公司章程对股权转让另有规定的，从其规定。

3.4.1.2　人民法院依法强制股权转让

人民法院依法强制股权转让是指人民法院依照民事诉讼法等法律规定的执行程序，强制执行生效的法律文书时，以拍卖、变卖或其他方式转让有限责任公司股东的股权。鉴于有限责任公司的人合性，《公司法》对人民法院依法强制转让股权作出如下规定：人民法院依照法律规定的强制执行程序转让股东的股权时，应当通知公司及全体股东，其他股东在同等条件下有优先购买权。其他股东自人民法院通知之日起满 20 日不行使优先购买权的，视为放弃优先购买权。

股东之间或股东向股东以外的人转让股权或人民法院依法强制转让股权后，公司应当注销原股东的出资证明书，向新股东签发出资证明书，并相应修改公司章程和股东名册中有关股东及其出资额的记载。对公司章程的该项修改不需再由股东会表决。

3.4.1.3　股东死亡时的股东资格继承

有限责任公司股权具有财产的属性，自然人股东死亡以后，其合法继承人当然可以继承其股权。但有限责任公司具有人合性，故股东资格的继承可能会影响公司经营的连续性和稳定性。如果自然人股东的继承人不能与公司的其他股东之间建立相互信任的关系，或者人数众多的继承人继承股东资格后导致股东人数超过法定最高限额或者导致公司效率降低，这些原因都不利于公司的发展。因此，法律应该允许限制股东的继承人成为股东。《公司法》规定：自然人股东死亡后，其合法继承人可以继承股东资格；但是，公司章程另有规定的除外。

3.4.1.4　异议股东股权回购请求权制度

公司资本是公司设立的必要条件，是公司日常经营的物质基础，也是公司外部债权人实现其债权的重要担保，因此，一般情况下，禁止公司收购本公司的股份，以防止公司财产的实质减少。但是，这样的规定可能导致另外的不公平现象，无法通过股权转让退出公司而对股东会决议又持有异议的少数股东的利益将会遭受到重大损失。因此，法律规定了异议股东股权回购请求权制度，允许其在获得补偿的基础上退出公司，体现了对中小股东利益的保护。

《公司法》规定，有下列情形之一的，对股东会该项决议投反对票的股东可以请求公司按照合理的价格收购其股权：①公司连续 5 年不向股东分配利润，而公司该 5 年连续赢利，并且符合本法规定的分配利润条件的；②公司合并、分立、转让主要财产的；③公司章程规定的营业期限届满或者章程规定的其他解散事由出现，股东会会议通过决议修改章程使公司存续的。自股东会会议决议通过之日起 60 日内，股东与公司不能达成股权收购协议的，股东可以自股东会会议决议通过之日起 90 日内向人民法院提起诉讼。

3.4.2　股份有限公司的股份发行与转让

3.4.2.1　股份概述

股份有限公司的股份是指以股票为表现形式的、体现股东权利和义务的、公司资本的基本组成部分。股份有限公司的资本经过等比例分割后形成股份；公司签发的证明股东所持股份的凭证就是股票。

股份可以根据不同的标准进行不同的分类。以股东所享有的股东权利的不同为标准可以将股份划分为普通股和特别股；以是否在股票票面和股东名册上记载股东姓名或名称为标准可以将股份划分为记名股和无记名股；以股份持有者的身份不同为标准可以将股份划分为国家股、法人股和个人股等。

《公司法》对记名股和无记名股进行规定：公司发行的股票，可以为记名股票，也可以为无记名股票。公司向发起人、法人发行的股票，应当为记名股票，并应当记载该发起人、法人的名称或者姓名，不得另立户名或者以代表人姓名记名。公司发行记名股票的，应当置备股东名册，记载下列事项：①股东的姓名或者名称及住所；②各股东所持股份数；③各股东所持股票的编号；④各股东取得股份的日期。公司发行无记名股票的，应当记载其股票数量、编号及发行日期。

3.4.2.2　股份的发行

股份发行是股份有限公司以募集资本为目的，出售或分配公司股份的行为。由于股份有限公司的股份采取股票的形式，股份发行在形式上即为股票发行。

《公司法》对股份发行进行了原则性规定：股份的发行，实行公平、公正的原则，同种类的每一股份应当具有同等权利。同次发行的同种类股票，每股的发行条件和价格应当相同；任何单位或者个人所认购的股份，每股应当支付相同价额。股票发行价格可以按票面金额，也可以超过票面金额，但不得低于票面金额。股票采用纸面形式或者国务院证券监督管理机构规定的其他形式，由法定代表人签名、公司盖章，应当载明下列主要事项：①公司名称；②公司成立日期；③股票种类、票面金额及代表的股份数；④股票的编号。股份有限公司成立后，即向股东正式交付股票，公司成立前不得向股东交付股票。股份有限公司股份设立发行和新股发行的具体条件和程序由《中华人民共和国证券法》（以下简称《证券法》）作出详细规定。

3.4.2.3　股份的转让

股份转让是指通过转移股票所有权而转移股东权利的法律行为。股份有限公司的股份采用股票形式，股份的转让表现为股票转让。股份有限公司的股份转让对投资者和公司都具有重要意义，股票一经发行，转让行为就不可避免。各国公司法都规定股份原则上可以自由转让，但又由于股份转让可能影响公司财产的稳定，某一部分股东对股份的处分有可能损害另一部分股东的利益，股份转让还可能带来股票投机，故法律对股份转让作出必要的限制。

《公司法》规定了股份转让的场所：股东转让其股份，应当在依法设立的证券交易场所进行或者按照国务院规定的其他方式进行。上市公司的股票，依照有关法律、行政法规及证券交易所交易规则上市交易。《证券法》对股票上市交易的条件、程序、暂停和终止上市等作出了详细规定。

《公司法》规定了股份转让的方式：记名股票，由股东以背书方式或者法律、行政法规规定的其他方式转让，转让后由公司将受让人的姓名或者名称及住所记载于股东名册；无记名股票的转让，由股东将该股票交付给受让人后即发生转让的效力。

《公司法》对股份转让作出了如下限制规定：

（1）发起人持有的本公司股份，自公司成立之日起1年内不得转让。

（2）公司公开发行股份前已发行的股份，自公司股票在证券交易所上市交易之日起1年内不得转让。

（3）公司董事、监事、高级管理人员应当向公司申报所持有的本公司的股份及其变动情况，在任职期间每年转让的股份不得超过其所持有本公司股份总数的25％；所持本公司股份自公司股票上市交易之日起1年内不得转让。上述人员离职后半年内，不得转让其所持有的本公司股份。公司章程可以对公司董事、监事、高级管理人员转让其所持有的本公司股份作出其他限制性规定。

（4）公司不得收购本公司股份。但是，有下列情形之一的除外：①减少公司注册资本；②与持有本公司股份的其他公司合并；③将股份奖励给本公司职工；④股东因对股东大会作出的公司合并、分立决议持异议，要求公司收购其股份的。

公司为减少公司注册资本而收购本公司股份的，应当自收购之日起 10 日内注销；公司为与持有本公司股份的其他公司合并而收购股份或在对股东大会作出的公司合并、分立决议持异议的股东要求下收购股份的，应当在 6 个月内转让或者注销；公司将股份奖励给本公司职工而收购的本公司股份，不得超过本公司已发行股份总额的 5%，用于收购的资金应当从公司的税后利润中支出，所收购的股份应当在一年内转让给职工。

（5）公司不得接受本公司的股票作为质押权的标的。

3.4.3　公司债券

3.4.3.1　公司债券概述

公司债券，是指公司依照法定程序发行、约定在一定期限还本付息的有价证券。公司为筹集资金，依照募集程序向社会发行公司债券后，从而在公司与债券持有人之间形成了一种债权债务关系。这种通过公司债券而形成的债权债务关系通常被称为公司债，公司债券持有人为公司债的债权人，公司为公司债的债务人。

公司债与公司的一般债务有密切关系但又不同。公司的一般债务不只是依《公司法》规定的特定条件和程序而产生的债务，还包括依法设立的债务（如合同之债），也包括因非法行为的实施而产生的债务（如侵权之债），等等。可见，公司债包括在公司的一般债务之中。

公司债券和股票都是以有价证券的形式表现出来、具有流通性的向社会公众募集资金的重要手段，但两者存在诸多不同：①体现的法律关系不同，从而持有人的法律地位不同；②本金（或股金）返还与否不同；③持有人的收益与风险不同；④持有人在破产或解散时的受偿顺序不同。

公司债券可以根据不同的标准进行不同的分类，《公司法》将公司债券作出如下划分：

（1）根据公司债券是否记载持有人的姓名或名称可以分为：记名公司债券与无记名公司债券。公司发行记名公司债券的，应当在公司债券存根簿上载明下列事项：①债券持有人的姓名或者名称及住所；②债券持有人取得债券的日期及债券的编号；③债券总额、债券的票面金额、利率、还本付息的期限和方式；④债券的发行日期。发行无记名公司债券的，应当在公司债券存根簿上载明债券总额、利率、偿还期限和方式、发行日期及债券的编号。

（2）根据公司债券能否转化成股份可以分为：可转换公司债券与不可转换公司债券。如果公司债券可以转换成股份有限公司的股票，这种公司债券为可转换公司债券；如果公司债券不能转换成公司股票，为不可转换公司债券。由于股票是股份有限公司的特有概念，因此对公司债券的这种分类仅适用于股份有限公司公司债券的划分。《公司法》规定上市公司经股东大会决议可以发行可转换为股票的公司债券，从而确认了可转换公司债券这种类型。

3.4.3.2 公司债券的发行、转让、转换和偿还

公司发行公司债券应当符合《证券法》规定的发行条件。《证券法》对公开发行公司债券和再次公开发行公司债券的条件和程序进行了详细的规定。

公司债券可以转让，转让价格由转让人与受让人约定。公司债券在证券交易所上市交易的，按照证券交易所的交易规则转让。《证券法》规定了公司债券上市交易的条件、程序、暂停上市和终止上市的情形。记名公司债券，由债券持有人以背书方式或者法律、行政法规规定的其他方式转让，转让后由公司将受让人的姓名或者名称及住所记载于公司债券存根簿；无记名公司债券的转让，由债券持有人将该债券交付给受让人后即发生转让的效力。

发行可转换为股票的公司债券的，公司应当按照其转换办法向债券持有人换发股票，但债券持有人对转换股票或者不转换股票有选择权。

发行公司债券的公司有义务按照约定的时间和利率等条件，将公司债券的本息交付给公司债券持有人。公司债券的偿还包括一次全部偿还和分期分批偿还两种方式。

3.5 公司的财务、会计制度

公司财务会计制度是为了维护公司债权人及股东的利益，便于投资者投资，并有利于国家对企业的监督管理而确立的财务会计制度。各国公司法都要求公司内部必须建立一定的财务会计制度，依法备置、编制和报送财务会计报告，以显示其财务状况和经营成果。我国《公司法》以专章对公司的财务、会计制度进行了规定。《公司法》规定，公司应当依照法律、行政法规和国务院财政部门的规定建立本公司的财务、会计制度。《公司法》、《会计法》、《税收征收管理法》、《企业财务会计报告条例》、《企业会计准则》和《企业财务通则》等法律规范对公司会计原则，会计科目的设置和报送，会计凭证、会计账簿的填制和登记，会计报表的编制和报送，会计工作人员的资格和责任等都作了明确规定，公司应该依照有关规定建立财务、会计制度。

3.5.1 公司的财务会计报告

公司的财务会计报告是定期反映公司生产经营成果和财务状况的总结性书面

文件。它以会计账簿记录为依据，利用统一的货币计量单位，按照规定的格式、内容和方法，定期编制而成。制作财务会计报告的目的在于系统地、有重点地、简明扼要地反映公司的财务状况和经营成果，向公司经营者、股东、债权人、潜在投资者、政府有关部门等会计报表使用人提供必要的财务资料和会计信息。

公司财务会计报告由会计报表、会计报表附注和财务情况说明书组成。会计报表包括反映公司在某一时期财务状况的资产负债表、反映公司在一定期间的经营成果的损益表和利润表、反映公司一定会计期间现金和现金等价物流入和流出的现金流量表及相关附表。会计报表附注是为了便于会计报表使用者理解会计报表的内容而对会计报表的编制基础、编制依据、编制原则和方法及主要项目等所作的解释。财务情况说明书是对会计报表所反映的公司财务状况和经营成果作出进一步的说明和补充的文书。

公司应当在每一会计年度终了时依照法律、行政法规和国务院财政部门的规定编制财务会计报告，并依法经会计师事务所审计。有限责任公司应当依照公司章程规定的期限将财务会计报告送交各股东；股份有限公司的财务会计报告应当在召开股东大会年会的 20 日前置备于本公司，供股东查阅；公开发行股票的股份有限公司必须公告其财务会计报告。

3.5.2　公司税后利润的分配

公司以营利为目的，其经营成果应当向其投资者进行分配，但对公司的利润进行分配时还应当考虑到公司的进一步发展、国家税收的征收以及债权人利益实现等诸多问题，因此，法律对公司税后利润分配的规定应该体现兼顾股东、债权人、公司及社会公众利益的原则。《公司法》规定公司税后利润应按照下列顺序进行分配：

3.5.2.1　弥补亏损

当公司出现亏损时，可能导致公司资本虚化，从而危及公司的进一步发展，也会危及债权人的利益和社会公共利益，因此，《公司法》规定：公司的法定公积金不足以弥补以前年度亏损的，在提取法定公积金之前，应当先用当年利润弥补亏损。

3.5.2.2　提取公积金

1. 公积金制度

公积金是指公司为了增强自身财力，扩大业务范围和预防意外亏损，依照法律和公司章程的规定以及股东会决议从公司税后利润中提取的累积资金。公积金对公司的生存和发展有重大意义，各国公司法几乎无一例外地将公司从税后利润中提取法定公积金作为一项强制性义务规定下来，我国《公司法》同样确立了公积金制度。

公积金按照来源的不同，可以分为资本公积金和盈余公积金。资本公积金是公司非营业活动产生的公积金，如公司以超过股票票面金额的发行价格发行股份所得的溢价款额、处置公司资产所得收入、资产重估价值与账面净值的差额、接受捐赠的财产等等。盈余公积金是指从公司盈余中提取的公积金，根据提取的依据不同又可分为法定盈余公积金和任意盈余公积金。

公司的公积金用于弥补公司的亏损、扩大公司生产经营或者转为增加公司资本。但是，资本公积金不得用于弥补公司的亏损。法定公积金转为资本时，所留存的该项公积金不得少于转增前公司注册资本的25%。

2. 提取法定公积金

法定公积金，即依照公司法的规定强制提取的公积金。对法定公积金，公司既不得以其章程或股东会决议予以取消，也不得削减其法定比例。我国《公司法》规定：公司分配当年税后利润时，应当提取利润的10%列入公司法定公积金。公司法定公积金累计额为公司注册资本的50%以上的，可以不再提取。

3. 提取任意公积金

任意公积金，即不由法律强制规定，而是由公司视情况自由决定提取的公积金。与法定公积金一样，任意公积金也来源于公司税后利润，但这项提取不具有法律强制性。《公司法》规定：公司从税后利润中提取法定公积金后，经股东会或者股东大会决议，还可以从税后利润中提取任意公积金。

3.5.2.3　向股东分配利润

从各国公司法来看，在向股东分配利润时，一般都贯彻"无盈不分"原则，即公司当年无盈利时，原则上不得分配股利。我国《公司法》明确规定了公司只有在弥补亏损和提取公积金之后还有剩余的，才可向股东分配股利。在公司弥补亏损和提取法定公积金之前向股东分配利润的，股东必须将违反规定分配的利润退还公司。

《公司法》规定：公司弥补亏损和提取公积金后所余税后利润，有限责任公司股东按照实缴的出资比例分取红利，但全体股东约定不按照出资比例分取红利的除外；股份有限公司按照股东持有的股份比例分配，但股份有限公司章程规定不按持股比例分配的除外。公司持有的本公司股份不得分配利润。

3.6 公司合并、分立、增资、减资

公司变更是指公司登记事项发生变化，需要进行工商变更登记的行为。公司的变更在公司经营过程中是一种十分常见的现象，如股权变更、公司名称变更、公司住所变更、公司负责人变更、公司注册资本变更、公司的组织形式变更、公司合并与分立等，其中，公司的合并与分立、公司注册资本的变更是公司变更中比较重要的问题，因此，我国《公司法》专章规定了公司合并、分立、增资、减资。

3.6.1 公司的合并与分立

3.6.1.1 公司的合并

公司合并是指两个或者两个以上的公司为了生产经营活动的需要，依照法定程序，合并为一个公司的法律行为。

公司合并可以采取吸收合并或者新设合并。一个公司吸收其他公司为吸收合并，被吸收的公司解散；两个以上公司合并设立一个新的公司为新设合并，合并各方解散。

公司合并，应当由合并各方签订合并协议，并编制资产负债表及财产清单。公司应当自作出合并决议之日起 10 日内通知债权人，并于 30 日内在报纸上公告。债权人自接到通知书之日起 30 日内，未接到通知书的自公告之日起 45 日内，可以要求公司清偿债务或者提供相应的担保。

公司合并后，要产生一系列的法律后果。公司合并，登记事项发生变更的，应当依法向公司登记机关办理变更登记；公司解散的，应当依法办理公司注销登记；设立新公司的，应当依法办理公司设立登记。公司合并时，合并各方的债权、债务，应当由合并后存续的公司或者新设的公司承继。

3.6.1.2 公司的分立

公司的分立是指一个公司依照法律程序变更为两个或者两个以上公司的法律行为。

实践中合并通常采用派生分立和新设分立两种方式。派生分立，也称分支分立，是指一个公司分离成两个以上的公司，分立前的公司继续存在并设立一个以上新的公司；新设分立，也称解散分立，是指一个公司分解为两个以上公司，分立前的公司解散并设立两个以上新的公司。

公司分立，其财产作相应的分割。公司分立，应当编制资产负债表及财产清单。公司应当自作出分立决议之日起十日内通知债权人，并于 30 日内在报纸上公告。

公司分立后，产生一系列的法律后果。公司分立，登记事项发生变更的，应当依法向公司登记机关办理变更登记；公司解散的，应当依法办理公司注销登记；设立新公司的，应当依法办理公司设立登记。公司分立前的债务由分立后的公司承担连带责任，但是，公司在分立前与债权人就债务清偿达成的书面协议另有约定的除外。

3.6.2　公司注册资本的增减

公司成立以后，随着其经营活动的开展、业务范围和市场状况的变化，公司资本相应地增加或减少；同时，为了让公司资本能够反映时常处于变动中的资产情况，也要求公司资本进行相应调整。公司资本增加与减少对公司及公司债权人的影响不同，公司立法一般对公司资本减少作出更多的限制性规定。

公司增加资本一般会增强公司实力，提高公司信用，有利于债权人利益和交易安全，因此，各国立法对公司增资的条件通常不作强制性规定，而由公司自行决定。但是，公司资本增加必然会涉及股东利益和股权结构的调整，因此，在法律程序上，公司增加注册资本必须经过股东（大）会决议，变更公司章程，并应当依法向公司登记机关办理变更登记。

公司减少资本，不仅直接涉及股东的利益和内部股权结构，也因为可能在实际上减少公司的资产而直接影响到公司债权人的利益，因此法律规定了比增加资本更为严格的法律条件和程序。《公司法》规定：公司需要减少注册资本时，必须编制资产负债表及财产清单。公司应当自作出减少注册资本决议之日起 10 日内通知债权人，并于 30 日内在报纸上公告。债权人自接到通知书之日起 30 日内，未接到通知书的自公告之日起 45 日内，有权要求公司清偿债务或者提供相应的担保。公司减资后的注册资本不得低于法定的最低限额。公司减少注册资本，应当依法向公司登记机关办理变更登记。

3.7　公司解散和清算

3.7.1　公司的解散

3.7.1.1　公司解散的概念

公司解散是指已经成立的公司，因章程规定或法律规定的解散事由而停止业务活动，并清理财产关系的状态和过程。

3.7.1.2　公司解散的原因

公司解散的原因可以分为两类：一类是自愿解散，另一类是强制解散。

1. 自愿解散

自愿解散又叫任意解散，是指股份有限公司或者有限责任公司依照公司章程的规定或者股东会的决议自动解散公司。公司解散与否，取决于股东意志，股东可以选择解散公司或者不解散公司。自愿解散的原因具体有以下几种：

（1）公司章程规定的营业期限届满或者公司章程规定的其他解散事由出现。同时《公司法》也规定，如果公司章程规定的营业期限届满或者公司章程规定的其他解散事由出现，公司可以通过修改公司章程而存续。修改公司章程，有限责任公司须经持有 2/3 以上表决权的股东通过，股份有限公司须经出席股东大会会议的股东所持表决权的 2/3 以上通过。

（2）股东会或者股东大会决议解散。股东会或者股东大会决议解散一般是在公司经营状况不好或者没有发展前途的情况下作出的。

（3）因公司合并或者分立需要解散。公司的合并、分立是公司运行过程中经常发生的现象，同时也会伴随着公司解散的现象。

2. 强制解散

强制解散是指不是由于公司自愿，而是根据政府主管机关的命令或者法院判决而解散公司。强制解散是在符合法律规定的事由出现时发生的，其具体原因有：

（1）依法被吊销营业执照、责令关闭或者被撤销。当公司违法经营受到被吊销营业执照、责令关闭或者被撤销等处罚时，必然引起公司解散，因此这些情况是公司强制解散的原因。

（2）人民法院判决予以解散。公司经营管理发生严重困难，继续存续会使股东利益受到重大损失，通过其他途径不能解决的，持有公司全部股东表决权10%以上的股东，可以请求人民法院解散公司。人民法院依股东的请求解散公司。这是一种外部力量产生的强制解散。

（3）因破产而解散。破产是公司不能清偿到期债务的情况。人民法院受理破产案件后，经审理宣告公司破产，则依照有关企业破产的法律对公司实施破产清算，公司解散。破产是公司被强制解散的原因之一。

3.7.1.3　公司解散的效力

1. 公司解散的直接后果就是公司清算

除公司因合并或分立而解散的以外，公司解散后都要成立清算组，对公司的债权债务关系进行清算。但是，公司的法人资格并不因公司解散而消灭，只有公司清算完毕，由注册登记机关办理注销登记后，公司法人资格才消灭。

2. 停止清算以外的经营活动

公司解散以后，其不得再开展新的经营业务，只能开展清算范围内的活动。

3. 公司机关的活动受到限制

公司解散后，虽然公司的股东会、董事会和监事会等机关仍然存在，但是此时由清算组全面主持公司工作，这些机关的活动也主要是配合清算组的清算工作。

3.7.2 公司的清算

3.7.2.1 公司清算的概念

公司清算是指公司解散以后，依照一定程序了结公司事务，收回债权，清偿债务并分配财产，最终使公司的法人资格归于消灭的行为和过程。公司清算是公司消灭的必经程序，目的是从实质上保护相关权利人的合法权益。除公司因合并或分立而解散的以外，公司解散后都必须经过清算。清算期间，公司存续，但不得开展与清算无关的经营活动。

3.7.2.2 公司清算的种类

公司的清算根据是否受到行政机关或法院的直接干预，分为普通清算和特别清算两种。

（1）普通清算。普通清算是公司清算中最常见的一种清算，是指公司在解散后依法自行组织清算机构按法定程序进行的清算。根据《公司法》规定，除破产清算以外的其他清算中，有限责任公司的清算组由股东组成，股份有限公司的清算组由董事或者股东大会确定的人员组成。这样的清算都属于普通清算。

（2）特别清算。特别清算是指公司被宣告破产后，或者在普通清算发生显著障碍无法继续时，由政府有关部门或者法院介入而进行的清算。破产清算是典型的特别清算。普通清算也可以转化为破产清算，普通清算的清算组在清算中发现公司财产不足清偿债务的，应当依法向人民法院申请宣告破产，公司经人民法院裁定宣告破产后，普通清算转为破产清算。普通清算发生障碍而无法进行时可能进行特别清算，公司解散后逾期不成立清算组进行清算的，债权人可以申请人民法院指定有关人员组成清算组进行清算，人民法院应当受理该申请，并及时组织清算组进行清算。

3.7.2.3 清算组的产生、职权和义务

除破产清算以外的公司清算，应当在解散事由出现之日起 15 日内成立清算组，开始清算。有限责任公司的清算组由股东组成，股份有限公司的清算组由董事或者股东大会确定的人员组成。在公司逾期不成立清算组进行清算时，人民法院依照债权人的申请指定有关人员组成清算组进行清算。公司被依法宣告破产的，依照有关企业破产的法律实施破产清算，组建清算组。

公司的清算组在公司清算期间，是公司的全权代表，负责执行公司的一切事务，接管董事会的全部权力。清算组在清算期间行使下列职权：①清理公司财产，分别编制资产负债表和财产清单；②通知、公告债权人；③处理与清算有关的公司未了结的业务；④清缴所欠税款以及清算过程中产生的税款；⑤清理债权、债务；⑥处理公司清偿债务后的剩余财产；⑦代表公司参与民事诉讼活动。

公司清算组的成员应当忠于职守，依法履行清算义务。清算组成员不得利用职权收受贿赂或者其他非法收入，不得侵占公司财产。清算组成员因故意或者重大过失给公司或者债权人造成损失的，应当承担赔偿责任。

3.7.2.4 普通清算的程序

公司进行破产清算时依照有关企业破产的法律进行。普通清算程序主要是：

（1）成立清算组。除公司合并、分立的以外，公司应当在解散事由出现之日起 15 日内成立清算组。清算组正式成立后，公司即开始进入清算程序。

（2）通知债权人并进行债权登记。清算组应当自成立之日起 10 日内通知债权人，并于 60 日内在报纸上公告。债权人应当自接到通知书之日起 30 日内，未接到通知书的自公告之日起 45 日内，向清算组申报其债权。债权人申报债权，应当说明债权的有关事项，并提供证明材料。清算组应当对债权进行登记。在申报债权期间，清算组不得对债权人进行清偿。

（3）清理公司财产、编制资产负债表和财产清单。清算组要全面清理公司的财产，在清理后，清算组还需要编制资产负债表和财产清单，作为制定清算方案的基础。清算组在清理公司财产、编制资产负债表和财产清单后，发现公司财产不足清偿债务的，应当依法向人民法院申请宣告破产，公司经人民法院裁定宣告破产后，清算组应当将清算事务移交给人民法院。

（4）制定清算方案并经相关部门确认。清算组在清理公司财产、编制资产负债表和财产清单后，应当制定清算方案，并报股东会、股东大会或者人民法院确认。按照《公司法》的有关规定，清算方案中的财产分割顺序依次为：①支付清算费用、职工的工资、社会保险费用和法定补偿金；②缴纳所欠税款；③清偿公司债务；④按上述顺序清偿后的剩余财产，有限责任公司按照股东的出资比例分

配，股份有限公司按照股东持有的股份比例分配。公司财产在未依照规定清偿前，不得分配给股东。

（5）分配财产。公司的清算方案经过确认后，清算组即可依法按照清算方案分配财产。

（6）清算结束工作。公司清算结束后，清算组应当制作清算报告，报股东会、股东大会或者人民法院确认，并报送公司登记机关，申请注销公司登记，公告公司终止。至此，公司的清算工作全面结束，公司清算实现其最终法律效力即公司法人资格的消灭。

思　考　题

1. 什么是有限责任公司？有限责任公司有何特征？设立有限责任公司应符合哪些条件？
2. 什么是股份有限公司？股份有限公司有何特征？设立股份有限公司应符合哪些条件？
3. 什么是公司的组织机构？阐述公司的组织机构的构成和相关权利。
4. 公司法对有限责任公司的股权转让作了哪些规定？
5. 公司法对股份有限公司的股份转让作了哪些限制？
6. 公司解散的原因有哪些？
7. 简述公司清算方案中的财产分割顺序。

案 例 分 析

【案情简介】①

三峡矿泉水有限责任公司（以下简称矿泉水公司）系卞成居以资金投入、枝江市顾家店镇人民政府（以下简称顾家店镇政府）以矿泉水井投入共同组建的有限责任公司。1996 年 1 月 23 日，矿泉水公司召开股东大会，同意股东卞成居提出的将其在该公司的股份全部转让给枝江市啤酒厂。次日，卞与枝江市啤酒厂签订转让、购买股份的协议，约定将卞在矿泉水公司所占 78.1% 的全部股份折价为 105 万元（含银行转贷 40 万元）转让给枝江市啤酒厂，股权自双方签约之日起一次性转让，卞应保证完好的生产、经营设备。协议并对付款方式、双方责任、债权债务的处理等均作了约定。

枝江市啤酒厂接受该股权后，与顾家店镇政府签订了联合经营协议书，调整矿泉水公司的股东出资比例，枝江市啤酒厂出资为 65 万元，占整个出资额的68.9%；顾家店镇政府出资 29.4 万元，占整个出资额的 31.1%，并委托枝江市

---

① 案例来源：人民法院案例选编，人民法院出版社，2000 年第 1 辑（总第 31 辑）

啤酒厂全权负责矿泉水公司的生产经营。枝江市啤酒厂于 1997 年 7 月更名为枝江市三九啤酒厂（以下简称三九啤酒厂）。

三九啤酒厂在组织矿泉水公司的生产经营中，客户反映矿泉水质量有问题。1996 年 7 月，经有关部门水源采样检测，亚硝酸盐超标，属不合格水源地。矿泉水公司即停止生产、进行检查，发现于井孔深 15.95 米井管连接处未密封，致使地表层水渗入水井，污染了矿泉水源。矿泉水公司停产半年，对矿泉水井进行维修，经济损失达 312 574.74 元，三九啤酒厂按所占股份（68.9%），其损失为 215 364 元。

三九啤酒厂以卞成居、顾家店镇政府为被告向枝江市人民法院起诉。称：因转让的设备有瑕疵，致使生产的矿泉水质量不合格，给其造成了经济损失。请求判令被告卞成居偿付经济损失 216 810.89 元。

被告卞成居答辩称：造成损失的根本原因是水井不合格，应由水井的所有权人矿泉水公司主张索赔权利，原告三九啤酒厂无请求权，应予驳回。组织建井的是顾家店镇政府，施工队是武汉地质勘察院三峡分院，故我不应是被告。

被告顾家店镇政府答辩称：原告三九啤酒厂没有起诉资格，应由矿泉水公司行使索赔权利。我方是矿泉水公司的出资者，不应是本案的被告。

【问题】

1. 卞成居是否应承担设备瑕疵担保义务？
2. 水井造成的损失应由谁主张？

第 4 章　破产法律制度

课程要求：通过对破产法律制度的学习，了解市场经济条件下破产制度存在的意义；掌握破产原因，破产的申请与受理，管理人制度，债务人财产问题，破产债权的申报和确认，债权人会议以及破产法上的三大程序即重整制度、和解制度和破产清算制度等内容。

4.1　破产法概述

4.1.1　破产的概念和特征

破产（bankruptcy），从通常语义上理解，是指财力耗尽或彻底失败的意思。其作为法律上的用语，有实体和程序两方面的意义。前者指债务人不能清偿到期债务时所处的财务状态，该状态既可能是资不抵债，也可能是虽然资产大于负债，但因资金周转不灵而陷于停止支付到期债务的状态。后者是指企业不能清偿到期债务，并且资产不足以清偿全部债务或者明显缺乏清偿能力的时候，在审判机构的介入和主持下，通过重整、和解或清算等法定程序，实现债务延缓或者公平受偿的过程和制度。

破产的概念经历了一个从狭义向广义演变的过程。早期的破产概念主要在破产清算意义上使用，其主要目的是为了最大限度地满足债权人受偿需求，对债务人持有比较严格的惩戒态度。随着社会的发展，破产成为一种常见和正常的经济现象，破产预防和破产挽救的观念逐渐深入人心。破产的概念还包含了破产和解程序和破产重整程序等预防性程序，并与破产清算程序共同构成一个统一的破产制度体系。

破产是市场经济条件下的必然的经济现象，是市场竞争的必然产物，破产概念主要具有以下法律特征：

（1）破产的前提是不能清偿到期债务，并且资产不足以清偿全部债务或者明显缺乏清偿能力。

当债务人不能清偿到期债务，并且资产不足以清偿全部债务或者明显缺乏清偿能力时，意味着债务人没有按期清偿债务的可能性。这时如果允许债务人的民事主体资格继续存在，不仅无法实现债权人的合法权益，也会影响到整个社会经济秩序的安全，通过破产及时消灭债务人的主体资格能够尽可能减少其对社会经济秩序造成的冲击。

（2）破产是以债务人的全部资产作为偿债基础的一次性清偿手段。企业债务的清偿，一般情况下是通过债务人自觉主动地履行清偿义务来实现的；如果债务人不主动履行其债务，债权人可以通过诉讼或仲裁程序要求判决或裁定债务人履行清偿义务，债务人不执行生效判决或裁决，债权人可以申请法院强制执行债务人的财产。然而，当债务人无力清偿到期债务处于破产状态时，如果仍由债务人依照自己的意志对债权人进行个别清偿则可能出现对债权人厚此薄彼的现象，不利于公平地保护所有债权人的利益，不利于经济秩序的稳定；另外，破产清偿完结以后，作为法人的债务人的民事主体资格随之消失。出于对所有债权人公平的角度考虑，破产要求债务人以其全部资产进行一次性偿债，采取一种与此相适应的集中运作模式，排斥个别债权人在此程序外的个别清偿。

（3）破产以保证债权人公平受偿和保护债务人正当权益为其主要目的。破产所要解决的主要矛盾就是多数债权人之间因债务人财产不足以清偿全部债务而发生的利益冲突，破产制度的主要目的就是要公平地清偿所有债权人，公平地考虑如何使债权人共同分担损失、共同享受利益，保证同一顺序的债权人地位的平等和受偿机会均等。另外，破产和解程序、重整程序和免责制度等也对债务人的正当权益进行保护，尽量挽救债务人，预防破产的发生，鼓励诚实的债务人。

（4）破产是对债务人现存的全部法律关系的彻底清算，直接导致破产的企业法人民事主体资格消灭。

破产是对企业债务人全部财产的清算，破产企业丧失继续从事经营活动的资格，在破产人为法人的情况下，还直接导致破产企业在破产清算结束后丧失其企业法人资格。

（5）破产依靠审判程序实现。破产是由法律严格规范的，破产自始至终都处在审判过程当中，是一种特殊的审判执行程序。债务人不能清偿到期债务，一旦选择了破产还债程序，就必须由审判机构介入主持，整个程序都处于审判机构的严格控制之下。

4.1.2　破产法的概念和特征

4.1.2.1　破产法的概念

破产法是有关债务人不能够清偿到期债务而适用重整、和解或清算等法定程序来处理债权债务关系的所有法律规范的总称。一个健全完善的市场经济法律体系，既应该包括市场主体进入机制，也应该包括市场主体退出机制，而破产法律规范构成了市场退出法律机制的核心和关键。

破产法有狭义和广义之分。狭义的破产法仅指破产清算的法律规范，广义的破产法不仅包括破产清算的法律规范，还包括和解法律规范和重整法律规范。现代意义的破产法均属于广义的破产法概念。在立法体例上，有的国家将破产清算法律制度、破产和解法律制度、重整法律制度进行分别立法，如日本等国家；有的国家将破产清算法律制度、破产和解法律制度、重整法律制度规定在同一法典中，如美国、德国等国家。我国采用的是广义的破产法立法，将清算程序、和解程序和重整程度进行统一立法。

4.1.2.2　破产法的特征

（1）破产法的调整对象一般仅限于债务人已经丧失清偿能力的特殊情况（重整程序除外）。

（2）破产法具有执行程序的属性，不具有解决当事人之间实体民事争议的功能。破产法作为一种为全体债权人利益而对债务人的全部财产进行的概括的执行程序，虽然与为个别债权人利益而进行的普通执行程序有诸多区别，但其与普通执行程序一样，不具有解决当事人之间实体民事争议的功能，对于当事人之间的实体权利义务争议应在破产程序外通过民事诉讼、仲裁等方式解决。只有当事人对实体权利义务无争议或是已通过诉讼、仲裁生效的裁判确定了债务，才可进入破产程序受偿。

（3）破产法是实体规范和程序规范相结合的综合性法律。破产法的内容包括：破产程序规范、破产实体规范和罚则。破产实体规范包括破产或者重整的原因、破产债权的范围、破产财产的范围、管理人的职权、债权人会议、债权人委员会的职权以及破产财产的分配等。破产程序规范包括破产案件的法院管辖、破产申请的提出和受理、破产宣告、债权的申报、债权人集体在破产程序中行使权利的程序、破产管理人的选任、破产程序的中止和终结等。罚则主要是关于各种破产违法行为的法律责任。

4.1.3　破产法的立法宗旨

1. 规范企业破产程序

我国在 1986 年制定了适用于全民所有制企业的《中华人民共和国企业破产法（试行）》。1991 年通过的《中华人民共和国民事诉讼法》第十九章规定了适用于全民所有制企业以外的企业法人的"企业法人破产还债程序"。这些法律初步建立了我国的破产法律制度，对规范我国企业破产行为，审理企业破产案件发挥了重要的作用。但是，随着社会主义市场经济体制的逐步确立和国有企业改革的深化，我国企业破产出现了一些新情况，已有的破产制度需要补充与完善，在总结国内外经验的基础上出台的企业破产法为陷入困境的企业提供了以公平分配为目标的清算程序和以企业再建为目标的重整程序、和解程序，为规范企业破产程序提供了科学而公正的法律依据。

2. 公平清理债权债务

破产程序是在法院的主持下对达到破产界限的债务人的财产进行清理分配，或者对其进行重整，或者由债务人与债权人就债务清偿问题达成和解，使全体债权人获得公平受偿的机会。破产制度可以合理地协调众多债权人之间就债务人的有限财产如何受偿的问题。公平是破产制度最为重要的目标，也是破产程序贯穿始终的基本原则。

3. 保护债权人和债务人的合法权益

债权人的合法权益是破产法关注和围绕的重点，对债权人合法权益的保护，就是使债务人以其最大的偿债能力、最大限度地满足债权人的利益。破产制度在保护债权人合法权益的同时，也注意保护债务人的合法权益，通过重整程序的引入，给予债务人在破产或濒临破产时有再生的机会，使债务人的利益能够得到最大程度的维持和保护。

4. 维护社会主义市场经济秩序

维护正常的市场经济秩序，才能使社会资源的配置合理有序。企业破产制度可以使优胜劣汰的市场机制得以发挥，及时淘汰丧失经营能力的市场经济主体，妥善处理破产企业的财产，防止和制裁欺诈破产和恶意逃避债务等行为，维护市场主体间的交易安全，最终维护社会主义市场经济秩序。

4.1.4　破产法的适用范围

破产法的适用范围包括破产法的主体适用范围和地域适用范围。

4.1.4.1　破产法的主体适用范围

(1) 破产法的直接适用主体范围是所有的企业法人。

根据现行破产法的规定，满足法定破产原因的企业法人依照破产法规定清理债务和进行重整，可见，破产法直接适用于所有的企业法人。

同时，破产法还规定特殊企业法人适用破产法的特殊情况。针对国有企业的政策性破产，破产法规定：在破产法施行前国务院规定的期限和范围内的国有企业实施破产的特殊事宜，按照国务院有关规定办理。针对金融机构的破产，破产法规定：商业银行、证券公司、保险公司等金融机构有破产法规定的破产或重整原因的，国务院金融监督管理机构可以向人民法院提出对该金融机构进行重整或者破产清算的申请；国务院金融监督管理机构依法对出现重大经营风险的金融机构采取接管、托管等措施的，可以向人民法院申请中止以该金融机构为被告或者被执行人的民事诉讼程序或者执行程序；金融机构实施破产的，国务院可以依据破产法和其他有关法律的规定制定实施办法。

（2）破产法的参照适用主体范围是企业法人以外的组织。

现行破产法规定，其他法律规定企业法人以外的组织的清算，属于破产清算的，参照适用破产法规定的程序。这一规定，将企业法人以外的组织也纳入其调整之下，但需要注意的是，要有其他法律明文规定这些组织的清算属于破产清算方可参照，同时参照适用的范围限为破产清算程序，不包括和解和重整程序，而且参照适用是指适宜的内容才可以适用并非严格适用。如我国《合伙企业法》规定，合伙企业不能清偿到期债务的，债权人可以依法向人民法院提出破产清算申请，也可以要求普通合伙人清偿。合伙企业依法被宣告破产的，普通合伙人对合伙企业债务仍应承担无限连带责任。因此，合伙企业进行破产清算时，可以参照适用破产法的有关规定。

4.1.4.2　破产法的地域适用范围

破产法在立法国的管辖领域内适用，这是各国法律的普遍原则，但关于破产法是否具有域外效力，即一国的破产程序对其他国家或法域的破产债务人财产是否有效，各国立法不尽相同，主要有两种不同的理论。一种是属地主义，该理论基于国家领土主权的原则，主张破产法的效力仅及于立法国国内，依此理论可能出现债务人财产所在各国同时或先后对同一人启动数个破产程序的现象，故也称为一人数破产主义。另一种为普及主义，该理论从一次性公平清偿全部债务的目的出发，认为破产法的效力不仅及于立法国国内，而且应及于破产债务人在国外的全部财产，根据这种理论，无论债务人的财产分布多少国家，只需要启动一个破产程序即可解决全部债务清偿问题，故也称为一人一破产主义。对比这两种理论，就公平保障全体债权人利益而言，普及主义理论较为合理，但因为涉及各国司法主权问题，在司法实践中往往难以执行，各国一般不会无条件地接受依外国法律启动的破产程序的效力；而属地主义虽然维护了国家主权思想，但给债务清偿带来不便，可能影响立法国的经济贸易发展、对外开放与合作。所以，当今世界各国破产法很少绝对地采取上述某一种理论，而是作出一定的变通进行适用。

为了更好地促进我国的对外开放和经济发展，现行破产法采取了有限制的普及主义原则。依照我国破产法开始的破产程序，对债务人在中华人民共和国领域外的财产发生效力；对外国法院作出的发生法律效力的破产案件的判决、裁定，涉及债务人在中华人民共和国领域内的财产，申请或者请求人民法院承认和执行的，人民法院依照中华人民共和国缔结或者参加的国际条约，或者按照互惠原则进行审查，认为不违反中华人民共和国法律的基本原则，不损害国家主权、安全和社会公共利益，不损害中华人民共和国领域内债权人的合法权益的，裁定承认和执行。

4.1.5　破产原因

破产原因，是提起破产程序的前提，是判断破产申请能否成立、能否受理以及能否作出破产宣告、重整、和解等裁定的法律依据。破产原因不仅是破产清算程序开始的原因，而且也是和解与重整程序开始的原因。由于重整是在企业无力清偿债务但又有复苏希望的情况下，经债务人或债权人申请，法院依法许可企业继续经营，实现债务调整和企业重组，使企业摆脱困境走向复苏的一项法律制度。因此重整程序开始的原因比破产清算、和解程序更为宽松，不仅在破产原因已经发生时可以申请重整，在债务人有明显丧失清偿能力可能时，即有发生破产原因可能的，就可以依法进行重整。破产原因具体如下：

具备以下任何一种情况的企业法人都可以依照企业破产法清理债务：①企业法人不能清偿到期债务，并且资产不足以清偿全部债务。②企业法人不能清偿到期债务，并且明显缺乏清偿能力的。

具备以下任何一种情况的企业法人都可以依照企业破产法进行重整：①企业法人不能清偿到期债务，并且资产不足以清偿全部债务或者明显缺乏清偿能力的。②企业法人有明显丧失清偿能力可能的。

4.1.6　我国破产法的历史沿革

在西方资本主义国家，比较完善的破产制度的形成已有几百年的历史。我国清王朝曾于光绪三十二年（1906 年）公布了《破产律》，这是我国历史上第一部破产法。1935 年，国民党政府制定《破产法》，以后又作出过多次修改，目前仍在我国台湾地区沿用。

新中国成立以后，我国废除了旧中国全部六法。此后，为解决不能清偿到期债务的私营企业的破产还债问题，最高人民法院和司法部曾于 1955 年 10 月发出《关于私营企业破产还债程序中的两个问题的批复》，最高人民法院还于 1957 年1 月发出《关于破产清偿几个问题的复函》，以适应司法实务的需要。随着对工商业社会主义改造任务的完成，私营企业消失，破产制度在我国实际上不复存在。我国在实行计划经济体制的长时间内，否认商品经济的作用，自然谈不上制定破产法的问题。

新中国的破产法律制度是在中共十一届三中全会以后，随着计划经济向市场经济转化和相应企业法律制度的确立而产生的。随着经济体制改革的不断深入，利用破产制度淘汰落后企业、促进企业进步的问题开始受到人们的关注，破产制度的建立被提上议事日程。1986 年 12 月 2 日，第六届全国人大常委会第十八次会议通过了《中华人民共和国企业破产法（试行）》。但是，由于当时社会经济状况的局限，这部试行的破产法仅仅适用于全民所有制企业。《中华人民共和国企业破产法（试行）》的制定和试行，填补了我国破产法律制度的空白，在中国体制转轨时期起到了重要的历史作用。1991 年 4 月第七届全国人民代表大会第四次会议通过《中华人民共和国民事诉讼法》（以下简称《民事诉讼法》），第十九章规定了"企业法人破产还债程序"，适用于全民所有制企业以外的企业法人。为了贯彻执行《中华人民共和国企业破产法（试行）》，最高人民法院又分别在1991 年和 2002 年相继颁布了《最高人民法院关于贯彻执行企业破产法（试行）若干问题的意见》、《最高院关于审理企业破产案件若干问题的规定》这样两个司法解释。以上两部法律和最高院的司法解释的相关规定，对于规范我们国家企业的破产行为、审理企业破产案件确实发挥了很大的作用。

　　然而，随着市场经济体制的逐步确立，以及国有企业改革的深化，原来的企业破产法律制度已经不能适应企业破产的实际需要，需要制定一部适用于所有企业、操作性强的企业破产法。第八届全国人大常委会将制定新的破产法列入该届全国人大常委会立法规划，从 1994 年初开始组织新的破产法起草工作。2006 年8 月 27 日，《中华人民共和国企业破产法》（以下简称《企业破产法》）在十届全国人大常委会第二十三次会议上审议通过，从 2007 年 6 月 1 日起施行，原有的《中华人民共和国企业破产法（试行）》同时废止。这是中国转型时期的标志性事件。破产法是中国新的经济宪法，对于市场经济主体而言，它是关乎"死"与再生的法律，解决的是市场退出与重整的问题。新的企业破产法，在理念与制度方面有诸多的突破，填补了市场经济规则体系中关于退出法与再生法的一大缺口，是一个历史性的进步。

4.2　破产申请与受理

4.2.1　破产申请

4.2.1.1　破产的申请主体

1. 债务人提出破产申请

债务人提出破产申请，属于自愿型破产。债务人提出破产申请有特别的考虑：一方面，债务人可以通过破产程序而获得免责，从而摆脱债务危机；另一方面，债务人具有申请破产的有利条件，因为债务人最了解自己企业的财产状况和清偿能力。《企业破产法》规定：债务人具备破产法规定的破产原因时，可以向人民法院提出重整、和解或者破产清算申请。

2. 债权人提出破产申请

债权人提出破产申请，属于非自愿型破产。对于债权人而言，申请债务人破产是其不得已而为之，若能通过普通民事执行程序满足其债权，债权人一般不会去申请债务人破产，但是，当其他债权人已经对债务人提起民事执行程序，债权人也会采取破产申请的策略使自己能够有获得公平受偿的机会。

债权人在破产案件中属于债务人的外部主体，一般无法了解债务人企业的具体财产情况。因此，《企业破产法》规定：债务人不能清偿到期债务，债权人可以向人民法院提出对债务人进行重整或者破产清算的申请。

3. 清算组提出破产申请

企业法人在公司解散时进行的一般民事清算程序中，如果发现被清算企业达到了破产界限，有向法院提出破产申请的权利和义务。《企业破产法》规定：企业法人已解散但未清算或者未清算完毕，资产不足以清偿债务的，依法负有清算责任的人应当向人民法院申请破产清算。

4.2.1.2　破产申请的提出和撤回

当事人向人民法院提出破产申请，应当提交破产申请书和有关证据。破产申请书应当载明下列事项：①申请人、被申请人的基本情况；②申请目的；③申请的事实和理由；④人民法院认为应当载明的其他事项。

债务人提出申请的，还应当向人民法院提交财产状况说明、债务清册、债权清册、有关财务会计报告、职工安置预案以及职工工资的支付和社会保险费用的缴纳情况。

人民法院受理破产申请前，申请人可以请求撤回申请。

4.2.2　破产申请的受理

4.2.2.1　破产案件的管辖

1. 破产案件的级别管辖

根据最高人民法院的司法解释，破产案件的级别管辖遵循以下规定：①基层人民法院一般管辖县、县级市或者区的工商行政管理机关核准登记企业的破产案件；中级人民法院一般管辖地区、地级市（含本级）以上的工商行政管理机关核准登记企业的破产案件；纳入国家计划调整的企业破产案件，由中级人民法院管辖。②上级人民法院审理下级人民法院管辖的企业破产案件，或者将本院管辖的企业破产案件移交下级人民法院审理，以及下级人民法院需要将自己管辖的企业破产案件交由上级人民法院审理的，依照《民事诉讼法》第 39 条的规定办理；省、自治区、直辖市范围内因特殊情况需对个别企业破产案件的地域管辖作调整的，须经共同上级人民法院批准。

2. 破产案件的地域管辖

破产案件由债务人住所地人民法院管辖。债务人住所地指债务人的主要办事机构所在地；债务人无办事机构的，由其注册地人民法院管辖。

4.2.2.2　破产申请的受理程序

这里仅论述破产申请的受理，不包括对重整申请、和解申请的受理。

1. 法院在法定期限内作出是否受理的裁定

债权人提出破产申请的，人民法院应当自收到申请之日起 5 日内通知债务人。债务人对申请有异议的，应当自收到人民法院的通知之日起 7 日内向人民法院提出。人民法院应当自异议期满之日起 10 日内裁定是否受理。债务人没有对申请提出异议的，人民法院应当自收到破产申请之日起 15 日内裁定是否受理。有特殊情况需要延长前两款规定的裁定受理期限的，经上一级人民法院批准，可以延长 15 日。

2. 人民法院作出受理裁定后的事宜

人民法院受理破产申请的，应当自裁定作出之日起 5 日内送达申请人。债权人提出申请的，人民法院应当自裁定作出之日起 5 日内送达债务人。债务人应当自裁定送达之日起 15 日内，向人民法院提交财产状况说明、债务清册、债权清册、有关财务会计报告以及职工工资的支付和社会保险费用的缴纳情况。

人民法院裁定受理破产申请的，应当同时指定管理人。

人民法院应当自裁定受理破产申请之日起 25 日内通知已知债权人，并予以公告。通知和公告应当载明下列事项：①申请人、被申请人的名称或者姓名；②人民法院受理破产申请的时间；③申报债权的期限、地点和注意事项；④管理人的名称或者姓名及其处理事务的地址；⑤债务人的债务人或者财产持有人应当向管理人清偿债务或者交付财产的要求；⑥第一次债权人会议召开的时间和地点；⑦人民法院认为应当通知和公告的其他事项。

3. 人民法院裁定不受理破产申请或驳回申请后的事宜

人民法院裁定不受理破产申请的，应当自裁定作出之日起 5 日内送达申请人并说明理由。申请人对裁定不服的，可以自裁定送达之日起 10 日内向上一级人民法院提起上诉。

　　人民法院受理破产申请后至破产宣告前，经审查发现债务人不具备《企业破产法》规定破产原因的，可以裁定驳回申请。申请人对裁定不服的，可以自裁定送达之日起 10 日内向上一级人民法院提起上诉。

　　4.2.2.3　破产申请受理后的法律效力

　　(1) 为了保障全体债权人有公平受偿的机会，《企业破产法》规定：人民法院受理破产申请后，债务人对个别债权人的债务清偿无效。

　　(2) 因为破产程序是一种概括的债务清理程序和最后的执行程序，因此破产程序开始后必须限制其他民事程序。《企业破产法》规定：人民法院受理破产申请后，有关债务人财产的保全措施应当解除，执行程序应当中止。人民法院受理破产申请后，已经开始而尚未终结的有关债务人的民事诉讼或者仲裁应当中止；在管理人接管债务人的财产后，该诉讼或者仲裁继续进行。人民法院受理破产申请后，有关债务人的民事诉讼，只能向受理破产申请的人民法院提起。

　　(3) 破产程序一经启动，债务人财产的控制权和处分权应转由管理人行使。《企业破产法》规定：①人民法院受理破产申请后，债务人的债务人或者财产持有人应当向管理人清偿债务或者交付财产。债务人的债务人或者财产持有人故意违反规定向债务人清偿债务或者交付财产，使债权人受到损失的，不免除其清偿债务或者交付财产的义务。②人民法院受理破产申请后，管理人对破产申请受理前成立而债务人和对方当事人均未履行完毕的合同有权决定解除或者继续履行，并通知对方当事人。管理人自破产申请受理之日起 2 个月内未通知对方当事人，或者自收到对方当事人催告之日起 30 日内未答复的，视为解除合同。管理人决定继续履行合同的，对方当事人应当履行；但是，对方当事人有权要求管理人提供担保。管理人不提供担保的，视为解除合同。

　　(4) 人民法院裁定受理破产申请后，债务人的相关人员的行为受到一定限制。《企业破产法》规定，自人民法院受理破产申请的裁定送达债务人之日起至破产程序终结之日，债务人的有关人员承担下列义务：①妥善保管其占有和管理的财产、印章和账簿、文书等资料；②根据人民法院、管理人的要求进行工作，并如实回答询问；③列席债权人会议并如实回答债权人的询问；④未经人民法院许可，不得离开住所地；⑤不得新任其他企业的董事、监事、高级管理人员。这里所称有关人员，是指企业的法定代表人。经人民法院决定，可以包括企业的财务管理人员和其他经营管理人员。

4.3　管理人制度

4.3.1　管理人的概念和特征

破产程序中的管理人，是指破产程序开始以后，为了加强对债务人的管理、防止债务人随意地处分财产、保护债权人的利益，依法成立的在法院指挥和监督之下全面接管破产企业，并且负责清理、保管、估价、处理和分配等破产清算事务的专门机构。破产管理人制度，是我国现行《企业破产法》从国外的破产法律中引进的一种负责管理破产、处分破产财产的新制度，在此之前的立法适用的是清算组的制度。清算组与管理人相比，在机构成立时间、机构功能、组成人员、成员工作报酬和法律责任等方面都不相同。清算组机制不市场化，也不专业化，还带有政府干预的色彩，而破产管理人制度，规定管理人主要由律师事务所、会计师事务所、破产清算事务所等社会中介机构担任，按照市场化方式进行运作，由专业化人士来处理，使破产程序更符合我国市场经济的发展要求。

破产管理人具有以下几种特征：

1. 独立性

管理人的独立性，指的是在破产程序进行当中，债权人和债务人任何一方的利害关系人都不适宜出任管理人，为了公平地保护各方当事人的利益，管理人必须是一个独立的机构，并且不受政府的干预。要保证管理人的独立性，管理人和债务人、债权人之间就不应当具有利害关系，管理人由法院指定产生，对法院负责，其报酬应当由法院来决定。

2. 专业性

管理人的专业性，是指管理人的机构成员应当具有一定的专业知识和技能、具备相应专业资格。《企业破产法》要求专业的机构和人员来担任管理人，从事破产企业的管理，从而提高清算的效率，降低破产的费用；同时，专业人士一般具备较高的职业操守，由他们担任破产管理人，可以公正地履行职责，实行破产程序追求的公正目标。

3. 全程的参与性

所谓全程的参与性，是指管理人在人民法院裁定受理破产申请的同时就应当指定并对破产工作进行全程管理，也就是说，破产程序在启动以后，破产人的财产就应当由法院指定的管理人来管理和处分，以防止债务人转移财产或者造成破产财产的损失浪费，最终损害债权人的利益。

4. 职责的明确性

所谓职责的明确性，是指法律明确规定了管理债务人财产的专门管理人的职责和法律责任。管理人负责管理债务人的全部财产，以及对财产进行清算、估价、变价等工作，管理人对法院负责并报告工作，并且接受债权人会议和债权委员会的监督。如果管理人因故意或者重大过失给债权人造成损失的，就要承担民事赔偿责任。如果构成犯罪的，还应当追究其刑事责任。

4.3.2　管理人的选任

4.3.2.1　管理人的选任方式

《企业破产法》对管理人的选任方式模式采取以人民法院指定为原则，同时赋予债权人会议对管理人的更换申请权。《企业破产法》规定：管理人由人民法院指定。债权人会议认为管理人不能依法、公正执行职务或者有其他不能胜任职务情形的，可以申请人民法院予以更换。管理人没有正当理由不得辞去职务；管理人辞去职务应当经人民法院许可。

管理人的指定是一项技术性很强的工作，最高人民法院已于 2007 年 4 月 4 日通过《最高人民法院关于审理企业破产案件指定管理人的规定》，对有关管理人指定问题进行了细致的规定。

4.3.2.2　管理人的任职资格

《企业破产法》对管理人的任职资格从积极和消极两个方面作出了规定。

1. 管理人的积极任职资格

《企业破产法》规定：管理人可以由有关部门、机构的人员组成的清算组或者依法设立的律师事务所、会计师事务所、破产清算事务所等社会中介机构担任。人民法院根据债务人的实际情况，可以在征询有关社会中介机构的意见后，指定该机构具备相关专业知识并取得执业资格的人员担任管理人。

由于管理人存在着因执业过错而承担赔偿责任的风险，为了有利于破产管理事业的发展，《企业破产法》规定：个人担任管理人的，应当参加执业责任保险。

2. 管理人的消极任职资格

由于管理人的权力范围广泛，职责关系重大，因此《企业破产法》对担任管理人的人员的人格品行提出一定要求，规定有下列情形之一的人不得担任管理人：①因故意犯罪受过刑事处罚；②曾被吊销相关专业执业证书；③与本案有利害关系；④人民法院认为不宜担任管理人的其他情形。

4.3.2.3　管理人的职责

《企业破产法》规定，管理人履行下列职责：①接管债务人的财产、印章和账簿、文书等资料；②调查债务人财产状况，制作财产状况报告；③决定债务人的内部管理事务；④决定债务人的日常开支和其他必要开支；⑤在第一次债权人会议召开之前，决定继续或者停止债务人的营业；⑥管理和处分债务人的财产；⑦代表债务人参加诉讼、仲裁或者其他法律程序；⑧提议召开债权人会议；⑨人民法院认为管理人应当履行的其他职责。《企业破产法》除了规定以上管理人的一般职责以外，在其他章节中对管理人的职责另有规定的，适用其规定。

4.3.2.4　管理人的义务和权利

1. 管理人的义务

（1）勤勉义务。《企业破产法》规定，管理人应当勤勉尽责，即要求其履行勤勉义务。勤勉义务要求管理人在履行职务的过程中，应当以善良管理人的注意，认真、谨慎、合理、高效地处理事务，做到不疏忽、不懈怠。

（2）忠实义务。《企业破产法》规定，管理人应当忠实执行职务，即要求其履行忠实义务。忠实义务要求管理人在执行职务时，应当最大限度地维护债务人财产和全体债权人的利益，做到不欺瞒、不谋私。

（3）管理人接受监督的义务。对管理人的监督来自人民法院与债权人两个方面。《企业破产法》规定：管理人依法执行职务，向人民法院报告工作，并接受债权人会议和债权人委员会的监督。管理人应当列席债权人会议，向债权人会议报告职务执行情况，并回答询问。

在第一次债权人会议召开之前，债权人委员会也尚未设立，为了更好地维护债权人的利益，《企业破产法》规定：在第一次债权人会议召开之前，管理人决定继续或者停止债务人的营业或者实施重大的财产处理行为的，应当经人民法院许可。这里的重大财产处理行为是指企业破产法规定的以下行为：①涉及土地、房屋等不动产权益的转让；②探矿权、采矿权、知识产权等财产权的转让；③全部库存或者营业的转让；④借款；⑤设定财产担保；⑥债权和有价证券的转让；⑦履行债务人和对方当事人均未履行完毕的合同；⑧放弃权利；⑨担保物的取回；⑩对债权人利益有重大影响的其他财产处分行为。

2. 管理人的权利

（1）管理人经法院许可，可以聘任必要的工作人员的权利。破产事务专业化程度较高，内容复杂，应该允许管理人聘请其他工作人员协助其完成工作。但管理人行使这一权利时，只能聘用必要的工作人员，并要经过法院的许可，否则，就会在一定程度上扩大了破产费用的范围，从而损害到全体债权人的清偿利益。

（2）管理人有报酬请求权。管理人执行职务有权获得报酬，这是国际通行的做法。《企业破产法》规定：管理人的报酬由人民法院确定；债权人会议对管理人的报酬有异议的，有权向人民法院提出。最高人民法院 2007 年 4 月 4 日通过了《最高人民法院关于审理企业破产案件确定管理人报酬的规定》，对管理人的报酬问题作出了细致的规定。

4.4　债务人财产

4.4.1　债务人财产的概念和范围

4.4.1.1　债务人财产的概念

破产法上的债务人财产，是指在破产程序中被纳入破产管理的为债务人所拥有的财产。其具有以下特征：①属于债务人所有；②受破产程序的规制；③受管理人控制。根据《企业破产法》的规定，债务人的财产在破产宣告前后的不同阶段有不同的称谓。破产申请受理后至债务人被宣告破产前，债务人的财产被称为债务人财产；债务人被宣告破产后，债务人称为破产人，债务人财产称为破产财产。但是，这两个概念从财产范围意义上来看并无本质区别，只是表明财产主体位于破产程序的不同阶段。

4.4.1.2　债务人财产的构成范围

根据《企业破产法》规定，我国破产法上债务人财产由以下两部分构成。

1. 破产申请受理时属于债务人的全部财产

这是一个广义的概念，不仅包括有形财产也包括无形财产，不仅包括未成为担保物的财产也包括已成为担保物的财产，不仅包括位于中华人民共和国领域内的财产也包括位于中华人民共和国领域外的财产。

2. 破产申请受理后至破产程序终结前债务人取得的财产

这部分财产主要包括破产申请受理后债务人财产的增值、债务人收回的财产以及债务人的出资人补交的出资等。

4.4.2　债务人财产的追回和收回

4.4.2.1　涉及债务人财产的可撤销行为和无效行为制度

债务人在处于破产状态或者预期将处于破产状态的情况下从事使债务人财产不当减少或者不公平清偿的行为，具有恶化债务人的财产和信用，损害多数债权人和其他相关人的作用，其历来为各国破产法严加规制。《企业破产法》对破产受理前债务人的不当或违法行为根据其性质的不同分为可撤销行为和无效行为。

1. 涉及债务人财产的可撤销行为

通常在破产法理论上，根据可撤销行为所损害利益的当事人范围不同，可以分为两大类：一类是欺诈行为，是指导致债务人财产不当减少损害全体债权人利益的行为；另一类是偏袒行为即个别清偿行为，指给予个别债权人以优惠而损害其他多数债权人利益的不公平清偿行为。我国《企业破产法》也规定了两种涉及债务人财产的可撤销行为。

(1) 可撤销的破产欺诈行为。人民法院受理破产申请前 1 年内，涉及债务人财产的下列行为，管理人有权请求人民法院予以撤销：①无偿转让财产的；②以明显不合理的价格进行交易的；③对没有财产担保的债务提供财产担保的；④对未到期的债务提前清偿的；⑤放弃债权的。

(2) 可撤销的个别清偿行为。人民法院受理破产申请前 6 个月内，债务人不能清偿到期债务，并且资产不足以清偿全部债务或者明显缺乏清偿能力的，仍对个别债权人进行清偿的，管理人有权请求人民法院予以撤销。但是，个别清偿使债务人财产受益的除外。

2. 涉及债务人财产的无效行为

这种行为是《民法通则》、《合同法》规定的无效民事行为在破产程序中的体现，《企业破产法》对其进行彻底否定性的评价，该行为具有非常突出的两个特点：一是无论其何时发生均为无效，二是任何主体均可主张其无效。《企业破产法》规定，涉及债务人财产的下列行为无效：为逃避债务而隐匿、转移财产的；虚构债务或者承认不真实的债务的。

3. 因可撤销行为或无效行为产生的追回权

无论是可撤销行为还是无效行为，其被撤销或者被宣告无效后的法律后果是一样的，那就是恢复原状，因此，因可撤销行为或无效行为而取得的债务人的财产，管理人有权追回。例如，第三人无偿取得债务人财产的，应当将财产返还债务人；债务人对未到期的债务提前清偿的，接受清偿的一方应当将获得的清偿返还债务人；债务人为逃避债务而转移财产的，接受财产的人应当返还该财产。

4.4.2.2　债务人财产收回或追回的其他情况

（1）人民法院受理破产申请后，债务人的出资人尚未完全履行出资义务的，管理人应当要求该出资人缴纳所认缴的出资，而不受出资期限的限制。

根据《公司法》规定，出资人可以分期履行缴纳出资的义务，但出资人以其认缴或认购的出资额承担责任，所以在破产案件受理后，尚未完全履行出资义务的出资人，不论其是因为未到出资期限而未履行出资义务还是已到出资期限而未履行出资义务，都应该立即缴纳所认缴而未实缴的出资，用于对全体债权人的清偿，且不论出资期限是否已经到期。

（2）债务人的董事、监事和高级管理人员利用职权从企业获取的非正常收入和侵占的企业财产，管理人应当追回。

（3）人民法院受理破产申请后，管理人可以通过清偿债务或者提供为债权人接受的担保，取回质物、留置物。这里规定的债务清偿或者替代担保，在质物或者留置物的价值低于被担保的债权额时，以该质物或者留置物当时的市场价值为限。

因为设置有质权、留置权的债权就质物、留置物享有优先受偿权，清偿这些债权不会造成不公平受偿的情况，在重整、和解程序中，管理人为继续生产经营，需要使用质物、留置物时，可以通过清偿债务或者提供为债权人接受的担保，取回质物、留置物。但是，管理人所作的债务清偿或者替代担保，在质物或者留置物的价值低于被担保的债权额时，可能出现对无担保债权不公平受偿的情况，所以应当以该质物或者留置物当时的市场价值为限。

4.4.3　他人对债务人财产的取回权

4.4.3.1　取回权的概念

取回权是指破产债务人占有的不属于债务人的他人财产，该财产的权利人可以不经破产程序，经破产管理人同意而直接将该财产取回的权利。取回权是为了消除或纠正破产管理人占有管理的财产和可以用于分配给债权人的债务人财产之间的不一致，目的是准确认定债务人的财产范围。

4.4.3.2　取回权的种类

1. 一般取回权

人民法院受理破产申请后，债务人占有的不属于债务人的财产，该财产的权利人可以通过管理人取回。但是，《企业破产法》另有规定的除外。

实践中，"不属于债务人"的财产既包括债务人合法占有的他人财产，也包括债务人不法占有的他人财产。

2. 特殊取回权

人民法院受理破产申请时，出卖人已将买卖标的物向作为买受人的债务人发运，债务人尚未收到且未付清全部价款的，出卖人可以取回在运途中的标的物。但是，管理人可以支付全部价款，请求出卖人交付标的物。

4.4.3.3　取回权的行使

取回权人不同于破产债权人，不需要向管理人申报债权，也不需要通过破产清算程序获得清偿，但取回权的行使仍然需要经过管理人。取回权人应在破产程序开始之后向管理人提出行使取回权的申请，并提供能够证明取回权人对特定财产享有权益的证据，管理人作出审查后作出是否准予行使取回权的决定。如果取回权人与管理人对取回权发生争议，可以向人民法院提起诉讼，请求法院予以确认。

4.4.4　债权人的破产抵销权

4.4.4.1　破产抵销权的概念和意义

破产抵销权是指债权人在破产申请受理前对债务人负有债务的，无论是否已到清偿期限、标的是否相同，均可在破产财产最终分配确定前向管理人主张相互抵销的权利。

抵销权制度在破产程序中的运用对维护债权人权益具有重要的意义。一般情况下的抵销主要在于节约时间和费用、避免交叉诉讼，而破产程序中的抵销实际上起到担保作用。在破产程序中，如果没有抵销权的设置，债权人对破产人享有的债权因其无力偿还只能得到一定比例的偿还甚至完全得不到清偿，而债权人对破产人的债务却必须全额清偿，利益相差甚大；但抵销权的设置实际上使得债权人的破产债权在抵销范围内得以全额、优先受偿。

4.4.4.2　破产抵销权的特点

与民法上的一般抵销权相比，破产抵销权具有以下主要特点：

（1）只有破产人的债权人享有破产抵销权，而破产管理人并不享有破产抵销权。这与一般抵销权的享有者为互负债务的双方当事人不一样。

（2）债权人用于抵销的债务，必须是其在破产申请受理前对破产债务人所负的债务,目的是尽可能保证公平。而一般抵销权对可抵销的债务的形成时间并无限制。

(3) 通过破产抵销权抵销的债务,不受债的种类和履行期限的限制,因为进入破产程序后,所有的债务都转换为金钱债务,并都被视为已经到期。而一般抵销权的抵销以债的种类相同和相互抵销的债务均已到期为前提条件。

4.4.4.3 不适用破产抵销的情形

由于破产抵销权的行使能够使债权人得到优先、足额的清偿,如果不加以限制,则可能被滥用,从而损害破产秩序和多数债权人的正当利益,因此,《企业破产法》规定了不得抵销的情形:

(1) 债务人的债务人在破产申请受理后取得他人对债务人的债权的。

(2) 债权人已知债务人有不能清偿到期债务或者破产申请的事实,对债务人负担债务的;但是,债权人因为法律规定或者有破产申请 1 年前所发生的原因而负担债务的除外。

(3) 债务人的债务人已知债务人有不能清偿到期债务或者破产申请的事实,对债务人取得债权的;但是,债务人的债务人因为法律规定或者有破产申请 1 年前所发生的原因而取得债权的除外。

4.5 破 产 债 权

通常认为,破产债权是指基于破产申请受理前的原因发生的,依法申报并经确认,在破产债务人进入破产清算程序后有权从破产财产中获得公平清偿、可强制执行的财产请求权。破产债权是通过债权人的申报和相关主体的确认程序得以最终确定下来的。

4.5.1 破产债权的申报

破产债权申报,是指债权人在人民法院受理破产申请后依照法律规定主张并证明其债权存在,以便参加破产程序的行为。债权申报是债权人参加破产程序的前提条件,债权人未依照规定申报债权的,不得依照《企业破产法》规定的程序行使权利。

4.5.1.1 债权申报的规则

1. 申报期限

人民法院受理破产申请后,应当确定债权人申报债权的期限。债权申报期限自人民法院发布受理破产申请公告之日起计算，最短不得少于 30 日，最长不得超过 3 个月。

2. 申报受理主体

债权人应当在人民法院确定的债权申报期限内向管理人申报债权。

3. 申报方式

债权人申报债权时应当采取书面方式。

4. 申报内容

债权人申报债权时，应当书面说明债权的数额和有无财产担保，并提交有关证据。申报的债权是连带债权的，应当予以说明。

4.5.1.2 债权申报的具体规定

《企业破产法》详细规定了各种破产债权申报问题：

（1）未到期的债权，在破产申请受理时视为到期。附利息的债权自破产申请受理时起停止计息。

（2）附条件、附期限的债权和诉讼、仲裁未决的债权，债权人可以申报。

（3）债务人所欠职工的工资和医疗、伤残补助、抚恤费用，所欠的应当划入职工个人账户的基本养老保险、基本医疗保险费用，以及法律、行政法规规定应当支付给职工的补偿金，不必申报，由管理人调查后列出清单并予以公示。职工对清单记载有异议的，可以要求管理人更正；管理人不予更正的，职工可以向人民法院提起诉讼。

（4）连带债权人可以由其中一人代表全体连带债权人申报债权，也可以共同申报债权。

（5）债务人的保证人或者其他连带债务人已经代替债务人清偿债务的，以其对债务人的求偿权申报债权。债务人的保证人或者其他连带债务人尚未代替债务人清偿债务的，以其对债务人的将来求偿权申报债权。但是，债权人已经向管理人申报全部债权的除外。

（6）连带债务人数人被裁定适用《企业破产法》规定的程序的，其债权人有权就全部债权分别在各破产案件中申报债权。

（7）管理人或者债务人依照《企业破产法》的规定解除合同的，对方当事人以因合同解除所产生的损害赔偿请求权申报债权。

（8）债务人是委托合同的委托人，被裁定适用《企业破产法》规定的程序，受托人不知该事实，继续处理委托事务的，受托人以由此产生的请求权申报债权。

（9）债务人是票据的出票人，被裁定适用本法规定的程序，该票据的付款人继续付款或者承兑的，付款人以由此产生的请求权申报债权。

4.5.1.3　债权申报的效力

1. 对已依法申报债权人的效力

（1）已依法申报债权的债权人可以依照《企业破产法》规定的程序行使权利。

（2）债权申报使得该债权的诉讼时效中断。

2. 对未依法申报债权人的效力

（1）未依法申报债权的债权人不得依照《企业破产法》规定的程序行使权利。

（2）未依法申报债权的债权人可以进行补充债权申报。在人民法院确定的债权申报期限内，债权人未申报债权的，可以在破产财产最后分配前补充申报；但是，此前已进行的分配，不再对其补充分配。为审查和确认补充申报债权所发生的费用，由补充申报人承担。

4.5.2　破产债权的确认

债权人申报的债权需要经过确认后才能在破产程序中行使权利。

4.5.2.1　债权确认的范围

债权人申报的债权情况各异，哪些申报的债权需要进行审查确认，遵循的一般原则是：凡法律允许通过一般司法程序提出的债权，即未经发生法律效力的裁判所确认的债权，均应在审查确认之列；凡已经发生法律效力的裁判所确认的债权，原则上不在审查确认之列。

4.5.2.2　债权确认的程序

根据《企业破产法》的规定，债权人申报的债务经过如下程序最终得以确认。

1. 管理人的审查

管理人收到债权申报材料后，应当登记造册，对申报的债权进行审查，并编制债权表。债权表和债权申报材料由管理人保存，供利害关系人查阅。

2. 第一次债权人会议的核查

管理人依法编制的债权表，应当提交第一次债权人会议核查。

3. 人民法院的确认

债务人、债权人对债权表记载的债权无异议的，由人民法院裁定确认。债务人、债权人对债权表记载的债权有异议的，可以向受理破产申请的人民法院提起诉讼。

4.6 债权人会议

4.6.1 债权人会议的概念和法律地位

债权人会议，是指在破产程序中，依照《企业破产法》的规定，由全体债权人组成的、维护债权人共同利益的、表达债权人共同意志的自治性机构。全体债权人通过债权人会议，对破产程序进行中涉及债权人利益的重大事项作出决定，并监督破产财产管理和分配，以保障和维护债权人的共同利益。

为了进一步理解债权人会议的法律地位，还要理清债权人会议与人民法院之间的关系、债权人会议与管理人之间的关系：

（1）债权人会议与人民法院之间的关系。人民法院对破产程序全面负责，债权人会议则是决定破产程序中与债权人利益有关的重大事项的自治性组织。人民法院在处理与债权人利益相关的重大事项时应当充分尊重债权人会议的决定；同时，人民法院作为破产案件的审判机关，有权对债权人会议的合法性进行审查和监督。

（2）债权人会议与管理人之间的关系。破产管理人在破产程序中居于中心地位，负责破产财产的管理、处分、变价、分配等事务，管理人并不仅仅为债权人的利益而存在，而且是站在中立的立场，公正地维护债权人、债务人、职工、取回权人、乃至国家等主体的利益。由于破产管理人的行为会关系到债权人利益，因此债权人会议有权监督管理人的行为。当然，债权人会议与管理人之间还存在相互协助的义务。

4.6.2 债权人会议的组成和召开

4.6.2.1 债权人会议的组成

《企业破产法》对债权人会议的组成作出如下规定：

（1）依法申报债权的债权人为债权人会议的成员，有权参加债权人会议，享有表决权。

（2）债权尚未确定的债权人，除人民法院能够为其行使表决权而临时确定债权数额之外，不得行使表决权。

（3）对债务人的特定财产享有担保权的债权人，未放弃优先受偿权利的，只能享有部分表决权，对于通过和解协议和通过破产财产的分配方案不享有表决权。

（4）债权人会议应当有债务人的职工和工会的代表参加，对有关事项发表意见。

（5）债权人会议设主席一人，由人民法院从有表决权的债权人中指定。债权人会议主席主持债权人会议。

4.6.2.2　债权人会议的召开

第一次债权人会议由人民法院召集，自债权申报期限届满之日起 15 日内召开。

以后的债权人会议，在人民法院认为必要时，或者管理人、债权人委员会、占债权总额 1/4 以上的债权人向债权人会议主席提议时召开。

召开债权人会议，管理人应当提前 15 日通知已知的债权人。

4.6.3　债权人会议的职权

企业破产法规定，债权人会议行使下列职权：①核查债权；②申请人民法院更换管理人，审查管理人的费用和报酬；③监督管理人；④选任和更换债权人委员会成员；⑤决定继续或者停止债务人的营业；⑥通过重整计划；⑦通过和解协议；⑧通过债务人财产的管理方案；⑨通过破产财产的变价方案；⑩通过破产财产的分配方案；⑪人民法院认为应当由债权人会议行使的其他职权。

债权人会议应当对所议事项的决议作成会议记录。

4.6.4　债权人会议的决议

4.6.4.1　债权人会议的表决规则

债权人会议根据决议的事项的不同分为一般事项的表决规则和特殊事项的表决规则。

1. 一般事项的表决规则

债权人会议的决议，由出席会议的有表决权的债权人过半数通过，并且其所代表的债权额占无财产担保债权总额的 1/2 以上。但是，本法另有规定的除外。

2. 特殊事项的表决规则

债权人会议通过和解协议的决议，由出席会议的有表决权的债权人过半数同意，并且其所代表的债权额占无财产担保债权总额的 2/3 以上。

4.6.4.2　法院对债权人会议决议的监督权

债权人认为债权人会议的决议违反法律规定，损害其利益的，可以自债权人会议作出决议之日起 15 日内，请求人民法院裁定撤销该决议，责令债权人会议依法重新作出决议。《企业破产法》的这一规定体现了人民法院对债权人会议作出的决议具有一定的监督功能。

4.6.4.3　法院对债权人会议不能议决事项的裁定权以及债权人对该裁定的复议权

债务人财产的管理方案和破产财产的变价方案，经债权人会议表决未通过的，由人民法院裁定。破产财产的分配方案经债权人会议二次表决仍未通过的，由人民法院裁定。人民法院可以将上述裁定在债权人会议上宣布或者另行通知债权人。《企业破产法》的这一规定体现了人民法院在特殊情况下对债权人会议一定的司法干预，目的是为了破产程序的顺利进行。

当债务人财产的管理方案和破产财产的变价方案，经债权人会议表决未通过时，由人民法院裁定，债权人对该裁定不服的，可以自裁定宣布之日或者收到通知之日起 15 日内向该人民法院申请复议；当破产财产的分配方案经债权人会议二次表决仍未通过时，由人民法院裁定，债权额占无财产担保债权总额 1/2 以上的债权人对该裁定不服的，可以自裁定宣布之日或者收到通知之日起 15 日内向该人民法院申请复议。复议期间不停止裁定的执行。《企业破产法》的这一规定规定了债权人对人民法院的裁定的复议权。

4.6.4.4　债权人会议的决议的法律效力

债权人会议的决议，对于全体债权人均有约束力。也就是说，债权人会议的决议是债权人的共同意思表示，一旦决议依照法定程序获得通过，各债权人不论是否出席了会议，不论是否参加表决，也不论是否投票赞成，都当然地受到由债权人会议通过的决议的约束。

4.6.5　债权人委员会

4.6.5.1　债权人委员会的性质和组成

债权人会议不是一个常设机构，一般不能经常性地召集和作出决定。为了保证债权人充分地行使权利，特别是对债务人财产的管理、处分和破产财产变价、分配过程的监督权，有必要设立专门机构代表全体债权人利益在破产程序中行使监督权及其他权利，这种代表债权人会议行使监督权利的机构就是债权人委员会。

《企业破产法》规定，债权人会议可以决定设立债权人委员会。债权人委员会由债权人会议选任的债权人代表和一名债务人的职工代表或者工会代表组成。债权人委员会成员不得超过 9 人。债权人委员会成员应当经人民法院书面决定认可。

4.6.5.2　债权人委员会的职权

债权人委员会行使下列职权：①监督债务人财产的管理和处分；②监督破产财产分配；③提议召开债权人会议；④债权人会议委托的其他职权。

债权人委员会执行职务时，有权要求管理人、债务人的有关人员对其职权范围内的事务作出说明或者提供有关文件。

管理人、债务人的有关人员违反《企业破产法》规定拒绝接受监督的，债权人委员会有权就监督事项请求人民法院作出决定；人民法院应当在 5 日内作出决定。

4.6.5.3　管理人向债权人委员会的特别报告义务

债权人委员会有监督债务人财产的管理和处分的职能，一般情况下，破产管理人和债务人的有关人员是在债权人委员会的要求下承担被动报告义务。为了更好地保护债权人利益，《企业破产法》还规定了管理人实施关系到债务人财产和债权人利益的重大处分行为或交易行为时，管理人负有向债权人委员会及时报告的主动报告义务。

《企业破产法》规定，管理人实施下列行为，应当及时报告债权人委员会：①涉及土地、房屋等不动产权益的转让；②探矿权、采矿权、知识产权等财产权的转让；③全部库存或者营业的转让；④借款；⑤设定财产担保；⑥债权和有价证券的转让；⑦履行债务人和对方当事人均未履行完毕的合同；⑧放弃权利；⑨担保物的取回；⑩对债权人利益有重大影响的其他财产处分行为。

未设立债权人委员会的，管理人实施前述规定的行为应当及时报告人民法院。

4.7　重整制度

4.7.1　重整制度的概念和意义

　　重整，是指在企业无力偿债的情况下，依照法律规定的程序，保障企业继续营业，实现债务调整和企业整理，使之摆脱困境，走向复兴的特殊法律制度。作为一种再建型的债务清偿程序，在"促进债务人复兴"的立法目的指导下构建的重整制度，是一个国际化的潮流。

　　在现代市场经济中，企业经营失败不能偿还债务的现象时有发生，这是市场经济规律使然。对于那些已经彻底丧失偿债能力的债务人，破产倒闭是其最终的归宿；但对于那些虽已发生破产原因却仍有再生希望的债务人，为其提供尽可能完善的法律手段加以挽救，避免破产。重整制度作为挽救企业的再建型债务解决制度，既不像破产清算那样，简单地将债务人财产公平地分配给债权人而使其消灭，也不像和解制度那样，只是调整债务关系，消极地避免债务人被宣告破产，重整制度是挽救企业、避免破产最为有利的法律制度。重整制度将债务清偿与企业拯救两个目标紧密结合：一方面，通过对债务关系的调整，消除破产原因，避免破产；另一方面，将债权人权利的实现建立在债务人企业复兴的基础上，全面采取重整措施，让企业继续经营最终使债权人获得比破产清算更多的清偿。重整制度对债权人、债务人、债务人的股东、职工乃至整个社会都具有积极意义。

4.7.2　重整的申请和受理

4.7.2.1　重整的申请

　　重整申请是破产申请的一种，是重整利害关系人启动重整程序的法定方式，法院审查受理重整申请并作出针对债务人的重整裁定后，债务人进入重整程序。

　　1. 重整原因

　　《企业破产法》规定，具备以下任何一种情况的企业法人都可以依照《企业破产法》进行重整：①企业法人不能清偿到期债务，并且资产不足以清偿全部债务或者明显缺乏清偿能力的。②企业法人有明显丧失清偿能力可能的。

　　法律将重整原因扩大到债务人有明显丧失清偿能力可能的情形，并不要求债务人一定要达到支付不能的状态，在债务人发生财务危机却还未"病入膏肓"时，利害关系人能够把握时机及时申请重整，这样可以增加重整成功的可能性，预防企业破产。

2. 重整申请的种类

根据重整申请提出的时间不同，可以将重整申请分为初始申请和后续申请。其中，初始申请是在人民法院受理破产申请以前提出的对债务人适用重整程序的申请，后续申请是在人民法院已经受理破产申请后、破产宣告前提出的申请，如果人民法院裁定受理重整申请，则破产程序转入重整程序。初始申请和后续申请在具体申请条件、申请主体等的规定上有所不同。

初始重整申请，是指债务人或者债权人可以依照《企业破产法》的规定，直接向人民法院申请对债务人进行重整。①债务人在以下两种情况下可以向人民法院提出重整申请：第一，债务人有不能清偿的到期债务，并且资产不足以清偿全部债务或者明显缺乏清偿能力的；第二，债务人有明显丧失清偿能力可能的。②债务人不能清偿到期债务，债权人可以向人民法院提出对债务人进行重整的申请。

后续重整申请，是指债权人申请对债务人进行破产清算的，在人民法院受理破产申请后、宣告债务人破产前，债务人或者出资额占债务人注册资本 1/10 以上的出资人，可以向人民法院申请重整。

4.7.2.2　重整的受理

人民法院经审查认为重整申请符合《企业破产法》规定的，应当裁定债务人重整，并予以公告。

法院对重整申请的审查主要包括对债务人是否具有重整原因和申请人是否具有重整申请的主体资格的审查。

法院在审查后作出的重整裁定是重整期间的起点，是重整计划提交期限的起点，具有重要的程序意义。法院对初始重整申请的受理和裁定过程适用《企业破产法》关于破产申请的有关规定，法院对后续重整申请的受理和裁定单独进行，并在重整裁定作出之后由破产程序转入重整程序。

4.7.3　重整期间

4.7.3.1　重整期间的开始与结束

自人民法院裁定债务人重整之日起至重整程序终止，为重整期间。

重整程序的终止包括以下几种情形：

1. 重整失败

在重整期间，有下列情形之一的，经管理人或者利害关系人请求，人民法院应当裁定终止重整程序，并宣告债务人破产：①债务人的经营状况和财产状况继续恶化，缺乏挽救的可能性；②债务人有欺诈、恶意减少债务人财产或者其他显著不利于债权人的行为；③由于债务人的行为致使管理人无法执行职务。

2. 超过时限未提出重整计划

债务人或者管理人未按期提出重整计划草案的，人民法院应当裁定终止重整程序，并宣告债务人破产。

3. 重整计划被批准

重整计划通过后，人民法院审查裁定批准的，终止重整程序，并予以公告。

4. 重整计划未被批准

重整计划草案未获得通过和批准的，人民法院应当裁定终止重整程序，并宣告债务人破产。

根据重整期间终止后是转入重整计划执行还是转入破产清算程序，可将上述四种终止分为完成性终止和破产性终止。上述第三种情形导致的重整终止属于完成性终止，重整期间结束并转入重整计划的执行，债务人不再享有重整期间的特殊保护，管理人结束原来的管理职权，同时开始对重整计划执行的监督职责。上述其他三种情形导致的重整终止属于破产性终止，由此，案件转入破产清算程序，债务人停止营业，管理人的主要职责转为对破产财产进行变价和分配。

4.7.3.2　重整期间债务人的财产管理和营业事务的执行方式

在重整期间，债务人的财产管理和营业事务的执行方式有以下两种：

1. 由债务人负责

在重整期间，经债务人申请，人民法院批准，债务人可以在管理人的监督下自行管理财产和营业事务。此时，依照《企业破产法》规定已接管债务人财产和营业事务的管理人应当向债务人移交财产和营业事务，管理人的职权由债务人行使。

2. 由管理人负责

管理人负责管理财产和营业事务的，可以聘任债务人的经营管理人员负责营业事务。

4.7.3.3　重整期间的担保权问题

在重整期间,为了保证重整债务人继续营业的需要,使其获得整顿业务的喘息空间,有时间制定和批准重整计划,《企业破产法》规定,在重整期间,对债务人的特定财产享有的担保权暂停行使。但同时考虑到重整期间对物的使用或其他因素可能造成担保物的价值变化,从而给担保权人带来极大的利益受损可能,为了保护担保权人的合法权益,《企业破产法》规定,担保物有损坏或者价值明显减少的可能,足以危害担保权人权利的,担保权人可以向人民法院请求恢复行使担保权。

在重整营业期间,取得新资金的注入是十分重要的拯救手段,但重整债务人缺乏信用,新贷款的取得十分困难,为了公司的继续经营,《企业破产法》规定,在重整期间,债务人或者管理人为继续营业而借款的,可以为该借款设定担保。

4.7.3.4　重整期间取回权行使的限制

为了保障重整债务人的继续营业,《企业破产法》对取回权的行使进行了限制性规定,即债务人合法占有的他人财产,该财产的权利人在重整期间要求取回的,应当符合事先约定的条件。

4.7.3.5　重整期间股权分配和转让的限制

为了优先保护企业和拯救债权人利益,有利于重整程序的进行,《企业破产法》对重整期间股权分配和转让作出了限制:在重整期间,债务人的出资人不得请求投资收益分配。在重整期间,债务人的董事、监事、高级管理人员不得向第三人转让其持有的债务人的股权;但是,经人民法院同意的除外。

4.7.4　重整计划的制定和批准

重整计划是重整程序能否顺利进行的核心环节,只有切实可行、科学合理的重整计划才可能获得通过和批准,并提高企业获得重整成功的概率。

4.7.4.1　重整计划的制定

1. 重整计划的制定人和提交期限

债务人自行管理财产和营业事务的,由债务人制作重整计划草案。管理人负责管理财产和营业事务的,由管理人制作重整计划草案。

债务人或者管理人应当自人民法院裁定债务人重整之日起 6 个月内,同时向人民法院和债权人会议提交重整计划草案。上述期限届满,经债务人或者管理人请求，有正当理由的，人民法院可以裁定延期 3 个月。债务人或者管理人未按期提出重整计划草案的，人民法院应当裁定终止重整程序，并宣告债务人破产。

2. 重整计划的内容

重整计划草案应当包括下列内容：①债务人的经营方案；②债权分类；③债权调整方案；④债权受偿方案；⑤重整计划的执行期限；⑥重整计划执行的监督期限；⑦有利于债务人重整的其他方案。重整计划不得规定减免债务人所欠职工的社会保险费用。

4.7.4.2　重整计划的通过和批准

重整计划应该交债权人会议表决通过并得到人民法院的批准。

1. 债权人会议对重整计划分组表决

下列各类债权的债权人参加讨论重整计划草案的债权人会议，依照下列债权分类，分组对重整计划草案进行表决：①对债务人的特定财产享有担保权的债权；②债务人所欠职工的工资和医疗、伤残补助、抚恤费用，所欠的应当划入职工个人账户的基本养老保险、基本医疗保险费用，以及法律、行政法规规定应当支付给职工的补偿金；③债务人所欠税款；④普通债权。人民法院在必要时可以决定在普通债权组中设小额债权组对重整计划草案进行表决。

2. 债权人会议对重整计划的表决程序和规则

人民法院应当自收到重整计划草案之日起 30 日内召开债权人会议，对重整计划草案进行表决。

出席会议的同一表决组的债权人过半数同意重整计划草案，并且其所代表的债权额占该组债权总额的 2/3 以上的，即为该组通过重整计划草案。各表决组均通过重整计划草案时，重整计划即为通过。

债务人或者管理人应当向债权人会议就重整计划草案作出说明，并回答询问。

债务人的出资人代表可以列席讨论重整计划草案的债权人会议。重整计划草案涉及出资人权益调整事项的，应当设出资人组，对该事项进行表决。

3. 人民法院对重整计划的批准

(1) 重整计划通过后的批准。具体地讲又包括两种情形：第一，债权人会议的各表决组均通过重整计划草案时，重整计划即为通过。自重整计划通过之日起 10 日内，债务人或者管理人应当向人民法院提出批准重整计划的申请。人民法院经审查认为符合《企业破产法》规定的，应当自收到申请之日起 30 日内裁定批准，终止重整程序，并予以公告。第二，部分表决组未通过重整计划草案的，债务人或者管理人可以同未通过重整计划草案的表决组协商；该表决组可以在协商后再表决一次；双方协商的结果不得损害其他表决组的利益。再次表决后各表决组均通过重整计划草案时，重整计划即为通过。自重整计划通过之日起 10 日内，债务人或者管理人应当向人民法院提出批准重整计划的申请。人民法院经审查认为符合《企业破产法》规定的，应当自收到申请之日起 30 日内裁定批准，终止重整程序，并予以公告。

（2）重整计划未通过后的强行批准。部分表决组未通过重整计划草案的，债务人或者管理人可以同未通过重整计划草案的表决组协商；该表决组可以在协商后再表决一次；双方协商的结果不得损害其他表决组的利益。未通过重整计划草案的表决组拒绝再次表决或者再次表决仍未通过重整计划草案，但重整计划草案符合下列条件的，债务人或者管理人可以申请人民法院批准重整计划草案：

第一，按照重整计划草案，对债务人的特定财产享有担保权的债权就该特定财产将获得全额清偿，其因延期清偿所受的损失将得到公平补偿，并且其担保权未受到实质性损害，或者该表决组已经通过重整计划草案；

第二，按照重整计划草案，职工债权（即债务人所欠职工的工资和医疗、伤残补助、抚恤费用，所欠的应当划入职工个人账户的基本养老保险、基本医疗保险费用，以及法律、行政法规规定应当支付给职工的补偿金）、税收债权（即债务人所欠税款）将获得全额清偿，或者相应表决组已经通过重整计划草案；

第三，按照重整计划草案，普通债权所获得的清偿比例，不低于其在重整计划草案被提请批准时依照破产清算程序所能获得的清偿比例，或者该表决组已经通过重整计划草案；

第四，重整计划草案对出资人权益的调整公平、公正，或者出资人组已经通过重整计划草案；

第五，重整计划草案公平对待同一表决组的成员，并且所规定的债权清偿顺序不违反《企业破产法》规定的破产清偿顺序；

第六，债务人的经营方案具有可行性。

人民法院经审查认为重整计划草案符合前款规定的，应当自收到申请之日起 30 日内裁定批准，终止重整程序，并予以公告。

4. 重整计划未获通过和批准后的法律后果

重整计划草案未获得前述通过和批准的，人民法院应当裁定终止重整程序，并宣告债务人破产。

4.7.5　重整计划的执行

人民法院裁定批准重整计划后，就进入重整计划的执行过程。

4.7.5.1　重整计划的执行人

重整计划由债务人负责执行。

人民法院裁定批准重整计划后，已接管财产和营业事务的管理人应当向债务人移交财产和营业事务。

4.7.5.2　重整计划执行的监督人

自人民法院裁定批准重整计划之日起，在重整计划规定的监督期内，由管理人监督重整计划的执行。在监督期内，债务人应当向管理人报告重整计划执行情况和债务人财务状况。

监督期届满时，管理人应当向人民法院提交监督报告。自监督报告提交之日起，管理人的监督职责终止。管理人向人民法院提交的监督报告，重整计划的利害关系人有权查阅。经管理人申请，人民法院可以裁定延长重整计划执行的监督期限。

4.7.5.3　重整计划的效力

经人民法院裁定批准的重整计划，对债务人和全体债权人均有约束力。

债权人未依照《企业破产法》规定申报债权的，在重整计划执行期间不得行使权利；在重整计划执行完毕后，可以按照重整计划规定的同类债权的清偿条件行使权利。

债权人对债务人的保证人和其他连带债务人所享有的权利，不受重整计划的影响。

按照重整计划减免的债务，自重整计划执行完毕时起，债务人不再承担清偿责任。

债务人不能执行或者不执行重整计划的，人民法院经管理人或者利害关系人请求，应当裁定终止重整计划的执行，并宣告债务人破产。人民法院裁定终止重整计划执行的，债权人在重整计划中作出的债权调整的承诺失去效力。债权人因执行重整计划所受的清偿仍然有效，债权未受清偿的部分作为破产债权。债权人，只有在其他同顺位债权人同自己所受的清偿达到同一比例时，才能继续接受分配。人民法院裁定终止重整计划执行后，为重整计划的执行提供的担保继续有效。

4.8 和 解 制 度

4.8.1 和解制度的概念和特征

和解制度是指具备破产原因的债务人，为了避免破产清算，而与债权人团体就债务人延期清偿债务、减少债务数额等事项达成协议，协议经法院认可后生效的法律制度。和解制度具有以下特征：

(1) 债务人已具备破产原因；

(2) 由债务人提出和解的请求；

(3) 和解以避免破产清算为目的；

(4) 和解是债务人与债权人团体之间达成协议；

(5) 和解程序受法定机关的指导和监督。

4.8.2 和解的程序

4.8.2.1 和解申请的提出

债务人可以依照《企业破产法》的规定，直接向人民法院申请和解；也可以在人民法院受理破产申请后、宣告债务人破产前，向人民法院申请和解。

申请和解的债务人应当向人民法院提交相关文件，其中包括和解协议草案。和解协议草案在理论上属于债务人向债权人集体提出的和解要约，是和解开始的必要条件。和解协议草案中应当包括以下内容：①清偿债务的办法；②清偿债务的期限；③清偿债务的财产来源。债务人要求减少债务清偿的，应当在和解协议草案中写明请求减少清偿的债务种类、数额或比例，以及在可能条件下为债务清偿提供的担保等。

4.8.2.2 和解申请的受理

《企业破产法》规定，人民法院经审查认为和解申请符合本法规定的，应当裁定和解，予以公告，并召集债权人会议讨论和解协议草案。可见，这时人民法院对和解申请的审查应当属于形式意义的审查，债务人是否具备和解的实质条件还有赖于债权人会议审议决定。

对债务人的特定财产享有担保权的权利人，自人民法院裁定和解之日起可以行使权利。这是因为尽管和解制度与重整制度均为破产法上的破产预防制度，但是和解制度仅涉及债的调整而不包括有关企业营业保护的措施，因此，不必像重整制度那样为债务人的继续营业而限制重整期间内担保物权的行使。

4.8.2.3　和解协议的成立

和解协议草案是债务人向债权人集体发出的要约，债权人会议以通过和解协议草案的决议方式作出承诺，因此，在债务人提出和解协议草案后，债权人会议表决通过则和解协议成立，否则和解协议不成立。和解协议草案经债权人会议表决未获得通过的，人民法院应当裁定终止和解程序，并宣告债务人破产。

债权人会议对和解协议草案的表决是否通过，采用人数和债权额双重标准，即：债权人会议通过和解协议的决议，由出席会议的有表决权的债权人过半数同意，并且其所代表的债权额占无财产担保债权总额的 2/3 以上。

4.8.2.4　和解协议的生效

和解协议成立是指债务人和债权人集体就和解达成一致意见，但该和解协议是否生效，还需要得到人民法院的许可，这体现了人民法院在破产程序中对和解的指导和监督。

债权人会议通过和解协议的，由人民法院裁定认可，终止和解程序，并予以公告；已经债权人会议通过的和解协议未获得人民法院认可的，人民法院应当裁定终止和解程序，并宣告债务人破产。人民法院裁定许可和解，管理人应当向债务人移交财产和营业事务，并向人民法院提交执行职务的报告。

经人民法院裁定认可的和解协议，对债务人和全体和解债权人均有约束力：

（1）和解协议对债务人产生相应的法律效力。①债务人应当按照和解协议规定的条件清偿债务。②债务人不得违背公平清偿原则在和解程序中给个别和解债权人以和解协议外的额外利益。③按照和解协议减免的债务，自和解协议执行完毕时起，债务人不再承担清偿责任。

（2）和解协议对全体和解债权人产生法律效力。这里的"和解债权人"是指人民法院受理破产申请时对债务人享有无财产担保债权的人。和解债权人未依法申报债权的，在和解协议执行期间不得行使权利；在和解协议执行完毕后，可以按照和解协议规定的清偿条件行使权利。和解债权人对债务人的保证人和其他连带债务人所享有的权利，不受和解协议的影响。

4.8.3　和解协议的无效和执行不能

4.8.3.1　和解协议的无效

和解协议本身是一个民事合同，自然应当符合民法上的合同生效要件，因此，因债务人的欺诈或者其他违法行为而成立的和解协议，人民法院应当裁定无效，并宣告债务人破产。此时，和解债权人因执行和解协议所受的清偿，在其他债权人所受清偿同等比例的范围内，不予返还。

4.8.3.2　和解协议的执行不能

债务人不能执行或者不执行和解协议的，人民法院经和解债权人请求，应当裁定终止和解协议的执行，并宣告债务人破产。

人民法院裁定终止和解协议执行的，和解债权人在和解协议中作出的债权调整的承诺失去效力。和解债权人因执行和解协议所受的清偿仍然有效，和解债权未受清偿的部分作为破产债权。已受清偿的债权人，只有在其他债权人同自己所受的清偿达到同一比例时，才能继续接受分配。为和解协议的执行提供的担保继续有效。

4.8.4　法庭外和解

法庭外和解是相对于法庭内和解而言的和解方式，具体包括两类情形：一是在未启动破产程序情况下，债务人与部分或全体债权人通过自行协商达成和解；二是在已经启动破产程序的情况下，债务人与全体债权人通过自行协商达成和解。这两者最大的区别在于，前一种和解无须法院裁定认可即可生效，而后者必须经过法院裁定认可方能生效。因此，前一种和解不适用《企业破产法》的规定，第二类和解经法院裁定认可后，适用《企业破产法》的相关规定。

法庭外和解是 20 世纪 90 年代以来在国际上受到普遍重视的一种企业拯救方式。与法庭内和解相比较，法庭外和解并没有将和解协议的缔结过程置于人民法院的控制之下，允许当事人采取各种灵活的方式，本着平等、自愿、公平和诚信的民法原则进行充分磋商，不必严格遵守法庭内和解的程序，避免司法拯救程序常有的历时长、费用高、企业市场信用损失大的特点，充分尊重司法自治和尽可能地拯救困境企业的原则和精神。

《企业破产法》对破产程序启动后的法庭外和解作出规定：人民法院受理破产申请后，债务人与全体债权人就债权债务的处理自行达成协议的，可以请求人民法院裁定认可，并终结破产程序。

4.9　破　产　清　算

破产清算是我国《企业破产法》规定的与重整、和解并列的三大破产程序之一，是指根据法院的破产宣告裁定而发动，由破产管理人对破产财产进行管理和变价，并依据债权人会议的决定对破产财产进行分配，用于清偿全体债权人的债权，以使破产债务人的人格归于终结的司法程序。破产清算的目的是为了保障债权人公平受偿，使债务人免除未能清偿的债务，协调各方面利益，给企业一个畅通的退出市场的途径。

4.9.1　破产宣告

破产宣告，是指法院依法定程序对已经具备破产宣告原因的债务人所作出的宣告其破产并进行破产清算的司法裁定。人民法院作出破产宣告标志着债务人不可逆转地进入破产清算程序并不可挽回地陷入破产倒闭。

4.9.1.1　破产宣告的原因

人民法院进行破产宣告必须以债务人存在无法消除的破产宣告原因为必要条件，没有破产原因的事实存在则不得进行破产宣告。《企业破产法》规定的破产原因是"企业法人不能清偿到期债务，并且资产不足以清偿全部债务或者明显缺乏清偿能力。"不过，由于当事人可以向人民法院提出重整、和解或者破产清算申请，也可以在人民法院受理破产申请后提出重整或和解申请，因此，具备破产原因的，不一定宣告破产。

在破产宣告之前，由于某些情形的出现致使破产宣告原因消灭，此时人民法院就不应再宣告债务人破产。《企业破产法》规定，破产宣告前，有下列情形之一的，人民法院应当裁定终结破产程序，并予以公告：①第三人为债务人提供足额担保或者为债务人清偿全部到期债务的；②债务人已清偿全部到期债务的。

4.9.1.2　破产宣告的裁定

破产宣告的裁定是人民法院对债务人具备破产原因的事实作出认定，宣告债务人破产并开始破产清算程序的司法文书。《企业破产法》规定：人民法院依照本法规定宣告债务人破产的，应当自裁定作出之日起 5 日内送达债务人和管理人，自裁定作出之日起 10 日内通知已知债权人，并予以公告。

4.9.1.3　破产宣告的效力

破产宣告后，破产案件不可逆转地进入破产清算程序，其对债务人和债权人都会产生法律后果。

债务人被宣告破产后，债务人成为破产人。破产人与破产宣告前的债务人尽管是同一主体，但在法律地位上有显著不同。破产宣告前，无论适用重整程序还是和解程序，债务人均可以为继续营业依法行使自己的权利；而破产宣告后，破产人丧失信用、丧失自己对财产和事务的控制能力、丧失独立对外进行民事行为和民事诉讼的能力，其财产和权利由管理人掌握和行使，破产人只能被动地接受其财产被管理人变价并分配给债权人，直至其法律人格消灭。

债务人被宣告破产后，债务人财产称为破产财产。破产财产与破产宣告前的债务人财产，在性质、目的和范围上都有所不同。破产财产属于执行财产，其存在仅以破产分配为目的，其范围不包括已设置担保物权的财产；而债务人财产属于保全财产，其存在首先服务于继续营业和企业拯救，其次也服务于最大限度地满足债权清偿的目的，原则上包括已经设置担保物权的财产。

债务人被宣告破产后，人民法院受理破产申请时对债务人享有的债权称为破产债权。无财产担保的债权人即普通债权人，依照法律规定的清偿顺序，通过法定程序集体确定分配方案，以破产财产获得清偿；有财产担保的债权人即别除权人，可以以担保财产获得优先受偿，这种优先受偿权在破产法上被称为别除权。别除权人行使别除权未能完全受偿的，其未受偿的债权作为普通债权；放弃优先受偿权利的，其债权作为普通债权。

4.9.2　破产财产的变价和分配

进入破产清算程序，意味着要用破产人的全部财产对债权人进行集中公平的清偿，因此，破产清算工作围绕着对破产人财产的管理、变价和分配展开，根据《企业破产法》设置的管理人制度，这些工作应当由管理人负责。

4.9.2.1　破产财产的变价

因为破产财产的分配以货币分配为基本方式，所以，在破产宣告后，管理人应当及时拟订破产财产变价方案，提交债权人会议讨论。所谓破产财产变价，是指管理人将非货币的破产财产，通过合理方式加以出让，使之转化为货币形态，以便于清算分配的过程。

管理人应当按照债权人会议通过的或者人民法院依法裁定的破产财产变价方案，适时变价出售破产财产。变价出售破产财产应当通过拍卖进行；但是，债权人会议另有决议的除外。破产企业可以全部或者部分变价出售。企业变价出售时，可以将其中的无形资产和其他财产单独变价出售；按照国家规定不能拍卖或者限制转让的财产，应当按照国家规定的方式处理。

4.9.2.2　破产财产的分配

破产财产的分配，是指破产管理人将变价后的破产财产，根据依法确定的分配顺序，对全体破产债权人进行公平清偿的程序。破产财产的分配标志着破产清算的完成，破产财产分配结束是破产程序终结的原因。

1. 破产财产的分配方式

《企业破产法》规定，破产财产的分配应当以货币分配方式进行；但是，债权人会议另有决议的除外。可见，破产财产的分配以货币分配为原则，以实物分配为例外。

2. 破产财产的分配顺序

破产财产在优先清偿破产费用和共益债务后，依照下列顺序清偿：

（1）破产人所欠职工的工资和医疗、伤残补助、抚恤费用，所欠的应当划入职工个人账户的基本养老保险、基本医疗保险费用，以及法律、行政法规规定应当支付给职工的补偿金；

（2）破产人欠缴的除前项规定以外的社会保险费用和破产人所欠税款；

（3）普通破产债权。

破产财产不足以清偿同一顺序的清偿要求的，按照比例分配。

破产企业的董事、监事和高级管理人员的工资按照该企业职工的平均工资计算。

前述所称的"破产费用"，是指人民法院受理破产申请后发生的下列费用：①破产案件的诉讼费用；②管理、变价和分配债务人财产的费用；③管理人执行职务的费用、报酬和聘用工作人员的费用。前述所称的"共益债务"，是指人民法院受理破产申请后发生的下列债务：①因管理人或者债务人请求对方当事人履行双方均未履行完毕的合同所产生的债务；②债务人财产受无因管理所产生的债务；③因债务人不当得利所产生的债务；④为债务人继续营业而应支付的劳动报酬和社会保险费用以及由此产生的其他债务；⑤管理人或者相关人员执行职务致人损害所产生的债务；⑥债务人财产致人损害所产生的债务。破产费用和共益债务由债务人财产随时清偿；债务人财产不足以清偿所有破产费用和共益债务的，先行清偿破产费用；债务人财产不足以清偿所有破产费用或者共益债务的，按照比例清偿；债务人财产不足以清偿破产费用的，管理人应当提请人民法院终结破产程序。

3. 破产财产分配方案的内容

管理人应当及时拟订破产财产分配方案，提交债权人会议讨论。破产财产分配方案应当载明下列事项：①参加破产财产分配的债权人名称或者姓名、住所；②参加破产财产分配的债权额；③可供分配的破产财产数额；④破产财产分配的顺序、比例及数额；⑤实施破产财产分配的方法。债权人会议通过破产财产分配方案后，由管理人将该方案提请人民法院裁定认可。

4. 破产财产分配方案的具体执行

破产财产分配方案经人民法院裁定认可后，由管理人执行。管理人按照破产财产分配方案实施多次分配的，应当公告本次分配的财产额和债权额。

对于附生效条件或者解除条件的债权，管理人应当将其分配额提存。管理人提存的该分配额，在最后分配公告日，生效条件未成就或者解除条件成就的，应当分配给其他债权人；在最后分配公告日，生效条件成就或者解除条件未成就的，应当交付给债权人。

债权人未受领的破产财产分配额，管理人应当提存。债权人自最后分配公告之日起满 2 个月仍不领取的，视为放弃受领分配的权利，管理人或者人民法院应当将提存的分配额分配给其他债权人。

破产财产分配时，对于诉讼或者仲裁未决的债权，管理人应当将其分配额提存。自破产程序终结之日起满 2 年仍不能受领分配的，人民法院应当将提存的分配额分配给其他债权人。

4.9.3　破产程序的终结

4.9.3.1　清算后的破产程序终结

破产人无财产可供分配的，管理人应当请求人民法院裁定终结破产程序。管理人在最后分配完结后，应当及时向人民法院提交破产财产分配报告，并提请人民法院裁定终结破产程序。

人民法院应当自收到管理人终结破产程序的请求之日起 15 日内作出是否终结破产程序的裁定。裁定终结的，应当予以公告。

管理人应当自破产程序终结之日起 10 日内，持人民法院终结破产程序的裁定，向破产人的原登记机关办理注销登记。

管理人于办理注销登记完毕的次日终止执行职务。但是，存在诉讼或者仲裁未决情况的除外。

4.9.3.2　破产程序终结后遗留事务的处理

破产程序因债务人财产不足以清偿破产费用而终结，或者因破产人无财产可供分配或破产财产分配完毕而终结时，自终结之日起 2 年内，有下列情形之一的，债权人可以请求人民法院按照破产财产分配方案进行追加分配：①发现有涉及债务人财产的可撤销行为、无效行为，或者债务人的董事、监事和高级管理人员利用职权从企业获取非正常收入和侵占企业财产的情况，依法应当追回的财产的；②发现破产人有应当供分配的其他财产的。有以上情形，但财产数量不足以支付分配费用的，不再进行追加分配，由人民法院将其上交国库。

破产人的保证人和其他连带债务人，在破产程序终结后，对债权人依照破产清算程序未受清偿的债权，依法继续承担清偿责任。

4.10　法　律　责　任

破产法上的法律责任，是指行为人违反破产法及其他相关法律的规定而应承担的不利法律后果。在破产法上，管理人、债务人、债权人以及第三人都有可能成为破产法律责任的主体，其中，就债务人而言，债务人的法定代表人、直接责任人和财务人员、经营管理人员都有可能承担相应的法律责任。根据责任的性质和形式的不同，破产法上的法律责任可以分为民事责任、行政责任、司法责任和刑事责任。

4.10.1　民事责任

破产法上的民事责任，是指侵权人侵害了破产债务人、债权人的利益时，应当承担民事上的不利后果。具体规定有：

（1）企业董事、监事或者高级管理人员违反忠实义务、勤勉义务，致使所在企业破产的，依法承担民事责任。

（2）债务人有涉及债务人财产的可撤销或无效行为，损害债权人利益的，债务人的法定代表人和其他直接责任人员依法承担赔偿责任。

（3）管理人未依法勤勉尽责，忠实执行职务，给债权人、债务人或者第三人造成损失的，依法承担赔偿责任。

4.10.2　行政责任

行政责任分为两种形式：行政处分和行政处罚。我国旧破产法只适用于国有企业法人，而国有企业法人的法定代表人或负责人都是上级主管行政机关指派的，因此，旧破产法对国有企业法人的法定代表人和直接责任人员规定了行政处分这种行政责任形式。而现行破产法的适用范围已经扩大到所有的企业法人，规定行政处分不适应现有的破产法律体系，因此，现行破产法取消了行政处分的规定。我国现行破产法规定了限制或剥夺有关责任人从事某种行为的资格的行政处罚：企业董事、监事或者高级管理人员违反忠实义务、勤勉义务，致使所在企业破产的，自破产程序终结之日起3年内不得担任任何企业的董事、监事、高级管理人员。

4.10.3　司法责任

司法责任也称司法强制措施，是指人民法院对妨碍破产程序的当事人处以拘传、训诫、罚款等方式的强制措施。由于这种责任的权力主体是法院，因此与行政机关作出的行政处分和行政处罚性质并不一样。破产程序是在法院主持下的司法程序，为了保障破产程序的顺利进行而规定这种司法责任是必要的。具体规定有：

（1）有义务列席债权人会议的债务人的有关人员，经人民法院传唤，无正当理由拒不列席债权人会议的，人民法院可以拘传，并依法处以罚款。债务人的有关人员违法拒不陈述、回答，或者作虚假陈述、回答的，人民法院可以依法处以罚款。

（2）债务人违法拒不向人民法院提交或者提交不真实的财产状况说明、债务清册、债权清册、有关财务会计报告以及职工工资的支付情况和社会保险费用的缴纳情况的，人民法院可以对直接责任人员依法处以罚款。

债务人违法拒不向管理人移交财产、印章和账簿、文书等资料的，或者伪造、销毁有关财产证据材料而使财产状况不明的，人民法院可以对直接责任人员依法处以罚款。

（3）债务人的有关人员违反本法规定，擅自离开住所地的，人民法院可以予以训诫、拘留，可以依法并处罚款。

（4）管理人未依法勤勉尽责，忠实执行职务的，人民法院可以依法处以罚款。

4.10.4　刑事责任

刑事责任是指具有刑事责任能力的人实施了刑法所规定的犯罪行为所必须承担的法律后果。刑事责任是最严厉的法律责任。在我国的立法体系中，刑事犯罪在刑法中进行专门规定。违反《企业破产法》规定的行为如果符合我国刑法规定的犯罪构成要件构成贪污罪、受贿罪、单位受贿罪、企业人员受贿罪、职务侵占罪、挪用资金罪、挪用公款罪、诈骗罪、虚假出资罪、抽逃出资罪、私分国有资产罪、妨害清算罪、徇私舞弊低价折股罪、隐匿、故意销毁会计凭证、会计账簿、财务会计报告罪等犯罪的，应当依据刑法有关条款的规定追究其刑事责任。

思　考　题

1. 简述破产的概念和法律特征。
2. 分析我国现行《企业破产法》对破产原因的规定。
3. 我国现行《企业破产法》对管理人的人的资格做了哪些规定？
4. 如何区分破产法上涉及债务人财产的可撤销行为和无效行为？
5. 什么是破产抵销权？怎样理解破产抵销权的意义和特点？
6. 如何理解债权人会议在破产程序中的法律地位？
7. 债权人会议如何对重整计划草案进行表决？人民法院在什么情况下可以强制批准重整计划草案？

8. 经人民法院裁定认可的和解协议的法律效力如何？

9. 试述破产财产的分配顺序。

案 例 分 析

【案情简介】①

北京仙琚生殖健康专科医院有限责任公司（以下简称仙琚医院）成立于 2004 年 8 月 26 日，注册资本 1000 万元，其中北京仙琚兴业医院管理有限公司（以下简称兴业公司）出资 950 万元，占注册资本的 95%，浙江仙琚置业有限公司（以下简称置业公司）出资 50 万元，占注册资本的 5%。公司经营范围包括内科、内分泌科、外科、泌尿外科、妇产科、计划生育专科、优生学专科等。

由于管理不善等因素，截至 2006 年 9 月 30 日，根据中鹏会计师事务所审计报告显示，仙琚医院资产总额 992.68 万元，负债总额 2151 万余元，净资产为－1159 万余元。于是，2006 年 10 月，仙琚医院以无力清偿到期债务，且资产不足以清偿全部债务为由向北京市海淀区人民法院提出破产偿债申请，之后，又于 2006 年 12 月向卫生行政管理机关申请停业，申请停业的期限为 1 年。

海淀区法院于 2006 年 12 月 22 日裁定仙琚医院进入破产还债程序，并予以公告。经债权申报，仙琚医院破产案申报债权人人数为 45 人，申报债权总额为 2200 万余元。

维多丽亚医疗投资有限公司（以下简称维多丽亚公司）有意收购仙琚医院，于是，仙琚医院与维多丽亚公司进行了长期的谈判，并制定了详细的重整计划方案。

2007 年 4 月 10 日，第一次债权人会议召开，仙琚医院向债权人通报了破产清算工作情况和债务重组的有关情况，并与收购方维多丽亚公司对债权人关心和提出的问题给予了解答。

2007 年 4 月 20 日，仙琚医院向海淀区法院递交了重整申请。重整计划包括：仙琚医院股东兴业公司与置业公司将全部股权以零对价转让给维多丽亚公司，维多丽亚公司通过与各债权人签订和解协议的方式，确定债务偿还主体、偿还比例，并在仙琚医院重新开业运营后，于约定期限内逐步偿还，而原股东兴业公司和置业公司负责安置职工，清偿拖欠工资，从而实现仙琚医院的重整。

2007 年 5 月 25 日，仙琚医院第二次债权人会议在海淀区法院召开，到会债权人人数为 34 人，占已申报债权人人数的 75.56%，到会债权人债权总额占全部申报债权比例的 98%。经债权人会议表决，除 4 家公司对重整计划方案投反对票外，其余债权人均投赞成票，投赞成票的债权人债权比例占全部申报债权比

---

① 案例来源：中国法制新闻网：www.chinalnn.com

例的 97%。

【问题】

1. 重整程序有何意义?

2. 法院应否批准重整计划方案,裁定仙琚医院进入破产重整程序?

3. 破产债务人仙琚医院在经历了重整程序以后可能出现的结果如何? 法院根据不同的结果应作出何种处理?

第 5 章　产品质量法律制度

课程要求：了解产品质量的基本法律规定；掌握产品质量标准的划分，产品质量的监督体系，生产者、销售者的产品质量责任和义务，违反产品质量法的赔偿责任以及罚则等。

5.1　产品与产品质量法

5.1.1　产品与产品质量

5.1.1.1　产品的概念与范围

产品是指通过人类劳动所形成的物品。没有人类劳动过程，就不会有产品。产品总是表现为一定的物质形态，具有一定的形体。没有物质表现形态，本身必须依附于一定的物质载体才能存在的无形财产，不是产品。

产品存在于任何人类社会，只要有人类的劳动存在，就会有劳动产品。而商品则不同，商品只存在于商品经济社会，产品只有用来交换时，才能称为商品。商品具有价值和使用价值，商品的使用价值表现为物的效用性，即能满足人们的某种需要；商品的价值表现为交换价值，是人们交换使用价值的基础。就产品质量而言，商品的使用价值的有无及大小，直接表现为产品质量的高低、优劣；而产品质量又是能否实现商品价值即取得交换价值的关键。

根据人类劳动的部门的不同，可将产品分为工业产品、农业产品、建设工程、矿产品等；按产品的不同用途划分，可将产品分为生产消费品（如工业生产资料、农业生产资料）和生活消费品（如药品、食品、化妆品、家用电器等）。

《中华人民共和国产品质量法》（以下简称《产品质量法》）将产品限定为加工、制作、用于销售的产品。建设工程不适用该法。但是，建设工程使用的建筑材料、建筑构配件和设备，属于《产品质量法》规定的产品范围的，适用《产品质量法》的规定。这表明：

（1）从《产品质量法》角度，产品首先是商品，只有用于销售的产品，即商品才是《产品质量法》适用的对象。因此，不用于交换的产品如赠品，就不能适用《产品质量法》的规定；

（2）其次，产品必须是工业产品，只有经过工业的加工、制作所形成的物品，才受《产品质量法》的规制。农业产品、建设工程不适用《产品质量法》，军工产品也不适用《产品质量法》。因核设施、核产品造成损害的赔偿责任，法律、行政法规另有规定的，依照其规定。

5.1.1.2 产品质量

产品质量是指国家的有关法规、质量标准以及合同规定的，对产品适用、安全和其他特性的技术要求。

产品的质量包括产品的法定质量和产品的约定质量两类。产品的法定质量为法律对产品质量的一般的、最低的要求。产品的约定质量又可称为合同质量，是合同当事人根据具体情况而约定的质量。约定质量一般存在下列三种情况：第一，超法定质量约定，即在法定质量之上，由当事人双方约定；第二，法定质量为选择质量时，当事人通过约定，对产品质量进行选择；第三，在法律没有规定的情况下，当事人协商确定产品的质量，但该约定必须符合保障人体健康，人身、财产安全的技术要求。

5.1.2 产品质量法

产品质量法是调整工业产品在生产、销售过程中所发生的产品质量关系的法律规范的总称。狭义上的产品质量法仅指《中华人民共和国产品质量法》。

为了加强对产品质量的监督管理，明确产品质量责任，保护用户、消费者的合法权益，维护社会经济秩序，保障社会主义市场经济健康、稳定地发展，1993年2月22日第七届全国人民代表大会常务委员会第三十次会议通过了《中华人民共和国产品质量法》。该法是我国产品质量的基本法。为提高产品质量水平，针对《产品质量法》实施过程中出现的一些亟待解决的问题，2000年7月8日第九届全国人民代表大会常务委员会第十六次会议对该法进行了修订。

产品质量法主要调整两种关系：第一，产品质量的监督管理关系，是国家、政府与生产者、销售者在质量监督管理过程中形成的法律关系。第二，因产品质量缺陷而在国家、消费者及用户、生产者、销售者之间产生的关系。是由生产者、销售者的产品责任义务、产品质量损害赔偿、产品质量的处罚等法律规范所组成的体系。

5.2 产品质量的监督管理

5.2.1 产品质量监督管理机关

为加强产品质量管理，各级人民政府应当把提高产品质量纳入国民经济和社会发展规划，加强对产品质量工作的统筹规划和组织领导，引导、督促生产者、销售者加强产品质量管理，提高产品质量，组织各有关部门依法采取措施，制止产品生产、销售中违反《产品质量法》规定的行为，保障《产品质量法》的施行。

国务院产品质量监督部门主管全国产品质量监督工作。国务院有关部门在各自的职责范围内负责产品质量监督工作。县级以上地方产品质量监督部门主管本行政区域内的产品质量监督工作。县级以上地方人民政府有关部门在各自的职责范围内负责产品质量监督工作。法律对产品质量的监督部门另有规定的，依照有关法律的规定执行。

除质量监督部门对产品质量的监督管理外，任何单位和个人有权对违反《产品质量法》规定的行为，向产品质量监督部门或者其他有关部门检举。

任何单位和个人不得排斥非本地区或者非本系统企业生产的质量合格产品进入本地区、本系统。

5.2.2 产品质量标准

为了发展社会主义商品经济，促进技术进步，改进产品质量，提高社会经济效益，维护国家和人民的利益，使标准化工作适应社会主义现代化建设和发展对外经济关系的需要。第七届全国人民代表大会常务委员会第五次会议于 1988 年 12 月 29 日通过《中华人民共和国标准化法》（以下简称《标准化法》），自 1989 年 4 月 1 日起施行。该法对产品质量标准作出了明确的规定。

5.2.2.1 制定标准的对象

标准是指对重复性事物和概念所作的统一规定。它以科学、技术和实践经验的综合成果为基础，经有关方面协商一致，由主管机构批准，以特定形式发布，作为共同遵守的准则和依据。"标准化"是在经济、技术、科学及管理等社会实践中，对重复性事物和概念通过制定、实施标准，达到统一，以获得最佳秩序和社会效益的过程。标准化工作的任务是制定标准、组织实施标准和对标准的实施进行监督。标准化工作应当纳入国民经济和社会发展计划。

对下列需要统一的技术要求，应当制定标准：工业产品的品种、规格、质量、等级或者安全、卫生要求。工业产品的设计、生产、检验、包装、储存、运输、使用的方法或者生产、储存、运输过程中的安全、卫生要求。有关环境保护的各项技术要求和检验方法。建设工程的设计、施工方法和安全要求。有关工业生产、工程建设和环境保护的技术术语、符号、代号和制图方法。重要农产品和其他需要制定标准的项目，由国务院规定。这里"重要农产品"是指，重要的农业、林业、牧业、渔业产品（含种子、种苗、种畜、种禽）。"其他需要制定标准的项目"，包括信息、能源、资源、交通运输的技术要求，交通运输和工农业生产、工程建设的管理技术要求，互换配合的技术要求。

5.2.2.2　标准的分类

依照制定机关的不同，可以将标准划分为国际标准、国家标准、行业标准、地方标准、企业标准等。

《产品质量法》明确规定，产品质量应当检验合格，不得以不合格产品冒充合格产品。可能危及人体健康和人身、财产安全的工业产品，必须符合保障人体健康和人身、财产安全的国家标准、行业标准；未制定国家标准、行业标准的，必须符合保障人体健康和人身、财产安全的要求。禁止生产、销售不符合保障人体健康和人身、财产安全的标准和要求的工业产品。具体管理办法由国务院规定。

1. 国际标准

国家鼓励积极采用国际标准。也就是说各级人民政府应对采用国际标准的产品制定必要的鼓励政策和提供必要的优惠条件，通过分析国际标准和国外先进标准的技术内容，将其不同程度地纳入我国标准，并贯彻执行。

国际标准包括国际标准化组织（ISO）、国际电工委员会（IEC）所制定的标准，以及 ISO 所出版的国际标准题内关键词索引（KWIC Index）中收录的其他国际组织制定的标准等。

国外先进标准包括有影响的区域标准、工业发达国家的标准和国际公认的权威团体标准和企业标准等。

2. 国家标准

对需要在全国范围内统一的技术要求［如通用技术术语符号代号（含代码）、保障人体健康和人身、财产安全的技术要求等］应当制定国家标准。国家标准由国务院标准化行政主管部门制定。

3. 行业标准

对没有国家标准而又需要在全国某个行业范围内统一的技术要求，可以制定行业标准。行业标准由国务院有关行政主管部门制定，并报国务院标准化行政主管部门备案。

4. 地方标准

对没有国家标准和行业标准而又需要在省、自治区、直辖市范围内统一的工业产品的安全、卫生要求，可以制定地方标准。地方标准由省、自治区、直辖市标准化行政主管部门制定，并报国务院标准化行政主管部门和国务院有关行政主管部门备案。

5. 企业标准

企业生产的产品没有国家标准和行业标准的，应当制定企业标准，作为组织生产的依据。企业的产品标准须报当地政府标准化行政主管部门和有关行政主管部门备案。已有国家标准或者行业标准的，国家鼓励企业制定严于国家标准或者行业标准的企业标准，在企业内部适用。

5.2.2.3 标准的性质

国家标准、行业标准依照其效力可以分为强制性标准和推荐性标准。

1. 强制性标准

保障人体健康，人身、财产安全的标准和法律、行政法规规定强制执行的标准是强制性标准。省、自治区、直辖市标准化行政主管部门制定的工业产品的安全、卫生要求的地方标准，在本行政区域内是强制性标准。

下列标准属于强制性标准：药品标准，食品卫生标准，兽药标准；产品及产品生产、储运和使用中的安全、卫生标准；劳动安全、卫生标准；运输安全标准；工程建设的质量、安全、卫生标准及国家需要控制的其他工程建设标准；环境保护的污染物排放标准和环境质量标准；重要的涉及技术衔接的通用技术术语、符号、代号（含代码）、文件格式和制图方法；国家需要控制的通用的试验、检验方法标准；互换配合标准；国家需要控制的重要产品质量标准。

2. 推荐性标准

强制性标准外的其他标准是推荐性标准，推荐性标准不具有强制性。

5.2.3 产品质量的认证

有关的质量认证制度包括企业质量体系认证制度和产品质量认证制度。

5.2.3.1 企业质量体系认证

国家根据国际通用的质量管理标准，推行企业质量体系认证制度。企业根据自愿原则可以向国务院产品质量监督部门认可的或者国务院产品质量监督部门授权的部门认可的认证机构申请企业质量体系认证。经认证合格的，由认证机构颁发企业质量体系认证证书。

5.2.3.2　产品质量认证

产品质量认证，是指依据产品标准和相应的技术要求，经认证机构确认并通过颁发认证证书和认证标志来证明某一产品符合相应标准和相应技术要求的活动。产品质量认证分为安全认证和合格认证。实现安全认证的产品必须符合《标准化法》中有关强制性标准的要求；实行合格认证的产品，必须符合《标准化法》规定的国家标准或者行业标准的要求。

《产品质量法》明确规定：国家参照国际先进的产品标准和技术要求，推行产品质量认证制度。企业根据自愿原则可以向国务院产品质量监督部门认可的或者国务院产品质量监督部门授权的部门认可的认证机构申请产品质量认证。经认证合格的，由认证机构颁发产品质量认证证书，准许企业在产品或者其包装上使用产品质量认证标志。企业对有国家标准或者行业标准的产品，可以自愿向有关认证委员会申请认证。法律、行政法规、国务院标准化行政主管部门会同国务院有关行政主管部门制定的规章（以下简称规章）规定未经认证不得销售、进口、使用的产品，按照法律、行政法规和规章的规定办理认证后，方准销售、进口、使用。

认证依据的标准应当是具有国际水平的国家标准或者行业标准。现行标准的内容不能满足认证需要的，应当由认证委员会组织制定补充技术要求。

我国的名、特产品，可以依据国务院标准化行政主管部门确认的标准实施认证。

5.2.3.3　产品质量认证的申请和批准

中国企业、外国企业或者其他申请人申请认证，必须具备法律规定的主体资格；产品符合中国国家标准、行业标准及其补充技术要求，或者符合国务院标准化行政主管部门确认的标准；产品质量稳定、能正常批量生产，并提供有关证明材料；企业质量体系符合 CB/T10300 或者外国申请人所在国等同采用 ISO9000 质量管理和质量保证系列标准及其补充要求。

认证委员会受理认证申请后，组织对企业的质量体系进行检查。认证委员会通知认证检验机构对样品进行检验，认证委员会对检查报告和检验报告进行审查合格后，批准认证、颁发认证证书，并准许使用认证标志。

获准认证的产品，除接受国家法律和行政法规规定的检查外，免于其他检查，并享有实行优质优价、优先推荐评选国家优质产品等国家规定的优惠。

5.2.4　国家优质产品的质量管理

国家设立国家优质产品奖，对达到国际先进水平的优质产品颁发国家优质产品奖证书和标有"优"字标志的奖牌。

国家优质产品必须具备以下条件：①产品的结构、性能先进，在国民经济中占有重要地位；②企业按照具有国际先进水平的标准组织生产；③产品质量经检验达到国际先进水平；④产品已经批量生产，在能源、原材料消耗、"三废"处理和经济效益方面达到国内同行业先进水平；⑤大中型企业计量定级标准，必须达到二级计量合格，小型企业计量定级标准，必须达到三级计量合格；⑥企业已经实现全面质量管理，并有健全的质量保证体系；⑦产品已经获得国务院主管部门和省、自治区、直辖市优质产品称号；⑧出口产品应当具有较高的创汇能力。

国家质量奖审定委员会评选国家优质产品，应当严格遵循标准先进、评价科学、评选公正的原则；应当征求中国消费者协会等有关单位的意见。

国家优质产品奖证书和奖牌的有效期为3～5年，具体期限由审定委员会确定。有效期满后，未经复查确认或者重新评选获奖，不得沿用国家优质产品的称号。

5.2.5　产品质量的监督检查与社会监督

5.2.5.1　抽查

产品质量应当检验合格，不得以不合格产品冒充合格产品。禁止生产、销售不符合保障人体健康和人身、财产安全的标准和要求的工业产品。为保证这一目的的实现，国家对产品质量实行以抽查为主要方式的监督检查制度，对可能危及人体健康和人身、财产安全的产品，影响国计民生的重要工业产品以及消费者、有关组织反映有质量问题的产品进行抽查。抽查的样品应当在市场上或者企业成品仓库内的待销产品中随机抽取。监督抽查工作由国务院产品质量监督部门规划和组织。县级以上地方产品质量监督部门在本行政区域内也可以组织监督抽查。法律对产品质量的监督检查另有规定的，依照有关法律的规定执行。

国家监督抽查的产品，地方不得另行重复抽查；上级监督抽查的产品，下级不得另行重复抽查。

根据监督抽查的需要，可以对产品进行检验。检验抽取样品的数量不得超过检验的合理需要，并不得向被检查人收取检验费用。监督抽查所需检验费用按照国务院规定列支。

生产者、销售者对抽查检验的结果有异议的，可以自收到检验结果之日起15日内向实施监督抽查的产品质量监督部门或者其上级产品质量监督部门申请复检，由受理复检的产品质量监督部门作出复检结论。

国务院和省、自治区、直辖市人民政府的产品质量监督部门应当定期发布其监督抽查的产品的质量状况公告。

5.2.5.2　处理

依照《产品质量法》规定进行监督抽查的产品质量不合格的，由实施监督抽查的产品质量监督部门责令其生产者、销售者限期改正。逾期不改正的，由省级以上人民政府产品质量监督部门予以公告；公告后经复查仍不合格的，责令停业，限期整顿；整顿期满后经复查产品质量仍不合格的，吊销营业执照。

监督抽查的产品有严重质量问题的，依法处罚。

5.2.5.3　职权

县级以上产品质量监督部门根据已经取得的违法嫌疑证据或者举报，对涉嫌违反本法规定的行为进行查处时，可以行使下列职权，县级以上工商行政管理部门按照国务院规定的职责范围，对涉嫌违反《产品质量法》规定的行为进行查处时，也可行使下列职权。

（1）当事人涉嫌从事违反《产品质量法》的生产、销售活动的场所实施现场检查；

（2）向当事人的法定代表人、主要负责人和其他有关人员调查、了解与涉嫌从事违反本法的生产、销售活动有关的情况；

（3）查阅、复制与当事人有关的合同、发票、账簿以及其他有关资料；

（4）对有根据认为不符合保障人体健康和人身、财产安全的国家标准、行业标准的产品或者有其他严重质量问题的产品，以及直接用于生产、销售该项产品的原辅材料、包装物、生产工具，予以查封或者扣押。

产品质量监督部门或者其他国家机关以及产品质量检验机构不得向社会推荐生产者的产品；不得以对产品进行监制、监销等方式参与产品经营活动。

5.2.5.4　产品质量检验机构

产品质量检验机构必须具备相应的检测条件和能力，经省级以上人民政府产品质量监督部门或者其授权的部门考核合格后，方可承担产品质量检验工作。法律、行政法规对产品质量检验机构另有规定的，依照有关法律、行政法规的规定执行。

从事产品质量检验、认证的社会中介机构必须依法设立，不得与行政机关和其他国家机关存在隶属关系或者其他利益关系。

产品质量检验机构、认证机构必须依法按照有关标准，客观、公正地出具检验结果或者认证证明。

产品质量认证机构应当依照国家规定对准许使用认证标志的产品进行认证后的跟踪检查；对不符合认证标准而使用认证标志的，要求其改正；情节严重的，取消其使用认证标志的资格。

5.2.5.5　消费者的监督

消费者有权就产品质量问题，向产品的生产者、销售者查询；向产品质量监督部门、工商行政管理部门及有关部门申诉，接受申诉的部门应当负责处理。

保护消费者权益的社会组织可以就消费者反映的产品质量问题建议有关部门负责处理，支持消费者对因产品质量造成的损害向人民法院起诉。

5.3　产品质量义务

5.3.1　对生产者生产的产品的质量要求

生产者应当对其生产的产品质量负责，产品质量应当符合下列要求：①不存在危及人身、财产安全的不合理的危险，有保障人体健康和人身、财产安全的国家标准、行业标准的，应当符合该标准；②具备产品应当具备的使用性能，但是，对产品存在使用性能的瑕疵作出说明的除外；③符合在产品或者其包装上注明采用的产品标准，符合以产品说明、实物样品等方式表明的质量状况。

5.3.2　对产品的标识要求

产品质量符合有关标准，既要求产品的内在质量符合法律的规定或者当事人之间的约定，也要求产品的外在标识符合法律的有关规定。

产品或者其包装上的标识必须真实，并符合下列要求：①有产品质量检验合格证明；②有中文标明的产品名称、生产厂厂名和厂址；③根据产品的特点和使用要求，需要标明产品规格、等级、所含主要成分的名称和含量的，用中文相应予以标明；需要事先让消费者知晓的，应当在外包装上标明，或者预先向消费者提供有关资料；④限期使用的产品，应当在显著位置清晰地标明生产日期和安全使用期或者失效日期；⑤使用不当，容易造成产品本身损坏或者可能危及人身、财产安全的产品，应当有警示标志或者中文警示说明。

裸装的食品和其他根据产品的特点难以附加标识的裸装产品，可以不附加产品标识。

易碎、易燃、易爆、有毒、有腐蚀性、有放射性等危险物品以及储运中不能倒置和其他有特殊要求的产品，其包装质量必须符合相应要求，依照国家有关规定作出警示标志或者中文警示说明，标明储运注意事项。

5.3.3　生产者的其他产品质量义务

《产品质量法》规定，"禁止伪造或者冒用认证标志等质量标志；禁止伪造产品的产地，伪造或者冒用他人的厂名、厂址；禁止在生产、销售的产品中掺杂、掺假，以假充真，以次充好。"因此：①生产者不得生产国家明令淘汰的产品。②生产者不得伪造产地，不得伪造或者冒用他人的厂名、厂址。③生产者不得伪造或者冒用认证标志等质量标志。④生产者生产产品，不得掺杂、掺假，不得以假充真、以次充好，不得以不合格产品冒充合格产品。

5.3.4　销售者的产品质量义务

销售者的产品质量义务包括：①销售者应当建立并执行进货检查验收制度，验明产品合格证明和其他标识。②销售者应当采取措施，保持销售产品的质量。③销售者不得销售国家明令淘汰并停止销售的产品和失效、变质的产品。④销售者销售的产品的标识应当符合法律的规定。⑤销售者不得伪造产地，不得伪造或者冒用他人的厂名、厂址。⑥销售者不得伪造或者冒用认证标志等质量标志。⑦销售者销售产品，不得掺杂、掺假，不得以假充真、以次充好，不得以不合格产品冒充合格产品。

5.4　产品质量的法律责任

5.4.1　民事赔偿责任

损害赔偿责任包括违约责任及侵权行为责任两方面。生产者之间、销售者之间，生产者与销售者之间订立了买卖合同、承揽合同的，合同当事人按照合同的约定，承担因违约所产生的损害赔偿的责任。合同没有约定时，以及生产者或者销售者与消费者之间的关系和处理，都应依照《产品质量法》的规定，按侵权行为的赔偿责任办理。

5.4.1.1　产品质量缺陷

产品质量缺陷是指产品存在危及人身、他人财产安全的不合理的危险；产品有保障人体健康和人身、财产安全的国家标准、行业标准的，是指不符合该标准。

《产品质量法》规定，售出的产品有下列情形之一的，销售者应当负责修理、更换、退货；给购买产品的消费者造成损失的，销售者应当赔偿损失：①不具备产品应当具备的使用性能而事先未作说明的；②不符合在产品或者其包装上注明采用的产品标准的；③不符合以产品说明、实物样品等方式表明的质量状况的。

因产品存在缺陷造成人身、缺陷产品以外的其他财产（以下简称他人财产）损害的，生产者应当承担赔偿责任。生产者能够证明有下列情形之一的，不承担赔偿责任：①未将产品投入流通的；②产品投入流通时，引起损害的缺陷尚不存在的；③将产品投入流通时的科学技术水平尚不能发现缺陷的存在的。

5.4.1.2 损害赔偿的责任主体

因产品出现缺陷的，产品的销售者为损害赔偿的责任主体。

因产品存在缺陷造成人身、缺陷产品以外的其他财产（他人财产）损害的，除符合法定除外条件外，生产者应当承担赔偿责任。

由于销售者的过错使产品存在缺陷，造成人身、他人财产损害的，销售者应当承担赔偿责任。销售者不能指明缺陷产品的生产者也不能指明缺陷产品的供货者的，销售者应当承担赔偿责任。

因产品存在缺陷造成人身、他人财产损害的，受害人可以向产品的生产者要求赔偿，也可以向产品的销售者要求赔偿。属于产品的生产者的责任，产品的销售者赔偿的，产品的销售者有权向产品的生产者追偿。属于产品的销售者的责任，产品的生产者赔偿的，产品的生产者有权向产品的销售者追偿。

5.4.1.3 损害赔偿的方式和范围

因产品质量造成损害的，可采取修理、更换、退货、金钱赔偿的方法。

售出的产品有产品缺陷的，销售者应当负责修理、更换、退货；给购买产品消费者造成损失的，销售者应当赔偿损失。销售者负责修理、更换、退货、赔偿损失后，属于生产者的责任或者属于向销售者提供产品的其他销售者（以下简称供货者）的责任的，销售者有权向生产者、供货者追偿。销售者不给予修理、更换、退货或者赔偿损失的，由产品质量监督工作的部门或者工商行政管理部门责令改正。

因产品存在缺陷造成受害人人身伤害的，侵害人应当赔偿医疗费、治疗期间的护理费、因误工减少的收入等费用；造成残疾的，还应当支付残疾者生活自助具费、生活补助费、残疾赔偿金以及由其扶养的人所必需的生活费等费用；造成受害人死亡的，并应当支付丧葬费、死亡赔偿金以及由死者生前扶养的人所必需的生活费等费用。

因产品存在缺陷造成受害人财产损失的，侵害人应当恢复原状或者折价赔偿。受害人因此遭受其他重大损失的，侵害人应当赔偿损失。

5.4.1.4 损害赔偿的诉讼时效及争议解决方法

1. 诉讼时效

因产品存在缺陷造成损害要求赔偿的诉讼时效期间为 2 年，自当事人知道或者应当知道其权益受到损害时起计算。因产品存在缺陷造成损害要求赔偿的请求权，在造成损害的缺陷产品交付最初消费者满 10 年丧失；但是，尚未超过明示的安全使用期的除外。

2. 争议解决

因产品质量发生民事纠纷时，当事人可以通过协商或者调解解决。当事人不愿通过协商、调解解决或者协商、调解不成的，可以根据当事人各方的协议向仲裁机构申请仲裁；当事人各方没有达成仲裁协议的，可以向人民法院起诉。

5.4.2　产品质量的行政责任和刑事责任

《标准化法》和《产品质量法》对违反法律规定的行政责任规定了责令限期改进，对相关企业通报批评或者给予责任者行政处分、责令停止生产、停止销售，没收财产、罚款；销毁有关产品、撤销认证证书等处罚方式。如《产品质量法》规定：①生产、销售不符合保障人体健康和人身、财产安全的国家标准、行业标准的产品的，责令停止生产、销售，没收违法生产、销售的产品，并处违法生产、销售产品（包括已售出和未售出的产品，下同）货值金额等值以上 3 倍以下的罚款；有违法所得的，并处没收违法所得；情节严重的，吊销营业执照；构成犯罪的，依法追究刑事责任。在产品中掺杂、掺假，以假充真，以次充好，或者以不合格产品冒充合格产品的，责令停止生产、销售，没收违法生产、销售的产品，并处违法生产、销售产品货值金额 50％以上 3 倍以下的罚款；有违法所得的，并处没收违法所得；情节严重的，吊销营业执照；构成犯罪的，依法追究刑事责任。②生产国家明令淘汰的产品的，销售国家明令淘汰并停止销售的产品的，责令停止生产、销售，没收违法生产、销售的产品，并处违法生产、销售产品货值金额等值以下的罚款；有违法所得的，并处没收违法所得；情节严重的，吊销营业执照。③对销售失效、变质的产品的；伪造产品产地的，伪造或者冒用他人厂名、厂址的，伪造或者冒用认证标志等质量标志的；产品标识不符合法律规定的；产品质量检验机构、认证机构伪造检验结果或者出具虚假证明的行为也规定了应承担的责任。

思　考　题

1. 加强产品质量管理在市场经济条件下有何重要意义？
2. 对哪些技术要求应当制定标准？制定产品质量标准应遵循哪些原则？产品质量标准可如何分类？
3. 简述我国的产品质量认证制度。
4. 对产品质量如何监督检查？
5. 产品的生产者、销售者负有哪些产品质量责任和义务？

6. 如何确定损害赔偿责任的承担者和赔偿范围?

案 例 分 析

【案情简介】①

1997 年 6 月 26 日,福建省技术监督局执法人员到厦门市杏林区杏燕水泥厂进行检查。经检查发现:①杏燕水泥厂生产假冒龙岩市新龙水泥厂"大发牌"水泥 45 吨,假冒永安市安砂水泥厂"马岩牌"水泥 66 吨,出厂价 325 元/吨,合计货值 36 075 元;②该厂生产未标明产品标准编号的"大发牌"水泥 600 吨,出厂价 325 元/吨,货值 195 000 元;③假冒龙岩市新龙水泥厂包装袋 9700 个,假冒永安市安砂水泥厂包装袋 5000 个。

执法人员对检查发现的假冒产品予以封存。福建省技术监督局认定杏燕水泥厂的行为违反了《福建省商品质量监督条例》第 10 条第 7、11 项关于"伪造或冒用他人的厂名、厂址、条码、产品标准编号、优质标志、认证标志、采标标志、生产许可证标志以及其他质量标志的商品";"隐匿或未按规定标明商品名称、厂名、厂址,主要技术指标、成分、含量的商品;限期使用的商品未标明生产日期、保质期、保存期的商品"的规定,依据该条例第 25 条第 3、4 款关于生产、销售第 10 条第 7、11 项商品的分别"没收未售出部分的商品和已售出部分的商品销货款,并处以该批商品经营额百分之五十至一倍的罚款";"封存未售出部分的商品,没收已售出部分的商品销货款,并处以该批商品经营额百分之十至百分之五十的罚款;封存的商品经检验属危及安全和人身健康的,应予没收销毁;尚有使用价值的,经技术处理,标注'处理品'后,方可降价出售"的规定,于 1997 年 7 月 16 日作出闽技监字(1997)119 号行政处罚决定:①没收未售出的假冒水泥产品 111 吨,并处以罚款 25 252 元;②对生产未标明产品标准编号的"大发牌"水泥 600 吨的行为,处以罚款 19 500 元,被封存的水泥应补上产品标准号之后,方可销售;③没收假冒他人厂名、厂址的水泥包装袋 14 700个,予以销毁。

接到行政处罚后,杏燕水泥厂十分不解:《关于实施 GB175—92、GB1344—92 标准若干具体问题的规定》第 8 条并未要求水泥生产厂家必须在包装袋上标明产品标准编号,其未标注产品标准编号怎么又成为违反法律的行为了呢?

【问题】

1. 杏燕水泥厂的行为是否具有违法性?

2. 如果杏燕水泥厂对行政处罚不服,可以采取什么法律措施?

---

① 案例来源:最高人民法院网站,www.court.gov

第 6 章　消费者权益保护法律制度

课程要求：通过学习消费者权益保护法，掌握消费者权益保护的基本法律规定和争议解决方式，能够运用法律手段解决消费者权益保护的一般问题。

6.1　概　　述

6.1.1　消费者权益的概念

消费者权益是消费者依法享有的权利以及该权利受到法律保护时给消费者带来的利益。保护消费者权益，首先要明确消费者的概念，我国《消费者权益保护法》没有给出消费者的定义。一般地，我们把消费者理解为为满足生活消费需要购买、使用商品或者接受服务的自然人。

6.1.2　保护消费者权益的立法

随着市场经济的发展，物质的丰富，市场需求由卖方市场变为买方市场，有关消费者权益保护的问题也越来越引起人们的广泛关注，运用法律的手段保护消费者权利的呼声越来越高。为保护消费者的合法权益，维护公平竞争和社会经济秩序，促进社会主义市场经济健康发展，1993 年 10 月 31 日第八届全国人民代表大会第四次会议通过了《中华人民共和国消费者权益保护法》（以下简称《消费者权益保护法》），1994 年 1 月 1 日起施行。《消费者权益保护法》的实施，标志着中国消费者权益保障进入了法制化的轨道。

消费者权益保护法有广义和狭义之分，狭义的消费者权益保护法仅指《中华人民共和国消费者权益保护法》。广义的消费者权益保护法是调整在保护消费者权益过程中发生的经济关系的法律规范的总称，即除包括《中华人民共和国消费者权益保护法》外，还包括其他保护消费者权益的法律、法规。

6.1.3　消费者权益保护法的适用范围

根据《消费者权益保护法》的规定，消费者为满足生活消费需要购买、使用商品或者接受服务，其权益受《消费者权益保护法》保护，该法未作规定的，受其他有关法律、法规保护。农民购买、使用直接用于农业生产的生产资料，参照《消费者权益保护法》执行。经营者为消费者提供生产、销售的商品或者提供服务，应当遵守《消费者权益保护法》，《消费者权益保护法》未作规定的，应当遵守其他有关法律、法规。

6.1.4 消费者权益保护法的原则

《消费者权益保护法》确认了经营者与消费者进行交易应遵循的基本原则，即"经营者与消费者进行交易，应当遵循自愿、平等、公平、诚实信用的原则。"这一原则贯穿于《消费者权益保护法》的始终。

6.2 消费者的权利

消费者的权利是消费者在消费领域中所具有的权能，即在法律保护下，消费者有权作出一定的行为或者要求他人作出一定的行为。消费者的权利是消费者利益在法律上的体现，是国家对消费者进行保护的前提和基础。《消费者权益保护法》规定我国消费者具有下列几项权利。

6.2.1 保障安全权

保障安全权是消费者最重要的权利，商品和服务是否符合人体健康和人身安全的要求，是消费者最为关心的问题。为此，《消费者权益保护法》明确规定："消费者在购买、使用商品和接受服务时享有人身、财产安全不受损害的权利。""消费者有权要求经营者提供的商品和服务，符合保障人身、财产安全的要求。"

6.2.2 知悉真情权

知悉真情权简称知情权、了解权，是指消费者在购买、使用商品或者接受服务时，有权询问、了解商品或者服务的有关真实情况；提供商品或者服务的经营者有义务向消费者说明有关问题的真实情况。

随着社会经济的发展，人民生活水平的提高，满足人民日常生活需要的消费品也日趋多样化和复杂化，不同的商品有不同的功能和用途，消费者不可能也没有必要了解所有消费品的功能、用途和特点。为保护消费者的权益，《消费者权益保护法》规定："消费者有权根据商品或者服务的不同情况，要求经营者提供商品的价格、产地、生产者、用途、性能、规格、等级、主要成分、生产日期、有效期限、检验合格证明、使用方法说明书、售后服务，或者服务的内容、规格、费用等有关情况。"

6.2.3 自主选择权

自主选择权是指消费者享有自主选择商品或者服务的权利。《消费者权益保护法》规定：消费者有权自主选择提供商品或者服务的经营者，自主选择商品品种或者服务方式，自主决定购买或者不购买任何一种商品、接受或者不接受任何一项服务。消费者在自主选择商品或者服务时，有权进行比较、鉴别和挑选。

6.2.4　公平交易权

消费者享有公平交易的权利。该权利是指消费者在购买商品或者接受服务时，有权获得质量保障、价格合理、计量正确等公平交易条件，有权拒绝经营者的强制交易行为。

6.2.5　依法求偿权

依法求偿权是指消费者因购买、使用商品或者接受服务受到人身、财产损害的，享有依法获得赔偿的权利。依法求偿权是弥补消费者所受损害的必不可少的救济性权利。

6.2.6　依法结社权

依法结社权是消费者享有依法成立维护自身合法权益的社会团体的权利。消费者的依法结社权是《宪法》规定的公民结社权的在消费者权益保护领域的具体体现。相对于经营者，消费者处于相对弱势的地位，结社可使消费者分散的力量集中起来，与强大的经营者抗衡。

6.2.7　求知获教权

求知获教权又称受教育权，获取知识权，是知悉真情权的必然引申。是指消费者享有获得有关消费和消费者权益保护方面的知识的权利。消费者应当努力掌握所需商品或者服务的知识和使用技能，正确使用商品，提高自我保护意识。

6.2.8　维护尊严权

维护尊严权是指消费者在购买、使用商品和接受服务时，享有其人格尊严、民族风俗习惯得到尊重的权利。维护尊严权是人格权在消费者权益领域的体现，是社会文明与进步的标志之一。

6.2.9　监督批评权

《消费者权益保护法》规定，消费者享有对商品和服务以及保护消费者权益工作进行监督的权利。消费者有权检举、控告侵害消费者权益的行为和国家机关及其工作人员在保护消费者权益工作中的违法失职行为，有权对保护消费者权益工作提出批评、建议。

6.3 经营者的义务

经营者是与消费者交易的相对方，是为消费者提供其生产、销售的商品和提供服务的市场主体。为保护消费者的权益，经营者必须履行下列义务。

6.3.1 依照法律的规定或者与消费者的约定履行义务

经营者向消费者提供商品或者服务，应当依照《中华人民共和国产品质量法》（以下简称《产品质量法》）和其他有关法律、法规的规定履行义务。

经营者和消费者有约定的，应当按照约定履行义务，但双方的约定不得违背法律、法规的规定。如经营者提供商品或者服务，按照国家规定或者与消费者的约定，承担包修、包换、包退或者其他责任的，应当按照国家规定或者约定履行，不得故意拖延或者无理拒绝。

6.3.2 听取意见，接受监督

经营者应当听取消费者对其提供的商品或者服务的意见，接受消费者的监督。这是与消费者的监督批评权相对应的经营者的义务，这对经营者提高服务质量，改善消费者的地位十分重要。

6.3.3 保障人身和财产安全

保障人身和财产安全是与消费者保障安全权相对应的经营者的义务。经营者应当保证其提供的商品或者服务符合保障人身、财产安全的要求。对可能危及人身、财产安全的商品和服务，应当向消费者作出真实的说明和明确的警示，并说明和标明正确使用商品或者接受服务的方法以及防止危害发生的方法。

经营者发现其提供的商品或者服务存在严重缺陷，即使正确使用商品或者接受服务仍然可能对人身、财产安全造成危害的，应当立即向有关行政部门报告和告知消费者，并采取防止危害发生的措施。

6.3.4 不作虚假宣传

这是与消费者知悉真情权相对应的经营者的义务。具体地说，经营者应当向消费者提供有关商品或者服务的真实信息，不得作引人误解的虚假宣传。

经营者对消费者就其提供的商品或者服务的质量和使用方法等问题提出的询问，应当作出真实、明确的答复。商店提供商品应当明码标价。

6.3.5　标明真实名称和标记

经营者应当标明其真实名称和标记。租赁他人柜台或者场地的经营者，应当标明其真实名称和标记。

6.3.6　出具相应的凭据和单证

为保障消费者依法求偿权的实现，经营者提供商品或者服务，应当按照国家有关规定或者商业惯例向消费者出具购货凭证或者服务单据；消费者索要购货凭证或者服务单据的，经营者必须出具。

6.3.7　提供符合要求的商品和服务

经营者应当保证在正常使用商品或者接受服务的情况下其提供的商品或者服务应当具有的质量、性能、用途和有效期限；但消费者在购买该商品或者接受该服务前已经知道其存在瑕疵的除外。

经营者以广告、产品说明、实物样品或者其他方式表明商品或者服务的质量状况的，应当保证其提供的商品或者服务的实际质量与表明的质量状况相符。

6.3.8　不得从事不公平、不合理的交易

这是与消费者公平交易权相对应的经营者的义务。经营者不得以格式合同、通知、声明、店堂告示等方式作出对消费者不公平、不合理的规定，或者减轻、免除其损害消费者合法权益应当承担的民事责任。

《消费者权益保护法》明确指出，格式合同、通知、声明、店堂告示等含有对消费者不公平、不合理的规定，或者减轻、免除其损害消费者合法权益应当承担的民事责任内容的，其内容无效。

6.3.9　不得侵犯消费者的人身权

人身权是宪法规定的公民的基本权利之一，消费者的人身自由、人格尊严不受侵犯。经营者不得对消费者进行侮辱、诽谤，不得搜查消费者的身体及其携带的物品，不得侵犯消费者的人身自由。

6.4　国家和社会对消费者合法权益的保护

6.4.1　国家对消费者权益的保护

国家对消费者权益的保护体现在以下几个方面。

6.4.1.1 立法保护

立法上，国家在制定有关消费者权益的法律、法规和政策时，应当听取消费者的意见和要求。

6.4.1.2 行政保护

行政上，各级人民政府应当加强领导，组织、协调、督促有关行政部门做好保护消费者合法权益的工作。各级人民政府应当加强监督，预防危害消费者人身、财产安全行为的发生，及时制止危害消费者人身、财产安全的行为。各级人民政府工商行政管理部门和其他有关行政部门应当依照法律、法规的规定，在各自的职责范围内，采取措施，保护消费者的合法权益。有关行政部门应当听取消费者及其社会团体对经营者交易行为、商品和服务质量问题的意见，及时调查处理。

6.4.1.3 司法保护

司法上，有关国家机关应当依照法律、法规的规定，惩处经营者在提供商品和服务中侵害消费者合法权益的违法犯罪行为。人民法院应当采取措施，方便消费者提起诉讼。对符合《中华人民共和国民事诉讼法》起诉条件的消费者权益争议，必须受理，及时审理。

6.4.2 社会对消费者权益的保护

保护消费者的合法权益是全社会的共同责任。国家鼓励、支持一切组织和个人对损害消费者合法权益的行为进行社会监督。国家保护消费者的合法权益不受侵害。国家采取措施，保障消费者依法行使权利，维护消费者的合法权益。

大众传播媒介应当做好维护消费者合法权益的宣传，对损害消费者合法权益的行为进行舆论监督。

在保护消费者权益方面，各种消费者组织发挥了巨大作用。《消费者权益保护法》规定，消费者协会和其他消费者组织是依法成立的对商品和服务进行社会监督的保护消费者合法权益的社会团体。

消费者协会履行下列职能：①向消费者提供消费信息和咨询服务；②参与有关行政部门对商品和服务的监督、检查；③就有关消费者合法权益的问题，向有关行政部门反映、查询，提出建议；④受理消费者的投诉，并对投诉事项进行调查、调解；⑤投诉事项涉及商品和服务质量问题的，可以提请鉴定部门鉴定，鉴定部门应当告知鉴定结论；⑥就损害消费者合法权益的行为，支持受损害的消费者提起诉讼；⑦对损害消费者合法权益的行为，通过大众传播媒介予以揭露、批评。

各级人民政府对消费者协会履行职能应当予以支持。

消费者组织不得从事商品经营和营利性服务，不得以谋利为目的向社会推荐商品和服务。

6.5　争议的解决

6.5.1　解决争议的途径

6.5.1.1　解决争议的途径

消费者和经营者发生消费者权益争议的，可以通过下列途径解决：①与经营者协商和解；②请求消费者协会调解；③向有关行政部门申诉；④根据与经营者达成的仲裁协议提请仲裁机构仲裁；⑤向人民法院提起诉讼。

6.5.1.2　工商行政管理机构对消费者权益争议的调解与处理

1996 年 3 月 15 日国家工商行政管理局为保护消费者的合法权益，根据《消费者权益保护法》的有关规定，制定了《工商行政管理机关受理消费者申诉暂行办法》。该办法规定消费者申诉案件，由经营者所在地工商行政管理机关管辖。

1. 消费者申诉的条件

消费者申诉应当符合下列条件：①有明确的被诉方；②有具体的申诉请求、事实和理由；③属于工商行政管理机关管辖范围。

2. 消费者申诉的形式

消费者申诉应当采用书面形式，一式两份，并载明下列事项：①消费者的姓名、住址、电话号码、邮政编码；②被申诉人的名称、地址；③申诉的要求、理由及相关的事实根据；④申诉的日期。

3. 工商行政管理机关对申诉申请的处理

工商行政管理机关应当自收到申诉书之日起 5 日内，作出以下处理：①申诉符合规定的予以受理，并书面通知申诉人；②申诉不符合规定的，应当书面通知申诉人，并告知其不予受理的理由。

4. 不予受理或者终止的申请

下列申请不予受理或者终止受理：①超过保修期或者购买后超过保质期的商

品，被诉方已不再负有违约责任的；②达成调解协议并已执行，且没有新情况、新理由的；③法院、仲裁机构或者其他行政机关已经受理或者处理的；④消费者知道或者应该知道自己的权益受到侵害超过一年的；⑤消费者无法证实自己权益受到侵害的；⑥不符合国家法律、行政法规及规章的。

5. 结案

消费者申诉后，还可以协商和解。工商行政管理机关组织双方当事人进行调解达成协议的，应当制作调解书。调解书应当写明申诉请求和当事人协议的结果。工商行政管理机关应当在收到消费者申诉书之日起 60 日内终结调解；调解不成的应当终止调解。经调解不成的，或者调解书生效后无法执行的，消费者可以按照国家法律、行政法规的规定向有关部门申请仲裁或者提出诉讼。

6.5.2　承担民事责任主体的确定

（1）消费者在购买、使用商品时，其合法权益受到损害的，可以向销售者要求赔偿。销售者赔偿后，属于生产者的责任或者属于向销售者提供商品的其他销售者的责任的，销售者有权向生产者或者其他销售者追偿。

消费者或者其他受害人因商品缺陷造成人身、财产损害的，可以向销售者要求赔偿，也可以向生产者要求赔偿。属于生产者责任的，销售者赔偿后，有权向生产者追偿。属于销售者责任的，生产者赔偿后，有权向销售者追偿。

消费者在接受服务时，其合法权益受到损害的，可以向服务者要求赔偿。

消费者在展销会、租赁柜台购买商品或者接受服务，其合法权益受到损害的，可以向销售者或者服务者要求赔偿。展销会结束或者柜台租赁期满后，也可以向展销会的举办者、柜台的出租者要求赔偿。展销会的举办者、柜台的出租者赔偿后，有权向销售者或者服务者追偿。

（2）消费者在购买、使用商品或者接受服务时，其合法权益受到损害，因原企业分立、合并的，可以向变更后承受其权利义务的企业要求赔偿。

（3）使用他人营业执照的违法经营者提供商品或者服务，损害消费者合法权益的，消费者可以向其要求赔偿，也可以向营业执照的持有人要求赔偿。

（4）消费者因经营者利用虚假广告提供商品或者服务，其合法权益受到损害的，可以向经营者要求赔偿。广告的经营者发布虚假广告的，消费者可以请求行政主管部门予以惩处。广告的经营者不能提供经营者的真实名称、地址的，应当承担赔偿责任。

6.6　法　律　责　任

6.6.1　民事责任

6.6.1.1　承担民事责任的一般条件

经营者提供商品或者服务有下列情形之一的，除法律另有规定外，应当依照《中华人民共和国产品质量法》和其他有关法律、法规的规定，承担民事责任：①商品存在缺陷的；②不具备商品应当具备的使用性能而出售时未作说明的；③不符合在商品或者其包装上注明采用的商品标准的；④不符合商品说明、实物样品等方式表明的质量状况的；⑤生产国家明令淘汰的商品或者销售失效、变质的商品的；⑥销售的商品数量不足的；⑦服务的内容和费用违反约定的；⑧对消费者提出的修理、重作、更换、退货、补足商品数量、退还货款和服务费用或者赔偿损失的要求，故意拖延或者无理拒绝的；⑨法律、法规规定的其他损害消费者权益的情形。

6.6.1.2　侵犯人身权的民事责任

（1）经营者提供商品或者服务，造成消费者或者其他受害人人身伤害的，应当支付医疗费、治疗期间的护理费、因误工减少的收入等费用，造成残疾的，还应当支付残疾者生活自助具费、生活补助费、残疾赔偿金以及由其扶养的人所必需的生活费等费用；构成犯罪的，依法追究刑事责任。

（2）经营者提供商品或者服务，造成消费者或者其他受害人死亡的，应当支付丧葬费、死亡赔偿金以及由死者生前扶养的人所必需的生活费等费用；构成犯罪的，依法追究刑事责任。

（3）经营者违反《消费者权益保护法》规定，侵害消费者的人格尊严或者侵犯消费者人身自由的，应当停止侵害、恢复名誉、消除影响、赔礼道歉，并赔偿损失。

6.6.1.3　侵犯财产权的民事责任

（1）经营者提供商品或者服务，造成消费者财产损害的，应当按照消费者的要求，以修理、重作、更换、退货、补足商品数量、退还货款和服务费用或者赔偿损失等方式承担民事责任。消费者与经营者另有约定的，按照约定履行。

（2）对国家规定或者经营者与消费者约定包修、包换、包退的商品，经营者应当负责修理、更换或者退货。在保修期内两次修理仍不能正常使用的，经营者应当负责更换或者退货。

对包修、包换、包退的大件商品，消费者要求经营者修理、更换、退货的，经营者应当承担运输费等合理费用。

（3）经营者以邮购方式提供商品的，应当按照约定提供。未按照约定提供的，应当按照消费者的要求履行约定或者退回货款，并应当承担消费者必须支付的合理费用。

（4）经营者以预收款方式提供商品或者服务的，应当按照约定提供。未按照约定提供的，应当按照消费者的要求履行约定或者退回预付款，并应当承担预付款的利息、消费者必须支付的合理费用。

（5）依法经有关行政部门认定为不合格的商品，消费者要求退货的，经营者应当负责退货。

（6）经营者提供商品或者服务有欺诈行为的，应当按照消费者的要求增加赔偿其受到的损失，增加赔偿的金额为消费者购买商品的价款或者接受服务的费用的1倍。

为制止经营者提供商品或者服务中的欺诈消费者的行为，保护消费者的合法权益，国家工商行政管理局根据《消费者权益保护法》的有关规定，制定了《欺诈消费者行为处罚办法》。

1. 欺诈消费者行为的概念

依照该办法，欺诈消费者行为，是指经营者在提供商品（以下所称商品包括服务）或者服务中，采取虚假或者其他不正当手段欺骗、误导消费者，使消费者的合法权益受到损害的行为。

2. 属于欺诈行为的情形

经营者在向消费者提供商品中，有下列情形之一的，属于欺诈消费者行为：①销售掺杂、掺假、以假充真、以次充好的商品的；②采取虚假或者其他不正当手段使销售的商品分量不足的；③销售"处理品"、"残次品"、"等外品"等商品而谎称是正品的；④以虚假的"清仓价"、"甩卖价"、"最低价"、"优惠价"或者其他欺骗性价格表示销售商品的；⑤以虚假的商品说明、商品标准、实物样品等方式销售商品的；⑥不以自己的真实名称和标记销售商品的；⑦采取雇佣他人等方式进行欺骗性的销售诱导的；⑧作虚假的现场演示和说明的；⑨利用广播、电视、电影、报刊等大众传播媒介对商品作虚假宣传的；⑩骗取消费者预付款的；⑪利用邮购销售骗取价款而不提供或者不按照约定条件提供商品的；⑫以虚假的"有奖销售"、"还本销售"等方式销售商品的；⑬以其他虚假或者不正当手段欺诈消费者的行为。

经营者在向消费者提供商品中，有下列情形之一，且不能证明自己确非欺骗、误导消费者而实施此种行为的，应当承担欺诈消费者行为的法律责任：①销售失效、变质商品的；②销售侵犯他人注册商标权的商品的；③销售伪造产地、伪造或者冒用他人的企业名称或者姓名的商品的；④销售伪造或者冒用他人商品特有的名称、包装、装潢的商品的；⑤销售伪造或者冒用认证标志、名优标志等质量标志的商品的。

6.6.2　行政责任

经营者有下列情形之一，《产品质量法》和其他有关法律、法规对处罚机关和处罚方式有规定的，依照法律、法规的规定执行；法律、法规未作规定的，由工商行政管理部门责令改正，可以根据情节单处或者并处警告、没收违法所得、处以违法所得 1 倍以上 5 倍以下的罚款，没有违法所得的，处以 1 万元以下的罚款；情节严重的，责令停业整顿、吊销营业执照：①生产、销售的商品不符合保障人身、财产安全要求的；②在商品中掺杂、掺假、以假充真、以次充好，或者以不合格商品冒充合格商品的；③生产国家明令淘汰的商品或者销售失效、变质的商品的；④伪造商品的产地，伪造或者冒用他人的厂名、厂址，伪造或者冒用认证标志、名优标志等质量标志的；⑤销售的商品应当检验、检疫而未检验、检疫或者伪造检验、检疫结果的；⑥对商品或者服务作引人误解的虚假宣传的；⑦对消费者提出的修理、重作、更换、退货、补足商品数量、退还货款和服务费用或者赔偿损失的要求，故意拖延或者无理拒绝的；⑧侵害消费者人格尊严或者侵犯消费者人身自由的；⑨法律、法规规定的对损害消费者权益应当予以处罚的其他情形。

经营者对行政处罚决定不服的，可以自收到处罚决定之日起 15 日内向上一级机关申请复议，对复议决定不服的，可以自收到复议决定书之日起 15 日内向人民法院提起诉讼；也可以直接向人民法院提起诉讼。

6.6.3　刑事责任

以暴力、威胁等方法阻碍有关行政部门工作人员依法执行职务的，依法追究刑事责任；拒绝、阻碍有关行政部门工作人员依法执行职务，未使用暴力、威胁方法的，由公安机关依照《中华人民共和国治安管理处罚条例》的规定处罚。

国家机关工作人员玩忽职守或者包庇经营者侵害消费者合法权益的行为的，由其所在单位或者上级机关给予行政处分；情节严重，构成犯罪的，依法追究刑事责任。

思　考　题

1. 消费者依法享有哪些权利？

2. 经营者依法应承担哪些义务？

3. 哪些行为属欺诈消费者的行为？对欺诈消费者的行为应如何处理？

4. 消费者协会有哪些职能？

5. 简述经营者承担民事责任的条件、方式及其范围。

案 例 分 析

【案情简介】①

1995 年 3 月 8 日 19 时许，贾国宇（女，19 岁，中学在校学生）与家人及邻居在被告北京市海淀区春海餐厅（下称春海餐厅）聚餐。春海餐厅提供给他们使用的炉具为龙口市厨房配套设备用具厂（下称厨房用具厂）生产的 YSQ-A "众乐"牌卡式炉，提供的燃气为北京国际气雾剂有限公司（下称气雾剂公司）生产的罐装"白旋风"牌边炉石油气。贾国宇等人使用完第一罐，换置第二罐继续使用约 10 分钟时，使用中的气罐发生爆炸，致使贾国宇面部、双手烧伤。当即送往中国人民解放军第二六二医院治疗，诊断结果为：面部、双手背部深 2 度烧伤，面积为 8%。

从 1995 年 3 月 8 日至 4 月 29 日，贾国宇共住院治疗 52 天。因赔偿问题，贾国宇向北京市海淀区人民法院提起诉讼，要求气雾剂公司、厨房用具厂和春海餐厅共同赔偿医疗费、治疗辅助费、护理费、营养费、交通费、学习费等费用共计 37 711.63 元，赔偿今后丧失部分劳动能力的生活补助费 51 840 元、未来教育费 2 万元、恢复治疗费 30 万元、手术整容费 60 万元及残疾赔偿金 65 万元。共计 1 659 551.63 元。

气雾剂公司辩称：春海餐厅使用的卡式炉气罐系我公司组装生产，气液、气罐均从生产厂家处购买。现无证据证明此次事故是因我厂的产品质量不合格引起的。

厨房用具厂辩称：我厂生产的卡式炉，经质量监督检测部门检验为合格产品。该产品的使用说明书中已明确要求使用中国液化石油气安全公司所检验的液化丁烷瓦斯。气雾剂公司灌装的气液不符合上述标准，是造成事故的主要原因。故我公司不承担任何责任。

春海餐厅辩称：此次事故是因为卡式炉和气罐质量问题引发的，我餐厅提供服务没有过错，不应承担赔偿责任。

---

① 案例来源：最高人民法院网站，www.court.gov

【问题】

1. 原告在餐厅就餐时因餐厅提供使用的卡式炉气罐发生爆炸致残，应由谁承担赔偿责任？

2. 本案的赔偿数额如何确定？

第 7 章　专利法律制度

课程要求：专利法律制度是工业产权法律制度之一。通过本章的学习，掌握专利的概念、专利申请人和专利权人的区别、专利申请的原则和程序、专利无效的条件和法律后果以及强制许可等内容。

7.1　概　　述

随着经济的发展，知识产权成为人们耳熟能详的概念。什么是知识产权？知识产权又称为智慧财产权，是基于智力的创造性活动所产生的权利，是法律赋予知识产权所有人对其智力创造成果所享有的某种专有权利。随着世界知识产权组织的成立和有关知识产权国际公约的订立而成为世界各国对智力成果权的通用名词。

根据《世界知识产权组织公约》第 2 条规定，"知识产权"包括下列各项有关权利：①文学、艺术和科学作品；②表演艺术家的表演以及唱片和广播节目；③人类一切活动领域的发明；④科学发现；⑤工业品外观设计；⑥商标、服务标记以及商业名称和标志；⑦制止不正当竞争；⑧在工业、科学、文学艺术领域内由于智力创造活动而产生的一切其他权利。

在《世界贸易组织与贸易有关的知识产权协议》（TRIPS）第一部分第 1 条所规定的知识产权范围中，还包括"未披露过的信息专有权"，这主要是指工商业经营者所拥有的经营秘密和技术秘密（know-how）等商业秘密。此外，该协议还把"集成电路布图设计权"列为知识产权的范围。

随着科学技术的迅速发展，知识产权保护对象的范围不断扩大，进而不断涌现新型的智力成果，如计算机软件，生物工程技术，遗传基因技术，植物新品种等，也是当今世界各国所公认的知识产权的保护对象。

传统的知识产权可分为著作权和工业产权两类。著作权又称为版权或作者权。它是指作者对其创作的作品享有的人身权和财产权。工业产权是人们依照法律对应用于商品生产和流通中的创造发明和显著标记等智力成果，在一定期限和地区享有的专有权，主要表现为商标权和专利权。

7.1.1　专利的概念和专利权特征

7.1.1.1　专利的概念

专利，是专利权的简称。它是指一项发明创造（发明、实用新型或外观设计）向国务院专利行政管理部门提出专利申请，经依法审查合格后，向专利申请人授予的在规定的时间内对该项发明创造享有的专有权。

另外，人们还在下面两种意义上使用"专利"一词：一是指受专利法保护的发明、实用新型或外观设计等发明创造；二是指记载发明创造内容的专利文献。

专利权是知识产权的重要组成部分。

7.1.1.2　专利权的特征

专利权具有下列特征。

1. 专利权客体的无形性

专利权同其他知识产权一样，其客体是无形的智力成果，它是一种可以脱离其所有者而存在的无形财产，可以同时为多个主体所使用，在一定条件下也不会因多个主体的使用而使该项知识财产自身遭受损耗或者灭失。这个特点是与有形财产的不同之处。

2. 依法审查确认性

依法审查确认性也称审批性，专利权及其法律保护需要依法审查确认。例如，我国的发明人、设计人所完成的发明、实用新型或者外观设计并不能自动获得专利权，完成人必须依照专利法的有关规定，向国家专利行政管理机构提出专利申请，经审查符合专利法规定条件的，授予专利，颁发专利证书。

3. 独占性

独占性也称排他性，由于构成专利权的智力成果具有可以同时被多个主体所使用的特点，因此，专利权是法律授予的一种独占权，具有排他性，未经其权利人许可，任何单位或个人不得使用，否则就构成侵权，承担相应的法律责任。

4. 地域性

专利权具有严格的地域性特点，即各国主管机关依照其本国法律授予的专利权，只能在其本国领域内受法律保护，如仅由中国知识产权局授予的专利权，只能在中国领域内受保护，其他国家则不给予保护；外国人在我国领域外使用中国国务院专利行政管理部门授权的发明专利，不得侵犯权利人的专利权，所以，我国自然人、法人和其他组织完成的发明创造要想获得某外国法保护，必须在该外国申请专利；反之亦然。这是《保护工业产权巴黎公约》规定的原则之一。

5. 时间性

同其他知识产权一样，专利权有法定的保护期限，一旦保护期限届满，权利即自行终止，进入公共领域，成为社会公众可以自由使用的知识。至于期限的长短，依各国的法律确定。例如，我国发明专利的保护期为 20 年，实用新型专利权和外观设计专利权的期限为 10 年，均自专利申请日起计算。

7.1.2 我国专利权立法状况

为了保护发明创造专利权，鼓励发明创造，有利于发明创造的推广应用，促进科学技术的发展，适应社会主义现代化建设的需要，1984 年 3 月 12 日第六届全国人大常委会第四次会议通过了《中华人民共和国专利法》（以下简称《专利法》），并于 1985 年 4 月 1 日起施行。1992 年 9 月 4 日，第七届全国人大常委会第二十七次会议对该法进行了修订，这使我国对专利权的法律保护上升到了新的水平。

为适应加入世界贸易组织的新要求，缩小我国专利法律保护与世界贸易组织有关规则的差距，2000 年 8 月 25 日，第九届全国人大常委会的十七次会议对《专利法》作了进一步修订。修订后的专利法于 2001 年 7 月 1 日实施。

为了更准确地实施《专利法》，有关部门还制定了《中华人民共和国专利法实施细则》、《企业专利工作办法》等规范性法律文件。

我国除制定了系统的保护专利权的法律、法规外，还积极参加相关的国际组织的活动，加强了与世界各国在专利权领域的交往与合作。1980 年 6 月，我国加入了世界知识产权组织，成为该组织的成员国。1985 年 3 月，我国加入《保护工业产权巴黎公约》（以下简称《巴黎公约》），成为《巴黎公约》的正式成员国。1994 年 1 月，我国加入了《专利合作条约》，成为其成员国。《与贸易有关的知识产权协议》（简称 TRIPS）是世界贸易组织有关知识产权的重要法律文件，我国加入世界贸易组织就必须接受 TRIPS 所确立的原则和具体规则的约束。为此，我国进行了包括修改专利法在内的大量准备工作。目前，我国已形成了适应市场经济发展的、具有中国特色的专利法律体系。专利意识普遍提高，我国专利保护范围和保护水平逐步同国际惯例接轨，对专利权的保护已达成了一定的高度。

7.2　专利权的主体和客体

7.2.1　专利权的主体

专利权的主体，是指可以申请并取得专利权的单位和个人。享有专利权的单位和个人统称专利权人。

7.2.1.1　职务发明创造

《专利法》规定，执行本单位的任务或者主要是利用本单位的物质技术条件所完成的发明创造为职务发明创造，职务发明创造申请专利的权利属于该单位。申请被批准后，该单位为专利权人。利用本单位的物质技术条件所完成的发明创造，单位与发明人或者设计人订有合同，对申请专利的权利和专利权的归属作出约定的，从其约定。

执行本单位的任务的"本单位"应包括临时工作单位；执行本单位的任务所完成的职务发明创造是指：①在本职工作中作出的发明创造；②履行本单位交付的本职工作之外的任务所作出的发明创造；③退职、退休或者调动工作后 1 年内作出的，与其在原单位承担的本职工作或者原单位分配的任务有关的发明创造。

本单位的物质技术条件，是指本单位的资金、设备、零部件、原材料或者不对外公开的技术资料等。

职务发明创造的专利权属于单位，为了充分肯定发明人、设计人的贡献，被授予专利权的单位应当对职务发明创造的发明人或者设计人给予奖励；发明创造专利实施后，根据其推广应用的范围和取得的经济效益，对发明人或者设计人给予合理的报酬。

7.2.1.2　非职务发明创造

非职务发明创造，申请专利的权利属于发明人或者设计人。申请被批准后，该发明人或者设计人为专利权人。

为鼓励发明创造，促进科学技术的发展，对发明人或者设计人的非职务发明创造专利申请，任何单位或者个人不得压制。

7.2.1.3　共同发明创造

两个以上单位协作或者个人合作完成的发明创造、一个单位或者个人接受其他单位或者个人委托所完成的发明创造，除另有协议的以外，申请专利的权利属于完成或者共同完成的单位或者个人；申请被批准后，申请的单位或者个人为专利权人。

7.2.1.4 发明人、设计人

确定专利权归属和专利申请权的归属中，必须明确发明人和设计人。《专利法》所称发明人或者设计人，是指对发明创造的实质性特点作出创造性贡献的人。在完成发明创造过程中，只负责组织工作的人、为物质条件的利用提供方便的人或者从事其他辅助工作的人，不应当被认为是发明人或者设计人。

7.2.2 专利权的客体

专利法的保护对象称为专利权的客体，即依法可以取得专利权的发明创造。在我国，《专利法》的保护对象有三大类：发明、实用新型和外观设计。

发明，是指对产品、方法或者其改进所提出的新的技术方案。

实用新型，是指对产品的形状、构造或者其结合所提出的适于实用的新的技术方案。

外观设计，是指对产品的形状、图案、色彩或者其结合所作出的富有美感并适于工业上应用的新设计。

《专利法》规定，对下列各项，不授予专利权：①科学发现；②智力活动的规则和方法；③疾病的诊断和治疗方法；④动物和植物品种；⑤用原子核变换方法获得的物质。但对动物和植物品种的生产方法，可以依照《专利法》的规定授予专利权。对违反国家法律、社会公德或者妨碍公共利益的发明创造，不授予专利权。

7.3 授予专利权的条件

7.3.1 授予发明和实用新型的条件

授予专利权的发明和实用新型，应当具备新颖性、创造性和实用性。

7.3.1.1 新颖性

新颖性是授予专利的最基本条件。《专利法》规定，新颖性，是指在申请日以前没有同样的发明或者实用新型在国内外出版物上公开发表过、在国内公开使用过或者以其他方式为公众所知，也没有同样的发明或者实用新型由他人向国务院专利行政部门提出过申请并且记载在申请日以后公布的专利申请文件中。

1. 公开方式

公开方式包括书面公开、口头公开、使用公开等。书面公开包括各种正式出版物和其他书面形式发表的资料、图片、录音录像带、光盘、电影、网络等。口头公开指通过报告、讲课、广播电视等形式的公开。使用公开是指该发明或者实用新型已经在制造或者销售了，或者在公开场合使用了。

2. 公开的区域范围

公开的区域范围各国的标准各不相同。一些工业发达国家采用的是世界新颖性原则，即一项发明或者实用新型在申请日前在世界范围内都没有在出版物上公开发表过或者公开使用过。有些国家采用的是本国新颖性原则，即一项发明或者实用新型在本国没有公开发表过或者公开使用过就符合新颖性的要求，采用这一标准的国家较少。我国采用的是世界新颖性和国内新颖性相结合的原则，对于书面公开采用的是世界新颖性原则，对使用公开采用的是国内新颖性原则。

3. 公开的日期

无论是发明、实用新型，还是外观设计，新颖性都是其必备的条件。如果一项发明创造丧失了新颖性就不可能获得专利。《专利法》根据客观需要规定了不丧失新颖性的法定情形。具体而言，申请专利的发明创造在申请日以前 6 个月内，有下列情形之一的，不丧失新颖性：

(1) 在中国政府主办或者承认的国际展览会上首次展出的。

(2) 在规定的学术会议或者技术会议上首次发表的；这里的学术会议或者技术会议，是通常指国务院有关主管部门或者全国性学术团体组织召开的学术会议或者技术会议。

上述两种情况，申请人应当在提出专利申请时声明，并依据有关规定提交有关国际展览会或者学术会议、技术会议的组织单位出具的有关发明创造已经展出或者发表，以及展出或者发表日期的证明文件。

(3) 他人未经申请人同意而泄露其内容的。

7.3.1.2　创造性

创造性是指同申请日以前已有的技术相比，该发明有突出的实质性特点和显著的进步，该实用新型有实质性特点和进步。所谓已有的技术，是指申请日前在国内外出版物上公开发表、在国内公开使用或者以其他方式为公众所知的技术，即现有技术。

对发明创造的创造性评价与评价人员的技术水平紧密相连，世界上通行的做法是，由发明创造所属专业领域中的普通技术人员来评价一项发明创造是否具有创造性。

7.3.1.3　实用性

实用性是指该发明或者实用新型能够制造或者使用，并且能够产生积极效果。如果申请专利的发明或者实用新型仅仅停留在理论研究阶段，无法在产业上实施其方案，也就是说不能在产业上制造、生产和使用，那就不符合授予专利权的条件。

7.3.2　授予外观设计的条件

授予专利权的外观设计，应具备新颖性的特点，应当同申请日以前在国内外出版物上公开发表过或者国内公开使用过的外观设计不相同或者不相近似，并不得与他人在先取得的合法权利相冲突。

7.4　专利的申请和专利申请的审查、批准

7.4.1　申请专利的原则

7.4.1.1　先申请原则

专利权是一种独占的权利，"一项发明一项专利"的基本原则早已经得到世界各国的一致认可。但在现实生活中，两个不同的人分别完成相同的发明创造并都向专利管理机关提交专利申请的情况并不鲜见。如何处理这种问题有两种办法：其一是先申请原则，其二是先发明原则。

先申请原则也称申请在先原则，是指两个以上的申请人分别就同样的发明创造申请专利的，专利权授予最先申请的人。这是世界上大多数国家在专利申请上采用的原则。但也有少数国家采用的是先发明原则，即当两个或者两个以上申请人就同一发明主题向专利管理机关提出专利申请，专利管理机关将按照发明创造构思的时间来决定将专利权授予何人。

我国《专利法》采用的是先申请原则。当两个以上的申请人分别就同样的发明创造申请专利的，专利授予最先申请的人。当两个以上的申请人在同一日分别就同样的发明创造申请专利的，应当在收到国务院专利行政部门的通知后自行协商确定申请人。

实行申请在先的原则，申请日的确定十分重要，专利行政管理部门收到专利申请文件之日为申请日。如果申请文件是邮寄的，以寄出的邮戳日为递交日。信封上寄出的邮戳日不清晰的，除当事人能够提出证明外，专利行政管理部门收到日为递交日。

7.4.1.2　优先权原则

《保护工业产权巴黎公约》规定，优先权原则是指在申请专利方面，各缔约国要相互承认对方国家国民的优先权，即一个发明创造在一个缔约国第一次提出申请以后，在一个期限内又在其他缔约国提出申请的，申请人有权请求将第一次提出申请的日期视为后来申请的日期。这种将后续申请的申请日提前至首次申请的申请日的权利就是优先权，在请求优先权时，首次申请日称优先权日，享有优先权的期限称为优先权期。

我国是《巴黎公约》的成员国，在《专利法》中确立了优先权制度。

《专利法》规定，申请人自发明或者实用新型在外国第一次提出专利申请之日起 12 个月内，或者自外观设计在外国第一次提出专利申请之日起 6 个月内，又在中国就相同主题提出专利申请的，依照该外国同中国签订的协议或者共同参加的国际条约，或者依照相互承认优先权的原则，可以享有优先权。

申请人要求优先权的，应当在申请的时候提出书面声明，在书面声明中应写明第一次提出的专利申请即在先申请的申请日、申请号和受理该申请的国家并且在 3 个月内提交第一次提出的专利申请文件的副本；未提出书面声明或者逾期未提交专利申请文件副本的，视为未要求优先权。

申请人在一件专利申请中，可以要求一项或者多项优先权；要求多项优先权的，该申请的优先权期限从最早的优先权日起算。

优先权制度的建立为国际间的专利申请提供了便利。很多国家在这种为外国人提供便利的国际优先权的基础上，建立了本国优先权制度，这一制度也可称之为国内优先权制度。所谓国内优先权制度是指本国人在本国国内首次提出专利申请后，又就相同的主题再次向本国的专利管理机关提出申请的，可以在优先权期内享有优先权。我国《专利法》规定，申请人自发明或者实用新型在中国第一次提出专利申请之日起 12 个月内，又向国务院专利行政部门就相同主题提出专利申请的，可以享有优先权。

7.4.1.3　一发明一专利原则

一发明一专利原则，是世界各国通用的原则。我国《专利法》也对此作了详细规定：

一件发明或者实用新型专利申请，应当限于一项发明或者实用新型。属于一个总的发明构思的两项以上的发明或者实用新型，可以作为一件申请提出。这里所说的属于一个总的发明构思的两项以上的发明或者实用新型，应当在技术上相互关联，包含一个或者多个相同或者相应的特定技术特征，其中特定技术特征是指每一项发明或者实用新型作为整体考虑，对现有技术作出贡献的技术特征。

符合上述规定的两项以上发明专利申请的权利要求，可以是下列各项之一：①不能包括在一项权利要求内的两项以上产品或者方法的同类独立权利要求；②产品和专用于制造该产品的方法的独立权利要求；③产品和该产品的用途的独立权利要求；④产品、专用于制造该产品的方法和该产品的用途的独立权利要求；⑤产品、专用于制造该产品的方法和为实施该方法而专门设计的设备的独立权利要求；⑥方法和为实施该方法而专门设计的设备的独立权利要求。

一件外观设计专利申请应当限于一种产品所使用的一项外观设计。用于同一类别并且成套出售或者使用的产品的两项以上的外观设计可以作为一件申请提出。同一类别，是指产品属于分类表中同一个小类；成套出售或者使用，是指各产品的设计构思相同，并且习惯上是同时出售、同时使用。

7.4.1.4　书面申请原则

专利申请的书面申请原则是指申请认为获得专利权所履行的各种法定手续都必须以书面形式办理。这一原则贯穿于专利申请、审查、代理以及专利实施的全部过程，这是保证专利的严肃性所必需的。

7.4.2　涉外专利申请

在中国没有经常居所或者营业所的外国人、外国企业或者外国其他组织在中国申请专利的，依照其所属国同中国签订的协议或者共同参加的国际条约，或者依照互惠原则，根据《专利法》办理。

在中国没有经常居所或者营业所的外国人、外国企业或者外国其他组织在中国申请专利和办理其他专利事务的，应当委托国务院专利行政部门指定的专利代理机构办理。

中国单位或者个人将其在国内完成的发明创造向外国申请专利的、中国单位或者个人根据中华人民共和国参加的有关国际公约提出专利国际申请的，应当先向国务院专利行政部门申请专利，委托其指定的专利代理机构办理，申请专利的发明创造涉及国家安全或者重大利益需要保密的，按照国家有关规定办理。

7.4.3　涉及国家秘密的专利申请

发明专利申请涉及国防方面的国家秘密需要保密的，由国防专利机构受理；国务院专利行政部门受理的涉及国防方面的国家秘密需要保密的发明专利申请，应当移交国防专利机构审查，由国务院专利行政部门根据国防专利机构的审查意见作出决定。除前款规定的外，国务院专利行政部门受理发明专利申请后，应当将需要进行保密审查的申请转送国务院有关主管部门审查；有关主管部门应当自收到该申请之日起 4 个月内，将审查结果通知国务院专利行政部门；需要保密的，由国务院专利行政部门按照保密专利申请处理，并通知申请人。

7.4.4 专利的申请、审查和批准

7.4.4.1 专利的申请

专利申请人向国务院专利行政部门提出专利申请，应提交书面的专利申请文件。申请人可以在被授予专利权之前随时撤回其专利申请。

申请发明或者实用新型专利的，应当提交请求书、说明书及其摘要、权利要求书等有关文件。

请求书应当写明发明或者实用新型的名称，发明人或者设计人的姓名，申请人姓名或者名称、地址，以及其他事项。

说明书应当对发明或者实用新型作出清楚、完整的说明，以所属技术领域的技术人员能够实现为准；必要的时候，应当有附图。摘要应当简要说明发明或者实用新型的技术要点。

权利要求书应当说明发明或者实用新型的技术特征，清楚、简要地表述请求保护的范围。权利要求书应当有独立权利要求，也可以有从属权利要求。独立权利要求应当从整体上反映发明或者实用新型的技术方案，记载为达到发明或者实用新型目的的必要技术特征。从属权利要求应当用要求保护的附加技术特征，对引用的权利要求作进一步的限定。

摘要应当写明发明或者实用新型所属的技术领域、需要解决的技术问题、主要技术特征和用途。

申请外观设计专利的，应当提交请求书以及该外观设计的图片或照片等文件，并且应当写明使用该外观设计的产品及其所属的类别。必要时应当写明对外观设计的简要说明。外观设计的简要说明应当写明使用该外观设计的产品的主要创作部位、请求保护色彩、省略视图等情况。简要说明不得使用商业性宣传用语，也不能用来说明产品的性能和用途。

申请人可以对专利申请文件进行修改，但是，对发明和实用新型专利申请文件的修改不得超出原说明书和权利要求书记载的范围，对外观设计专利申请文件的修改不得超出原图片或者照片表示的范围。

7.4.4.2 对于发明专利申请的审查和批准

对于发明专利申请的审查和批准，按下列程序进行

1. 初步审查

国务院专利行政部门将收到的申请文件进行初步审理。初步审理主要是对专

利申请文件进行形式审查。国务院专利行政部门应当将审查意见通知申请人，要求其在指定期限内陈述意见或者补正；申请人期满未答复的，其申请视为撤回。申请人陈述意见或者补正后，国务院专利行政部门仍然认为不符合前款所列各项规定的，应当予以驳回。

2. 公布

国务院专利行政管理部门收到发明专利申请后，经初步审查认为符合《专利法》要求的，自申请日起满 18 个月，即行公布。国务院专利行政管理部门可以根据申请人的请求早日公布其申请。自发明专利申请公布之日起至公告授予专利权之日前，任何人均可以对不符合专利法规定的专利申请向国务院专利行政部门提出意见，并说明理由。

3. 实质审查

实质审查就是国务院专利行政管理部门对发明的新颖性、创造性、实用性等实质性条件进行审查。

《专利法》规定，发明专利申请自申请日起 3 年内，国务院专利行政管理部门可以根据申请人随时提出的请求，对其申请进行实质性审查。由此可以看出，我国《专利法》实行的是延迟审查制，也就是一般情况下，发明专利能否进入实质审查阶段取决于申请人的申请，申请人无正当理由逾期不请求实质审查的，该申请被视为撤回。国务院专利行政管理部门也可在其认为必要的时候，自行对发明专利申请进行实质审查。

发明专利申请人请求实质审查的时候，应当提交在申请日前与其发明有关的参考资料。发明专利已经在外国提出过申请的，国务院专利行政部门可以要求申请人在指定期限内提交该国为审查其申请进行检索的资料或者审查结果的资料；无正当理由逾期不提交的，该申请即被视为撤回。

实质审查主要是从技术方面审查一项发明专利申请是否具有新颖性、实用性和创造性的特点。若经审查不符合《专利法》的规定，应当通知申请人，要求其在指定的期限内陈述意见，或对其申请进行修改，申请人无正当理由逾期不答复的，视为撤回该申请。如果国务院专利行政管理部门认为经申请人陈述意见或修改后，仍不符合《专利法》规定的，应予驳回。

自发明专利申请公布之日起至公告授予专利权之日前，任何人均可以对不符合《专利法》规定的专利申请向国务院专利行政部门提出意见，并说明理由。

4. 登记和公告

发明专利申请经实质审查没有发现驳回理由的，由国务院专利行政部门作出授予发明专利权的决定，发出授予专利权的通知后，申请人应当自收到通知之日起 2 个月内办理登记手续。申请人按期办理登记手续的，国务院专利行政部门应当授予专利权，颁发专利证书，并予以公告。发明专利权自公告之日起生效。期满未办理登记手续的，视为放弃取得专利权的权利。

7.4.4.3　对实用新型和外观设计专利申请的审查和批准

实用新型和外观设计专利申请经初步审查没有发现驳回理由的，由国务院专利行政部门作出授予实用新型专利权或者外观设计专利权的决定，发给相应的专利证书，同时予以登记和公告。实用新型专利权和外观设计专利权自公告之日起生效。

7.4.4.4　复审

国务院专利行政部门设立专利复审委员会。专利申请人对国务院专利行政部门驳回申请的决定不服的，可以自收到通知之日起 3 个月内，向专利复审委员会请求复审。专利复审委员会复审后，作出决定，并通知专利申请人。专利申请人对专利复审委员会的复审决定不服的，可以自收到通知之日起 3 个月内向人民法院起诉。也就是说，不管是发明，还是实用新型、外观设计，专利申请人都可向人民法院提起诉讼，通过诉讼手段解决争议。

7.5　专利权人的权利和义务

7.5.1　专利权人的权利

根据《专利法》的规定，专利权人拥有下列权利。

7.5.1.1　独占权

独占权也称排他权。专利权人有自己制造、使用和销售专利产品或者使用专利方法的权利。他人未经专利权人同意，不得支配其权利。

发明和实用新型专利被授予后，除《专利法》另有规定外，任何单位或者个人未经专利权人许可，都不得实施其专利，即不得以生产经营的目的制造、使用、许诺销售、销售、进口其专利产品，或者使用其专利方法以及使用、许诺销售、销售、进口依其专利方法直接获得的产品。

外观设计专利权被授予后，任何单位或者个人未经专利权人许可，都不得实施其专利，即不得为生产经营目的制造、销售进口其外观设计专利产品。

7.5.1.2　许可权

专利权人有许可他人实施专利，并收取专利使用费的权利。《专利法》规定，任何单位或者个人实施他人专利，应当与专利权人订立书面实施许可合同，向专利权人支付专利使用费。被许可人无权允许合同规定以外的任何单位或者个人实施该专利。

7.5.1.3　使用费请求权

发明专利申请公布后，申请人可以要求实施其发明的单位或者个人支付适当的费用。

7.5.1.4　转让权

专利权人有权将自己的专利权转让给他人。专利申请权和专利权可以转让。

中国单位或者个人向外国人转让专利申请权或者专利权的，必须经国务院有关主管部门批准。

转让专利申请权或者专利权的，当事人应当订立书面合同，并向国务院专利行政部门登记，由国务院专利行政部门予以公告。专利申请权或者专利权的转让自登记之日起生效。

7.5.1.5　标记权

专利权人有权在其专利产品或该产品的包装上标明专利标记和专利号。

7.5.1.6　诉权

专利权人当自己的专利权受到侵犯时，有请求专利管理机关处理，或向人民法院起诉的权利。

7.5.1.7　放弃其专利权的权利

7.5.2　专利权人的义务

专利权人应从授予专利权的当年开始缴纳专利年费，不按规定交纳年费的，其专利权将被终止。

7.6　专利权的期限、终止和无效

7.6.1　专利权的期限

专利权的期限是指专利权的时间效力。

发明专利权的期限为 20 年，实用新型专利权和外观设计专利权的期限为 10 年，均自申请日起计算。

7.6.2 专利权的终止

有下列情形之一的，专利权在期限届满前终止：

（1）没有按照规定缴纳年费的；

（2）专利权人以书面声明放弃其专利权的。

专利权在期限届满前终止的，由国务院专利行政管理部门登记和公告。

7.6.3 专利权无效

《专利法》规定，自国务院专利行政部门公告授予专利权之日起，任何单位或者个人认为该专利权的授予不符合《专利法》有关规定的，可以请求专利复审委员会宣告该专利权无效。

专利复审委员会对宣告专利权无效的请求应当及时审查和作出决定，并通知请求人和专利权人。宣告专利权无效的决定，由国务院专利行政部门登记和公告。

对专利复审委员会宣告专利权无效或者维持专利权的决定不服的，可以自收到通知之日起 3 个月内向人民法院起诉。人民法院应当通知无效宣告请求程序的对方当事人作为第三人参加诉讼。

专利被宣告无效会产生哪些法律后果呢？宣告无效的专利权视为自始即不存在。宣告专利权无效的决定，对在宣告专利权无效前人民法院作出并已执行的专利侵权的判决、裁定，已经履行或者强制执行的专利侵权纠纷处理决定，以及已经履行的专利实施许可合同和专利权转让合同，不具有追溯力。但是因专利权人的恶意给他人造成的损失，应当给予赔偿。如果专利权人或者专利权转让人不向被许可实施专利人或者专利权受让人返还专利使用费或者专利权转让费，明显违反公平原则，专利权人或者专利权转让人应当向被许可实施专利人或者专利权受让人返还全部或者部分专利使用费或者专利权转让费。

7.7 专利的实施

7.7.1 专利实施的概念

专利实施是指以生产经营为目的制造、使用、销售、进口专利产品，或者使用专利方法以及使用、销售、进口依该专利方法直接获得的产品，或者制造、进口外观设计专利产品。《专利法》规定，发明和实用新型专利被授予后，专利法另有规定外，任何单位或者个人未经专利权人许可，都不得实施其专利，即不得以生产经营为目的制造、使用、许诺销售、销售、进口其专利产品，或者使用其专利方法以及使用、许诺销售、销售、进口依其专利方法直接获得的产品。

专利的实施除专利权人自己实施这种直接方式外，还有间接实施的方式，所谓间接方式就是专利权人自己不实施，而是通过法律认可的方式由他人实施。

7.7.2　专利权人实施

由专利权人实施专利是专利实施中最常见的方式。专利权人实施其专利，可以是专利权人自己独立实施，也可以是专利权人将专利作为投资，与他人合作实施。

7.7.3　许可他人实施

7.7.3.1　概念

许可他人实施是以专利权人作为许可方，通过签订合同的方式允许被许可方在一定条件下使用其获得专利保护的发明创造。《专利法》明确规定，任何单位或者个人实施他人专利的，应当与专利权人订立书面实施许可合同，向专利权人支付专利使用费。

需要指出的是，许可他人实施专利仅仅是把专利权中的使用权转移给使用方，专利权人并未发生变化。被许可人无权允许合同规定以外的任何单位和个人实施该专利。

7.7.3.2　专利实施许可的种类

专利实施许可常见的种类有独占许可、独家许可、普通许可等。

1. 独占许可

独占许可是由许可方将在规定期限和地域内实施某一专利权的全部权利完全授予被许可方。在独占许可的情况下，被允许独占实施的专利的专利权仍属专利权人所有，但在规定的期限内，在规定的区域内，只有被许可人有权实施某一特定专利，其他任何人包括专利权人都无权实施相同的专利技术。

2. 独家许可

独家许可是指在一定地域内，被许可方在合同有效期内对许可实施的专利享有独占实施权，专利权人不得将同一专利在相同地域和时间内允许任何第三人实施。与独占许可不同的是，在独家许可的情况下，专利权人拥有自己在该地域范围内实施该专利的权利。

3. 普通许可

普通许可是许可方给予被许可方在规定的地域和时间内实施某一专利的权利。该许可不具有独占性和排他性，专利权人可以与许可人和第三方实施该专利技术，也可以自己实施该专利技术。

7.7.4　依照国家的需要指定实施

国有企业事业单位的发明专利，对国家利益或者公共利益具有重大意义的，国务院有关主管部门和省、自治区、直辖市人民政府报经国务院批准，可以决定在批准的范围内推广应用，允许指定的单位实施，由实施单位按照国家规定向专利权人支付使用费。

中国集体所有制单位和个人的发明专利，对国家利益或者公共利益具有重大意义，需要推广应用的，也可按上述规定办理。

7.7.5　强制许可

7.7.5.1　概念

强制许可是一种非自愿的许可，是国务院专利行政部门依照法定的条件和程序实施专利的一种强制性手段。是指自专利权被授予之日起一定时间（3 年）后，任何单位均可以依照《专利法》的规定，不经过专利权人的同意，由国务院专利行政部门在一定条件下准许其他单位和个人实施专利权人的专利的一种强制性法律手段。

7.7.5.2　强制许可的条件

（1）具备实施条件的单位以合理的条件请求发明或者实用新型专利权人许可实施其专利，而未能在合理长的时间内获得这种许可时，国务院专利行政部门根据该单位的申请，可以给予实施该发明专利或者实用新型专利的强制许可。

（2）在国家出现紧急状态或者非常情况时，或者为了公共利益的目的，国务院专利行政管理部门可以给予实施发明专利或者实用新型专利的强制许可。

（3）一项取得专利权的发明或者实用新型比前一已经取得专利权的发明或者实用新型具有显著经济意义的重大技术进步，其实施又有赖于前一发明或者实用新型的实施的，国务院专利行政部门根据后一专利权人的申请，可以给予实施前一发明或者实用新型的强制许可。在依照这一规定给予实施强制许可的情形下，国务院专利行政部门根据前一专利权人的申请，也可以给予实施后一发明或者实用新型的强制许可。

7.7.5.3　强制许可应注意的问题

（1）申请实施强制许可的单位或者个人，应当提出未能以合理条件与专利权人签订实施许可合同的证明。

（2）国务院专利行政部门作出的给予实施强制许可的决定，应当及时通知专利权人，并予以登记和公告。给予实施强制许可的决定，应当根据强制许可的理由规定实施的范围和时间。强制许可的理由消除并不再发生时，国务院专利行政部门应当根据专利权人的请求，经审查后作出终止实施强制许可的决定。

（3）国务院专利行政部门作出的给予实施强制许可的决定，应当限定强制许可实施主要是为供应国内市场的需要；强制许可涉及的发明创造是半导体技术的，强制许可实施仅限于公共的非商业性使用，或者经司法程序或者行政程序确定为反不正当竞争行为而给予救济的使用。

（4）取得实施强制许可的单位或者个人不享有独占的实施权，并且无权允许他人实施。

（5）取得实施强制许可的单位或者个人应当付给专利权人合理的使用费，其数额由双方商定；双方不能达成协议的，由国务院专利行政部门裁决。

（6）专利权人对国务院专利行政部门关于实施强制许可的决定不服的，专利权人和取得实施强制许可的单位或者个人对国务院专利行政部门关于实施强制许可的使用费的裁决不服的，可以自收到通知之日起 3 个月内向人民法院起诉。

7.8　专利权的保护

7.8.1　专利权的保护

7.8.1.1　专利侵权

专利侵权，是指受我国《专利法》保护的有效专利权遭到某种违法行为的侵害。

专利侵权中的一个重要问题是专利权的保护范围。《专利法》规定，发明或者实用新型专利权的保护范围以其权利要求的内容为准，说明书及附图可以用于解释权利要求。外观设计专利权的保护范围以表示在图片或者照片中的该外观设计专利产品为准。

7.8.1.2　专利纠纷的解决

解决专利纠纷的渠道是多方面的，我国《专利法》规定了协商、诉讼、专利管理部门调处等方式。

1. 协商

未经专利权人许可，实施其专利，即侵犯其专利权，引起纠纷的，由当事人协商解决。

2. 诉讼

专利纠纷当事人不愿协商或者协商不成的，专利权人或者利害关系人可以向人民法院起诉。

3. 专利管理部门调处

专利纠纷当事人也可以请求管理专利工作的部门处理。专利管理机关，是指国务院有关主管部门或者地方人民政府设立的专利管理机关。国务院专利行政部门负责管理全国的专利工作；统一受理和审查专利申请，依法授予专利权。省、自治区、直辖市人民政府管理专利工作的部门负责本行政区域内的专利管理工作。

管理专利工作的部门可处理专利侵权纠纷，认定侵权行为成立的，可以责令侵权人立即停止侵权行为，当事人不服的，可以自收到处理通知之日起 15 日内依照《中华人民共和国行政诉讼法》向人民法院起诉；侵权人期满不起诉又不停止侵权行为的，管理专利工作的部门可以申请人民法院强制执行。进行处理的管理专利工作的部门应当事人的请求，可以就侵犯专利权的赔偿数额进行调解；调解不成的，当事人可以依照《中华人民共和国民事诉讼法》向人民法院起诉。

专利侵权纠纷涉及新产品制造方法的发明专利的，制造同样产品的单位或者个人应当提供其产品制造方法不同于专利方法的证明；涉及实用新型专利的，人民法院或者管理专利工作的部门可以要求专利权人出具由国务院专利行政部门作出的检索报告。

管理专利工作的部门应当事人请求，还可以对专利申请权和专利权归属纠纷，发明人、设计人资格纠纷，职务发明的发明人、设计人的奖励和报酬纠纷，在发明专利申请公布后专利权授予前使用发明而未支付适当费用的纠纷（应当在专利权被授予之后提出）等专利纠纷进行调解。

7.8.1.3　时效

侵犯专利权的诉讼时效为 2 年，自专利权人或者利害关系人得知或者应当得知侵权行为之日起计算。

发明专利申请公布后至专利权授予前使用该发明未支付适当使用费的，专利权人要求支付使用费的诉讼时效为 2 年，自专利权人得知或者应当得知他人使用其发明之日起计算，但是，专利权人于专利权授予之日前即已得知或者应当得知的，自专利权授予之日起计算。

7.8.1.4　不视为侵权的几种情况

为维护公共利益，促进科学技术进步和创新，专利法规定了不视为侵犯专利权的几种情况。

1. 专利权用尽以后的使用或者销售

这是世界各国普遍承认的不失为侵犯专利权的情形。《专利法》规定，专利权人制造、进口或者经专利权人许可而制造、进口的专利产品或者依照专利方法直接获得的产品售出后，使用、许诺销售或者销售该产品的，不视为侵犯专利权。

2. 先用权人的制造和使用

在专利申请日前已经制造相同产品、使用相同方法或者已经作好制造、使用的必要准备，并且仅在原有范围内继续制造、使用的，不视为侵犯专利权。

3. 外国交通工具临时过境时的使用

临时通过中国领陆、领水、领空的外国运输工具，依照其所属国同中国签订的协议或者共同参加的国际条约，或者依照互惠原则，为运输工具自身需要而在其装置和设备中使用有关专利的，不视为侵犯专利权。

4. 专为科学研究和实验而使用有关专利的

5. 善意第三人的使用和销售

为生产经营目的使用或者销售不知道是未经专利权人许可而制造并售出的专利产品或者依照专利方法直接获得的产品，能证明其产品合法来源的，不承担赔偿责任。

7.8.2　违反《专利法》的法律责任

违反《专利法》的责任主要包括民事责任和刑事责任。《专利法》根据具体情况的不同，规定了违反《专利法》的法律责任。

7.8.2.1　假冒他人专利

下列行为属于假冒他人专利的行为：①未经许可，在其制造或者销售的产品、产品的包装上标注他人的专利号；②未经许可，在广告或者其他宣传材料中使用他人的专利号，使人将所涉及的技术误认为是他人的专利技术；③未经许可，在合同中使用他人的专利号，使人将合同涉及的技术误认为是他人的专利技术；④伪造或者变造他人的专利证书、专利文件或者专利申请文件。

假冒他人专利的，除依法承担民事责任外，由管理专利工作的部门责令改正并予公告，没收违法所得，可以并处违法所得 3 倍以下的罚款，没有违法所得的，可以处 5 万元以下的罚款；构成犯罪的，依法追究刑事责任。《中华人民共和国刑法》第 216 条规定，假冒他人专利，情节严重的，处 3 年以下有期徒刑或者拘役，并处或者单处罚金。

7.8.2.2　冒充专利

下列行为属于以非专利产品冒充专利产品、以非专利方法冒充专利方法的行为：①制造或者销售标有专利标记的非专利产品；②专利权被宣告无效后，继续在制造或者销售的产品上标注专利标记；③在广告或者其他宣传材料中将非专利技术称为专利技术；④在合同中将非专利技术称为专利技术；⑤伪造或者变造专利证书、专利文件或者专利申请文件。

以非专利产品冒充专利产品、以非专利方法冒充专利方法的，由管理专利工作的部门责令改正并予公告，可以处 5 万元以下的罚款。

7.8.2.3　赔偿

侵犯专利权的赔偿数额，按照权利人因被侵权所受到的损失或者侵权人因侵权所获得的利益确定；被侵权人的损失或者侵权人获得的利益难以确定的，参照该专利许可使用费的倍数合理确定。

7.8.2.4　诉前财产保全

专利权人或者利害关系人有证据证明他人正在实施或者即将实施侵犯其专利权的行为，如不及时制止将会使其合法权益受到难以弥补的损害的，可以在起诉前向人民法院申请采取责令停止有关行为和财产保全的措施。人民法院处理此类申请，适用《中华人民共和国民事诉讼法》的有关规定。

思　考　题

1. 什么是知识产权？什么是工业产权？知识产权有何特征？
2. 什么是专利权？授予专利权应符合哪些条件？
3. 简述专利申请的原则。
4. 什么是专利无效？专利无效的法律后果是什么？

5. 简述强制许可的内容。

案 例 分 析

【案情简介】①

中国科学院成都有机化学研究所（以下简称化研所）享有三项实用新型专利，分别是：复印机臭氧净化器，专利号：87205109.9，保护期至 1995 年 7 月 18 日止；室内空气净化器，专利号：89213104.7，保护期至 1997 年 7 月 31 日止；一种离心风机低噪声叶轮，专利号：90211733.5，专利申请日是 1990 年 1 月 12 日，授权日为 1990 年 10 月 24 日，保护期至 1998 年 1 月 12 日止。

复印机臭氧净化器权利要求 1 中的基本特征是：由集风罩（1）、接管（2）、净化器外壳（3）、抽风机（4）、抽风机排气管（5）、净化排气管（7）组成，其特征是在净化器外壳（3）中设有装有催化剂的净化箱（6），该净化箱一面与抽风机排气管（5）连接，另一面与净化排气管（7）连接。

室内空气净化器的权利要求 1 中的基本特征是：由净化器外壳（1）、设于外壳（1）内的抽风机（2）、与抽风机（2）排气管相连通的接管（3）、净化排气管（5）和设于净化排气管（5）管口或其附近的施香器（6）组成，其特征是在净化器外壳（1）内设有装有活性炭吸附剂的净化箱（4），该净化箱的一面与接管（3）相连通，另一面与净化排气管（5）相连通。

一种离心风机低噪声叶轮的权利要求书 1 的基本特征是：一种离心风机低噪声叶轮，它包括有在其中心部位有一个可与离心风机电机转轴连接的轴套（3），在轴套（3）上有起坚固作用的坚固螺钉（4），在轴套（3）的一端设有与轴套（3）垂直的具有中心圆孔，该圆孔边周与轴套外周密封连接的圆底板（5）。在圆底板（5）朝向轴套（3）的面上，沿其边周部位均匀设有与圆底板（5）板面相垂直 24 片形状相同的弧形叶片（2），各弧形叶片（2）的凹面朝向风机电机转轴转动方向，各弧形叶片（2）的另一端与圆环板（1）相连接，该圆环板与圆底板（5）平行，同心，其特征在于弧形叶片（2）凹面的曲率半径 R 10～14mm，弧长为 20～24mm，厚度为 0.5～1mm，高为 26～30mm，凹面两端边接的弧弦线与本叶轮圆心至该弦线靠近叶轮中心的端点的延长线之间的夹角 θ 为 $30° \leqslant θ \leqslant 45°$。

化研所发现成都正大电器机械厂（以下简称正大厂）生产和销售的正大牌复印机臭氧与室内空气二次净化器（以下简称二次净化器），其主要技术特征均落入其所有并许可给成都科成环境工程技术开发公司（以下简称科成公司）有偿使

---

① 案例来源：最高人民法院网站：www.court.gov

用的三项实用新型专利的权利要求保护范围，于 1996 年 5 月 30 日以正大厂侵犯其为由，向四川省成都市中级人民法院提起诉讼，请求判令正大厂立刻停止生产、销售侵权产品，赔偿由于侵权给原告造成的经济损失，并在《中国专利报》、《四川日报》、《成都晚报》上公开向原告赔礼道歉，消除影响，保证今后不再发生侵权行为。

被告正大厂认为没有侵犯原告的三项专利，主要原因是：

复印机臭氧与室内空气二次净化器为实用新型专利，专利号：ZL94229927.2，申请日为 1994 年 11 月 29 日，授权公告日为 1995 年 9 月 6 日。该专利权利要求 1 中的基本特征：由集气盒（1），与集气盒相连的连接管（2），净化器外壳（3），进风盖壁（4），抽风机外壳（5），与之相连的抽风轮（6），排风道（7），复印机臭氧一次净化用活性炭（8），复印机臭氧一次净化箱出风口（9），臭氧与室内空气二次净化入风口（10），抽风机固定螺钉（11），净化箱（12），空气净化灭菌灯（13），空气二次过滤活性炭（14），施香器（15），空气净化后的排风口（16），双头式电机（17），室内空气进风口（18），复印机（19），净化箱内隔壁（20），净化箱内隔网（21），电机轴（22），电机（固定座，23），连接净化箱螺钉（24）。"二次净化器"包括了该专利中除空气净化灭菌灯（13）、施香器（15）和复印机（19）之外的全部部件。

被告生产"二次净化器"未使用原告的专利技术，产品已经通过了质量检验并获得推荐证书，与原告的专利不属同一领域，不具有可比性。原告的"复印机臭氧净化器"实用新型专利已于 1995 年 7 月失效。

【问题】

1. 什么是专利侵权？专利侵权应承担怎样的法律责任？

2. 正大厂生产、销售的正大牌复印机臭氧与室内空气二次净化器是否侵犯化研所的专利权？

第8章　商标法律制度

课程要求：通过本章的学习，掌握商标的概念、商标的分类、商标的注册过程、商标的侵权、商标的保护、驰名商标保护等商标法律制度的基本内容，并能运用所学知识解决商标法律实践中的基本问题。

8.1　概　　述

8.1.1　商标的概念、特征和功能

8.1.1.1　概念和特征

商标，俗称"牌子"，是商品和商品服务的标记，是任何能够将自然人、法人或者其他组织的经营的商品或者提供的服务与他人经营的商品或者提供服务区别开的具有显著特征的可视性标志，包括文字、图形、字母、数字、三维标志和颜色组合，以及上述要素的组合。就是说，不仅仅商品拥有商标，商业服务者提供的服务，也可以拥有商标。

商标具有如下特征：

（1）商标是商品或者服务上使用的标记。商标是随着商品经济的发展而产生、发展和完善起来的，没有商品、没有服务就没有商标。商标从属于商品的经济属性。

（2）商标是区别商品或服务来源的标识，具有标识商品或服务质量的属性，这是商标的本质特征。

（3）商标是以文字、图形、字母、数字、三维标志和颜色组合，以及上述要素组合构成的，具有显著特征的标志。显著性是商标的重要特征。单一的字母、数字、过分简单的几何图形不具有显著性特征，不能用作商标。商标的显著性特征越强，其区别作用就越大。

（4）商标具有财产属性，是商品的生产者、销售者或服务的提供者的无形资产。

8.1.1.2　商标的功能

商标的功能是多方面的。

首先，商标具有识别功能，这是商标的最基本功能，它可以区别商品的不同

的生产者、制造者、加工者、拣选者或经销者，以及商业服务的不同服务者。

其次，商标具有品质保证功能，相同的商标标识的商品或服务的质量具有同一性。使用商标便于保证商品质量。《商标法》规定，商标使用人应当对其使用商标的商品质量负责。各级工商行政管理部门应当通过商标管理，监督商品质量，制止欺骗消费者的行为。

再次，商标具有广告功能。商标可以引导消费者选择商品经营者、选购商品，选择服务提供者。商标除了具有标识营业信誉的功能外，还有建立营业信誉的功能，是有效的广告工具。

8.1.2　商标法的立法

为了加强商标管理，保护商标专用权，促使生产、经营者保证商品和服务质量，维护商标信誉，保障消费者和生产、经营者的利益，促进社会主义市场经济的发展，1982 年 8 月 23 日五届人大 24 次常委会议通过《中华人民共和国商标法》（以下简称《商标法》），该法于 1983 年 3 月 1 日起施行。1993 年 2 月，第七届全国人大常委会对《商标法》进行了第一次修正，修正后的《商标法》于 1993 年 7 月 1 日起施行。2001 年 10 月 27 日九届全国人大常员会第二十四次会议通过《中华人民共和国商标法》第二次修正案，2001 年 12 月 1 日施行。

2002 年 8 月 3 日，国务院颁布了《中华人民共和国商标法实施条例》，该条例自 2002 年 9 月 15 日起施行。

8.2　商标权的主体与客体

8.2.1　商标权的主体

商标权的主体即商标权人，包括申请商标注册并取得商标专用权的人和依法或依合同取得商标专用权的人。

依照我国《商标法》的规定，商标权人可以是自然人、法人，也可以是其他组织。依法成立的企业（公司、外商投资企业、合伙企业、个人独资企业等）、事业单位、社会团体以及自然人都可以依法成为商标权人。

商标权的主体可分为原始主体与继受主体，所谓商标权的原始主体是指符合商标注册申请人资格者，经法定程序取得商标注册证的自然人、法人和其他组织。《商标法》规定，自然人、法人或者其他组织对其生产、制造、加工、拣选或者经销的商品，需要取得商标专用权的，应当向商标局申请商品商标注册。自然人、法人或者其他组织对其提供的服务项目，需要取得商标专用权的，应当向商标局申请服务商标注册。两个以上的自然人、法人或者其他组织可以共同向商标局申请注册同一商标，共同享有和行使该商标专用权。

商标权的继受主体，是通过转让、继承、赠与等方式获得商标专用权的人。

8.2.2　商标权的客体

商标权的客体是指商标权的对象，即注册商标。

按照不同的标准，可以将商标进行以下分类。

8.2.2.1　平面商标与立体商标

《商标法》规定，任何能够将自然人、法人或者其他组织的商品与他人的商品区别开的可视性标志，包括文字、图形、字母、数字、三维标志和颜色的组合，以及上述要素的组合，均可以作为商标申请注册。因此，按照商标的结构组成，可以将商标分为平面商标和立体商标。

平面商标是指由文字、图形、字母、数字和颜色组合，以及上述要素的组合而形成的商标。立体商标则是由具有立体外观的三维标志构成的商标。立体商标是新修订的《商标法》确认的一种新的商标形式。

8.2.2.2　商品商标与服务商标

按商标的使用对象可以将商标分为商品商标和服务商标。

商品商标是指用于各种商品上，用来区别不同商品生产者和商品经营者的商标。服务商标是第二次世界大战后产生的新鲜事物。服务商标是服务行业使用的标记，是指用于服务项目，用来区别不同服务提供者的商标。与商品商标具有相同的特征和性质，只是商品商标表示向消费者提供的是商品，而服务商标表示的是向消费者提供的是服务。我国《商标法》在保护商品商标的同时也保护服务商标。

8.2.2.3　集体商标与证明商标

商标按其特殊性质可以分为集体商标和证明商标。

集体商标，是指以团体、协会或者其他组织的名义注册，供该组织成员在商事活动中使用，以表明使用者在该组织中的成员资格的标志。

证明商标，是指由对某种商品或者服务具有监督能力的组织所控制，而由该组织以外的单位或者个人使用于其商品或者服务，用以证明该商品或者服务的原产地、原料、制造方法、质量或者其他特定品质的标志。国际羊毛局的纯羊毛标志就是著名的证明商标。

8.2.2.4　普通商标和驰名商标

按商标的信誉可将商标划分为普通商标和驰名商标。

驰名商标是指在一定地域范围内具有较高知名度并为相关公众所知晓的商标。如海尔、可口可乐等。驰名商标在消费者心目中具有很高的信誉，世界各国对驰名商标都有不同于一般商标的特殊保护措施。驰名商标以外的商标为普通商标。

8.2.2.5　其他

除正常使用的商标外，还有为了防御目的使用的联合商标、防御商标 。

1. 联合商标

联合商标指同一商标所有人在同一种或者类似商品上注册的若干个近似商标。这些近似商标中首先注册的或者主要使用的是正商标，其余的是正商标的联合商标。联合商标的目的是保护正商标，防止他人影射。

2. 防御商标

防御商标是指驰名商标或者已经为公众所熟知的商标的所有人在不同类别的商品或者服务上注册若干个相同商标。原商标为正商标，注册在其他不同类别商品或者服务上的商标为防御商标。防御商标制度是保护驰名商标，保护消费者利益的制度。

8.2.3　商标的构成要件

商标必须符合一定的条件才可以使用、注册。

8.2.3.1　注册商标的必备要件

（1）注册商标必须具备法定的构成要素。任何能够将自然人、法人或者其他组织的商品与他人的商品区别开的可视性标志，包括文字、图形、字母、数字、三维标志和颜色组合，以及上述要素的组合，均可作为商标申请注册，视觉不能感知的气味、音响等在我国不能申请注册。

（2）注册商标应当具有显著特征。商标的显著特征既可以是标志本身具有的显著性，也可以是通过使用使原本不具有显著性特征的标志具有了显著性。

8.2.3.2　商标的禁止条件

商标的禁止条件是指商标或者注册商标不应具有的情形。

1. 商标不得与他人在先取得的合法权利相冲突

《商标法》明确规定，商标不得与他人在先取得的合法权利相冲突。具体而言，不得在相同或者相近似的商品上与已经注册或者申请在先的商标相同或者相近似。就相同或者类似商品申请注册的商标是复制、模仿或者翻译他人未在中国注册的驰名商标，容易导致混淆的，不予注册并禁止使用。就不相同或者不相类似商品申请注册的商标是复制、模仿或者翻译他人已经在中国注册的驰名商标，误导公众，致使该驰名商标注册人的利益可能受到损害的，不予注册并禁止使用。未经授权，代理人或者代表人以自己的名义将被代理人或者被代表人的商标进行注册，被代理人或者被代表人提出异议的，不予注册并禁止使用。不得侵犯他人其他的在先权利，如外观设计专利权、著作权、姓名权、肖像权、商号权等。

2. 法律禁用的标识

《商标法》第 10 条规定，下列标志不得作为商标使用，也就是说，无论是用做非注册商标还是注册商标都是法律禁止的：①同中华人民共和国的国家名称、国旗、国徽、军旗、勋章相同或者近似的，以及同中央国家机关所在地特定地点的名称或者标志性建筑物的名称、图形相同的；②同外国的国家名称、国旗、国徽、军旗相同或者近似的，但该国政府同意的除外；③同政府间国际组织的名称、旗帜、徽记相同或者近似的，但经该组织同意或者不易误导公众的除外；④与表明实施控制、予以保证的官方标志、检验印记相同或者近似的，但经授权的除外；⑤同"红十字"、"红新月"的名称、标志相同或者近似的；⑥带有民族歧视性的；⑦夸大宣传并带有欺骗性的；⑧有害于社会主义道德风尚或者有其他不良影响的。

县级以上行政区划的地名或者公众知晓的外国地名，不得作为商标。但是，地名具有其他含义或者作为集体商标、证明商标组成部分的除外；已经注册的使用地名的商标继续有效。

3. 不得作为商标注册的标志

《商标法》第 11 条规定，下列标志不得作为商标注册：①仅有本商品的通用名称、图形、型号的；②仅仅直接表示商品的质量、主要原料、功能、用途、重量、数量及其他特点的；③缺乏显著特征的。前款所列标志经过使用取得显著特征，并便于识别的，可以作为商标注册。

另外，《商标法》第 12 条规定，以三维标志申请注册商标的，仅由商品自身的性质产生的形状、为获得技术效果而需有的商品形状或者使商品具有实质性价值的形状，不得注册。

《商标法》第 15 条规定，未经授权，代理人或者代表人以自己的名义将被代理人或者被代表人的商标进行注册，被代理人或者被代表人提出异议的，不予注册并禁止使用。

《商标法》第 16 条规定，商标中有商品的地理标志，而该商品并非来源于该标志所标示的地区，误导公众的，不予注册并禁止使用；但是，已经善意取得注册的继续有效。所谓地理标志，是指标示某商品来源于某地区，该商品的特定质量、信誉或者其他特征，主要由该地区的自然因素或者人文因素所决定的标志。

8.3　商　标　注　册

8.3.1　商标注册的概念

商标注册，是指商标使用人为了取得商标专用权，将其使用的商标依照《商标法》和《商标法实施细则》规定的注册条件、原则和程序，向商标管理机关提出注册申请，经商标管理机关审查批准，在商标注册簿上登记，并发给商标注册证，予以公告，授予申请人以商标专用权的法律活动。所谓商标专有权是指商标权主体对其注册的商标依法享有的在自己指定的商品或者服务项目上独占使用的权利。注册商标专用权以核准注册的商标和核定使用的商品为限。

商标注册是以国家名义进行的专门法律活动。在我国，商标注册和管理工作由国务院工商行政管理部门——商标局专门负责。只有经商标局依法核准注册的商标才是注册商标。注册商标由商标注册人使用，享有专用权，受法律的保护。使用注册商标的，应当标明"注册商标"或注册标记®或㊟。在商品上不便标明的，应当在商品包装或者说明书以及其他附着物上标明。

8.3.2　我国商标注册的原则

8.3.2.1　申请在先原则

申请在先原则又称先申请原则、注册在先原则，是指两个或者两个以上的商标注册申请人，在同一种商品或者类似商品上，分别以相同或者近似的商标申请注册的，初步审定并公告申请在先的商标；同一天申请的，各申请人应当自收到商标局通知之日起 30 日内提交其申请注册前在先使用该商标的证据。初步审定并公告使用在先的商标，驳回其他人的申请，不予公告。同日使用或者均未使用的，各申请人可以自收到商标局通知之日起 30 日内自行协商，并将书面协议报送商标局；不愿协商或者协商不成的，以抽签的方式确定一个申请人，驳回其他人的注册申请，未参加抽签的，视为放弃申请。

我国《商标法》在坚持先申请原则的同时强调申请商标注册不得损害他人现有的在先权利，也不得以不正当手段抢先注册他人已经使用并有一定影响的商标。

8.3.2.2　自愿注册原则

我国《商标法》允许使用注册商标和未经注册的商标。除法律规定必须注册的商标外，在注册方法上，采用注册自愿的原则。自愿注册是指商标使用人是否申请商标注册完全取决于自己的愿望。注册商标的商标使用人对其注册的商标享有专用权；未注册的商标可以使用，但使用人不享有专有权，除驰名商标外，使用人无权禁止他人在相同或者相近似的商品上使用与其商标相同或者相近似的商标。

在确认自愿注册原则的同时，《商标法》还规定，国家规定必须使用注册商标的商品，必须申请商标注册，未经核准注册的，不得在市场销售。对违反这一规定的，由工商行政管理机关禁止其商品销售和广告宣传，封存或者收缴其商标标识，并可根据情节处以非法经营额10％以下的罚款。目前我国必须使用注册商标的商品只有两类：人用药品和烟草制品。申请人用药品商标注册，应当附送卫生行政部门发给的证明文件。申请卷烟、雪茄烟和有包装烟丝的商标注册，应当附送国家烟草主管机关批准生产的证明文件。申请国家规定必须使用注册商标的其他商品的商标注册，应当附送有关主管部门的批准证明文件。

8.3.2.3　优先权原则

这是新修订的《商标法》确认的一项重要原则，包括国外优先权和展览优先权。

所谓国外优先权是指商标注册申请人自其商标在外国第一次提出商标注册申请之日起6个月内，又在中国就相同商品以同一商标提出商标注册申请的，依照该外国同中国签订的协议或者共同参加的国际条约，或者按照相互承认优先权的原则，可以享有优先权。依照这一规定要求优先权的，应当在提出商标注册申请的时候提出书面声明，并且在3个月内提交第一次提出的商标注册申请文件的副本；未提出书面声明或者逾期未提交商标注册申请文件副本的，视为未要求优先权。

所谓展览优先权是指商标在中国政府主办的或者承认的国际展览会展出的商品上首次使用的，自该商品展出之日起6个月内，该商标的注册申请人可以享有优先权。申请人依照《商标法》的这一规定请求优先权的，应当在提出商标注册申请的时候提出书面声明，并且在3个月内提交展出其商品的展览会名称、在展出商品上使用该商标的证据、展出日期等证明文件；未提出书面声明或者逾期未提交证明文件的，视为未要求优先权。

8.3.3　商标注册的申请

8.3.3.1　申请人

《商标法》规定，"自然人、法人或者其他组织对其生产、制造、加工、拣选或者经销的商品，需要取得商标专用权的，应当向商标局申请商品商标注册。自然人、法人或者其他组织对其提供的服务项目，需要取得商标专用权的，应当向商标局申请服务商标注册"。

自然人、法人或者其他组织申请商标注册的，应当提交能够证明其身份的有效证件的复印件。商标注册申请人的名义应当与所提交的证件相一致。申请人转让其商标注册申请的，应当向商标局办理转让手续。

共同申请注册同一商标的，应当在申请书中指定一个代表人；没有指定代表人的，以申请书中顺序排列的第一人为代表人。

申请商标注册或者办理其他商标事宜，申请人可以委托商标代理组织代理，也可以直接办理。

外国人或者外国企业在中国申请商标注册的，应当按其所属国和中华人民共和国签订的协议或者共同参加的国际条约办理，或者按对等原则办理。外国人或者外国企业在中国申请商标注册和办理其他商标事宜的，应当委托国家认可的具有商标代理资格的组织代理。

8.3.3.2　商标注册申请日的确定

在先申请原则下，商标注册的申请日期具有重要意义。商标注册的申请日期，以商标局收到申请文件的日期为准。申请手续齐备并按照规定填写申请文件的，商标局予以受理并书面通知申请人；申请手续不齐备或者未按照规定填写申请文件的，商标局不予受理，书面通知申请人并说明理由。

申请手续基本齐备或者申请文件基本符合规定，但是需要补正的，商标局通知申请人予以补正，限其自收到通知之日起 30 日内，按照指定内容补正并交回商标局。在规定期限内补正并交回商标局的，保留申请日期；期满未补正的，视为放弃申请，商标局应当书面通知申请人。

当事人向商标局或者商标评审委员会提交文件或者材料的日期，直接递交的，以递交日为准；邮寄的，以寄出的邮戳日为准；邮戳日不清晰或者没有邮戳的，以商标局或者商标评审委员会实际收到日为准，但是当事人能够提出实际邮戳日证据的除外。

8.3.3.3　申请文件

我国的商标注册采用"一类商品，一个商标，一份申请"的原则。申请商标注册，应当按照公布的商品和服务分类表按类申请。每一件商标注册申请应当向商标局提交《商标注册申请书》1 份、商标图样 5 份；指定颜色的，并应当提交着色图样 5 份、黑白稿 1 份。

商标图样必须清晰、便于粘贴，用光洁耐用的纸张印制或者用照片代替，长或者宽应当不大于 10cm，不小于 5cm。

以三维标志申请注册商标的，应当在申请书中予以声明，并提交能够确定三维形状的图样。以颜色组合申请注册商标的，应当在申请书中予以声明，并提交文字说明。申请注册集体商标、证明商标的，应当在申请书中予以声明，并提交主体资格证明文件和使用管理规则。商标为外文或者包含外文的，应当说明含义。

8.3.4　商标注册的审查和核准

8.3.4.1　初步审查

我国对商标注册的审查采用形式审查和实质审查相结合的原则。形式审查是对申请人提交的商标注册申请文件是否受理的审查。实质审查是对商标是否具备注册条件的审查。实质审查分为禁用条款的审查、新颖性审查以及是否侵犯他人在先权利的审查等。商标使用的文字、图形、字母、数字、三维标志和颜色组合，以及上述要素的组合应当有显著特征，不得违反《商标法》的有关规定或者同他人在同一种商品或者类似商品上已经注册的或者初步审定的商标相同或者近似，不得损害他人现有的在先权利，也不得以不正当手段抢先注册他人已经使用并有一定影响的商标。

8.3.4.2　公告

商标局对受理的商标注册申请，依照《商标法》和《商标法实施条例》进行审查，凡符合法律的有关规定的，予以初步审定，并予以公告。公告期为 3 个月。

8.3.4.3　商标复审和商标异议制度

商标局经审查，认为申请注册的商标不符合《商标法》的规定，应驳回申请、不予公告，并书面通知商标注册申请人。商标注册申请人不服的，可以自收到通知之日起 15 日内向商标评审委员会申请复审，由商标评审委员会作出决定，并书面通知申请人。当事人对商标评审委员会的决定不服的，可以自收到通知之日起 30 日内向人民法院起诉。

对初步审定的商标，自公告之日起 3 个月内，任何人均可以提出异议。对初步审定、予以公告的商标提出异议的，商标局应当听取异议人和被异议人陈述事实和理由，经调查核实后，作出裁定。当事人不服的，可以自收到通知之日起15 日内向商标评审委员会申请复审，由商标评审委员会作出裁定，并书面通知异议人和被异议人。当事人对商标评审委员会的裁定不服的，可以自收到通知之日起 30 日内向人民法院起诉。人民法院应当通知商标复审程序的对方当事人作为第三人参加诉讼。

当事人在法定期限内对商标局作出的裁定不申请复审或者对商标评审委员会作出的裁定不向人民法院起诉的，裁定生效。

8.3.4.4　核准注册

初步审定公告的商标，3 个月内无人提出异议，或者经裁定异议不成立，对申请的商标予以核准注册，发给商标注册证，并予公告；经裁定异议成立的，不予核准注册。经裁定异议不能成立而核准注册的，商标注册申请人取得商标专用权的时间自初审公告 3 个月期满之日起计算。

8.4　注册商标的续展、转让和使用许可

8.4.1　注册商标的有效期和续展

注册商标的有效期为 10 年，自核准注册之日起计算。

注册商标的续展，是指在注册商标有效期满时，需要继续使用已注册商标的，经过一定的法定手续延长商标专用权的有效期。《商标法》规定，注册商标有效期满，需要继续使用的，应当在期满前 6 个月内申请续展注册；在此期间未能提出申请的，可以给予 6 个月的宽展期。宽展期满仍未提出申请的，注销其注册商标。

每次续展注册的有效期为 10 年。续展注册商标有效期自该商标上一届有效期满次日起计算。

注册商标需要续展注册的，应当向商标局提交商标续展注册申请书。商标局核准商标注册续展申请后，发给相应证明，并予以公告。

8.4.2　注册商标的转让

商标的转让，是指商标注册人将注册商标的专用权转让给其他企业、组织或者自然人的行为。《商标法》规定，转让注册商标的，转让人和受让人应当签订转让协议，并共同向商标局提出申请。受让人应当保证使用该注册商标的商品质量。

转让注册商标经核准后，予以公告。受让人自公告之日起享有商标专用权。

8.4.2.1　注册商标专用权的转让

转让人和受让人通过平等协商签订转让注册商标协议是最为常见的转让注册商标行为。

转让注册商标的，转让人和受让人应当向商标局提交转让注册商标申请书。转让注册商标申请手续由受让人办理。商标局核准转让注册商标申请后，发给受让人相应证明，并予以公告。

转让注册商标的，商标注册人对其在同一种或者类似商品上注册的相同或者近似的商标，应当一并转让；未一并转让的，由商标局通知其限期改正；期满不改正的，视为放弃转让该注册商标的申请，商标局应当书面通知申请人。

对可能产生误认、混淆或者其他不良影响的转让注册商标的申请，商标局不予核准，书面通知申请人并说明理由。

8.4.2.2　注册商标权的移转

所谓注册商标专用权的移转是指因注册商标专用权因转让以外的原因发生商标权主体变更。如质权人通过实现质权获得注册商标。

《商标法实施条例》规定，注册商标专用权因转让以外的其他事由发生移转的，接受该注册商标专用权移转的当事人应当凭有关证明文件或者法律文书到商标局办理注册商标专用权移转手续。

注册商标专用权移转的，注册商标专用权人在同一种或者类似商品上注册的相同或者近似的商标，应当一并移转；未一并移转的，由商标局通知其限期改正；期满不改正的，视为放弃该移转注册商标的申请，商标局应当书面通知申请人。

8.4.3　注册商标的使用许可

8.4.3.1　商标使用许可的概念

注册商标的使用许可是指商标注册人可以通过签订商标使用许可合同，许可他人使用其注册商标。《商标法》规定，经许可使用他人注册商标的，必须在使用该注册商标的商品上标明被许可人的名称和商品产地。

许可人应当监督被许可人使用其注册商标的商品质量。被许可人应当保证使用该注册商标的商品质量。

8.4.3.2　商标使用许可的种类

商标使用许可包括以下三类。

1. 独占使用许可

独占使用许可是指商标注册人在约定的期间、地域和以约定的方式，将该注册商标仅许可一个被许可人使用，商标注册人依约定不得使用该注册商标。

2. 排他使用许可

排他使用许可，是指商标注册人在约定的期间、地域和以约定的方式，将该注册商标仅许可一个被许可人使用，商标注册人依约定可以使用该注册商标但不得另行许可他人使用该注册商标。

3. 普通使用许可

普通使用许可是指商标注册人在约定的期间、地域和以约定的方式，许可他人使用其注册商标，并可自行使用该注册商标和许可他人使用其注册商标。

8.4.3.3　商标使用许可合同的备案

许可他人使用其注册商标的，许可人应当自商标使用许可合同签订之日起 3 个月内将合同副本报送商标局备案。商标使用许可合同未经备案的，不影响该许可合同的效力，但当事人另有约定的除外。商标使用许可合同未在商标局备案的，不得对抗善意第三人。

8.5　商标权的消灭

8.5.1　商标权消灭的概念

商标权的消灭是指注册商标权利人所享有的商标权在一定条件下丧失，不再受泆律保护。商标权因注册商标被注销或者撤销而消灭。

8.5.2　注册商标的注销

所谓注册商标的注销是指商标主管机关基于某些原因取消注册商标的一种管理措施。在下列情况下，商标局可以注销注册商标：

（1）注册商标法定期限届满，商标权人未续展或者续展未被批准。

（2）商标注册人申请注销其注册商标或者注销其商标在部分指定商品上的注册的，该注册商标专用权或者该注册商标专用权在该部分指定商品上的效力自商标局收到其注销申请之日起终止。

（3）商标注册人死亡或者终止，自死亡或者终止之日起 1 年期满，该注册商标没有办理移转手续的，任何人可以向商标局申请注销该注册商标。提出注销申请的，应当提交有关该商标注册人死亡或者终止的证据。注册商标因商标注册人死亡或者终止而被注销的，该注册商标专用权自商标注册人死亡或者终止之日起终止。

8.5.3 注册商标的撤销

注册商标的撤销，是指已经注册的商标，因违反商标法的规定，由商标局或者商标评审委员会依法强制取消。

8.5.3.1 撤销注册无效

1. 注册商标争议的撤销

注册的商标争议，是指在先申请注册的商标注册人认为他人在后申请注册的商标与其在同一种或者类似商品上的注册商标相同或者近似而发生的争议。对已经注册的商标有争议的，在先申请商标注册人可以自后申请注册的商标经核准注册之日起5年内，向商标评审委员会申请裁定撤销。

2. 注册不当的撤销

《商标法》第41条规定，已经注册的商标，违反《商标法》第10条、第11条、第12条规定的，或者是以欺骗手段或者其他不正当手段取得注册的，由商标局撤销该注册商标；其他单位或者个人可以请求商标评审委员会裁定撤销该注册商标。

已经注册的商标，违反《商标法》第13条、第15条、第16条、第31条规定的，自商标注册之日起5年内，商标所有人或者利害关系人可以请求商标评审委员会裁定撤销该注册商标。对恶意注册的，驰名商标所有人不受5年的时间限制。

3. 撤销注册的司法审查

商标评审委员会作出维持或者撤销注册商标的裁定后，应当书面通知有关当事人。

当事人对商标评审委员会的裁定不服的，可以自收到通知之日起30日内向人民法院起诉。人民法院应当通知商标裁定程序的对方当事人作为第三人参加诉讼。

4. 注册无效导致的商标撤销的法律后果

《商标法实施条例》规定，依照《商标法》第41条的规定撤销的注册商标，其商标专用权视为自始即不存在。有关撤销注册商标的决定或者裁定，对在撤销前人民法院作出并已执行的商标侵权案件的判决、裁定，工商行政管理部门作出并已执行的商标侵权案件的处理决定，以及已经履行的商标转让或者使用许可合同，不具有追溯力；但是，因商标注册人恶意给他人造成的损失，应当给予赔偿。

8.5.3.2　违法使用商标的撤销

商标法规定，使用注册商标，有下列行为之一的，由商标局责令限期改正或者撤销其注册商标：①自行改变注册商标的；②自行改变注册商标的注册人名称、地址或者其他注册事项的；③自行转让注册商标的；④连续3年停止使用的。

使用注册商标，其商品粗制滥造，以次充好，欺骗消费者的，由各级工商行政管理部门分别不同情况，责令限期改正，并可以予以通报或者处以罚款，或者由商标局撤销其注册商标。

对商标局撤销注册商标的决定，当事人不服的，可以自收到通知之日起15日内向商标评审委员会申请复审，由商标评审委员会作出决定，并书面通知申请人。当事人对商标评审委员会的决定不服的，可以自收到通知之日起30日内向人民法院起诉。

注册商标因违法使用被撤销的，该注册商标专用权自商标局的撤销决定生效之日起终止。

8.6　商标专用权的保护

8.6.1　注册商标专用权的概念

经商标局核准注册的商标为注册商标，商标注册人享有商标专用权，受法律保护。注册商标专用权，是指注册商标的所有人对其依法注册的商标享有的独占使用权，包括使用权、许可权、转让权、续展权、标识权等。未经许可，任何人不得在同依照商品或者类似商品上使用与其注册商标相同或者相近似的商标。

注册商标的专用权，以核准注册的商标和核定使用的商品为限。

8.6.2　商标侵权行为

8.6.2.1　商标侵权行为的概念

商标侵权行为是指违反《商标法》的规定，假冒或者仿冒他人注册商标，或者从事其他侵害商标权人合法权利的行为。

8.6.2.2　商标侵权行为的种类

根据我国《商标法》、《商标法实施条例》、最高人民法院的有关司法解释规定，有下列行为之一的，均属侵犯注册商标专用权：①假冒或者仿冒行为：未经商标注册人的许可，在同一种商品或者类似商品上使用与其注册商标相同或者近似的商标的；②销售侵犯注册商标专用权的商品的；③伪造、擅自制造他人注册商标标识或者销售伪造、擅自制造的注册商标标识的；④反向假冒行为：未经商标注册人同意，更换其注册商标并将该更换商标的商品又投入市场的；⑤给他人的注册商标专用权造成其他损害的。

所谓相同，是指被控侵权的商标与原告的注册商标相比较，二者在视觉上基本无差别。所谓近似，是指被控侵权的商标与原告的注册商标相比较，其文字的字形、读音、含义或者图形的构图及颜色，或者其各要素组合后的整体结构相似，或者其立体形状、颜色组合近似，易使相关公众对商品的来源产生误认或者认为其来源与原告注册商标的商品有特定的联系。认定商标相同或者近似按照以下原则进行：①以相关公众的一般注意力为标准；②既要对商标的整体进行比对，又要对商标的主要部分进行比对，比对应当在比对对象隔离的状态下分别进行；③判断商标是否近似，应当考虑请求保护注册商标的显著性和知名度。

所谓类似商品，是指在功能、用途、生产部门、销售渠道、消费对象等方面相同，或者相关公众一般认为其存在特定联系、容易造成混淆的商品。类似服务，是指在服务的目的、内容、方式、对象等方面相同，或者相关公众一般认为存在特定联系、容易造成混淆的服务。商品与服务类似，是指商品和服务之间存在特定联系，容易使相关公众混淆。

认定商品或者服务是否类似，应当以相关公众对商品或者服务的一般认识综合判断；《商标注册用商品和服务国际分类表》、《类似商品和服务区分表》可以作为判断类似商品或者服务的参考。

所谓其他损害行为包括：①在同一种或者类似商品上，将与他人注册商标相同或者近似的标志作为商品名称或者商品装潢使用，误导公众的；②故意为侵犯他人注册商标专用权行为提供仓储、运输、邮寄、隐匿等便利条件的；③将与他人注册商标相同或者相近似的文字作为企业的字号在相同或者类似商品上突出使用，容易使相关公众产生误认的；④复制、模仿、翻译他人注册的驰名商标或其主要部分在不相同或者不相类似商品上作为商标使用，误导公众，致使该驰名商标注册人的利益可能受到损害的；⑤将与他人注册商标相同或者相近似的文字注册为域名，并且通过该域名进行相关商品交易的电子商务，容易使相关公众产生误认的。

8.6.3　正当使用行为

《商标实施条例》规定，注册商标中含有的本商品的通用名称、图形、型号，或者直接表示商品的质量、主要原料、功能、用途、重量、数量及其他特点，或者含有地名，是正当使用行为，注册商标专用权人无权禁止他人正当使用。

8.6.4　商标侵权的处理

8.6.4.1　处理方式

（1）因商标侵权引起纠纷的，由当事人协商解决；不愿协商或者协商不成的，商标注册人或者利害关系人可以向人民法院起诉，也可以请求工商行政管理部门处理。

（2）对侵犯注册商标专用权的行为，工商行政管理部门有权依法查处；涉嫌犯罪的，应当及时移送司法机关依法处理。

（3）诉前财产保全。商标注册人或者利害关系人有证据证明他人正在实施或者即将实施侵犯其注册商标专用权的行为，如不及时制止，将会使其合法权益受到难以弥补的损害的，可以在起诉前向人民法院申请采取责令停止有关行为和财产保全的措施。

（4）诉前证据保全。为制止侵权行为，在证据可能灭失或者以后难以取得的情况下，商标注册人或者利害关系人可以在起诉前向人民法院申请保全证据。人民法院接受申请后，必须在 48 小时内作出裁定；裁定采取保全措施的，应当立即开始执行。人民法院可以责令申请人提供担保，申请人不提供担保的，驳回申请。申请人在人民法院采取保全措施后 15 日内不起诉的，人民法院应当解除保全措施。

8.6.4.2　商标侵权的行政处理

1. 行政管理机构的职权

国务院工商行政管理部门商标局主管全国商标注册和管理的工作。县级以上工商行政管理部门对涉嫌侵犯他人注册商标专用权的行为进行查处时，根据已经取得的违法嫌疑证据或者举报，可以行使下列职权：①询问有关当事人，调查与侵犯他人注册商标专用权有关的情况；②查阅、复制当事人与侵权活动有关的合同、发票、账簿以及其他有关资料；③对当事人涉嫌从事侵犯他人注册商标专用权活动的场所实施现场检查；④检查与侵权活动有关的物品，对有证据证明是侵犯他人注册商标专用权的物品，可以查封或者扣押。工商行政管理部门依法行使前款规定的职权时，当事人应当予以协助、配合，不得拒绝、阻挠。

2. 行政处罚

工商行政管理部门处罚时，认定侵权行为成立的，责令立即停止侵权行为，没收、销毁侵权商品和专门用于制造侵权商品、伪造注册商标标识的工具，并可处以罚款。当事人对处理决定不服的，可以自收到处理通知之日起 15 日内依照《中华人民共和国行政诉讼法》（以下简称《行政诉讼法》）向人民法院起诉；侵权人期满不起诉又不履行的，工商行政管理部门可以申请人民法院强制执行。进行处理的工商行政管理部门根据当事人的请求，可以就侵犯商标专用权的赔偿数额进行调解；调解不成的，当事人可以依照《中华人民共和国民事诉讼法》（以下简称《民事诉讼法》）向人民法院起诉。

8.6.4.3　商标侵权的民事责任

人民法院在审理侵犯注册商标专用权纠纷案件中，根据法律的规定和案件具体情况，可以判决侵权人承担停止侵害、排除妨碍、消除危险、赔偿损失、消除影响等民事责任，还可以作出罚款，收缴侵权商品、伪造的商标标识和专门用于生产侵权商品的材料、工具、设备等财物的民事制裁决定。工商行政管理部门对同一侵犯注册商标专用权行为已经给予行政处罚的，人民法院不再予以民事制裁。

在商标侵权案件中如何确定赔偿数额是一个非常复杂的问题。我国《商标法》、《商标法实施条例》和有关司法解释对此作了较为细致的规定：

（1）侵犯商标专用权的赔偿数额，为侵权人在侵权期间因侵权所获得的利益，或者被侵权人在被侵权期间因被侵权所受到的损失，包括被侵权人为制止侵权行为所支付的合理开支。

侵权所获得的利益，可以根据侵权商品销售量与该商品单位利润乘积计算；该商品单位利润无法查明的，按照注册商标商品的单位利润计算。因被侵权所受到的损失，可以根据权利人因侵权所造成商品销售减少量或者侵权商品销售量与该注册商标商品的单位利润乘积计算。制止侵权行为所支付的合理开支，包括权利人或者委托代理人对侵权行为进行调查、取证的合理费用。人民法院根据当事人的诉讼请求和案件具体情况，可以将符合国家有关部门规定的律师费用计算在赔偿范围内。

（2）侵权人因侵权所得利益，或者被侵权人因被侵权所受损失难以确定的，由人民法院根据侵权行为的情节判决给予 50 万元以下的赔偿。人民法院在确定赔偿数额时，应当考虑侵权行为的性质、期间、后果，商标的声誉，商标使用许可费的数额，商标使用许可的种类、时间、范围及制止侵权行为的合理开支等因素综合确定。

（3）销售不知道是侵犯注册商标专用权的商品，能证明该商品是自己合法取得的并说明提供者的，不承担赔偿责任。

8.6.4.4　刑事处罚

未经商标注册人许可，在同一种商品上使用与其注册商标相同的商标，构成犯罪的，除赔偿被侵权人的损失外，依法追究刑事责任。

伪造、擅自制造他人注册商标标识或者销售伪造、擅自制造的注册商标标识，构成犯罪的，除赔偿被侵权人的损失外，依法追究刑事责任。

销售明知是假冒注册商标的商品，构成犯罪的，除赔偿被侵权人的损失外，依法追究刑事责任。

从事商标注册、管理和复审工作的国家机关工作人员玩忽职守、滥用职权、徇私舞弊，违法办理商标注册、管理和复审事项，收受当事人财物，牟取不正当利益，构成犯罪的，依法追究刑事责任；尚不构成犯罪的，依法给予行政处分。

《中华人民共和国刑法》（以下简称《刑法》）第 213 条、第 214 条、第 215 条分别规定，未经注册商标所有人许可，在同一种商品上使用与其注册商标相同的商标，情节严重的，处 3 年以下有期徒刑或者拘役，并处或者单处罚金；情节特别严重的，处 3 年以上 7 年以下有期徒刑，并处罚金。销售明知是假冒注册商标的商品，销售金额数额较大的，处 3 年以下有期徒刑或者拘役，并处或者单处罚金；销售金额数额巨大的，处 3 年以上 7 年以下有期徒刑，并处罚金。伪造、擅自制造他人注册商标标识或者销售伪造、擅自制造的注册商标标识，情节严重的，处 3 年以下有期徒刑、拘役或者管制，并处或者单处罚金；情节特别严重的，处 3 年以上 7 年以下有期徒刑，并处罚金。

8.7　驰名商标

8.7.1　驰名商标的概念

驰名商标是指在一定地域范围内为相关公众广为知晓并享有较高声誉的商标。

所谓相关公众包括与使用商标所标示的某类商品或者服务有关的消费者，生产前述商品或者提供服务的其他经营者以及经销渠道中所涉及的销售者和相关人员等。

8.7.2　驰名商标的认定

8.7.2.1　认定驰名商标应考虑的因素

《商标法》规定，认定驰名商标应当考虑下列因素：①相关公众对该商标的知晓程度；②该商标使用的持续时间；③该商标的任何宣传工作的持续时间、程度和地理范围；④该商标作为驰名商标受保护的记录；⑤该商标驰名的其他因素。

以下材料可以作为证明商标驰名的证据材料：①证明相关公众对该商标知晓程度的有关材料；②证明该商标使用持续时间的有关材料，包括该商标使用、注册的历史和范围的有关材料；③证明该商标的任何宣传工作的持续时间、程度和地理范围的有关材料，包括广告宣传和促销活动的方式、地域范围、宣传媒体的种类以及广告投放量等有关材料；④证明该商标作为驰名商标受保护记录的有关材料，包括该商标曾在中国或者其他国家和地区作为驰名商标受保护的有关材料；⑤证明该商标驰名的其他证据材料，包括使用该商标的主要商品近三年的产量、销售量、销售收入、利税、销售区域等有关材料。

8.7.2.2　驰名商标认定方式和机构

驰名商标认定方式有两种，即行政机关的主动认定和司法机关的被动认定，分别由不同的机构进行。

1. 主动认定

主动认定是指在不存在纠纷时，出于预防将来可能发生纠纷的目的，特定的行政机关应商标权利人的请求或者根据商标管理需要主动对商标是否驰名进行认定。在我国，驰名商标认定以当事人申请为原则，行政机关根据商标注册和管理工作的需要，也可主动认定。行政机关认定的驰名商标的有效期为 3 年。主动认定是我国驰名商标的主要认定形式。

2. 被动认定

被动认定是指在商标权利人主张权利时，即发生权利纠纷时，应商标权利人的请求，由有关部门对其商标是否驰名进行认定。这种认定方式是司法机关认定驰名商标的基本模式，为西方国家广泛采用，被视为国际惯例，具有一次有效的特点。在我国，人民法院在审理商标纠纷案件中，根据案件的具体情况和当事人的请求，可以对涉及的注册商标是否驰名依法作出认定。当事人对曾经被行政主管机关或者人民法院认定的驰名商标请求保护的，对方当事人对涉及的商标驰名不持异议，人民法院不再审查。提出异议的，人民法院依照《商标法》关于驰名商标的有关规定进行审查。被动认定是我国驰名商标认定的辅助形式。

8.7.3　驰名商标的特殊保护

复制、模仿、翻译他人未在中国注册的驰名商标或其主要部分，在相同或者类似商品上作为商标使用，容易导致混淆的，应当承担停止侵害的民事法律责任。

就不相同或者不相类似商品申请注册的商标是复制、模仿或者翻译他人已经在中国注册的驰名商标，误导公众，致使该驰名商标注册人的利益可能受到损害的，不予注册并禁止使用。

商标所有人认为他人将其驰名商标作为企业名称登记，可能欺骗公众或者对公众造成误解的，可以向企业名称登记主管机关申请撤销该企业名称登记。企业名称登记主管机关应当依照《企业名称登记管理规定》处理。

思 考 题

1. 什么是商标？商标有何特征和作用？
2. 《商标法》禁止商标使用哪些标志？
3. 简述申请商标的一般程序。
4. 注册商标的有效期是几年？什么是商标的续展、转让和使用许可？
5. 什么是商标侵权？哪些行为属于商标侵权行为？
6. 什么是驰名商标？认定驰名商标应考虑哪些因素？

案 例 分 析

【案情简介】①

雅马哈发动机株式会社（以下简称雅马哈株式会社）是一家日本公司，该会社分别于 1999 年 3 月 14 日和 1999 年 6 月 21 日，经中华人民共和国商标局核准注册了"YAMAHA"和"VISION"商标，核定使用的商品为第 12 类，包括摩托车、摩托车用油箱、陆地车辆用发动机和摩托车零部件等。2000 年 6 月，我国主管机关发布的《全国重点商标保护名录》在摩托车产品中列入了"YAMA-HA"商标。

1999 年 7 月 27 日天津港田发动机有限公司（以下简称港田有限公司）与南方摩托股份有限公司签订购买用于 GT50T-A 型摩托车的 NF1E40QMB 发动机 1111 台的协议，该协议于 1999 年 9 月 21 日履行完毕，该批发动机端盖出厂铸"licensed by YAMAHA"字样。港田有限公司在其生产的 GT50T-A 型摩托车外包装和车身上，按照国家标准要求，在相应部位标明是"港田牌"GT50T-A摩托车。同时，在车前身和后身上贴有"engine licensed by YAMAHA"字样的透明不干胶贴，该字样分上下二行，其中上一行的"engine licensed by"字体较小，下一行的"YAMAHA"字体相对较大，两者相比较，字号相差约 3 倍。使

---

① 案例来源：中华人民共和国最高人民法院公报，2003 年第 3 期（总第 83 期）

用说明书注明的生产企业是天津港田集团公司（以下简称港田集团公司）和港田有限公司，并附有"天津港田摩托合格证"，合格证上盖有"天津港田集团公司成品质量检验合格专用章"。

株洲南方雅马哈摩托车有限公司是雅马哈株式会社在中国合资生产 125 型摩托车的企业之一，其生产的 ZY125 型号摩托车油箱上使用手写体"VISION"商标。该型号摩托车在 2000 年广东摩托车车展展出，并在《摩托车》和《摩托车信息》等相关杂志上刊登了介绍文章和产品广告。

2000 年 6 月 27 日，港田有限公司从天津市军利达工贸有限公司购买 GT125-6 型摩托车油箱 50 个，随油箱附有"VISION"标识 50 个。港田发动机公司在其生产的 37 辆 GT125-6 型摩托车油箱上使用了"VISION"标识。为此，港田发动机公司于 2000 年 9 月 1 日受到天津市工商行政管理局津南分局的行政处罚。

江苏林海雅马哈摩托有限公司是日本雅马哈株式会社在我国的合资企业，生产用于 90 和 100 系列摩托车的发动机，并经原告允许其使用"LINHA-YAMA-HA"标识，1999 年 3 月，港田有限公司与江苏林海雅马哈摩托有限公司签订《工矿产品购销合同》，购买用于 125 系列摩托车的 153FM 发动机 2000 台，用于 50 系列摩托车的 1E40FM 发动机 500 台，该合同未实际履行。港田集团公司却根据此合同在《全国汽车、民用改装车和摩托车生产企业及产品目录》中对 GT125T、GT125T-A、GT125T-B 和 GT50T-A 型摩托车作了如下内容的登记：生产企业是港田集团公司，发动机的生产企业是江苏林海雅马哈摩托有限公司，发动机商标是"林海 YAMAHA"，发动机型号是 LY152QMI（153FM）和 LY1E40QMB（1E40FM）。

雅马哈株式会社认为，其在中国注册了"YAMAHA"、"VISION"商标，依法享有商标专用权。港田集团公司、港田有限公司的行为侵犯其合法权利，于是，以二公司为被告向天津市高级人民法院提起诉讼，请求：二被告立即停止侵犯原告注册商标专用权的行为；二被告向原告连带赔偿因其侵犯原告商标专用权造成的经济损失人民币 1000 万元；二被告在全国发行的报刊上向原告公开道歉，消除影响；被告港田集团公司消除其在《全国汽车、民用改装车和摩托车生产企业及产品目录》中，有关"GT125T、GT125T-B 和 GT50T-A 摩托车使用林海 YAMAHA 牌 LY152QMI 和 LY1E40QMB 型发动机"的内容等。

港田集团公司辩称：原告雅马哈株式会社所提及的侵权产品不是被告港田集团公司实际制造的，在工商行政管理部门对第二被告港田有限公司作出行政处罚决定后，我公司才得知第二被告港田有限公司的侵权行为。我公司是依据购买发动机时签订的《工矿产品购销合同》，严格按照国家规定申报目录的程序及需要提交的材料申报目录。因此，没有侵犯原先的商标专用权，不应承担赔偿责任。

被告港田有限公司辩称：我公司从未生产过 GT125T-B 型摩托车，也不生产 GT125T 摩托车。GT125-6 型摩托车是我公司在不知道"VISION"系原告为商标所有人的情况下生产的，只有 50 辆，销售前已受到工商行政管理部门的处罚，没有流入市场，未给原告造成损失。我公司生产的 GT50T-A 型摩托车所采用的发动机，系从原告授权生产的厂家购买，因此车身及发动机上带有"engine licensed by YAMAHA"是合法的。

【问题】

1. 被告港田有限公司在 GT125-6 型摩托车油箱上使用"VISION"标识和其在 GT50T-A 型摩托车的前身和后身上使用"engine licensed by YAMAHA"字样标贴，是否构成侵权？

2. 被告港田集团公司和港田有限公司是否构成共同侵权？

3. 港田集团公司是否利用《全国汽车、民用改装车和摩托车生产企业及产品目录》进行了虚假宣传？

4. 原告在本案中要求二被告赔偿人民币 1000 万元有无依据？

第9章 竞争法律制度

课程要求：通过本章学习，了解竞争法的基本特征和原则；掌握反垄断、不正当竞争的概念、特征和反垄断法对垄断行为的规制、我国反不正当竞争法对不正当竞争行为的具体规制。

9.1 竞争法概述

竞争是市场经济的本质，离开了竞争就不存在真正意义上的市场经济。但是竞争即有可能导致垄断、限制竞争等现象，影响竞争机制的发挥，为建立有序的竞争，充分有效利用社会资源，实现效率的最大化，有必要对市场主体的竞争行为予以规范。

9.1.1 竞争法的概念

竞争法是为了维护竞争在经济运行中的基础作用，而由政府对市场主体的偏离竞争机制的行为进行规范的法律规范的总称。竞争法通过确立一个基本的法律关系模式，并以之为标准，禁止那些偏离这一模式的行为，调整、整合市场中现实的经济竞争关系，使之符合竞争机制的要求。

竞争法并不是特指哪一部法律，而是由一系列法律法规构成的。我国的竞争法主要为《中华人民共和国反垄断法》（以下简称《反垄断法》）、《中华人民共和国反不正当竞争法》（以下简称《反不正当竞争法》）等。

竞争法的调整对象是竞争者之间、竞争者与受竞争影响相关利益者之间以及竞争者与竞争行为规制者之间的社会关系。

9.1.2 竞争法的特征

9.1.2.1 主体的多样化

竞争法主体即竞争法律关系的参加者范围广泛，包括竞争关系的参加者、经济秩序的维护者和和受竞争关系影响的相关利益者。竞争关系的参加者包括参与市场竞争的自然人、法人和其他经济组织；经济秩序的维护者主要是依法对社会运行进行监督管理的行政机关；受竞争影响的相关利益者是不特定的，可以是消费者，也可以是其他经营者。

9.1.2.2　客体的唯一性

竞争法法律关系的客体是唯一的，就是竞争秩序。无论竞争法为竞争主体设定了怎样的权利义务，都是为了维护竞争秩序，这是由竞争法的任务和目的决定的。竞争法就是通过对竞争秩序的维护，缓解无限需求与有限资源之间的矛盾，区别不同的具体环境，平衡竞争法主体的权利义务关系。

9.1.2.3　主体权利义务的不对等性

民事法律关系的本质特征就是民事法律关系主体权利义务的对等性，一个主体享有权利必须承担义务；承担义务必须享有权利。但是竞争法律关系则不同，对于同一个主体，其所享有的权利和承担的义务往往是不对等的，对于具有某些特殊的地位、能力的主体，竞争法往往详尽地规定了他们所要承担的义务，而没有规定明确的权利。这种不对等性仅从表面看似乎不公平，但这为了实现竞争中的实质上的公平是必不可少的。

9.1.3　竞争法的原则

9.1.3.1　适度自由原则

市场经济条件下，竞争主体的自由是有限制的，不加任何限制的放任的自由实质上限制了大多数人的自由。适度自由原则要求根据经济发展的水平，尊重客观经济规律，区分不同的情况，允许和鼓励那些有利于经济发展的自由，而对真正危及经济发展或不正当掠夺利益的行为坚决打击、限制。

9.1.3.2　国家干预适度原则

从 19 世纪末开始，国家干预经济运行已成为时代的必然，国家干预成为经济运行的时代特征。

市场经济健康稳定发展，客观上要求市场自发调节机制和国家宏观经济调控机制同时发挥作用。当市场调控机制失灵时，国家必须干预市场机制，维护市场自发调节。但是国家干预经济都必须掌握一定的"度"，"适度"可以促进经济发展，"不适度"（干预过度或干预力度不够）则会影响经济发展前景。

9.1.3.3　实质公平原则

为了维护竞争机制，法律应当赋予每个市场主体相同的权利，并使其承担相同的义务，给予相同的法律地位，使其能够平等地展开竞争。但是，这种形式意义上的公平有可能会带来实质上的不公平，实力强大的企业可以通过压低价格，使竞争对手遭受损失直致破产，从而独占市场；同行企业联合起来抬高商品价格，使消费者蒙受高价购买商品的损失；拥有行政权力的机构可以限定购买者必须与其指定的对象交易等。竞争法以实质上的公平为目标，对只有具备某些特殊条件、能力才能作出的行为的限制，使市场主体在实质上处于相同的地位，展开有效的经济竞争。

9.1.3.4　整体效率优先原则

保证社会整体效益的不断取得，始终都是竞争法所要追求的最终价值目标，竞争法在协调市场经济中个体效益与社会整体效益的矛盾时，以维护社会整体效益为根本指导准则。由于无限制的个体效益的追求不可避免地会导致垄断的出现，市场失灵，扼杀其他个体的效益追求，最终牺牲社会整体效益，因而，竞争法在国家干预适度的前提下，以社会整体效益优先为宗旨，真正协调个体效益与社会整体效益之矛盾，为市场经济创造一个良好的运行环境。

9.2　反垄断法律制度

9.2.1　反垄断法的概念

所谓垄断是指少数企业凭借雄厚的经济实力对生产和市场进行控制，并在一定的市场领域内从实质上限制竞争的一种状态。

垄断是市场经济发展到一定阶段的产物。市场竞争和生产集中发展到一定程度必然产生垄断，垄断一经形成，便凌驾于自由竞争之上，并对经济的发展产生破坏作用，为消除垄断对市场竞争机制带来的破坏性影响，反垄断法便应运而生了。

反垄断法是调整国家在规制市场主体（企业、企业联合组织）或其他机构以控制市场为目的而实施的反竞争行为过程中所发生的社会关系的实体法和程序法规范的总称。

9.2.2　反垄断法的产生和发展

19 世纪中叶以后，资本主义由自由竞争走向垄断，卡特尔、托拉斯等形式的垄断组织大量出现，危及了中小企业的生存和发展，过度的经济集中不仅使市场普遍失去活力，也使消费者饱受垄断组织滥用市场势力之苦。19 世纪 80 年代美国爆发了抵制"托拉斯"的大规模群众运动，时至今日，参议员谢尔曼反垄断的著名宣言"如果我们不能忍受作为政治权力的皇帝，我们也不能忍受统治我们各种生活必需品的生产、销售、运输的皇帝"一直让人们回味。反垄断思潮导致 1890 年《谢尔曼反托拉斯法》（Sherman Act）的诞生。谢尔曼法是世界上最早的反垄断法，从而也被称为"世界各国反垄断法之母"。此外，美国在 1914 年颁布的《克莱顿法》及后续的修正案，《联邦贸易委员会法》及后续的修正案，以及 1962 年的《反托拉斯民事诉讼法》等共同组成了美国以"反托拉斯"为中心的反垄断法律体系。

第二次世界大战后，反垄断的立法形势产生了很大的变化。在美国的督促和引导下，日本颁布了 1947 年《禁止私人垄断和确保公正交易法》和《经济力量过度集中法》，1948 年的《财阀同族支配力量排除法》，1949 年的《中小企业协调组合法》等一系列维护竞争保护中小企业的法律。德国于 1957 年颁布了《反对限制竞争法》，该法经过多次修订，成为德国反对"卡特尔"的最有力武器。意大利在 1990 年颁布了反垄断法，是发达市场经济国家中颁布反垄断法最晚的国家。

发展中国家反垄断立法的步伐比较缓慢。目前颁布反垄断和反限制竞争法的国家有韩国、印度、巴西、墨西哥、智利、巴基斯坦和斯里兰卡等国家。

现在，世界各国都已经普遍地认识到，垄断不仅会损害企业的效率，损害消费者的利益，而且还会遏制一个国家或者民族的竞争精神，而这种竞争精神正是一个国家经济和技术发展的真正动力。据统计，世界上有近 90 个国家和地区颁布了反垄断法。

世界范围内的反垄断立法风潮推动了反垄断立法由单纯的国内立法向国际立法的发展。1958 年生效的《欧洲经济共同体条约》第 85 条至第 90 条是欧共体重要的竞争规则。此外，欧共体理事会 1989 年还颁布了《欧共体企业合并控制条例》，把控制企业合并作为欧共体竞争法的重要内容。1980 年，联合国第 35 届大会通过了《多国同意的控制限制性商业行为的公平原则和规则》

9.2.3　我国的反垄断立法

9.2.3.1　我国反垄断法的制定

我国的反垄断立法经历了一个较为漫长的过程。改革开放初期，人们普遍认为，中国不存在垄断，没有制定实施反垄断法的必要。随着市场经济的发展，人们已经越来越清醒地认识到，垄断是市场经济的必然伴生物，我国的市场经济同其他国家实施的市场经济一样，也会出现垄断，国家应该制定和实施与社会主义市场经济相适应的竞争规则，完善宏观调控，健全统一、开放、竞争、有序的市场体系。经过了将近 20 年的漫长等待，2007 年 8 月 30 日第十届全国人民代表大会常务委员会第二十九次会议通过了《中华人民共和国反垄断法》，该法自 2008 年 8 月 1 日起施行。《反垄断法》共分为 8 章 57 条，包括总则，垄断协议，滥用市场支配地位，经营者集中，滥用行政权力排除、限制竞争，对涉嫌垄断行为的调查、法律责任和附则。《反垄断法》对经营者达成垄断协议，经营者滥用市场支配地位，具有或者可能具有排除、限制竞争效果的经营者集中等三种垄断行为作了具体细致的规定。

9.2.3.2　立法目的

《反垄断法》的颁布和实施，对我国预防和制止垄断行为，保护市场公平竞争，提高经济运行效率，维护消费者利益和社会公共利益，促进社会主义市场经济健康发展将发挥巨大作用。

9.2.3.3　适用范围

在我国境内经济活动中的垄断行为，适用《反垄断法》；我国境外的垄断行为对境内市场竞争产生排除、限制影响的，也适用《反垄断法》。

经营者依照有关知识产权的法律、行政法规规定行使知识产权的行为，不适用《反垄断法》；但是，经营者滥用知识产权，排除、限制竞争的行为，适用《反垄断法》。

农业生产者及农村经济组织在农产品生产、加工、销售、运输、储存等经营活动中实施的联合或者协同行为，不适用《反垄断法》。

9.2.3.4　对关系国民经济命脉和国家安全的行业、专营专卖的行业的特别规定

国有经济占控制地位的关系国民经济命脉和国家安全的行业以及依法实行专营专卖的行业，国家对其经营者的合法经营活动予以保护，并对经营者的经营行为及其商品和服务的价格依法实施监管和调控，维护消费者利益，促进技术进步。上述行业的经营者应当依法经营，诚实守信，严格自律，接受社会公众的监督，不得利用其控制地位或者专营专卖地位损害消费者利益。

9.2.4　反垄断管理机构和执法机构

为组织、协调、指导反垄断工作，国务院设立反垄断委员会，履行下列五大职责：①研究拟订有关竞争政策；②组织调查、评估市场总体竞争状况，发布评估报告；③制定、发布反垄断指南；④协调反垄断行政执法工作；⑤国务院规定的其他职责。

反垄断执法工作由国务院规定的承担反垄断执法职责的机构（以下统称国务院反垄断执法机构）负责。国务院反垄断执法机构根据工作需要，可以授权省、自治区、直辖市人民政府相应的机构，依照《反垄断法》规定负责有关反垄断执法工作。

9.2.5　反垄断法规制的垄断行为

9.2.5.1　垄断协议

《反垄断法》所称的垄断协议，是指排除、限制竞争的协议、决定或者其他协同行为。《反垄断法》禁止具有竞争关系的经营者以及经营者与交易相对人达成垄断协议。这里所称的经营者，是指从事商品生产、经营或者提供服务的自然人、法人和其他组织。行业协会虽然不是经营者，但鉴于其特殊的地位，《反垄断法》规定，行业协会不得组织本行业的经营者从事《反垄断法》禁止的垄断行为。

1. 对具有竞争关系的经营者的竞争行为的限制

《反垄断法》禁止具有竞争关系的经营者达成下列垄断协议：①固定或者变更商品价格；②限制商品的生产数量或者销售数量；③分割销售市场或者原材料采购市场；④限制购买新技术、新设备或者限制开发新技术、新产品；⑤联合抵制交易；⑥国务院反垄断执法机构认定的其他垄断协议。

2. 对经营者与交易相对人的行为的限制

《反垄断法》禁止经营者与交易相对人达成下列垄断协议：①固定向第三人转售商品的价格；②限定向第三人转售商品的最低价格；③国务院反垄断执法机构认定的其他垄断协议。

3. 例外

经营者能够证明具有竞争关系的经营者达成的协议或者经营者与交易相对人的协议不会严重限制相关市场的竞争，并且能够使消费者分享由此产生的利益，且属于下列情形之一的，《反垄断法》不予禁止：①为改进技术、研究开发新产品的；②为提高产品质量、降低成本、增进效率，统一产品规格、标准或者实行专业化分工的；③为提高中小经营者经营效率，增强中小经营者竞争力的；④为实现节约能源、保护环境、救灾救助等社会公共利益的；⑤因经济不景气，为缓解销售量严重下降或者生产明显过剩的。

另外，《反垄断法》不禁止具有竞争关系的经营者之间、经营者与交易相对人为保障对外贸易和对外经济合作中的正当利益的以及符合法律和国务院规定的其他情形的垄断协议。

9.2.5.2　滥用市场支配地位

市场支配地位，是指经营者在相关市场内具有能够控制商品价格、数量或者其他交易条件，或者能够阻碍、影响其他经营者进入相关市场能力的市场地位。相关市场，是指经营者在一定时期内就特定商品或者服务（以下统称商品）进行竞争的商品范围和地域范围。《反垄断法》明确规定，具有市场支配地位的经营者，不得滥用市场支配地位，排除、限制竞争。

1. 反垄断法禁止的滥用市场支配地位行为

反垄断法禁止具有市场支配地位的经营者从事下列滥用市场支配地位的行为：①以不公平的高价销售商品或者以不公平的低价购买商品；②没有正当理由，以低于成本的价格销售商品；③没有正当理由，拒绝与交易相对人进行交易；④没有正当理由，限定交易相对人只能与其进行交易或者只能与其指定的经营者进行交易；⑤没有正当理由搭售商品，或者在交易时附加其他不合理的交易条件；⑥没有正当理由，对条件相同的交易相对人在交易价格等交易条件上实行差别待遇；⑦国务院反垄断执法机构认定的其他滥用市场支配地位的行为。

2. 认定经营者支配地位应考虑的因素

认定经营者具有市场支配地位，应当依据下列因素：①该经营者在相关市场的市场份额，以及相关市场的竞争状况；②该经营者控制销售市场或者原材料采购市场的能力；③该经营者的财力和技术条件；④其他经营者对该经营者在交易上的依赖程度；⑤其他经营者进入相关市场的难易程度；⑥与认定该经营者市场支配地位有关的其他因素。

3. 经营者具有市场支配地位的推定

有下列情形之一的，可以推定经营者具有市场支配地位：①一个经营者在相关市场的市场份额达到1/2的；②两个经营者在相关市场的市场份额合计达到2/3的；③三个经营者在相关市场的市场份额合计达到3/4的。

有上述①②规定的情形，其中有的经营者市场份额不足1/10的，不应当推定该经营者具有市场支配地位。

被推定具有市场支配地位的经营者，有证据证明不具有市场支配地位的，不应当认定其具有市场支配地位。

9.2.5.3　经营者集中

经营者可以通过公平竞争、自愿联合，依法实施集中，扩大经营规模，提高市场竞争能力。由于经营者集中有可能影响竞争秩序，因此需要对经营者集中进行审查，经营者集中具有或者可能具有排除、限制竞争效果的，国务院反垄断执法机构应当作出禁止经营者集中的决定。

1. 经营者集中的情形

所谓经营者集中是指经营者合并，经营者通过取得股权或者资产的方式取得对其他经营者的控制权，经营者通过合同等方式取得对其他经营者的控制权或者能够对其他经营者施加决定性影响等情形。

2. 审查经营者集中应当考虑的因素

国务院反垄断执法机构审查经营者集中，应当考虑下列因素：①参与集中的经营者在相关市场的市场份额及其对市场的控制力；②相关市场的市场集中度；③经营者集中对市场进入、技术进步的影响；④经营者集中对消费者和其他有关经营者的影响；⑤经营者集中对国民经济发展的影响；⑥国务院反垄断执法机构认为应当考虑的影响市场竞争的其他因素。

3. 对经营者集中的审查程序

（1）申报。经营者集中达到国务院规定的申报标准的，经营者应当事先向国务院反垄断执法机构申报，未申报的不得实施集中。

参与集中的一个经营者拥有其他每个经营者 50％以上有表决权的股份或者资产的；或者参与集中的每个经营者 50％以上有表决权的股份或者资产被同一个未参与集中的经营者拥有的，可以不向国务院反垄断执法机构申报。

经营者向国务院反垄断执法机构申报集中，应当提交申请书、集中协议等文件、资料。

（2）审查。国务院反垄断执法机构应当自收到经营者提交申请书、集中协议等文件资料之日起 30 日内，对申报的经营者集中进行初步审查，作出是否实施进一步审查的决定，并书面通知经营者。国务院反垄断执法机构作出决定前，经营者不得实施集中。

国务院反垄断执法机构作出不实施进一步审查的决定或者逾期未作出决定的，经营者可以实施集中。

国务院反垄断执法机构决定实施进一步审查的，应当自决定之日起 90 日内审查完毕，作出是否禁止经营者集中的决定，并书面通知经营者。作出禁止经营者集中的决定，应当说明理由。审查期间，经营者不得实施集中。遇有特别情况，可延长审查期限，但最长不得超过 60 日。

国务院反垄断执法机构逾期未作出决定的，经营者可以实施集中。

（3）决定。反垄断执法机构经审查作出是否禁止经营者集中的决定。

经营者集中具有或者可能具有排除、限制竞争效果的，国务院反垄断执法机构应当作出禁止经营者集中的决定。

如果经营者能够证明该集中对竞争产生的有利影响明显大于不利影响，或者符合社会公共利益的，国务院反垄断执法机构可以作出对经营者集中不予禁止的决定。对不予禁止的经营者集中，国务院反垄断执法机构可以决定附加减少集中对竞争产生不利影响的限制性条件。

（4）公布。国务院反垄断执法机构应当将禁止经营者集中的决定或者对经营者集中附加限制性条件的决定，及时向社会公布。

（5）行政复议。对反垄断执法机构作出的禁止或者不禁止经营者集中的决定不服的，可以先依法申请行政复议；对行政复议决定不服的，可以依法提起行政诉讼。

4. 外资并购境内企业的特别规定

对外资并购境内企业或者以其他方式参与经营者集中，涉及国家安全的，除依照《反垄断法》规定进行经营者集中审查外，还应当按照国家有关规定进行国家安全审查。

9.2.5.4　滥用行政权力排除、限制竞争

行政权力对市场竞争的适度干预对于维护正常的经济秩序，促进经济的发展是有益的，但是如果超出必要的"度"，则可能产生限制竞争的结果，《反垄断法》明确规定："行政机关和法律、法规授权的具有管理公共事务职能的组织不得滥用行政权力，排除、限制竞争。""行政机关不得滥用行政权力，制定含有排除、限制竞争内容的规定。"

《反垄断法》禁止行政机关和法律、法规授权的具有管理公共事务职能的组织滥用行政权力，实施下列几种行为。

1. 限购行为

行政机关和法律、法规授权的具有管理公共事务职能的组织不得滥用行政权力，限定或者变相限定单位或者个人经营、购买、使用其指定的经营者提供的商品。

2. 妨碍商品自由流通的行为

行政机关和法律、法规授权的具有管理公共事务职能的组织不得滥用行政权力，实施下列行为，妨碍商品在地区之间的自由流通：①对外地商品设定歧视性收费项目、实行歧视性收费标准，或者规定歧视性价格；②对外地商品规定与本地同类商品不同的技术要求、检验标准，或者对外地商品采取重复检验、重复认证等歧视性技术措施，限制外地商品进入本地市场；③采取专门针对外地商品的

行政许可，限制外地商品进入本地市场；④设置关卡或者采取其他手段，阻碍外地商品进入或者本地商品运出；⑤妨碍商品在地区之间自由流通的其他行为。

3. 资格歧视行为

行政机关和法律、法规授权的具有管理公共事务职能的组织不得滥用行政权力，以设定歧视性资质要求、评审标准或者不依法发布信息等方式，排斥或者限制外地经营者参加本地的招标投标活动。

行政机关和法律、法规授权的具有管理公共事务职能的组织不得滥用行政权力，采取与本地经营者不平等待遇等方式，排斥或者限制外地经营者在本地投资或者设立分支机构。

4. 强制垄断

行政机关和法律、法规授权的具有管理公共事务职能的组织不得滥用行政权力，强制经营者从事《反垄断法》规定的垄断行为。

9.2.6　对涉嫌垄断行为的调查

9.2.6.1　反垄断调查的提起与调查机构

反垄断执法机构依法对涉嫌垄断行为进行调查。

对涉嫌垄断行为，任何单位和个人有权向反垄断执法机构举报。反垄断执法机构应当为举报人保密。

举报采用书面形式并提供相关事实和证据的，反垄断执法机构应当进行必要的调查。

9.2.6.2　反垄断调查措施

反垄断调查机构在法律规定的范围内实施调查行为，被调查的经营者、利害关系人或者其他有关单位或者个人应当配合反垄断执法机构依法履行职责，不得拒绝、阻碍反垄断执法机构的调查。

被调查的经营者、利害关系人有权陈述意见。反垄断执法机构应当对被调查的经营者、利害关系人提出的事实、理由和证据进行核实。

反垄断执法机构调查涉嫌垄断行为，应当向反垄断执法机构主要负责人书面报告，经批准，可以采取下列措施：①进入被调查的经营者的营业场所或者其他有关场所进行检查；②询问被调查的经营者、利害关系人或者其他有关单位或者个人，要求其说明有关情况；③查阅、复制被调查的经营者、利害关系人或者其他有关单位或者个人的有关单证、协议、会计账簿、业务函电、电子数据等文件、资料；④查封、扣押相关证据；⑤查询经营者的银行账户。

执法人员进行询问和调查，应当制作笔录，并由被询问人或者被调查人签字，对执法过程中知悉的商业秘密负有保密义务。

9.2.6.3　处理决定的公布

反垄断执法机构对涉嫌垄断行为调查核实后，认为构成垄断行为的，应当依法作出处理决定，并可以向社会公布。

9.2.6.4　调查的中止、终止与恢复

对反垄断执法机构调查的涉嫌垄断行为，被调查的经营者承诺在反垄断执法机构认可的期限内采取具体措施消除该行为后果的，反垄断执法机构可以决定中止调查。中止调查的决定应当载明被调查的经营者承诺的具体内容。

反垄断执法机构决定中止调查的，应当对经营者履行承诺的情况进行监督。经营者履行承诺的，反垄断执法机构可以决定终止调查。

有下列情形之一的，反垄断执法机构应当恢复调查：①经营者未履行承诺的；②作出中止调查决定所依据的事实发生重大变化的；③中止调查的决定是基于经营者提供的不完整或者不真实的信息作出的。

9.2.7　法律责任

9.2.7.1　行政责任

经营者违反《反垄断法》的规定，达成并实施垄断协议的、滥用市场支配地位的、经营者集中的，反垄断执法机构可视具体情况，采取责令停止违法行为，没收违法所得、罚款、恢复原状等行政处罚。

行业行政机关和法律、法规授权的具有管理公共事务职能的组织滥用行政权力，实施排除、限制竞争行为的，由上级机关责令改正；对直接负责的主管人员和其他直接责任人员依法给予处分。反垄断执法机构可以向有关上级机关提出依法处理的建议。

行业协会违反《反垄断法》规定，组织本行业的经营者达成垄断协议的，可对其罚款；情节严重的，社会团体登记管理机关可以依法撤销登记。

对反垄断执法机构依法实施的审查和调查，拒绝提供有关材料、信息，或者提供虚假材料、信息，或者隐匿、销毁、转移证据，或者有其他拒绝、阻碍调查行为的，由反垄断执法机构采取责令改正，罚款等处罚方法。

9.2.7.2　民事责任

经营者实施垄断行为，给他人造成损失的，依法承担民事责任。

9.2.7.3　刑事责任

对反垄断执法机构依法实施的审查和调查，拒绝提供有关材料、信息，或者提供虚假材料、信息，或者隐匿、销毁、转移证据，或者有其他拒绝、阻碍调查行为，构成犯罪的，依法追究刑事责任。

反垄断执法机构工作人员滥用职权、玩忽职守、徇私舞弊或者泄露执法过程中知悉的商业秘密，构成犯罪的，依法追究刑事责任。

9.3　反不正当竞争法律制度

9.3.1　不正当竞争的概念和不正当竞争行为的特征

9.3.1.1　不正当竞争的概念

市场经济离不开竞争，竞争是市场经济最基本的运行机制。有竞争就有正当的竞争和不正当的竞争。由于市场体系庞大，市场交易方式多种多样，竞争手段五花八门，不正当竞争也千变万化，这让诚实的经营者和势单力薄的消费者防不胜防。如果没有相应的法律规定，这些大量存在的不正当竞争行为难以消除，从而就会侵害其他依法经营者的合法利益，并严重损害广大消费者的合法权益，妨碍公平竞争，破坏正常的社会经济秩序，抑制市场机制的活力，阻碍市场经济的发展。为创造良好的竞争秩序，促进市场经济的发展，维护正常的经济运行机制，实行市场经济的国家都把反不正当竞争的法律作为规范市场经济关系的基本经济法律之一，以国家强制力排除不正当竞争行为。

所谓竞争，实质上是指两个或者两个以上的生产者或者经营者在市场上以比较有利的价格、数量、质量、服务或者其他条件，使自己处于有利的经营与交易地位，争取交易机会的行为。

不正当竞争，是指经营者违反《反不正当竞争法》的规定，损害其他经营者的合法权益，扰乱社会经济秩序的行为。我国《反不正当竞争法》规定的经营者，是指从事商品经营或者营利性服务（以下所称商品包括服务）的法人、其他经济组织和个人。

9.3.1.2　不正当竞争行为的特征

（1）不正当竞争行为的主体是经营者。一般来说，非经营者不是竞争行为的主体，也不是不正当竞争行为的主体。但是，非经营者的某些行为有时也会妨碍经营者的合法权益，政府及其所属部门滥用权利妨碍经营者的正当竞争行为即属此类，因此我国《反不正当竞争法》也将这类行为列入其调整范围。

（2）不正当竞争行为是违反《反不正当竞争法》保护的、为不正当竞争者而所损害和扰乱的市场竞争秩序和社会秩序关系。

（3）不正当竞争者在客观上必须有实施违反《反不正当竞争法》规定的不正当竞争行为的客观事实。

（4）实施不正当竞争的行为人主观上有不遵循自愿、平等、公平、诚实信用的原则，不遵守公认的商业道德的过错。

9.3.2　我国的反不正当竞争立法

反不正当竞争法，是调整在制止不正当竞争过程中发生的社会关系的法律规范的总称。为保障社会主义市场经济健康发展，鼓励和保护公平竞争，制止不正当竞争行为，保护经营者和消费者的合法权益，1993 年 9 月 2 日第八届全国人民代表大会常务委员会第三次会议通过了《中华人民共和国反不正当竞争法》，自 1993 年 12 月 1 日起施行。

为保证《反不正当竞争法》的贯彻实施，国家工商行政管理局颁布了一系列部门规章，如《关于禁止仿冒知名商品特有的名称、包装、装潢的不正当竞争行为的若干规定》、《关于禁止有奖销售活动中不正当竞争行为的若干规定》、《关于禁止侵犯商业秘密行为的若干规定》、《关于禁止公用企业限制竞争行为的若干规定》等。各省、自治区、直辖市也颁布了地方性法规。

随着市场经济的发展，我国的市场体系日趋完善，市场竞争愈发激烈，市场经济的许多不正当竞争行为得到了充分的暴露，《反不正当竞争法》与经济发展的需求产生了差距，进一步完善《反不正当竞争法》的任务已经迫在眉睫。

9.3.3　反不正当竞争法的原则

《反不正当竞争法》规定，经营者在市场交易中，应当遵循自愿、平等、公平、诚实信用的原则，遵守公认的商业道德。因此，自愿、平等、公平、诚信、遵守公认的商业道德是市场竞争必须遵循的基本原则。

9.3.4　反不正当竞争法规制的不正当竞争行为

《反不正当竞争法》对不正当竞争行为作了列举性的规定，共有 11 种。

9.3.4.1　市场混淆行为

市场混淆行为是指经营者采用假冒或者仿冒等不正当竞争手段，使其商品与他人的商品相混淆，而导致或者足以（可能）导致购买者误认，从而损害竞争对手的行为。

《反不正当竞争法》第 5 条规定经营者不得采用下列不正当手段从事市场交易，损害竞争对手：

（1）假冒他人的注册商标。根据《商标法》的规定，假冒他人注册商标是指未经注册商标所有人的许可，在同一种商品或者类似商品上使用与注册商标相同或者相近似的商标。这一方面是一种侵犯注册商标专用权的行为，从另一方面看，即从市场竞争角度看，由于假冒了注册商标所有人的商标，使别人误认为假冒者的商品是他人注册商标的商品而去购买，这势必影响享有注册商标专用权的经营者的商品销售，就形成了一种不正当竞争行为。也就是说，一种侵权行为引起了两个法律后果，所以这种行为既在《商标法》中规定，又在《反不正当竞争法》中规定。

（2）擅自使用知名商品特有的名称、包装、装潢，或者使用与知名商品近似的名称、包装、装潢，造成和他人的知名商品相混淆，使购买者误认为是该知名商品。

国家工商行政管理局《关于禁止仿冒知名商品特有的名称、包装、装潢的不正当竞争行为的若干规定》对上述规定作了详细的解释。该规定指出"仿冒知名商品特有的名称、包装、装潢的不正当竞争行为"，是指违反反不正当竞争法的规定，"擅自将他人知名商品特有的名称、包装、装潢作相同或者近似使用，造成和他人的知名商品相混淆，使购买者误认为是该知名商品的行为"。

所谓知名商品，是指在市场上具有一定知名度，为相关公众所知悉的商品。为加强对非法经营者的打击力度，该规定进一步规定"商品的名称、包装、装潢被他人擅自作相同或者近似使用，足以造成购买者误认的，该商品即可认定为知名商品"。

特有的商品名称、包装、装潢应当依照使用在先的原则予以认定。

所谓特有，是指商品名称、包装、装潢非为相关商品所通用，并具有显著的区别性特征。

知名商品特有的名称，则是指知名商品独有的与通用名称有显著区别的商品名称，但该名称已经作为商标注册的除外。

所谓包装，是指为识别商品以及方便携带、储运而使用在商品上的辅助物和容器。

所谓装潢，是指为识别与美化商品而在商品或者其包装上附加的文字、图案、色彩及其排列组合。

对如何认定是否发生误认或者混淆，该规定指出，"对使用与知名商品近似的名称、包装、装潢，可以根据主要部分和整体印象相近，一般购买者施以普通注意力会发生误认等综合分析认定。一般购买者已经发生误认或者混淆的，可以认定为近似"。

需要特别指出的是仿冒知名商品特有的名称、包装、装潢的不正当竞争行为一般发生在相同或类似商品上，但经营者在非相同、非类似商品上，擅自将他人知名商品特有的名称、包装、装潢作相同或者近似的使用，造成或者足以造成混淆或者误认的，亦违反《反不正当竞争法》规定的市场竞争原则，属不正当竞争行为。

（3）擅自使用他人的企业名称或者姓名，引人误认为是他人的商品。法人、其他组织、自然人等的姓名权、名称权依法受法律保护，混淆企业名称或者姓名的行为是《反不正当竞争法》明确禁止的。

（4）在商品上伪造或者冒用认证标志、名优标志等质量标志，伪造产地，对商品质量作引人误解的虚假表示。

质量标志是指证明经营者的商品质量达到一定水平的标志，包括认证标志、名优标志以及其他质量标志。

认证标志就是产品质量认证标志，是指经认证机构认证合格、证明产品符合认证标准和技术要求，由认证机构颁发并准许在产品上使用的专用质量标准。

名优标志是指经消费者、有关社会组织或者行政机关评选，对达到一定产品质量条件和质量保证能力的企业，允许企业使用以证明产品质量水平良好的产品质量标志。

产地是指商品的地理来源，如商品的生产的、制造地。

在商品上伪造或者冒用认证标志、名优标志等质量标志，伪造产地，对商品质量作引人误解的虚假表示是市场混淆行为中常见的方式之一，扰乱了正常的市场竞争秩序，对合法的经营者、消费者的权益造成巨大损失。

9.3.4.2　限购排挤行为

《反不正当竞争法》规定，限购排挤是指公用企业或者其他依法具有独占地位的经营者限定他人购买其指定的经营者的商品，以排挤其他经营者的公平竞争的强制交易行为。邮电、铁路等公用企业滥用独占地位，强制用户购买其指定的电话机、货物保价运输服务或者保险等按照国家规定应由用户自愿选择的服务项目的，均属此类行为。

为制止公用企业限制竞争的行为，根据《反不正当竞争法》的有关规定，国家工商局制定了《关于禁止公用企业限制竞争行为的若干规定》。

根据该规定，公用企业，是指涉及公用事业的经营者，包括供水、供电、供热、供气、邮政、电信、交通运输等行业的经营者。

公用企业应当遵守国家法律的规定，不得利用自身的优势地位妨碍其他经营者的公平竞争，也不得侵害消费者的合法权益。

公用企业在市场交易中，不得实施下列限制竞争的行为：①限定用户、消费者只能购买和使用其附带提供的相关商品，而不得购买和使用其提供的符合技术标准要求的同类商品；②限定用户、消费者只能购买和使用其指定的经营者生产或者经销的商品，而不得购买和使用其他经营者提供的符合技术标准要求的同类商品；③强制用户、消费者购买其提供的不必要的商品及配件；④强制用户、消费者购买其指定的经营者提供的不必要的商品；⑤以检验商品质量、性能等为借口，阻碍用户、消费者购买、使用其他经营者提供的符合技术标准要求的其他商品；⑥对不接受其不合理条件的用户、消费者拒绝、中断或者削减供应相关商品，或者滥收费用；⑦其他限制竞争的行为。

9.3.4.3　滥用权利行为

滥用权利行为是指政府及其所属部门滥用行政权力，限定他人购买其指定的经营者的商品，限制其他经营者正当的经营活动，或者政府及其所属部门滥用行政权力，限制外地商品进入本地市场，或者本地商品流向外地市场的行为。

一般而言，不正当竞争行为的主体是经营者，鉴于政府及其所属机构的特殊地位，其滥用行政权力干预竞争的行为对竞争秩序的影响是相当巨大的，因此，《反不正当竞争法》将其作为不正当竞争行为的一种纳入其调整范围。但在《反不正当竞争法》实施后，在现实生活中，政府及其所属机构滥用行政权力介入企业竞争活动的现象依然大量存在，纠正此类行为的难度也非常大，这一点必须引起人们的广泛关注。

9.3.4.4　商业贿赂行为

商业贿赂，是指经营者为销售或者购买商品而采用给予财物或者其他手段贿赂对方单位或者个人的行为。经营者的职工采用商业贿赂手段为经营者销售或者购买商品的行为，应当认定为经营者的行为。经营者在商品交易中不得向对方单位或者其个人附赠现金或者物品。但按照商业惯例赠送小额广告礼品的除外。

（1）《反不正当竞争法》规定，经营者不得采用财物或者其他手段进行贿赂以销售或者购买商品。

所谓财物，是指现金和实物，包括经营者为销售或者购买商品，假借促销费、宣传费、赞助费、科研费、劳务费、咨询费、佣金等名义，或者以报销各种费用等方式，给付对方单位或者个人的财物。其他手段，是指提供国内外各种名义的旅游、考虑等给付财物以外的其他利益的手段。

（2）《反不正当竞争法》规定，在账外暗中给予对方单位或者个人回扣的，以行贿论处；对方单位或者个人在账外暗中收受回扣的，以受贿论处。

回扣，是指经营者销售商品时在账外暗中以现金、实物或者其他方式退给对方单位或者个人的一定比例的商品价款。账外暗中，是指未在依法设立的反映其生产经营活动或者行政事业经费收支的财务账上按照财务会计制度规定明确如实记载，包括不记入财务账、转入其他财务账或者做假账等。

（3）经营者销售或者购买商品，可以以明示方式给对方折扣，给中间人佣金。经营者给对方折扣、给中间人佣金的，必须如实入账。接受折扣、佣金的经营者必须如实入账。

折扣与回扣不同，折扣是商品购销中的让利，是指经营者在销售商品时，以明示并如实入账的方式给予对方的价格优惠，包括支付价款时对价款总额按一定比例即时予以扣除和支付价款总额后再按一定比例予以退还两种形式。

明示和入账，是指根据合同约定的金额和支付方式，在依法设立的反映其生产经营活动或者行政事业经费收支的财务账上按照财务会计制度规定明确如实记载。

佣金，是指经营者在市场交易中给予为其提供服务的具有合法经营资格的中间人的劳务报酬。

9.3.4.5　虚假广告行为

虚假广告行为是指经营者利用广告或者其他方法，对商品的质量、制作成分、性能、用途、生产者、有效期限、产地等作引人误解的虚假宣传。《反不正当竞争法》规定，广告的经营者不得在明知或者应知的情况下，代理、设计、制作、发布虚假广告。

广告宣传是经营者进行市场竞争的有力手段，经营者通过宣传吸引消费者，消费者通过宣传选择经营者，经营者的宣传由此转化为市场竞争的优势，获取竞争优势是宣传的根本目的。因此经营者的虚假广告行为既是对消费者权益的侵犯，也使其他经营者丧失了应该得到的商业机会，扰乱了竞争秩序，构成了不正当竞争。

为规范广告行为，我国颁布实施《中华人民共和国广告法》，该法对广告准则、广告活动、广告的审查、法律责任等作了明确的规定，这对规范广告活动，促进广告业的健康发展，保护消费者的合法权益，维护社会经济秩序，将发挥积极作用。

9.3.4.6　侵犯商业秘密行为

1. 侵犯商业秘密行为的概念

侵犯商业秘密行为是指经营者通过不正当手段，违法获取、披露、使用或者允许他人使用权利人商业秘密的行为。

《反不正当竞争法》规定，商业秘密，是指"不为公众所知悉、能为权利人带来经济利益、具有实用性并经权利人采取保密措施的技术信息和经营信息"。

国家工商局《关于禁止侵犯商业秘密行为的若干规定》对侵犯商业秘密的行为作了较为详细的解释。

不为公众所知悉，是指该信息是不能从公开渠道直接获取。

能为权利人带来经济利益、具有实用性，是指该信息具有确定的可应用性，能为权利人带来现实的或者潜在的经济利益或者竞争优势。

权利人采取保密措施，包括订立保密协议，建立保密制度及采取其他合理的保密措施。权利人采取保密措施，包括口头或书面的保密协议、对商业秘密权利人的职工或与商业秘密权利人有业务关系的他人提出保密要求等合理措施。只要权利人提出了保密要求，商业秘密权利人的职工或与商业秘密权利人有业务关系的他人知道或应该知道存在商业秘密，即为权利人采取了合理的保密措施，职工或他人就对权利人承担保密义务。权利人，是指依法对商业秘密享有所有权或者使用权的公民、法人或者其他组织。

技术信息和经营信息，包括设计、程序、产品配方、制作工艺、制作方法、管理诀窍、客户名单、货源情报、产销策略、招投标中的标底及标书内容等信息。

2. 侵犯商业秘密的具体行为

《反不正当竞争法》规定，经营者不得采用下列手段侵犯商业秘密：①以盗窃、利诱、胁迫或者其他不正当手段获取权利人的商业秘密；②披露、使用或者允许他人使用以前项手段获取的权利人的商业秘密；③违反约定或者违反权利人有关保守商业秘密的要求，披露、使用或者允许他人使用其所掌握的商业秘密。

《关于禁止侵犯商业秘密行为的若干规定》将此进一步细化为：与权利人有业务关系的单位和个人违反合同约定或者违反权利人保守商业秘密的要求，披露、使用或者允许他人使用其所掌握的权利人的商业秘密；权利人的职工违反合同约定或者违反权利人保守商业秘密的要求，披露、使用或者允许他人使用其所掌握的权利人的商业秘密。

第三人明知或者应知存在上述违法行为，而获取、使用或者披露给他人的商业秘密的行为，视为侵犯商业秘密。

9.3.4.7　降价排挤行为

降价排挤行为是指经营者以排挤竞争对手为目的，以低于成本的价格销售商品。市场竞争主体以营利为目的，低于成本价格销售商品的行为是与市场规律相悖的。所以，世界各国法律都禁止这种行为。但是，市场情况千变万化，《反不正当竞争法》规定有下列情形之一的，不属于不正当竞争行为：①销售鲜活商品；②处理有效期限即将到期的商品或者其他积压的商品；③季节性降价；④因清偿债务、转产、歇业降价销售商品。

9.3.4.8　搭售行为

搭售行为也称捆绑销售，是指经营者在销售商品时，违背购买者的意愿搭售商品或者附加其他不合理的条件的行为。

搭售行为一般是销售者具有经济上或者技术上的优势，在销售某种商品时，强迫对方购买其不需要、不愿意购买的商品或者接受其他不合理的条件，这违反了公平原则，既影响了购买者的自由选择商品，也导致竞争对手交易机会减少，是与公平的市场竞争法则相悖的。

9.3.4.9　违反规定的有奖销售

有奖销售，是指经营者销售商品或者提供服务，附带性地向购买者提供物品、金钱或者其他经济上的利益的行为。

国家工商局制定了《关于禁止有奖销售活动中不正当竞争行为的若干规定》，对违反规定的有奖销售作了进一步的规定，违反规定的有奖销售是指经营者违反法律规定而进行的不正当的有奖销售行为。有奖销售是一种促销手段，但有奖销售不得违反法律的规定。

《反不正当竞争法》规定，经营者不得从事下列有奖销售：

（1）采用谎称有奖或者故意让内定人员中奖的欺骗方式进行有奖销售。国家工商局明令禁止下列欺骗性有奖销售行为：①谎称有奖销售或者对所设奖的种类，中奖，最高奖金额，总金额，奖品种类、数量、质量、提供方法等作虚假不实的宣传。②采取不正当的手段故意让内定人员中奖。③故意将设有中奖标志的商品、奖券不投放市场或者不与商品、奖券同时投放市场；故意将带有不同奖金金额或者奖品标志的商品、奖券按不同时间投放市场。④其他欺骗性有奖销售行为。

（2）利用有奖销售的手段推销质次价高的商品。"质次价高"，由工商行政管理机关根据同期市场同类商品的价格、质量和购买者的投诉进行认定，必要时会同有关部门认定。

（3）抽奖式的有奖销售，最高奖的金额不得超过 5000 元。奖励所有购买者的附赠式有奖销售和奖励部分购买者的抽奖式有奖销售，凡以抽签、摇号等带有偶然性的方法决定购买者是否中奖的，均属于抽奖方式。经政府或者政府有关部门依法批准的有奖募捐及其他彩票发售活动，不适用《反不正当竞争法》的有关规定。

《反不正当竞争法》规定经营者不得从事奖励金额超过 5000 元的抽奖式有奖销售，其根本目的是禁止经营者利用消费者的投机心理来诱导消费者的市场选择，以鼓励和促进经营者开展质量、价格、服务方面的公平竞争，维护市场竞争秩序。

国家工商局指出，一些经营者在促销活动中，以轿车的使用权、聘为消费顾问并给予高薪等方式作为奖励推销商品，或者利用社会福利彩票、体育彩票设置的高额奖励来销售商品，这些行为都极易诱发消费者的投机心理，影响和干扰消费者正常选择商品，妨碍质量、价格和服务等方面的公平竞争，不利于市场竞争机制的建立，不正当竞争的恶性明显。尽管这些行为的名目和表现形式复杂多样，但都属于典型的企图规避法律的做法，其本质上仍属于《反不正当竞争法》规范的不正当竞争行为。因此，下列行为均应禁止：①经营者以价格超过 5000 元的物品的使用权作为奖励的，不论使用该物品的时间长短。②经营者以提供就业机会、聘为各种顾问等名义，并以解决待遇，给付工薪等方式设置奖励，不论奖励现金、物品（包括物品的使用权）或者其他经济利益，也不论是否要求中奖者承担一定义务，最高奖的金额（包括物品的价格、经济利益的折算）超过 5000 元的。③经营者单独或与有关单位联合利用社会福利彩票、体育彩票设置奖励推销商品，最高奖的金额超过 5000 元的。

9.3.4.10　诋毁商誉行为

诋毁商誉行为是指经营者捏造、散布虚伪事实，损害竞争对手的商业信誉、商品声誉的行为。诋毁商誉是公认的违背商业道德和市场竞争规则的行为。

商业信誉对经营者至关重要，它直接关系到经营者在社会经营活动的地位、尊严和成败。随着市场经济的发展，人们对商誉越来越重视，良好的商业信誉可以使经营者生意兴隆，不好的商誉可以使经营者被市场淘汰出局。诋毁商业信誉的行为会使他人的商业信誉受到损失，最终造成他人经济利益的损失。因此，法律对此严加禁止。

9.3.4.11　通谋投标行为

通谋投标是指投标者串通投标，抬高标价或者压低标价，以及投标者和招标者相互勾结，排挤竞争对手的公平竞争的行为。

为规范招标投标行为，1999 年 8 月 30 日第九届全国人民代表大会常务委员会第十一次会议通过《中华人民共和国招标投标法》，该法自 2000 年 1 月 1 日起施行。对招标、投标、开标、评标和中标以及法律责任作了详细的规定。

国家工商局依据《反不正当竞争法》的有关规定，制定了《关于禁止串通招标投标行为的暂行规定》。该规定适用于建设工程承包、成套设备或者其他商品的购买、企业承包经营和租赁经营、土地使用权出让、经营场所出租等领域进行招标投标中的串通招标投标行为。

招标，是指招标者为购买商品或者让他人完成一定的工作，通过发布招标通知或者投标邀请书等形式，公布特定的标准和条件，公开或者书面邀请投标者投标，从中选择中标者的行为。实施招标行为的人为招标者。

投标，是指投标者按照招标文件的要求，提出自己的报价及相应条件的行为。实施投标行为的人为投标者。

串通招标投标，是指招标者与投标者之间或者投标者与投标者之间采用不正当手段，对招标投标事项进行串通，以排挤竞争对手或者损害招标者利益的行为。

投标者不得违反《反不正当竞争法》第15条第1款的规定，实施下列串通投标行为：①投标者之间相互约定，一致抬高或者压低投标报价；②投标者之间相互约定，在招标项目中轮流以高价位或者低价位中标；③投标者之间先进行内部竞价，内定中标人，然后再参加投标；④投标者之间其他串通投标行为。

投标者和招标者不得进行相互勾结，实施下列排挤竞争对手的公平竞争的行为：①招标者在公开开标前，开启标书，并将投标情况告知其他投标者，或者协助投标者撤换标书，更改报价；②招标者向投标者泄露标底；③投标者与招标者商定，在招标投标时压低者或者抬高标价，中标后再给投标者或者招标者额外补偿；④招标者预先内定中标者，在确定中标者时以此决定取舍；⑤招标者和投标者之间其他串通招标投标的行为。

9.3.5 对不正当竞争行为的监督检查

9.3.5.1 监督检查的部门

《反不正当竞争法》指出，各级人民政府应当采取措施，制止不正当竞争行为，为公平竞争创造良好的环境和条件。县级以上人民政府工商行政管理部门对不正当竞争行为进行监督检查；法律、行政法规规定由其他部门监督检查的，依照其规定。

国家鼓励、支持和保护一切组织和个人对不正当竞争行为进行社会监督。国家机关工作人员不得支持、包庇不正当竞争行为。

9.3.5.2 监督检查部门的职权

县级以上监督检查部门对不正当竞争行为，可以进行监督检查。监督检查部门在监督检查不正当竞争行为时，有权行使下列职权：①按照规定程序询问被检查的经营者、利害关系人、证明人，并要求提供证明材料或者与不正当竞争行为有关的其他资料；②查询、复制与不正当竞争行为有关的协议、账册、单据、文件、记录、业务函电和其他资料；③检查与《反不正当竞争法》规定的不正当竞争行为有关的财物，必要时可以责令被检查的经营者说明该商品的来源和数量，暂停销售，听候检查，不得转移、隐匿、销毁该财物。

监督检查部门在监督检查不正当竞争行为时，被检查的经营者、利害关系人和证明人应当如实提供有关资料或者情况。

9.3.6　违反《反不正当竞争法》的法律责任

《反不正当竞争法》对经营者违反该法的规定应承担的责任作了明确的规定，包括民事责任、行政责任、刑事责任等。

9.3.6.1　民事责任

给被侵害的经营者造成损害的，应当承担损害赔偿责任，被侵害的经营者的损失难以计算的，赔偿额为侵权人在侵权期间因侵权所获得的利润；并应当承担被侵害的经营者因调查该经营者侵害其合法权益的不正当竞争行为所支付的合理费用。

被侵害的经营者的合法权益受到不正当竞争行为损害的，可以向人民法院提起诉讼。

9.3.6.2　行政责任

对经营者的行政处罚包括没收违法所得、罚款；停止违法行为，消除影响，吊销营业执照等。

9.3.6.3　刑事责任

销售伪劣商品、商业贿赂、侵犯商业秘密等行为情节严重构成犯罪的，依法追究刑事责任。监督检查不正当竞争行为的国家机关工作人员徇私舞弊，对明知有违反《反不正当竞争法》规定构成犯罪的经营者故意包庇不使其受追诉的，依法追究刑事责任。

思　考　题

1. 什么是不正当竞争？不正当竞争行为有何特征？
2. 什么是垄断？为什么要对垄断行为进行法律调整？
3. 我国《反不正当竞争法》规定了哪些行为属不正当竞争行为？
4. 我国《反垄断法》规定了哪些行为属于垄断行为？

案 例 分 析

【案情简介】①

　　1994 年 7 月至 8 月，中国青年旅行总社（以下简称青旅社）欧美部的十余名业务骨干以出国留学、探亲、陪读等虚假事实为由，未办理调动手续，相继携带工作中使用、保管的青旅社的客户档案，投奔中国旅行总社（以下简称中旅社）。中旅社以这些人员组建了本社欧美二部，并以这些员工掌握的原客户档案与国外客户联系，致使青旅社国外客户在一周时间内取消了原订 1994 年 8 月至 12 月旅游团队 151 个，占原订团队总数的 2/3，减少计划收入人民币 2196.4 万元，利润损失 353 万元。截至 1994 年 9 月 19 日，中旅社已实际接待二十余个国外来华旅游团队。经制止无效，青旅社于 1994 年 9 月 13 日向北京市中级人民法院起诉，请求法院制止被告的不正当竞争行为，要求被告归还其客户档案，赔偿经济损失 300 万元。

　　被告答辩称：旅游业中，改变旅游团队计划是常见的。客户档案系指国外旅游机构的地址、电话、传真资料等，国外报纸广告上随处可见，无秘密可言。原告员工来本社工作，属合理的人才流动。原告的诉讼请求不符合事实，人民法院应予驳回。

【问题】

　　客户档案是否是商业秘密？中旅社的行为是否构成不正当竞争？

---

　　① 案例来源：最高人民法院网站，www.court.gov

第 10 章　合同法律制度

课程要求：通过本章的学习，掌握合同的概念、合同订立的方式、合同的一般条款、合同的效力、合同的履行、合同的变更与转让、违约责任等合同法的基本理论和基本知识；能够起草简单的合同，运用所学知识解决一般的合同纠纷。

10.1　概　　述

10.1.1　合同概述

10.1.1.1　合同的概念

合同是当事人之间设立、变更或者终止权利义务关系的协议。合同这一概念有广义和狭义之分。广义的合同不仅包括以民事权利义务为内容的合同，还包括行政法上的合同、劳动法上的合同甚至国际法上的国家合同等，即广义的合同概念包含了所有法律性质的权利义务的协议关系。而狭义的合同是指当事人之间设立、变更或终止民事权利义务关系的协议。《中华人民共和国合同法》（以下简称《合同法》）就采取了狭义的合同概念。《合同法》对合同进行了界定："本法所称合同是平等主体的自然人、法人、其他组织之间设立、变更、终止民事权利义务关系的协议。"不仅如此，《合同法》还将合同这一概念的范畴进一步缩小到更为狭小的民事关系中的财产关系的层面，《合同法》还规定："婚姻、收养、监护等有关身份关系的协议，适用其他法律的规定。"

10.1.1.2　合同法律关系

1. 合同法律关系的构成

合同法律关系简称为合同关系，是指当事人因合同的订立、变更或者消灭所产生的权利义务关系。合同法律关系和一般的法律关系一样，也由主体、客体和内容三个要素构成。

合同关系的主体又称为合同的当事人，是指在合同关系中享有权利或者承担义务的人，包括债权人和债务人。《合同法》第 2 条规定，合同当事人分为三类，即自然人、法人和其他组织。

合同关系的客体是指合同关系中权利义务所指向的对象。如果说物权的客体是物，合同债权的客体则主要是行为。当有些合同关系中债务人的行为与物紧密联系在一起的时候，如买卖合同中的客体是交付买卖标的物的行为，因合同债权人不能直接支配标的物，只能请求债务人履行特定行为，因此我们可以将合同关系的客体限定为债务人所应为的行为。

合同关系的内容是合同当事人享有的权利（债权）和应承担的义务（债务）。合同的债权是指债权人依据合同约定或者法律规定可以请求债务人为一定行为或者不为一定行为的资格和权利；债务则是指债务人依据合同约定或者法律规定必须为一定行为或者不为一定行为的责任。

2. 合同法律关系的相对性

合同的相对性是合同关系不同于物权关系、人身权关系、知识产权关系等法律关系的重要特点。所谓合同的相对性，是指合同关系主要发生在特定的合同当事人之间，只有合同的债权人能够依据合同或法律向债务人提出请求或者提起诉讼，也只有合同的债务人有义务向债权人履行债务、承担责任，而第三人不能对合同当事人享有合同债权，也不向合同当事人承担合同债务与责任。但合同或者法律作出例外规定的除外。

10.1.1.3 合同的分类

合同的分类是指按照一定的标准划分出合同的各种类型。根据合同划分标准的不同，可对合同作如下几种分类。

1. 有名合同与无名合同

这是根据合同在法律上有无名称和专门规定所进行的分类。有名合同又称典型合同，是指法律为其确定了特定的名称和规则的合同，即指法律加以规范，并赋予一定名称的合同。《合同法》规定了 15 种有名合同：买卖合同；供用电、水、气、热力合同；赠与合同；借款合同；租赁合同；融资租赁合同；承揽合同；建设工程合同；运输合同；技术合同；保管合同；仓储合同；委托合同；行纪合同；居间合同。无名合同是指法律尚未特别规定的合同。

2. 双务合同与单务合同

这是根据当事人是否互负义务所进行的分类。双务合同是指当事人双方相互承担对待给付义务的合同，也即双方的义务具有对应关系，一方的义务就是对方的权利，反之亦然，一方承担义务的目的就是为了获取对应的权利。单务合同是指只有一方当事人承担给付义务的合同，主要是一方享有权利而另一方承担义务，不存在具有对待给付性质的权利和义务。

3. 有偿合同与无偿合同

这是根据当事人之间的权利义务是否存在对价关系所进行的分类。有偿合同是指当事人之间互为对价给付的合同，即一方通过履行合同义务而给对方某种利益，同时对方要获得这种利益必须为此支付相应的代价。无偿合同是指当事人之间没有对价给付关系的合同，即一方履行义务使得对方获得某种利益，而对方并不支付任何代价。

4. 诺成合同与实践合同

这是根据合同的成立是否以交付标的物为必要条件而进行的分类。诺成合同是指当事人意思表示一致就可以成立的合同。诺成合同不以标的物的交付为合同成立的要件。实践合同是指除双方当事人意思表示一致外还需要交付标的物才能成立的合同。

5. 要式合同与不要式合同

这是根据法律对合同的形式是否有特殊要求所进行的分类。要式合同是指法律规定应当采取一定形式的合同。不要式合同则是法律对合同形式未作要求而由当事人任意选择的合同。

6. 主合同与从合同

这是根据合同的主从关系而进行的分类。主合同是指能够独立存在、不以其他合同的存在为存在条件的合同；从合同是指不具有独立性而以其他合同的存在为存在前提的合同，又称为"附属合同"。

10.1.2　合同法概述

10.1.2.1　合同法的概念

一般地说，合同法是指调整合同法律关系的法律规范的总称，或者说，合同法是调整平等的市场主体之间的交易关系的法律规范的总称。

合同法分为广义的合同法和狭义的合同法。广义的合同法不限于专门法典意义上的合同法，还包括散见于各种法律规定之中的合同法律规范，如《中华人民共和国民法通则》（以下简称《民法通则》）中关于合同制度的规定，《中华人民共和国专利法》（以下简称《专利法》）中规定的专利转让、专利许可使用等合同；狭义的合同法是指由立法机关制定的、具有系统性和科学性的、以"合同法"命名的基本法，可以称为合同法典。《中华人民共和国合同法》就属于合同法典。

10.1.2.2　合同法的基本原则

《合同法》第一章对合同法的基本原则作了规定，这些原则可以概括为六项，即平等原则，自愿原则，公平原则，诚实信用原则，合法原则以及法律约束力原则。

1. 平等原则

合同当事人法律地位平等原则，简称平等原则，《合同法》对该原则的表述为："合同当事人的法律地位平等，一方当事人不得将自己的意志强加给另一方。"

2. 自愿原则

《合同法》对这一原则表述为："当事人享有自愿订立合同的权利，任何单位和个人不得非法干预。"合同的自愿原则内容十分丰富，主要包括订立合同的自由、选择相对人的自由、决定合同内容的自由、变更和解除合同的自由、选择合同形式的自由、创设合同类型的自由。

3. 公平原则

《合同法》对这一原则表述为："当事人应当遵循公平原则确定各方的权利和义务。"公平原则是指本着社会公认的公平观念确定当事人之间的权利义务，它是进步和正义的道德观在法律上的体现，是法律的基本精神之一。

4. 诚实信用原则

《合同法》对这一原则表述为："当事人在行使权利、履行义务时应当遵循诚实信用的原则，不得有欺诈行为。"诚实信用原则简称诚信原则，主要是指当事人在订立、履行合同的全过程中，要抱着真诚的善意，相互协作、密切配合、言行一致，表里如一，正确、适当地行使合同规定的权利，全面履行合同规定的各项义务，不损害对方当事人和国家、集体、第三人以及社会公共利益。

5. 合法原则

《合同法》对这一原则表述为："当事人订立、履行合同，应当遵守法律、行政法规，尊重社会公德，不得扰乱社会经济秩序，损害社会公共利益。"

6. 法律约束力原则

《合同法》对这一原则的表述为："依法成立的合同，对当事人具有法律约束力。当事人应当按照约定履行自己的义务，不得擅自变更或者解除合同。""依法成立的合同，受法律保护。"

10.1.2.3　我国合同法的历史沿革

我国合同制度经历了一个曲折的发展过程。20 世纪 80 年代以来，全国人大先后颁布实施了《中华人民共和国经济合同法》、《中华人民共和国涉外经济合同法》、《中华人民共和国技术合同法》、《中华人民共和国民法通则》等法律，国务院还制定了 12 个与经济合同法、技术合同法配套的各类合同条例或者实施细则，我国合同法立法形成了经济合同法、涉外经济合同法、技术合同法三足鼎立的格局，这三大合同法共同构成了我国合同法体系的基本构架，它们在多年来的经济发展和对外交往中发挥了重大作用。但是，随着市场经济的进一步发展和改革开放的进一步深化，三足鼎立的合同立法格局越来越暴露出不足，进而不能满足调整现实合同关系的需要。1999 年 3 月 15 日，第九届全国人民代表大会第二次会议通过《中华人民共和国合同法》，该合同法于 1999 年 10 月 1 日起施行。

1999 年颁布并实施的合同法是在总结我国过去立法经验和吸取国外先进立法经验的基础上，针对我国经济生活中的实际而制定的一部法律，全面而准确地反映了社会主义市场经济的要求，它必将在我国今后的社会生活中发挥重要的作用。

10.2　合同的订立和成立

10.2.1　合同订立的概念

合同的订立，是指当事人之间为了设立、变更和终止相互之间的民事权利义务关系而进行协商并达成合意的行为和过程。合同的订立是合同法律关系发生、变更、终止整个过程中的一个重要阶段，没有当事人订立合同的行为，合同就不能成立和生效，合同当事人的权利义务关系也不能产生。

10.2.2　订立合同的主体

订立合同的主体是指实际订立合同的人，它与合同的主体之间既有联系又有区别。当事人为自己订立合同，则既是订立合同的主体，又承担合同的法律后果成为合同的主体，订立合同的主体与合同的主体这时完全统一；当事人委托他人为自己订立合同，则订立合同的主体是其委托的代理人，而承担合同法律后果的却是被代理人，这时，订立合同的主体与合同的主体相分离。因此，《合同法》规定："当事人订立合同，应当具有相应的民事权利能力和民事行为能力。当事人依法可以委托代理人订立合同。"同时，《合同法》还规定："本法所称合同是平等主体的自然人、法人、其他组织之间设立、变更、终止民事权利义务关系的协议。"根据这些规定，合同的订立主体包括以下几个方面。

10.2.2.1　自然人

自然人是因出生而取得独立法律人格的主体，是相对于法人的民事主体。自然人在社会生活中具有独立法律地位，是重要的民事活动主体，当然也是订立合同的当事人之一。自然人要成为订立合同的主体，还必须具备相应的民事权利能力和民事行为能力。

10.2.2.2　法人

法人在订立合同的时候是否具有主体资格主要是看合同内容是否在其权利能力和行为能力范围之内，即是否在法律赋予其业务范围或经营范围之内。

10.2.2.3　其他组织

其他组织是依法成立的从事生产经营活动或其他专门活动的非法人组织，如个人独资企业、合伙组织、企业法人的分支机构。其他组织没有被法律赋予法人资格，但是也可以在一定的范围内从事有关的活动，并对自己的行为后果承担相应的责任，因此，其他组织也被法律赋予了合同主体资格。其他组织的民事权利能力与民事行为能力是一致的，由法律赋予的业务范围或经营范围所决定。

10.2.2.4　代理人

自然人、法人和其他组织进行民事活动，都可以亲自实施或者通过代理人实施。在通过代理人订立合同时，代理人是订立合同的当事人，被代理人是合同权利义务的承担者即合同的当事人，这时实现了订立合同的当事人与合同的当事人的分离。

《民法通则》规定，代理人在代理权限内，以被代理人的名义实施民事法律行为，被代理人对代理人的代理行为承担民事责任。除具有人身关系性质的民事活动外，一般民事活动都可以实行委托代理。因此，《合同法》规定："当事人依法可以委托代理人订立合同。"

10.2.3　合同的形式

10.2.3.1　合同形式的概念

合同是当事人通过意思表示所达成的协议，而构成协议内容的意思表示必须通过一定的形式表现出来，合同的形式就是指表示合同内容的具体方式，或者说合同内容的外在表现形式。合同的形式是合同当事人合意即合同内容的外观形式或者载体，同时，合同的形式还具有证明客观合同的存在的作用，因此，合同形式在合同法上有重要的意义。

10.2.3.2　合同形式的种类

《合同法》规定："当事人订立合同，有书面形式、口头形式和其他形式。法律、行政法规规定采用书面形式的，应当采用书面形式。当事人约定采用书面形式的，应当采用书面形式。"可见，合同法采取了一种以合同形式自由为原则，以强制采用书面形式为补充的做法，除了法律特殊规定和当事人特别约定外，并不强行要求合同必须采取哪一种形式。

因表现形式的不同，合同形式可以分为三种：书面形式、口头形式和其他形式。

1. 书面形式

书面形式是指以文字等可以有形地再现合同内容的手段而订立的合同的形式。这种形式明确肯定，有据可查，对于防止争议和解决纠纷，摆脱"口说无凭"的状况，有积极意义。《合同法》对书面形式作了规定："书面形式是指合同书、信件和数据电文（包括电报、电传、传真、电子数据交换和电子邮件）等可以有形地表现所载内容的形式。"

2. 口头形式

口头形式是指当事人面对面地谈话或者通过通讯设备如电话交谈以对话方式达成的合同的形式。以口头形式订立合同的特点是直接、简便、快速。但由于口头形式缺乏书面文字依据，一旦发生纠纷，难以举证，不易分清责任。因此，为减少无谓的纷争和麻烦，大多数合同尤其是较为重要的合同提倡采取书面形式而不宜采取口头形式。

3. 其他形式

除了书面形式和口头形式，合同还可以其他形式成立。合同的其他形式是指当事人以语言、文字以外的其他手段进行意思表示，表现合同内容的合同形式。合同的其他形式主要是指通过行为订立合同的形式。

10.2.4　合同的条款

10.2.4.1　合同的一般条款

合同条款就是当事人协商确定的合同内容，是当事人约定的权利和义务。因此《合同法》规定了合同的一般条款。但是，《合同法》规定的这些条款只具有提示性和示范性，合同条款的具体内容可由当事人自己约定，通常包括《合同法》规定的这些一般条款，但不限于这些条款。不同的合同，其类型与性质的不同决定了其必备条款可能是不同的。比如，买卖合同中有价格条款，而在无偿合同（如赠与合同）中就没有此项。

《合同法》规定的合同的一般条款通常包括当事人的姓名或名称，住所，标的，数量，质量，价款或者报酬，履行期限、地点和方式，违约责任，解决争议的方法等。

另外，《合同法》还规定："当事人可以参照各类合同的示范文本订立合同。"示范文本只是当事人订立合同时的参考文件，对当事人并无强制力。

10.2.4.2　合同的格式条款

1. 格式条款的概念

一般合同的订立，是当事人之间进行充分协商后，制定出合同的整个内容。随着社会经济的发展，逐渐出现格式条款，即合同法所称的"当事人为了重复使用而预先拟定，并在订立合同时未与对方协商的条款"。格式条款的出现主要归因于对效率的追求及垄断的形成，这就使得格式条款有利有弊。格式条款的有利之处体现在对于大量重复发生的合同，不必多次重复缔约的全过程，从而达到节约交易时间、节省交易成本的目的；而其弊端则在于垄断企业在订立合同时，往往会利用自己的优势地位，制定有利于自己而不利于对方的格式条款。

2. 对格式合同的规制

由于格式条款有利有弊，法律对格式条款不能一概否认或者一概认同，《合同法》对格式条款主要从以下三方面加以规制：

（1）格式条款提供者的义务。采用格式条款订立合同的，提供格式条款的一方应当遵循公平原则确定当事人之间的权利和义务，并采取合理的方式提请对方注意免除或者限制其责任的条款，按照对方的要求，对该条款予以说明。

（2）格式条款无效的情形。根据《合同法》的规定，导致格式条款无效的情形主要有以下几种：

第一，格式条款具有一般合同条款无效的情形。

第二，格式条款中的免责规定是《合同法》规定的无效免责条款。

第三，格式条款具有对提供格式条款一方免除其责任、加重对方责任、排除对方当事人主要权利的情形。

（3）格式条款的解释和适用规则。对格式条款的理解发生争议的，应当按照通常理解予以解释。对格式条款有两种以上解释的，应当作出不利于提供格式条款一方的解释。格式条款和非格式条款不一致的，应当采取非格式条款。

10.2.5　合同订立的程序

当事人意思表示一致时，合同才能成立；当事人意思表示未达成一致，则无合同可言。意思表示一致就是所谓的合意，当事人合意的过程，即对合同内容协商一致的过程，是通过要约、承诺完成的。大量的合同是经过了一次又一次的讨价还价、反复协商才得以达成的。《合同法》规定："当事人订立合同，采取要约、承诺方式。"

10.2.5.1　要约

1. 要约的定义和构成要件

《合同法》规定，要约是希望和他人订立合同的意思表示。所谓意思表示，就是指把内心的想法通过外在的形式表现出来。要约就是将自己希望和他人订立合同的想法通过一定的形式（书面、口头、其他形式）表现出来。要约有时又被称为发盘、出盘、发价、出价或报价等。发出要约的人为要约人，接受要约的人为受要约人。

根据《合同法》的规定，要约的构成要件包括以下两方面内容：

（1）内容具体确定。由于要约一旦得到受要约人的承诺，合同就成立，因此要约应当具体确定，否则受要约人就算作出承诺表示同意，也会因要约的内容有欠缺而无法成立合同。因而，要约至少应当具有合同成立所必需的条款。

（2）表明经受要约人承诺，要约人即受该意思表示约束。要约人发出要约的目的是为了订立合同，因此，要约中应当表明，该要约经受要约人承诺，要约人即受该意思表示的约束。要约人在要约中的这种表明是其信守诺言的表现，也是合同法诚实信用原则的要求。要约的这一要件反映在文字中就是要约人必须采用一种肯定明确的语气表述其订立合同的意图，而不是似是而非、模棱两可。

2. 要约与要约邀请的区别

要约邀请，又称要约引诱，是邀请或者引诱他人向自己发出订立合同的要约的意思表示。要约与要约邀请有着明显的不同：第一，要约是要约人向他人发出的希望订立合同的意思表示，而要约邀请是希望他人向自己发出要约的意思表示。要约一经承诺，合同即告成立，双方都要受合同内容的约束，违反了合同的约定，要承担相应的法律责任。要约邀请不是一种希望与他人订立合同的意思表示，而是希望他人向自己发出一个要约的意思表示，它是一种不产生法律后果的事实行为。第二，要约是订立合同的一个必要的阶段，受要约人的承诺使得合同即告成立。而要约邀请是处于订立合同的准备阶段，不能由于对方的同意而达成合同。第三，正是由于前面两点，要约的内容必须具体明确，应包含合同的主要条款，而要约邀请则不必包括合同的主要条款。

《合同法》规定："要约邀请是希望他人向自己发出要约的意思表示。寄送的价目表、拍卖公告、招标公告、招股说明书、商业广告等为要约邀请。商业广告的内容符合要约规定的，视为要约。"

3. 要约的效力

要约的效力是指要约所产生的法律约束力即法律后果，包括对要约人的效力和对受要约人的效力两方面。要约对要约人的效力表现在要约生效后，直至要约失效，要约人要受到要约的约束，不得随意撤销和变更要约，而且一旦受要约人承诺，合同即告成立，要约人不得反悔。要约对受要约人的效力表现在要约生效后，受要约人获得了承诺的法律资格。这种地位或资格是受要约人的权利而非义务，如果受要约人对要约进行承诺，就使合同成立；如不进行承诺，受要约人也不承担任何义务，特别是不承担通知的义务。即使要约中规定受要约人不承诺应该通知，不通知视为承诺，这样的规定对受要约人也并无法律约束力。

要约对要约人和受要约人产生不同的法律效力，并且这种效力与要约的生效时间有着密切的联系，只有确定了要约生效的时间，才能确定要约人受要约内容约束的时间。要约的生效时间就是指要约开始对要约人产生约束力的时间，不同国家立法对要约生效的时间有不同的规定。《合同法》规定："要约到达受要约人时生效。"

4. 要约的撤回

要约的撤回，是指在要约发出之后，发生法律效力之前，要约人欲使该要约不发生法律效力而作出的意思表示。根据《合同法》规定，撤回要约的条件是撤回要约的通知在要约到达受要约人之前或者同时到达受要约人。

5. 要约的撤销

要约的撤销，是指要约人在要约发生效力之后而受要约人承诺之前，欲使该要约失去法律效力的意思表示。要约的撤销与要约的撤回不同，要约的撤回发生在要约生效之前，而要约的撤销发生在要约生效之后；要约的撤回是使一个未发生法律效力的要约不发生法律效力，要约的撤销是使一个已经发生法律效力的要约失去法律效力；要约撤回的通知只要在要约到达之前或者与要约同时到达就发生效力，而要约撤销的通知要在受要约人发出承诺通知之前到达受要约人，并且要约撤销通知即使是在受要约人发出承诺通知之前到达受要约人也不一定就发生效力，因为在法律规定的特别情形下，要约是不得撤销的。

《合同法》对要约不得撤销的情形作了规定：一是要约中明确规定了承诺期限或者以其他形式明示要约不可撤销的；二是受要约人有理由认为要约是不可撤销的，并且已经为履行合同作了准备工作。这样的规定既有利于要约人根据情况变化对订立合同作出灵活的决定，又有利于保障受要约人的利益不受损害。

6. 要约的失效

要约的失效，也称为要约的消灭或者要约的终止，是指要约丧失法律效力，要约人与受要约人均不再受到其约束。要约人不再承担接受承诺的义务，受要约人也不再享有通过承诺使合同得以成立的权利。《合同法》规定，有下列情形之一的，要约失效：①拒绝要约的通知到达要约人时；②要约人依法撤销要约；③要约中确定的承诺期限届满，受要约人未作出承诺的；④受要约人对要约的内容作出实质性变更的。

10.2.5.2　承诺

1. 承诺的概念和构成要件

所谓承诺，是指受要约人同意接受要约的全部条件以缔结合同的意思表示。承诺是相对要约而言的，承诺也称为"接受"。《合同法》对承诺下的定义为："承诺是受要约人同意要约的意思表示。"

承诺的构成要件包括：①承诺必须由受要约人作出。②承诺须向要约人作出。③承诺必须是对要约的内容作出完全同意的意思表示，也即承诺的内容须与要约保持一致。承诺必须是对要约完全的同意。《合同法》规定，"承诺的内容应当和要约的内容一致。受要约人对要约的内容作出实质性变更的，为新要约"。④承诺必须在要约的有效期内作出。《合同法》规定："承诺应当在要约确定的期限内到达要约人。要约没有确定承诺期限的，承诺应当依照下列规定到达：

（一）要约以对话方式作出的，应当即时作出承诺的意思表示，但当事人另有约定的除外；（二）要约以非对话方式作出的，承诺应当在合理期限内到达要约人。"

2. 承诺的方式

承诺方式是指，受要约人将其承诺的意思表示传达到要约人所采用的方式。《合同法》对承诺方式作出了规定："承诺应当以通知的方式作出，但根据交易习惯或者要约表明可以通过行为作出承诺的除外。"据此，承诺原则上应当以通知方式作出，以行为方式作出为例外。

（1）通知方式。通知的方式是一种明示的方式，是以书面或者口头的方式明确作出承诺的意思表示。通知包括书面通知或者口头通知。要约中对通知的方式有要求的，如必须采取书面通知的方式，就需要按照该要求予以通知，否则承诺无效。

（2）通知以外的承诺方式。通知以外的承诺方式即"根据交易习惯或者要约表明可以通过行为作出承诺"，这是承诺必须以通知的明示方式作出的例外情形。在这种情形下，行为也可以作为承诺的意思表示方式。

3. 承诺的生效

承诺生效的时间直接决定了合同成立的时间，承诺生效之时，合同即告成立。关于承诺生效的时间问题，正如前面所讲的要约的生效一样，各国法律规定不尽一致。我国的《合同法》对承诺的生效问题采取了到达主义的做法，规定"承诺通知到达要约人时生效"，同时还规定，"承诺不需要通知的，根据交易习惯或者要约的要求作出承诺的行为时生效"。

4. 承诺的撤回

承诺的撤回，是指承诺人在承诺发出之后但未生效之前，取消承诺使其不发生法律效力的意思表示。《合同法》规定："承诺可以撤回，但撤回承诺的通知应当在承诺生效之前或者与承诺通知同时到达要约人。"这与要约的撤回类似。承诺一经撤回后，即不发生承诺的效力，也就阻止了合同的成立。

5. 承诺的迟到

承诺的迟到，也称逾期的承诺，是指受要约人超过承诺人所要求的承诺期限所发出的承诺。承诺的迟到从原因上来讲可以分为两种：由于受要约人的原因而超过了承诺期限的承诺；由于非要约人的原因而超过了承诺期限的承诺。《合同法》对承诺这两种迟到的法律后果的规定不完全相同。

（1）受要约人超过承诺期限发出承诺的，除要约人及时通知受要约人该承诺有效的以外，为新要约。

（2）受要约人在承诺期限内发出承诺，按照通常情形能够及时到达要约人，但因其他原因承诺到达要约人时超过承诺期限的，除要约人及时通知受要约人因承诺超过期限不接受该承诺的以外，该承诺有效。

6. 承诺的内容

承诺的内容应当与要约的内容一致。但是，实践中承诺的内容往往与要约的内容不一致，《合同法》根据具体情况分别作了规定。

（1）实质变更要约内容的承诺。承诺的内容应当与要约的内容一致。受要约人对要约的内容作出实质性变更的，为新要约。有关合同标的、数量、质量、价款或者报酬、履行期限、履行地点和方式、违约责任和解决争议方法等的变更，是对要约内容的实质性变更。

（2）非实质变更要约内容的承诺。承诺对要约的内容作出非实质性变更的，除要约人及时表示反对或者要约表明承诺不得对要约的内容作出任何变更的以外，该承诺有效，合同的内容以承诺的内容为准。

10.2.6　合同的成立

10.2.6.1　合同成立的概念

合同的成立是指合同当事人就合同的主要条款达成一致从而在当事人之间形成合同权利义务关系的法律后果。合同成立是合同订立过程的结果，《合同法》对合同成立的时间、地点等进行了规定。

10.2.6.2　合同成立的时间

《合同法》规定："承诺生效时合同成立。"据此，合同自承诺生效时成立。承诺的效力正是导致合同成立，从而在合同当事人之间形成合同约定的权利义务关系。除了这个一般规定以外，《合同法》还对特殊形式的合同成立进行了专门规定。《合同法》规定，当事人采用合同书形式订立合同的，自双方当事人签字或者盖章时起合同成立。当事人采用信件、数据电文等形式订立合同的，可以在合同成立之前要求签订确认书，签订确认书时合同成立。法律、行政法规规定或者当事人约定采用书面形式订立合同，当事人未采用书面形式但一方已经履行主要义务，对方接受的，该合同成立。采用合同书形式订立合同，在签字或者盖章之前，当事人一方已经履行主要义务，对方接受的，该合同成立。

10.2.6.3　合同成立的地点

合同成立的地点也叫合同签订地，合同成立的地点的确定对于解决合同纠纷时明确诉讼管辖地、适用法律等问题有着十分重要的意义。《合同法》对合同成立的地点作出了规定。对于一般的合同，承诺生效的地点就是合同成立的地点；对于采用数据电文形式订立的合同，收件人的主营业地为合同成立的地点；没有主营业地的，其经常居住地为合同成立的地点；对于采用合同书形式订立的合同，双方当事人签字或者盖章的地点就是合同成立的地点。

10.2.7　缔约过失责任

10.2.7.1　缔约过失责任的含义

缔约过失责任，就是订立合同过程中因过错而承担的责任，是指订立的合同的当事人由于过错违反先合同义务而依法承担的民事责任，是先合同义务的缔约人承担缔约过失责任的前提。所谓先合同义务，是根据诚实信用原则，要求缔约当事人在订立合同的过程中应履行的注意义务，包括当事人之间的相互协助、通知等义务。当事人在合同订立过程中，因过错违反法律规定的先合同义务就应当向对方承担缔约过失责任。

10.2.7.2　承担缔约过失责任的法定情形

根据《合同法》的规定，缔约过失责任主要有以下几种类型：①假借订立合同，恶意进行磋商。②在订立合同中故意隐瞒重要事实或者提供虚假情况。③泄露或不正当使用商业秘密。④其他违背诚实信用原则的行为。

10.3　合同的效力

10.3.1　合同效力概述

10.3.1.1　合同效力的含义

合同的效力就是已经成立的合同在当事人之间产生的一定的法律约束力。由合同的相对性决定，合同的法律效力原则上应局限于合同当事人之间，即只有合同当事人才能享有基于合同所产生的权利并承担根据合同所产生的义务，而当事人一方只能向对方行使权利并要求其承担义务，不能请求第三人承担合同上的义务，第三人也不得向合同当事人主张合同上的权利和承担合同上的义务。

10.3.1.2　合同成立与合同生效的区别

在合同效力制度中，一个很重要的理论问题是合同成立与合同生效之间的关系。合同的成立与生效有着密切的联系。合同成立是合同生效的前提，合同没有成立当然不可能发生法律效力；合同生效是合同依法成立的结果和当事人订约的目的，如果合同不能生效，就算合同已经成立也等于一纸空文，无法实现当事人订立合同的目的。

然而，合同成立与合同生效确实属于不同的法律范畴。合同成立意味着合同当事人就合同的主要条款达成合意，合同生效则意味着已经成立的合同在当事人之间产生法律约束力。合同的成立是指当事人之间就合同的主要条款达成了协议，客观上产生了合同关系，它是回答合同是否存在的问题；合同的生效则是业已成立的合同因符合有效要件而具有法律约束力，是回答合同的内容和形式是否符合法律规定、从而是否受到法律保护的问题。合同的成立属于事实判断，着眼于合同关系事实上是否存在，当事人之间是否就合同的内容达成了合意；而合同的生效属于法律的价值判断，是对已经成立的合同是否具有法律约束力的一种法律价值衡量，着眼于当事人订立的合同是否符合法律的要求，法律是否认可合同的效力。合同的成立主要表现了当事人的意志，而合同的效力则体现了国家对合同的评价和干预。

10.3.2　合同的生效

10.3.2.1　合同的生效要件

合同的生效要件是指已经成立的合同产生法律效力应当具备的条件。《民法通则》规定了民事法律行为应当具备的条件，合同是民事法律行为的一种，因此这些条件也适用于合同的生效。

1. 订立合同的主体合格

订立合同的主体合格是指订立合同的主体应当具有同订立的合同相适应的民事权利能力和民事行为能力。订立合同的主体包括自然人、法人和其他组织，不同主体订立合同要求具有的民事权利能力和民事行为能力是不一样的。

2. 当事人意思表示真实

意思表示真实是由合同法的当事人平等原则、订立合同的自愿原则派生出来的，只有当事人自觉自愿订立合同才是意思表示真实。意思表示是否真实将直接影响合同的效力。意思表示不真实有两种情况，一是由于当事人自身的原因，如错误判断等原因而作出的不真实的意思表示；二是由于当事人以外的原因，如对方的欺诈、胁迫等原因导致作出不真实的意思表示。关于意思表示不真实的合同的效力，合同法没有一概认定为无效，而是根据不同情况对其法律后果进行规定，有的规定为无效，有的则规定为可撤销、可变更。

3. 不违反法律和社会公共利益

只有不违反法律或社会公共利益，当事人以合同形式表现出来的个体意志才与以法律表现出来的国家意志不相冲突，合同才能得到法律的保护从而才可能实现订立合同的目的。根据合同法的有关规定，不违反法律主要是指不违反法律和行政法规的强制性规定。不违反社会公共利益是一个抽象的、弹性很大的概念，包括社会公共道德和善良风俗。内容违反法律和社会公共利益的合同是无效合同。

10.3.2.2　合同的生效时间

1. 一般规定

《合同法》规定："依法成立的合同，自成立时生效。法律、行政法规规定应当办理批准、登记等手续生效的，依照其规定。"

据此，对合同的生效时间法律从一般情况和特别情况两方面进行了规定。一般情况下，依法成立的合同，自成立时生效。这时，合同的成立和生效时间是相同的。特殊情况下，法律、行政法规规定应当办理批准、登记等手续的，自批准、登记时生效。这时，合同依法成立在先，生效在后。

2. 附条件的合同

所谓附条件的合同，是指合同的双方当事人在合同中约定某种事实状态，并以其将来发生或者不发生作为合同生效或者不生效的限制条件的合同。

《合同法》规定："当事人对合同的效力可以约定附条件。附生效条件的合同，自条件成就时生效。附解除条件的合同，自条件成就时无效。"据此，附条件的合同根据所附条件为生效条件还是解除条件从而效力情况不同。

由于附条件的合同的生效或者终止的效力取决于所附条件的成就或者不成就，而且所附条件事先是不确定的，因此，任何一方均不得以违反诚实信用原则的方法恶意地促成条件或者阻止条件的成就。《合同法》规定："当事人为自己的利益不正当地阻止条件成就的，视为条件已成就；不正当地促成条件成就的，视为条件不成就。"

3. 附期限的合同

附期限合同的期限是指将来肯定能够发生的由当事人约定的期限。

《合同法》规定："当事人对合同的效力可以约定附期限。附生效期限的合同，自期限届至时生效。附终止期限的合同，自期限届满时失效。"据此，根据合同所附的期限是生效期限还是终止期限，从而合同效力有所不同。

10.3.3　欠缺生效要件的合同

合同生效必须具备生效条件，如果欠缺生效条件，合同的效力就会受到影响，会产生无效合同、可变更撤销合同和效力待定合同。

10.3.3.1　无效合同

1. 无效合同的定义和特征

无效合同是指合同虽已成立但因为不具备合同的有效要件且不能补救，对当事人自始即不应具有法律约束力的合同。无效合同的特征为：

（1）不具备合同的有效要件且不能补救。在合同生效的三个要件中，对于不具备意思表示真实要件的合同，如果该合同损害了国家利益，则无法补救；对于违反法律、行政法规强制性规定和社会公共利益要件的合同，也无法补救。不具备合同的有效要件且不能补救的合同只能被确认为无效。

（2）自始无效。依法成立的合同，自合同成立时起对当事人有法律约束力，而无效的合同是不受法律承认和保护的合同，从订立合同之时就不具有法律约束力，即自始无效。一旦合同被确认为无效，尚未履行的，不得履行，已经履行的，应采取措施使当事人的财产关系恢复到订立之初的状态。

（3）绝对无效。无效合同具有违反了合同有效的要件且不能得到补救，法律不予承认和保护，不发生法律效力，这样的合同是通过任何途径都不能将其变为有效，是绝对的无效。

2. 合同无效的原因

导致合同无效的情形有以下五种：①一方以欺诈、胁迫手段订立合同，损害国家利益。②恶意串通，损害国家、集体或第三人利益。③以合法形式掩盖非法目的。④损害社会公共利益。⑤违反法律、行政法规强制性规定。

3. 无效条款

合同无效按照无效的范围可以分为全部无效和部分无效。对于部分无效合同，无效以外的部分仍然有效，当事人应当如约履行合同有效部分。这里所称的无效条款，就是指部分无效合同中的无效合同条款。

《合同法》仅就免责条款的无效作出了规定，合同中的下列免责条款无效：①造成对方人身伤害的；②因故意或者重大过失造成对方财产损失的。

10.3.3.2　可变更、可撤销合同

1. 可变更、可撤销合同的概念

所谓可变更、可撤销合同，是指因意思表示不真实，通过有变更权、撤销权的当事人行使变更权、撤销权，使已经生效的内容发生变化或者归于无效的合同。

2. 可变更、可撤销合同的情形

《合同法》规定了可变更、可撤销合同的三种情形：①因重大误解而订立的合同；②在订立合同时显失公平的；③一方以欺诈、胁迫的手段或者乘人之危，使对方在违背真实意思的情况下订立的合同，受损害方有权请求人民法院或者仲裁机构变更或者撤销。

对于这三种情形应当正确地理解。如果理解过宽，会被因订立合同而承担正当商业风险的当事人用来变更或者撤销合同，不承担自己应当承担的正常风险，破坏合同的诚实信用原则；如果解释过严，又不能保障重大误解或者显失公平的当事人的合法权益，破坏合同的公平原则。

3. 撤销权的消灭

撤销权是一种权利，具有撤销权的当事人既可以行使撤销权，也可以放弃撤销权，或者因为一定时间的经过使得撤销权消灭。《合同法》对撤销权的消灭原因规定了两种情形：①有撤销权的当事人自知道或者应当知道撤销权事由之日起1年内没有行使撤销权的，撤销权消灭。②有撤销权的当事人自知道撤销权事由后明确表示或者以自己的行为放弃撤销权的，撤销权消灭。

4. 无效合同和被撤销合同的法律后果

无效合同与可撤销的合同被撤销的法律后果相似，所以放在一起讨论。

无效的合同或者被撤销的合同自始没有法律约束力。也就是说，合同被确认无效或者被撤销后，将导致合同自始无效。合同无效就不能产生当事人订立合同所预期的法律效果，但并不是不产生任何法律后果，当事人仍应负相应的民事责任。《合同法》对无效合同与被撤销合同的法律后果作出了规定：

（1）返还财产。因为履行无效或被撤销的合同而取得的财产，应当返还。已经交付财产的当事人对该财产有返还请求权，已经接受该财产的当事人则有返还财产的义务。对于不能返还或者没有必要返还的，应当采取折价补偿的方式。

（2）赔偿损失。由于当事人一方或者双方的过错导致合同无效或被撤销，有过错的一方应当赔偿对方因此所受到的损失，双方都有过错的，应当各自承担相应的责任。如果合同无效是因为一方的过错，有过错的一方只有赔偿责任而无赔偿请求权，无过错的一方享有赔偿请求权；如果合同无效是由于双方过错，双方都有向对方请求赔偿损失的权利，应当各自承担相应的责任。

（3）特殊的法律后果——收归国有或者返还第三人。恶意串通，损害国家、集体或者第三人利益的合同被法律规定为无效合同，由于这种合同的订立目的是为谋取非法利益，因此法律对这种合同的法律后果的规定不是当事人之间返还财产、折价补偿、赔偿损失，而是由有关国家机关依法收缴双方所得的财产，收归国家所有或者返还给集体、第三人。

10.3.3.3　效力待定合同

1. 效力待定合同的概念

效力待定合同也称效力可追认的合同，是指合同主体资格欠缺，但经有权人追认即自始生效的合同。

效力待定合同，其缺陷为主体资格欠缺，与无效合同不同的是，这些合同中的瑕疵是可以补救的，即经过有权人追认，合同自始生效。《合同法》规定了效力待定合同，给当事人补正合同效力的机会，有利于保护权利人和相对人的合法权益，维护交易安全。

2. 效力待定合同的种类

（1）限制民事行为能力人订立的合同。限制民事行为能力人可以从事与其年龄、智力和精神健康状况相适应的行为，因此，《合同法》规定，限制民事行为能力人订立的与其年龄、智力、精神健康状况相适应的合同或者纯获利益的合同为有效合同，不需要得到其法定代理人的追认。但除了这些合同，限制行为能力人订立的其他合同，须经法定代理人的追认，合同方能有效。合同在被追认之前，效力处于待定状态。

（2）无权代理人订立的合同。无权代理人订立的合同是指不具有代理权的行为人以被代理人的名义与第三人订立的合同。无权代理包括行为人没有代理权、超越代理权或者代理权终止后以被代理人的名义为民事行为三种情形。行为人无代理权而以被代理人名义与第三人订立合同，对被代理人不应发生法律后果。只有当被代理人对无权代理人订立的合同予以追认，该合同才对被代理人发生效力。合同在被追认之前，效力处于待定状态。

（3）无处分权人订立的合同。无处分权人订立的合同是指对某项财产无处分权的人与他人订立的处分该财产的合同。行为人处分其有处分权的财产是合法行为因而是有效的，而行为人处分其无处分权的财产则不能当然有效，《合同法》规定，无处分权的人处分他人财产，经权利人追认或者无处分权的人订立合同后取得处分权的，该合同有效。

3. 权利人的追认权和相对人的催告权、撤销权

这里的权利人是指在效力待定合同中相对于限制行为能力人而言的法定代理人、相对于无权代理人而言的被代理人和相对于无处分权人而言的处分权人。在效力待定合同中，有权人的追认是至关重要的，如果权利人对该效力待定合同进行追认，则合同有效，不予追认，则合同无效。当然，无处分权人订立的合同除了处分权人的追认可以使得合同有效以外，无处分权人事后取得处分权也可以使合同产生法律效力。追认权是权利人的一项权利而非义务，有权人既可以作出追认，也可以拒绝追认。权利人的追认应当是以明示的、积极的方式作出，当相对人催告时权利人未作表示的沉默行为只能表示拒绝追认。

为了维护合同当事人权利的平衡，保护善意相对人的利益，《合同法》一方面规定效力待定的合同中权利人享有追认权，另一方面还赋予了合同的相对人以催告权和撤销权。

催告权是指相对人催告效力待定合同的法定代理人、被代理人等权利人在一定期限内（《合同法》规定为1个月）对合同作出追认的权利。相对人在行使这一权利后，法定代理人、本人应当如期作出追认的表示，如果法定代理人、本人未明示追认，则视为拒绝追认。

撤销权是指合同的善意相对人在效力待定合同的法定代理人、被代理人等权利人未追认限制行为能力人、无代理权人所订立的合同之前，撤销该合同的权利。

4. 不属于效力待定合同的两种特殊情形

（1）表见代理有效。所谓表见代理，是指被代理人的行为足以使善意相对人相信无权代理人具有代理权，基于这种信赖相对人与无权代理人进行交易，由此产生的法律后果由被代理人承担的代理。表见代理制度运用到合同法中，即《合同法》规定的：行为人没有代理权、超越代理权或者代理权终止后以被代理人名义订立合同，相对人有理由相信行为人有代理权的，该代理行为有效。

（2）代表行为有效。《合同法》规定："法人或者其他组织的法定代表人、负责人超越权限订立的合同，除相对人知道或者应当知道其超越权限的以外，该代表行为有效。"该条规定了代表行为有效。这就意味着即使法定代表人、负责人违反法人、其他组织的内部规定，超越权限与他人订立合同，此代表行为对法人、其他组织仍然有效并对此行为承担法律责任。合同有效则应履行，合同无效则应承担相应的法律后果。

10.4　合同的履行

10.4.1　合同履行的概念

合同的履行，是指合同成立并生效后，债务人全面地、适当地完成合同义务，债权人的合同权利得到完全地实现，从而使得合同债权债务关系归于消灭的过程。合同的履行是债务人全面而适当履行合同义务，使债权人实现其合同权利的统一。如果合同得到了全面依约履行，则合同关系自然消灭，这是合同最圆满的履行；如果合同未得到任何履行或者得到不完全、不适当的履行，则产生违约责任。

10.4.2　合同的履行原则

合同的履行原则，是当然在履行合同债务时应遵循的基本准则，这里就合同履行特有的原则进行阐述。

10.4.2.1　全面履行合同义务原则

全面履行合同义务原则又称正确履行原则、适当履行原则，是指合同当事人必须严格按照合同约定的主体、标的、质量、数量、价款或者报酬、履行期限、履行地点、履行方式等条款正确而完整地完成各自承担的合同义务的原则。

当合同对某些条款没有约定或者约定不明的时候，当事人应当依照合同法规定，合同生效后，当事人就质量、价款或者报酬、履行地点等内容没有约定或者约定不明确的，可以协议补充；不能达成补充协议的，按照合同有关条款或者交易习惯确定。依照上述原则仍不能确定的，适用下列规定：

（1）质量要求不明确的，按照国家标准、行业标准履行；没有国家标准、行业标准的，按照通常标准或者符合合同目的的特定标准履行。

（2）价款或者报酬不明确的，按照订立合同时履行地的市场价确定；依法应当执行政府定价或者政府指导价的，按照规定确定。执行政府定价或者政府指导价的，在合同约定的交付期限内政府价格调整时，按照交付时的价格计价。逾期交付标的物的，遇价格上涨时，按照原价格执行；价格下降时，按照新价格执行。逾期提取标的物或者逾期付款的，遇价格上涨时，按照新价格执行；价格下降时，按照原价格执行。

（3）履行地点不明确的，给付货币的，在接受货币一方所在地履行；交付不动产的，在不动产所在地履行；其他标的，在履行义务一方所在地履行。

（4）履行期限不明确的，债务人可以随时履行，债权人也可以随时请求履行，但应当给对方必要的准备时间。

（5）履行方式不明确的，按照有利于实现合同目的的方式履行。

（6）履行费用的负担不明确的，由履行义务一方负担。

10.4.2.2　协作履行原则

在合同履行过程中，当事人不仅应当按照合同约定全面履行自己的义务，而且应当遵循诚实信用的原则，根据合同的性质、目的和交易习惯履行通知、协助、保密等义务。前者就是全面履行合同约定义务的原则，后者就是协作履行原则。全面履行合同义务原则的履行对象是合同的约定义务，即合同已经约定和本应约定的义务。而协作履行原则的履行对象则是合同的附随义务，即无需约定但依照诚实信用原则当事人必须承担的义务，即遵循诚实信用的原则，根据合同的性质、目的和交易习惯履行通知、协助、保密等义务。合同法规定协作履行中当事人应当履行的附随义务包括以下几项：及时通知、协助、保密、防止损失扩大。

10.4.3　合同履行中的抗辩权制度

所谓抗辩权，是指债务人根据法定事由对抗或拒绝债权人的请求权的权利，又称异议权。抗辩权的重要功能在于通过行使这种权利而使对方的请求权消灭或者使对方的请求权的效力延期发生，前者被称为消灭的抗辩权或者永久的抗辩权，后者被称为延缓的抗辩权或者一时的抗辩权。这里所探讨的抗辩权乃延缓的抗辩权，即仅能使对方的请求权在一定期限内不能行使，这样的抗辩权包括三个内容：同时履行抗辩权、先履行抗辩权、不安抗辩权。这三个抗辩权组成了较为完整的抗辩权制度。

10.4.3.1　同时履行抗辩权

1. 概念和发生要件

同时履行抗辩权是指双务合同中当事人本应同时履行债务，但由于一方不履行或履行不符合约定，另一方因此而享有的拒绝对方要求自己履行相应合同义务的权利。《合同法》对同时履行抗辩权作出了规定："当事人互负债务，没有先后履行顺序的，应当同时履行。一方在对方履行之前有权拒绝其履行要求。一方在对方履行债务不符合约定时，有权拒绝其相应的履行要求。"

同时履行抗辩权的发生，需具备以下要件：①须由同一双务合同互负债务；②须双方互负的债务均已届清偿期；③须是一方未履行或者履行不符合约定。

2. 同时履行抗辩权的效力

同时履行抗辩权属于延期的抗辩权，只是暂时阻止对方当事人请求权的行使，非永久的抗辩权。既然同时履行抗辩权是一时的抗辩权，因此它将会消灭。同时履行抗辩权的消灭有以下两种情形：一是在行使同时履行抗辩权后，对方被迫完全履行了合同义务，则同时履行抗辩权因此消灭，当事人应当履行自己的义务。二是在一方行使了同时履行抗辩权后，如果对方仍不履行或者履行仍不符合约定，则行使同时履行抗辩权的一方可以行使解除权解除合同，这时，同时履行抗辩权同样归于消灭。

10.4.3.2　先履行抗辩权

1. 概念和发生要件

先履行抗辩权，是指在有先后履行顺序的双务合同中，应当先履行的一方当事人不履行合同义务或者履行义务不符合合同约定，到履行期限应后履行的一方当事人享有的拒绝先履行一方当事人要求自己履行相应合同义务的权利。《合同法》对先履行抗辩权作出了规定："当事人互负债务，有先后履行顺序，先履行一方未履行的，后履行一方有权拒绝其履行要求。先履行一方履行债务不符合约定的，后履行一方有权拒绝其相应的履行要求。"

先履行抗辩权发生的要件有：①须双方当事人的债务因同一个有先后履行顺序的双务合同而产生；②权利人是负有后履行义务的一方当事人；③须是先履行一方当事人未履行债务或者履行债务不符合约定。

2. 先履行抗辩权的效力

先履行抗辩权也属于延期的抗辩权，只是暂时阻止对方当事人请求权的行使，非永久的抗辩权。先履行抗辩权也是在两种情形出现的情况下发生效力的消灭：一是在行使先履行抗辩权后，对方被迫完全履行了合同义务，则先履行抗辩权因此消灭，当事人应当履行自己的义务。二是在行使了先履行抗辩权后，如果对方仍不履行或者履行仍不符合约定，则可以行使解除权解除合同，这时，先履行抗辩权同样归于消灭。

10.4.3.3　不安抗辩权

1. 不安抗辩权的概念和要件

不安抗辩权，是指在有先后履行顺序的双务合同中，应当先履行的一方当事人有确切证据证明对方已经丧失或者有可能丧失履约能力，在对方没有履行或者提供担保之前，有权中止履行合同义务的权利。《合同法》对不安抗辩权作出了规定："应当先履行债务的当事人，有确切证据证明对方有下列情形之一的，可以中止履行：（一）经营状况严重恶化；（二）转移财产、抽逃资金，以逃避债务；（三）丧失商业信誉；（四）有丧失或者可能丧失履行债务能力的其他情形。当事人没有确切证据中止履行的，应当承担违约责任。"

由此可见，不安抗辩权的发生要件如下：①须双方当事人的债务因同一个有先后履行顺序的双务合同而产生；②权利人是负有先履行义务的一方当事人；③须先履行合同义务的一方当事人有确切证据证明后履行当事人丧失或者可能丧失履约能力。

2. 不安抗辩权的效力

不安抗辩权也属于延期抗辩权，而非永久的抗辩权，行使不安抗辩权的结果仅仅为中止履行，而非终止合同。行使不安抗辩权的当事人应当及时向对方发出通知，告知自己中止先履行义务的原因，要求对方提供适当担保或证明其已经恢复履约能力。接下来可能有两个结果：一是后履行一方在合理期限内提供了适当担保或以事实证明其恢复了履约能力，先履行一方因此恢复履行，合同"起死回生"；二是后履行一方在合理期限内未提供担保或者提供的担保并不适当，同时也不能证明自己已经恢复了履约能力，先履行一方有权解除合同。无论哪种结果，不安抗辩权归于消灭。

10.4.4　合同履行中的保全制度

10.4.4.1　合同保全的概念和意义

合同的保全，是指合同的债权人依据法律规定，在债务人不正当地处分其权利和财产而危及债权人的债权实现时，可以向第三人行使代位权或者撤销债务人和第三人之间行为的债权保障方法。

合同的相对性原则决定了合同关系仅在特定的合同当事人之间发生，特定的债权人只对特定债务人享有给付请求权，特定的债务人也只向特定的债权人给付，原则上，合同对当事人以外的第三人不发生效力。一般情况下，合同的相对性原则是不可改变的、不能动摇的，但在特殊情况下，允许合同对合同以外的第三人发生效力，合同的对外效力表现为合同保全制度。这些特殊情况包括：债务人怠于行使其对第三人的债权和债务人作出"有害债权人权利"的行为。当这些特殊情况出现时，法律允许合同对当事人以外的第三人发生效力，即通过行使法律赋予债权人向第三人行使代位权和撤销权保护自己的利益。合同的保全制度，意义十分重大，它是对合同相对性原则的突破，在消除债务人损害债权人利益的行为，保护债权人的合法权益上发挥着重要的作用。

10.4.4.2　代位权

1. 代位权的概念

债权人的代位权是指当债务人怠于行使其对第三人的到期债权，从而危及债权人债权的实现时，债权人为保全自己的债权，可以以自己的名义行使债务人对第三人的债权的权利。《合同法》明确规定："因债务人怠于行使其到期债权，对债权人造成损害的，债权人可以向人民法院请求以自己的名义代位行使债务人的债权，但该债权专属于债务人自身的除外。"债权人不可以代位行使专属于债务人自身的债权，这是代位权行使的除外条款。例如，债务人对第三人的抚养请求权，因第三人侵害债务人的健康权而应赔偿债务人的治疗费、精神损害费等，债权人都不能代位行使。

2. 代位权产生的原因

债务人怠于行使其到期债权，对债权人造成损害，是代位权产生的直接原因。这里包含了两个要件：一是债务人怠于行使其到期债权，即债务人对第三人享有的债权已经到期，但债务人却在应当行使并且能够行使的情况下不积极行使其债权；二是债务人的这种不积极行使其到期债权的行为对债权人会造成损害。

3. 代位权的行使

（1）代位权的行使方式。根据《合同法》的规定，债权人行使代位权必须通过人民法院的裁判进行。原因在于只有通过人民法院裁判方式才能防止债权人滥用代位权，防止债权人与其他未行使代位权的债权人、债务人、第三人之间因行使代位权而发生的纠纷。

（2）代位权的行使范围。债权人向人民法院以自己名义代位行使债务人的债权时，应以债权人的债权为限。

（3）代位权的行使费用负担。债权人因行使代位权而发生的必要费用，如诉讼费、代理费、差旅费等由债务人承担。不是必要的费用，由债权人自己承担。

10.4.4.3　撤销权

1. 撤销权的概念

债权人的撤销权，是指在债务人作出无偿处分财产或以明显低价处分财产给第三人而危及债权人债权的实现时，债权人有权请求人民法院对债务人的行为予以撤销。《合同法》规定："因债务人放弃其到期债权或者无偿转让财产，对债权人造成损害的，债权人可以请求人民法院撤销债务人的行为。债务人以明显不合理的低价转让财产，对债权人造成损害，并且受让人知道该情形的，债权人也可以请求人民法院撤销债务人的行为。"

2. 撤销权发生的原因

（1）债务人无偿处分其财产，对债权人造成损害的，债权人有撤销权。首先，债务人无偿处分了其财产，包括债务人放弃到期债权或者无偿转让财产。其次，债务人无偿处分其财产的行为产生了损害债权人对债务人的债权的后果。

（2）债务人以明显不合理的低价处分财产，对债权人造成损害，并且受让人知道该情形的，债权人有撤销权。首先，债务人以明显不合理的低价处分了自己的财产。其次，债务人的这种行为对债权人的权利造成损害。最后，受让人明知会损害债权人的债权。与前一种情形不同的是，在"以明显不合理的低价转让财产"的情况下，撤销权的发生必须以受让人主观上有过错为要件，这主要是为了保护善意的受让人的权利。

3. 撤销权的行使

撤销权的行使方式必须是向人民法院起诉。撤销权的行使范围以债权人的债权为限。债权人因行使撤销权而发生的必要费用由债务人承担，不是必要的费用由债权人自己负担。

4. 撤销权的行使期限

撤销权的行使是有期限限制的，享有撤销权的债权人应当在法定的期限内行使其债权，否则法定期限届满后，撤销权消灭。《合同法》规定："撤销权自债权人知道或者应当知道撤销之日起一年内行使。自债务人的行为发生之日起五年内没有行使撤销权的，该撤销权消灭。"

10.5　合同的变更和转让

依法成立的合同具有法律约束力，合同任何一方当事人都不得擅自变更或者非法转让合同。但是，并非合同完全就不可以变更和转让。已经成立并生效的合同在尚未履行完毕之前可以依照当事人的约定或者法律的规定而变更或转让。

10.5.1　合同的变更

10.5.1.1　合同变更的含义

合同变更，有广义和狭义之分。广义的合同变更是指合同的内容和主体发生变化。主体的变更是指新的合同当事人代替了原来的合同当事人，即新的债权人或者债务人代替了原来的债权人或者债务人，而合同的内容并没有发生变化。在主体变更中，债权人变更的，称为债权让与或债权移转，合同法上称之为合同权利的转让；债务人变更的，称为债务的移转，合同法上称之为合同义务的转移；债权人和债务人都发生变化的，称为债的概括移转，合同法上称之为合同的权利和义务的一并转让。对于主体的变更，合同法在合同的转让中作了规定，合同法中的合同变更指的是狭义的合同变更。

狭义的合同变更仅指合同内容的变更，即在合同成立以后，尚未履行或者尚未完全履行以前，当事人就合同的内容达成修改和补充的协议。合同法所讲的合同变更就采取了狭义说。原来订立的合同除了当事人以外的任何内容的改变都属于合同变更。

10.5.1.2　合同变更的原则性规定

当事人协商一致，可以变更合同。这是对合同变更的原则性规定。合同变更需要当事人协商一致，但有的情况下，仅有当事人协商一致是不够的，当事人还应当履行法定的程序。那就是，法律、行政法规规定变更合同事项应当办理批准、登记手续的，依照其规定。如果没有履行法定程序，即使当事人已经协议变更了合同，变更的内容也不发生法律效力。

10.5.1.3　合同变更的补充性规定

当事人对合同变更的内容约定不明确的，推定为未变更。这是对合同变更的原则性规定的补充。合同变更的过程，就是当事人协商一致的过程，当事人在变更合同的过程中，可能出现对需要变更的内容达不成统一意见的情况，这种情况下推定为合同未变更。这种当事人对于合同变更的内容约定不明确的推定为未变更的规定，目的是为了减少在合同变更时可能发生的纠纷。

10.5.2　合同的转让

10.5.2.1　合同权利的转让

1. 合同权利的可转让性及其限制性规定

合同权利的转让是指不改变合同权利的内容，由债权人将权利转让给第三人。债权人既可以将合同权利全部转让，也可以将合同权利部分转让。合同权利全部转让的，受让人取代原债权人的地位，成为新的债权人；合同权利部分转让的，受让人作为第三人加入到原合同关系中，与原债权人共同享有债权。

原则上，合同权利可以由债权人进行全部或部分转让，这是合同权利的可转让性；但是，也并非任何合同权利都可以转让，合同权利的可转让性要受到限制。合同权利不可转让的情形有：①根据合同的性质不得转让；②按照当事人约定不得转让；③依照法律规定不得转让。

2. 合同权利转让的程序

债权人转让其享有的合同权利是法律赋予的一项权利，债权人可以在不违反法律和公共利益的基础上处分自己的权利。但是，由于债权人和债务人之间存在合同关系，债权人的转让权利的行为可能会给债务人的履行造成一定的影响。因此，在债权人转让权利时给其增加相应的义务，经过一定的程序，这样才更有利于保护债务人的利益。合同法在权利转让问题上确立了权利转让只需通知债务人的原则，即债权人转让权利的，应当通知债务人。未经通知，该转让对债务人不发生效力。

3. 合同权利转让的效力

合同权利转让后，在让与人（原债权人）、受让人（第三人）和债务人之间产生相应的法律后果。合同权利转让在让与人和受让人之间的效力是合同权利转让的内部效力，合同权利转让对债务人发生的效力是合同权利转让的外部效力。

（1）合同权利转让的内部效力。第一，合同权利由让与人转让给受让人后，如果是全部转让，则受让人取代让与人在原合同中债权人的地位而成为新的债权人；如果是部分转让，则受让人加入原合同关系，与让与人一道共同成为合同的债权人。第二，从权利随主权利同时转让给受让人，但专属于债权人自身的从权利不随主权利的转让而转让。

（2）合同权利转让的外部效力。第一，债务人不得再向让与人即原债权人履行债务；第二，合同权利转让后，债务人对让与人的抗辩可以向受让人主张；第三，合同权利转让后，债务人可以向受让人行使抵销权。

10.5.2.2 合同义务的转移

1. 合同义务转移的条件

合同义务的转移是指债务人经债权人同意，将合同的义务全部或者部分地转让给第三人。经债权人同意是合同义务转移的必要条件。正如债权人可以全部或者部分转让权利一样，债务人也可以将合同的义务转移给第三人，但是，债务人的情况对债权人债权的实现至关重要，所以，债务人必须经过债权人的同意才能将债务转让给第三人，否则，对于债权人来说显然是不公平的，不利于保障债权人合法利益的实现。

2. 合同义务转移的效力

合同义务转移后，在让与人（原债务人）、受让人（第三人）和债权人之间产生相应的法律后果。合同义务转移在让与人和受让人之间的效力是合同义务转移的内部效力，合同义务转移对债权人发生的效力是合同义务转移的外部效力。

（1）合同义务转移的内部效力。第一，合同义务转移后，如果是合同义务的全部转移，受让人即新的债务人将完全取代让与人即旧的债务人负担起全面履行合同的义务；如果是合同义务的部分转移，则受让人即新的债务人加入到原债务中，和让与人即原债务人一起向债权人履行义务。第二，合同义务转移后，从债务随主债务同时转移给新的债务人，但该从债务是专属于债务人本身的，这些从债务不随着主债务的转移而转移。

（2）合同义务转移的外部效力。合同义务转移后，新债务人可以主张原债务人对债权人的抗辩权。

10.5.2.3 合同权利和义务的一并转让

合同权利和义务一并转让又被称为概括转让，是指合同一方当事人将其权利和义务一并转移给第三人，由第三人全部地承受这些权利和义务。权利和义务的一并转让是合同一方的当事人对合同权利和义务的全面处分，其转让的内容实际上包括权利的转让和义务的转移两部分内容。

合同权利义务的一并转让，可以依据当事人之间的合同而发生，也可以因为法律的规定而发生。在合同一方当事人通过与第三人协议将合同权利义务一并转让时，该合同当事人取得对方同意是转让的必要条件。法律规定的最典型的合同权利义务的一并转移为因企业合并而发生的权利义务的一并转移。当事人订立合同后合并的，由合并后的法人或者其他组织行使合同权利，履行合同义务。当事人订立合同后分立的，除债权人和债务人另有约定的以外，由分立的法人或者其他组织对合同的权利和义务享有连带债权，承担连带债务。

10.6　合同的权利义务终止

10.6.1　合同的权利义务终止的概念和效力

合同的权利义务终止，是指依法生效的合同，因具备法定情形和当事人约定情形，合同债权、债务归于消灭，债权人不再享有合同权利，债务人也不必再履行合同义务。

合同的权利义务终止以后，在合同当事人之间产生消灭原权利义务关系的效力，除此之外，还会对合同当事人产生后合同义务。所谓后合同义务，是指合同的权利义务终止后，当事人依照法律的规定，遵循诚实信用原则，根据交易习惯履行的义务。合同终止后的义务通常包括通知的义务、协助的义务、保密的义务等。

10.6.2　合同权利义务终止的情形

根据合同的规定，合同权利义务终止的情形有以下几种。

10.6.2.1　债务已经按照约定履行

债务按照合同约定得到履行，一方面可以使合同债权得到满足，实现订立合同的目的；另一方面也使得合同权利义务归于消灭，产生合同的权利义务终止的结果。

债务已经按照约定履行，指债务人按照约定标的、质量、数量、价款或者报酬、履行期限、履行地点和方式全面履行。

10.6.2.2　合同解除

1. 合同解除的概念和种类

合同的解除，是指合同有效成立后，当具备法律规定的合同解除条件时，因当事人一方或双方的意思表示而使合同关系归于消灭的行为。

解除合同可以分为约定解除合同和法定解除合同。

（1）约定解除合同。根据合同自愿原则，当事人可以在协商一致的基础上订立合同成就合同关系，也可以在协商一致的基础上解除合同，即约定解除合同。当事人约定解除合同包括两种情况：协商一致解除合同和约定解除权解除合同。

（2）法定解除合同。法定解除合同，是指合同生效后，没有履行或者未履行完毕前，当事人在法律规定的解除条件出现时，行使解除权而使合同关系消灭。《合同法》第 97 条规定，"有下列情形之一的，当事人可以解除合同：（一）因不可抗力致使不能实现合同目的；（二）在履行期限届满之前，当事人一方明确表示或者以自己的行为表明不履行主要债务；（三）当事人一方迟延履行主要债务，经催告后在合理期限内仍未履行；（四）当事人一方迟延履行债务或者有其他违约行为致使不能实现合同目的；（五）法律规定的其他情形"。

2. 解除权行使期限

《合同法》规定，解除权应当在法律规定或者当事人约定解除权的行使期限内行使或者在对方当事人催告后的合理期限内行使。

3. 解除合同的程序

当事人在约定解除权解除合同和法定解除合同的时候，应当遵守下列的程序规定：

（1）当事人一方主张解除合同的，应通知对方。合同自通知到达对方时解除。对方有异议的，可以请求人民法院或者仲裁机构确认解除合同的效力。

（2）法律、行政法规规定解除合同应当办理批准、登记手续的，依照其规定。

法律、行政法规规定解除合同应当办理批准、登记手续的，未办理有关手续，合同不能终止。

4. 合同解除的效力

《合同法》对合同解除的效力作了比较灵活的规定，即"合同解除后，尚未履行的，终止履行；已经履行的，根据履行情况和合同性质，当事人可以要求恢复原状、采取其他补救措施，并有权要求赔偿损失"。

10.6.2.3　债务相互抵销

1. 抵销的概念

债务相互抵销，是指当事人互负到期债务，又互享债权，以自己的债权充抵对方的债权，使自己的债务与对方的债务在等额内消灭。抵销是合同权利义务终止的情形之一。抵销制度，一方面免除了当事人双方实际履行的行为，方便了当事人，节省了履行费用。另一方面，当互负债务的当事人一方财产状况恶化，不能履行所负债务时，通过抵销，起到了债的担保的作用。

2. 抵销的种类

抵销根据其产生的依据不同，可以分为法定抵销和约定抵销。

（1）法定抵销。法定抵销是指法律规定抵销的条件，具备条件时依当事人一方的意思表示即发生抵销的效力。《合同法》第 99 条规定，当事人互负到期债务，该债务的标的物种类、品质相同的，任何一方可以将自己的债务与对方的债务抵销，但依照法律规定或者按照合同性质不得抵销的除外。当事人主张抵销的，应当通知对方。通知自到达对方时生效。抵销不得附条件或者附期限。

（2）约定抵销。约定抵销是指当事人双方协商一致，使自己的债务与对方的债务在等额内消灭。《合同法》第 100 条规定，当事人互负债务，标的物种类、品质不相同的，经双方协商一致，也可以抵销。约定抵销遵循双方自愿的原则，由当事人协商确定抵销的条件和效力。要防止以欺诈、胁迫的手段或者乘人之危，使对方在违背真实意思的情况下作出同意抵销的表示。

10.6.2.4 债务人将标的物提存

1. 提存的概念和意义

提存，是指由于债权人的原因而无法将向其交付合同标的物时，债务人将该标的物交给提存机关而消灭债务的制度。

债务的履行往往需要债权人的协助，如果债权人无正当理由而拒绝受领或者不能受领，债权人虽应负担受领迟延的责任，但债务人的债务却不能消灭，债务人仍得随时准备履行，让债务人无期限地等待履行，承担债权人不受领的后果，这显然有失公平。为此，《合同法》将提存作为合同的权利义务终止的原因之一，对提存制度进行了规定。

2. 提存的原因

根据《合同法》的规定，有下列情形之一，难以履行债务的债务人可以将标的物提存：①债权人无正当理由拒绝受领；②债权人下落不明；③债权人死亡或者丧失行为能力而未确定继承人或者监护人；④法律规定的其他情形。

3. 提存标的物

提存的标的物应当是合同规定应当给付的标的物，主要是货币、有价证券、票据、提单、权利证书、物品。标的物不适于提存或者提存费用过高的，债务人依法可以拍卖或者变卖标的物，提存所得的价款。

4. 提存通知

为了便于债权人受领提存物，债务人应当将提存的事实及时通知债权人或者债权人的继承人、监护人。只有债权人下落不明，无法通知的，债务人才可以免除通知义务。通知应当告知提存的标的、提存的地点、领取提存物的时间和方法等有关提存的事项。

5. 提存的效力

标的物提存后，不论债权人是否提取，都产生债务消灭的法律后果。标的物提存后，标的物毁损、灭失的风险由债权人承担。标的物提存后，标的物在提存期间的孳息归债权人所有。提存费用由债权人负担。标的物提存后，债权人有领取提存物的权利。

此外，《合同法》对领取提存物的期间作出了规定，即债权人领取提存物的权利，自提存之日起 5 年内不行使而消灭。该时效期间是除斥期间，权利因时间的经过不复存在。提存物自提存之日起经过 5 年债权人不进行领取的，标的物扣除提存费用后归国家所有，债权人不能再对提存物主张权利。

10.6.2.5　债权人免除债务

免除，是指债权人抛弃债权，从而消灭合同关系的单方法律行为。债权作为一项权利，债权人有抛弃的自由，其结果是免除了债务人的债务。

免除产生合同权利义务终止的效力。

（1）免除使债务消灭。债权人免除部分债务的，债务部分消灭；免除全部债务的，债务全部消灭。免除全部债务的，全部债务不必再履行，合同的权利义务因此终止。

（2）免除消灭债权和债权的从权利。免除消灭了对方债务，也等于放弃了自己的债权，债权消灭，从属于债权的担保权利、利益权利、违约金请求权等也随之消灭。

10.6.2.6　债权债务同归于一人

债权债务同归于一人也叫做债权债务混同。混同是一种事实，即由于某种客观事实的发生，使得一项合同中原本由一方当事人享有的债权，由另一方当事人负担的债务，同归于一人，从而导致合同的权利义务终止。合同关系的存在必须有债权人和债务人，当事人双方混同，合同失去存在的基础，自然应当终止。混同发生的原因主要有合并、继承等。

10.6.2.7　法律规定或者当事人约定终止的其他情形

除了前述合同的权利义务终止的情形之外，出现法律规定的合同权利义务终止的其他情形的，合同的权利义务也发生终止的效力。

10.7　违　约　责　任

10.7.1　违约责任的概念

违约责任是违反合同的民事责任的简称，是指当事人一方不履行合同义务或者履行合同义务不符合合同约定，所应承担的民事责任。

违约责任制度在合同法中有着非常重要的地位和作用，它是保障债权实现及债务履行的重要措施。违约责任制度是合同法中一项极其重要的制度，它不仅可以促使合同当事人双方自觉地履行合同义务，起到避免和减少违约行为发生的预防作用，而且在发生违约时，通过追究违约方的责任，使守约方的损失得到补偿，从而保护合同当事人的合法权利，维护社会经济秩序。

10.7.2　违约责任的种类

根据不同的标准对违约责任可以有不同的分类，简要介绍以下几种。

10.7.2.1　届期违约和预期违约

按照违约发生在合同履行期限届满前还是届满后，将违约分为届期违约和预期违约。

所谓届期违约是指当事人在合同履行期限届满后不履行合同义务。预期违约也称提前违约，是指当事人在合同履行期限届满前，以明示或者暗示的行为表明将不履行合同义务。《合同法》第108条规定，当事人一方明确表示或者以自己的行为表明不履行合同义务的，对方可以在履行期限届满之前要求其承担违约责任。预期违约制度的建立对于保护合同当事人的权益，防止损失的扩大具有重要意义。

10.7.2.2　根本违约和非根本违约

按照违约行为是否影响到合同目的的实现可以将违约分为根本违约和非根本违约。如果合同的当事人不履行合同义务致使合同目的不能实现就属根本违约；如果合同当事人不履行合同义务的行为没有达到合同目的无法实现的程度则为非根本违约。

区分某一违约行为是否是根本违约具有重要的法律意义。《合同法》第94条规定：因不可抗力致使不能实现合同目的，以及当事人一方迟延履行债务或者有其他违约行为致使不能实现合同目的，当事人可以解除合同，如果当事人一方不履行合同义务的行为没有达到合同目的无法实现的程度，即不是根本违约，则另一方就不能解除合同。

10.7.2.3　不履行和不适当履行

按照违约时合同义务是否得到当事人的履行，可以将违约分为不履行和不适当履行。所谓不适当履行是指合同当事人虽然有履行行为，但是该履行行为不符合合同的约定；不履行则是指合同的当事人未履行合同义务。

10.7.3　违约责任的免除

违约责任的免除，是指在合同的履行过程中，出现了法律规定或者合同约定的免责事由导致合同不能履行时，债务人可以免除其违约责任。免除违约当事人责任的原因和理由被称为免责事由，免责事由包括法定的免责事由和约定的免责事由。法定的免责事由是法律规定的免除责任的事由，主要是指不可抗力；约定的免责事由是指当事人通过合同约定的免除责任的事由，主要是当事人约定的免责条款。

《合同法》对因不可抗力而免责进行了规定："因不可抗力不能履行合同的，根据不可抗力的影响，部分或者全部免除责任，但法律另有规定的除外。当事人迟延履行后发生不可抗力的，不能免除责任。"同时还规定："当事人一方因不可抗力不能履行合同的，应当及时通知对方，以减轻可能给对方造成的损失，并应当在合理期限内提供证明。"

除了法律规定的不可抗力可以免除合同当事人的责任之外，还可以因为合同约定的免责事由的出现而导致违约责任的免除。合同当事人可以在合同中约定某些限制或免除其违约责任的事由，通常将合同中这样的约定称为免责条款。要注意的是，免责条款必须是合法的，否则无效。

10.7.4　违约责任的形式

根据《合同法》规定，承担违约责任有三种基本形式，即继续履行、采取补救措施以及赔偿损失。这三种违约责任形式是最基本的违约责任形式，但并不排除还有其他的违约责任形式。如果法律另外规定或者当事人另外约定了其他的违约责任形式，从其规定或者约定。如《合同法》规定的定金罚则是一种特殊的违约责任形式。

10.7.4.1　继续履行

1. 继续履行的概念

继续履行，是指当事人一方不履行合同义务或者履行合同义务不符合约定条件，经另一方当事人请求，法律强制违约一方当事人继续按照合同的约定履行义务。

2. 金钱债务的继续履行

金钱债务，又称为金钱之债、货币之债，是指以给付一定数额的金钱为标的的债务。金钱债务具有特殊性，例如，金钱债务只存在迟延履行，不存在履行不能，因而金钱债务有着特殊的效力。《合同法》规定："当事人一方未支付价款或者报酬的，对方可以要求其支付价款或者报酬。"也就是说，守约方当事人要求违约方继续履行金钱债务，违约方就应该继续履行，支付价款或者报酬。

3. 非金钱债务的继续履行

关于非金钱债务的继续履行，不同于金钱债务的履行，合同法在确认当事人可以要求非金钱债务的继续履行的同时，也规定了不能采用实际履行的情形。《合同法》规定："当事人一方不履行非金钱债务或者履行非金钱债务不符合约定的，对方可以要求履行，但有下列情形之一的除外：（一）法律上或者事实上不能履行；（二）债务的标的不适于强制履行或者履行费用过高；（三）债权人在合理期限内未要求履行。"

4. 继续履行与赔偿损失的关系

按照《合同法》的规定，一方当事人违约，在采取继续履行这种方式后对方还有其他损失的，还应当赔偿损失。这意味着继续履行并不免除赔偿责任。换言之，继续履行仍然不能弥补其他损失的，或者还有其他损失的，对于其他损失仍然需要赔偿。继续履行和赔偿损失这两种违约责任形式可以同时并存，同时适用。

10.7.4.2　采取补救措施

1. 概述

从广义上讲，继续履行、赔偿损失等违约责任都属于补救措施，或者说都是对违约行为的补救。但是，《合同法》将继续履行、采取补救措施和赔偿损失并列规定为三种基本的违约责任形式，意味着在我国的违约责任形式中，补救措施是一种单独的违约责任形式,有不同于其他违约责任形式的专门的或者特殊的含义,不是违约责任的泛称。

2. 补救措施的具体类型

《合同法》规定了补救措施的具体类型,即"质量不符合约定的,应当按照当事人的约定承担违约责任。对违约责任没有约定或者约定不明确,依照本法第六十一条的规定仍不能确定的,受损害方根据标的的性质以及损失的大小,可以合理选择请求修理、更换、重作、退货、减少价款或者报酬等违约责任"。修理、更换、重作、退货、减少价款或者报酬都是典型的补救措施。

3. 采取补救措施后其他损失的赔偿问题

按照《合同法》的规定,与继续履行一样,采取补救措施后还有其他损失的,可以请求赔偿损失。这意味着采取补救措施并不免除赔偿责任。换言之,采取补救措施仍然不能弥补其他损失的,或者还有其他损失的,对于其他损失仍然需要赔偿。采取补救措施和赔偿损失这两种违约责任形式可以同时并存,同时适用。

10.7.4.3　赔偿损失

1. 赔偿损失的概念

赔偿损失,是指违约方以支付金钱的方式弥补受害方因违约行为所减少的财产或者所丧失的利益。分而言之,赔偿就是以金钱方式弥补损失,而损失则是财产的减少或者利益的丧失。

2. 赔偿损失的范围

按照《合同法》的规定,赔偿损失的范围或者数额可以以下面几种方式来确定:

(1) 按照法律规定确定赔偿损失的范围。按照法律规定确定赔偿损失的范围,应当注意必须只是在当事人没有约定违约金或者损害赔偿计算方法的情况下适用,如果当事人约定了违约金或者损害赔偿的计算方法,约定应优先适用。我国法律对赔偿损失的范围的规定体现了违约赔偿的基本原则即完全赔偿原则和限制损失赔偿范围的合理预期原则。

第一,完全赔偿原则。完全赔偿原则也称为全部赔偿原则,是指违约方对于受害人因违约行为所遭受的全部损失应当承担全部赔偿责任。完全赔偿原则是现代各国违约损害赔偿的基本原则,也是各国立法的通例。

完全赔偿原则下，违约人应当赔偿受害人的全部损失，包括直接损失和间接损失。直接损失是指财产上的直接减少。实践中常见的情况是：作为合同标的物的财产的毁损灭失，为准备履行合同而支出的费用，停工损失，为减少违约损失而支出的费用，诉讼费用等。间接损失又称可期待利益，是指守约方失去的通过合同可以预期取得的利益，如利润等。

第二，合理预期原则。合理预期原则也称合理预见规则，是指违约损失赔偿的范围以违约方在订立合同时预见或者应当预见到的损失为限，或者说，是指违约方对违约所造成损失的赔偿责任不得超过合同一方订立合同时预见到或者应当预见到的因违反合同可能造成的损失。

合理预见原则是限制违约损害赔偿范围的一项重要规则，或者说是确定损害赔偿范围的消极要件，也是划分应当赔偿的违约损失与不应赔偿的违约损失的法律界限。法律采取合理预见规则是为了限制赔偿范围的随意扩大。

（2）约定违约金。违约金是当事人在合同中预先约定的一方违约时应当向对方支付的一定数额的金钱。违约金具有以下法律特征：

第一，违约金是一种于违约时支付的一定数额的金钱。预先约定损害赔偿的方式无非有两种，即一是直接约定损害赔偿的固定数额，违约方按照该数额支付；二是约定损害赔偿的计算方法，一方违约后按照该方法计算损害赔偿金额。两种方式的性质、目的和结果都是一样的，都是预定损害赔偿的具体方式。违约金约定的是损失赔偿固定数额。

第二，违约金是在合同中预先约定的。它主要是在订立合同时作为合同的条款之一规定在合同之中，也不排除在合同订立时或者订立后对违约金进行专门的或者补充的约定。

第三，违约金具有补偿性和特定情况下的惩罚性。《合同法》规定，当约定的违约金低于造成的损失时，当事人可以请求人民法院或者仲裁机构予以增加；约定的违约金过分高于造成的损失时，当事人可以请求人民法院或者仲裁机构予以适当减少。通过变动违约金数额，保持与受害方的损失大体相当，体现了违约金的补偿性。但是，在特定情况下，当违约金高于但不过分高于实际损失时，违约方不能请求减少，这时，高出实际损失的部分即具有惩罚性。

（3）约定违约损害赔偿的计算方法。约定违约损害赔偿的计算方法与违约金除了在形式上有所不同外，在性质、目的和结果等方面都是一样的，这里不再赘述。

要注意的是以上三种确定损失赔偿范围的方式的适用顺序问题。在同一个违约行为的损失赔偿确定中，这三种方式不可能同时并用。约定的违约金或者损害计算方法具有优先适用性，排斥了法定赔偿范围的适用；而法定赔偿范围具有补充性，在没有约定违约金或者损害赔偿计算方法时补充适用。

10.7.4.4　其他违约责任方式

除了上述三种主要的违约责任方式以外,《合同法》和其他法律规定其他违约责任方式也可以运用到违约责任的确定上。这里主要谈一谈定金。

定金是指合同的一方当事人为了保证合同的履行,按照合同约定向另一方当事人预先支付的一笔金钱,通常用于对金钱债务的担保。定金应当具有双重功能:一方面,定金由债务人向债权人预先支付,债务人只有在履行债务以后,才能将定金抵作价款或者收回。这就表明,定金是一种担保方式,起着保证债务履行的作用。另一方面,按照定金罚则,给付定金的一方当事人如果不履行约定债务,则无权要求返还定金;收受定金的一方如果不履行约定债务,则应当双倍返还定金。这又表明定金是一种违约责任形式。《合同法》规定,当事人可以在订立合同时,既可以约定违约金,又可以约定定金,但一方当事人违约时,受损害方只能选择适用违约金条款或者定金条款,但二者不能并用。

思　考　题

1. 什么是合同,试述市场经济条件下合同的作用。
2. 简述合同成立的过程。
3. 哪些合同是无效合同,无效合同的法律后果是什么?
4. 什么是可变更、可撤销的合同? 可变更、可撤销的合同应符合哪些条件?
5. 哪些合同是效力待定的合同?
6. 简述合同履行中的抗辩权。
7. 哪些情形下合同的权利义务终止?
8. 什么是违约责任? 承担违约责任的方式是什么?

案 例 分 析

【案情介绍】①

杭州华能亭趾热电厂(以下简称“亭趾热电厂”)与天津泰友煤业有限公司(以下简称“天津泰友”)于 2000 年 3 月 29 日签订煤炭购销合同一份,合同约定:由天津泰友于 2000 年的 4 月、5 月、6 月每月分两次向亭趾热电厂供给大同优混煤共 35 000 吨,靠港价 237 元/吨,付款期限为货到验收合格后 30 天内,付款方式为现汇结算方式或部分承兑汇票(期限一个月)。4 月 8 日,天津泰友从天津港发煤 17 268 吨。4 月 10 日该运煤船抵达镇海锚地的当日和次日,亭趾

---

① 案例来源:最高人民法院网站,www.court.gov

热电厂派员前去办理接港等手续,镇海港埠公司告知亭趾热电厂来人天津泰友已更改收货人。4月11日,天津泰友书面函告亭趾热电厂,怀疑亭趾热电厂经营状况严重恶化,要求亭趾热电厂采用即时清结办法准备好全部货款,或提供相应的抵押担保,否则无法继续履行合同。亭趾热电厂遂向宁波市镇海区人民法院提出诉前保全申请,并于2000年4月25日提起诉讼,称:被告天津泰友滥用不安抗辩权,明确表示拒绝履行合同,要求判令被告履行已诉前保全的价值195万元的8200吨煤炭的供货义务。

被告天津泰友答辩称:双方签订合同后,其发现原告资产情况严重恶化,涉及多起诉讼,且均败诉,又拒不履行生效判决,已毫无履约能力。因此,原告亭趾热电厂隐瞒真实情况欺骗我方与之签订购销合同,我方发现后,根据《合同法》不安抗辩权之规定,立即停止向原告亭趾热电厂供货,是符合法律规定的自救行为。被告天津泰友以受欺诈为由请求法院确认合同无效,驳回原告的诉讼请求。

法庭在审理中查明:至庭审日止,原告亭趾热电厂在余杭市人民法院有被执行案件5件,执行标的537.7万余元,其厂内全部发电机组,在市供电局的电费结算账户,已被余杭市人民法院查封和冻结,主厂房已抵偿给余杭市亭趾信用社。

【问题】

1. 被告天津泰友能否以不安抗辩权为由中止合同履行,不交付合同约定标的?

2. 本案被告提出认定合同无效的理由是否成立,法院应如何处理?

第 11 章　票据法律制度

课程要求：通过对本章的学习，了解票据的概念、性质、种类及作用；掌握票据法律关系，理解票据权利、票据行为、票据抗辩等含义；注意掌握涉外票据法律的适用原则。

11.1　概　　述

11.1.1　票据概述

11.1.1.1　票据的概念

票据，是指出票人依票据法签发的，约定由自己或委托付款人在见票时或者在指定的日期向收款人或者持票人无条件支付一定的金额的一种有价证券。

票据的含义有广义和狭义之分。从广义的角度来理解，票据包括各种有价证券和凭证。日常生活中使用的发票、提单、股票、仓单、保函、汇票、支票等，能够使财产证券化并具有支付功能的有价证券均是广义上的票据，但由于提单、仓单、保函等证券的物质含量太大，流通性较小，所以，现在人们已不将其视为票据；从狭义的角度来理解，票据必须是依据票据法的规定而签发的，在我国，狭义的票据仅指《中华人民共和国票据法》（以下简称《票据法》）中规定的汇票、本票和支票，而且签发方式也必须符合《票据法》的规定。票据是无条件支付或无条件委托支付一定金钱的凭证。此处的无条件并非指签发人对其交易对方的承诺，因为在交易中不可能无条件，而是指签发人或其他票据行为人不得将交易中记载的条件记载在票据上，签发人也不得将其与其委托的付款人之间的委托付款条件记载在票据上，以确保票据流通的方便与效率。

11.1.1.2　票据的分类

（1）根据《票据法》的规定，可以把票据分为汇票、本票和支票。

汇票是出票人签发的，委托付款人在见票时或者在指定日期无条件支付确定的金额给收款人或者持票人的票据。

本票是出票人签发的，承诺自己在见票时无条件支付确定的金额给收款人或者持票人的票据。

支票是出票人签发的，委托办理支票存款的业务的银行或者其他金融机构在见票时无条件支付确定的金额给收款人或者持票人的票据。

（2）根据出票人是否直接对票据付款，将票据分为委托票据和自付票据。

委托票据是指出票人不充任票据付款人，而在票据上记载他人为付款人的票据，如汇票和支票；自付票据是指出票人同时又是付款人，必须对票据无条件付款的票据，如本票。

（3）根据票据的经济职能，将票据分为支付票据和信用票据。

支付票据是指只能克服使用现金在空间上的障碍，不能克服使用现金在时间上的障碍，如支票；信用票据是指既能克服使用现金在空间上的麻烦，也能克服使用现金在时间上的困难，即在没有现金的情况下亦可使用的票据，如汇票和本票。

11.1.1.3　票据的性质

票据，作为依票据法发行的、以无条件支付一定金额为目的的证券，在整个证券大家庭中，具有自己独特的性质。

1. 票据是有价证券

票据是有价证券中完全的有价证券，即票据权利的产生、转让与交付都以证券的存在为必要；它又是债权证券，即持票人可以就票据上所记载的金额向特定票据债务人行使其请求权；同时它还是金钱证券，即持票人享有的权利是请求债务人给付一定的金钱，而非其他物品或劳务。

2. 票据是设权证券

票据权利的发生必须首先作成证券，即票据上所表示的权利，是由票据行为——出票而创设，没有票据就没有票据上的权利。

3. 票据是文义证券

票据上的一切权利义务，必须严格依照票据上记载的文义而定，文义之外的任何理由、事项均不得作为根据。也就是说票据上记载的文义即使有错，也不能用票据之外的其他证明方法变更或补充。

4. 票据是要式证券

票据的制作，必须依票据法规定的方式进行；票据上记载的文义，也必须在票据法规定的范围内，才发生票据法上文义效力。

5. 票据是无因证券

所谓无因，是指票据如果具备票据法上的条件，票据权利就成立，至于票据行为赖以发生的原因，在所不问。就是说持票人不必证明其取得的票据的原因，仅依据票据上所记载的文义就可请求给付一定的金额。凡在票据上签名的，不管什么原因，都应按票据所记载的文义负责。票据债务人不得以自己与出票人或自己与持票人的前手之间存在的抗辩事由对抗持票人。

6. 票据是提示证券

票据债权人享有票据权利以占有票据为必要，为了证明其占有的事实以行使票据权利，必须提示票据。例如，向付款人请求承兑，须提示票据；但票据债权人丧失票据时，经法院作除权判决，可以此判决代替票据来行使权利。

7. 票据是缴回证券

票据权利人在实现了自己的权利即受领了票据金额之后，应将原票据缴回向自己付款的人，以便使票据关系消灭或向前手行使再追索权。票据债务人如不缴回证券，债务人有权拒绝支付票据金额。

8. 票据是流通证券

除不得转让的票据（出票人记明"不得转让"字样的票据）外，票据可以流通转让。票据流通通过背书或其他转让方式把票据权利转让给他人，不必事先通知债务人就能对债务人发生效力。谁持有合法票据，谁就拥有权利，而无论票据流通过多少次。

11.1.2　票据的作用

票据制度和公司制度是资本主义经济制度中两个基本的支柱，票据制度的建立在很大程度上促进了商品经济的繁荣与发展，票据在经济生活中发挥着极其重要的作用。

11.1.2.1　支付作用

票据最原始、最简单的作用就是作为支付手段，代替现金的使用，以避免点数现金的麻烦，节省计算现金的时间，减少货币流通量。作为支付手段，各种票据都可以使用，如买主可以签发支票给卖主，用来支付货物价款，也可以用本票或汇票进行支付。票据还可以作异地支付之用，这就是汇兑作用。举例说明，甲、乙两方不在一起，现在甲要付一定金钱给乙，现金携带不方便，而且容易丢失，有了票据制度，甲就可以签发汇票，乙方为受款人，以甲方的开户银行为付款人。这样，乙方接到汇票后，甲的支付义务已履行，乙方可从付款人那里提取现金或转入自己的账户。

11.1.2.2　结算作用

结算就是当事人相互之间的支付。简单的结算就是互有债务的双方当事人各签发一张本票给对方,待两张本票都届到期日即可抵销债务。若有差额,仅一方用现金支付。复杂的结算可通过票据交换制度来完成。1988 年 12 月中国人民银行颁布的《银行结算办法》规定,各项经济往来,除按规定可以使用现金外,都必须办理转账结算,而票据则是一种主要的结算工具。目前用于银行结算的票据有银行汇票、商业汇票、银行本票、支票。在票据使用较早的国家还广泛推行票据交换制度,即同城的各银行对相互托收、代付的票据,按照一定的时间通过票据交换所进行交换并清算资金。国际上不仅在同城内设立票据交换所,各贸易中心也设立票据交换所,利用票据进行国际间的结算。在现代国际贸易中,用票据来抵偿国际间的债权债务关系,不但可以免除现金输送的麻烦,而且可以使异地之间的债权债务得以抵销,从而使国际间的结算更安全、可靠。

11.1.2.3　信用作用

票据是建立在信用基础上的书面支付凭证,是一种信用工具。票据的这一作用主要表现在汇票和本票上。票据当事人可以凭借某人的信用,就未来可取得的金钱作为现在的金钱使用。票据的信用作用,克服了金钱支付在时间上的障碍。例如,甲从乙处购买一批货物,甲要在两个月后才付款,甲就可以签发两个月以后到期付款的汇票或本票。这时票据上所表现的不仅仅是价款,而且还是两个月的信用关系。取得票据的人如果在到期日之前急需现金,可以将未到期的票据送到银行去贴现;持票人如果在到期日前需履行某一债务,也可以通过背书方式将票据转让给其债权人以达到履行该债务的目的。票据的背书制度客观上增强了票据的信用职能。

11.1.2.4　融资作用

融资可简单理解为调度资金。票据的融资作用是通过票据贴现实现的。票据贴现是持有未到期票据的持票人以转让一定利息的代价将票据卖给贴现银行以取得现款。票据市场和证券市场一样,是市场经济重要的组成部分,它们的存在使资金周转灵活、便利,促进了社会经济的繁荣。

11.1.2.5　流通作用

票据允许背书转让,因此在市场上可广泛流通,成为一种流通工具,减少了现金的使用量。

11.1.3　票据的法律调整

自 1673 年法国率先将票据规定于商事条例中，1882 年英国制定了《汇票法》以后，西方各国都陆续制定了票据法规。但各国的票据法不仅在立法体例上存在不同，如有的采取单行法的办法，有的则列入商法典，也有的将票据法规编入债务法典，而且在内容上也存在着分歧和差异。各国票据立法体例和内容的差异，形成了票据法律制度的三个体系，即法国法系、英国法系和德国法系。

由于各国票据立法存在分歧，使票据在国际贸易中的流通使用十分不利，同时，票据只是代表一定债权债务关系的支付工具，技术性极强。为方便各国间的商事交易，促进流通，简化支付结算手续，节省交易费用，长期以来统一各国票据法的工作一直在进行。20 世纪 30 年代，在日内瓦召开的国际票据法统一会议，通过了六项关于票据的国际公约，统称为日内瓦公约。日内瓦公约将法国票据法和德国票据法合二为一，共同构成了日内瓦统一票据法律体系，到目前为止大多数欧洲国家以及日本和一些拉美国家都参加了日内瓦公约，但英国等国拒绝参加，从而形成票据法方面的另一法系，即英美法系。目前联合国国际贸易法委员会正在拟订统一的票据公约草案，供参与国际交易的国家和地区自由采用，以协调两大法系之间的矛盾。

我国的票据立法起步较晚。1988 年 6 月 8 日，上海市政府发布了《上海市票据暂行规定》，这是新中国第一个全面的地方法规性质的“票据法”。中国人民银行 1988 年 12 月 19 日颁布的《银行结算办法》是新中国第一个全国性的票据法规，该法规于 1989 年 4 月 1 日施行，规定全面推行票据结算，建立起以支票、汇票、本票和信用卡为核心的“三票一卡”新的银行结算制度。1993 年 5 月，中国人民银行发布了《商业汇票办法》，进一步完善了票据制度。《中华人民共和国票据法》于 1995 年 5 月 10 日由第八届人大常委员会第十二次会议通过，自 1996 年 1 月 1 日起施行。该法共分 7 章 111 条，规定了票据的种类、票据行为以及涉外票据的法律适用、法律责任等。该法的颁布，为我国的票据活动提供了专门的法律依据。2004 年 8 月 28 第十届全国人大常委会第十一次会议对《票据法》作了修改公布，自公布之日起施行。《票据法》实施后，中国人民银行又颁布了与之相配套的《票据管理实施办法》和《支付结算办法》等部门规章，连同其他法律法规中有关票据的规定，可以说我国已经初步建立了适应市场经济发展需要的票据法律体系。

11.2　票据法律关系及票据行为

11.2.1　票据法律关系

11.2.1.1　票据法律关系的概念

票据法律关系是指有关当事人之间因设立、变更或消灭票据上的权利义务而表现的一种票据债权债务关系，包括因票据本身所产生的法律关系（通常称之为票据关系）以及与票据相关的法律关系（通常称之为非票据关系）。

票据关系，是指票据行为人之间基于票据行为而发生的债权债务关系，如基于出票而发生的出票人与收款人之间的关系，受款人与付款人之间的关系；基于汇票承兑而发生的持票人与承兑人之间的关系；基于背书而发生的背书人与被背书人的关系，被背书人与付款人的关系，背书的前手与后手之间的关系；基于汇票和本票的保证而发生的保证人与持票人的关系，保证人履行债务后对被保证人及其前手的关系。票据关系是票据当事人之间的基本法律关系。

票据关系是由票据授受而发生的。当事人之所以授受票据，亦即授受票据的原因或实质，在票据授受之前就已存在。这种作为票据授受的前提的关系即是票据的基础关系，也称非票据关系。例如，票据上的正当权利人对于因恶意或重大过失而取得票据的人行使票据返还请求权而发生的关系；因时效期满或手续欠缺而丧失票据上权利的持票人对于出票人或承兑人行使利益偿还请求权而发生的关系；票据付款人付款后请求持票人交还票据的关系。票据的基础关系包括原因关系、资金关系、票据预约。

票据的原因关系又称为票据原因，即当事人（出票人与收款人）间授受票据的原因。包括出票人与受款人之间因支付货物价金及其他合同的给付事宜和票据本身的转让的起因。《票据法》规定，票据的签发、取得、转让，应当遵循诚实信用的原则，具有真实的交易关系和债权债务关系。原因关系存在于票据的直接当事人间，票据一经转手，其原因关系必然断裂。

资金关系是存在于汇票出票人与付款人之间、支票出票人与银行之间的基础关系，又称为票据资金。汇票和支票的出票人之所以委托付款人付款，付款人之所以愿意付款或承兑，是因为他们之间有一定的约定代为给付的关系。例如，付款人处存有出票人的资金，双方订有委托付款合同，都可以形成债务人与委托付款人之间的资金关系。

票据预约关系指当事人在授受票据之前，须就票据的种类、金额、到期日、付款地等事项达成合意，即就出票或背书转让票据达成的合意，这种合意称为票据预约。

　　票据关系与票据的基础关系不同，授受票据的原因或者前提关系就是票据的基础关系。票据的基础关系往往是民事法律关系。票据关系与票据基础关系具有密切联系，票据关系的产生以票据基础关系为原因和前提。但是，票据关系一经产生，便与基础关系相分离，基础关系是否存在、是否有效，对票据关系都不产生影响。票据只要符合法定要件，票据关系就是有效的。

　　11.2.1.2　票据法律关系构成要素

　　同其他法律关系一样，票据法律关系也是由主体、内容和客体三要素组成的。

　　1. 票据法律关系的主体

　　票据法律关系主体就是票据法律关系的当事人，即享有票据权利、承担票据义务以及与票据权利义务有密切关系的法律主体。根据当事人在票据法律关系中的地位和作用的不同，可分为：

　　(1) 基本当事人。这是指在票据发行时就已经存在的当事人，包括出票人（也称发票人）、受款人与收款人三种。汇票及支票有出票人、付款人与受款人；本票有出票人与受款人。基本当事人是构成票据上的法律关系的必要主体，这种主体不存在或不完全，票据上的法律关系就不能成立，票据也就无效。

　　(2) 非基本当事人。这是指在票据发出后通过各种票据行为而加入票据关系中成为票据当事人的人，如背书人、保证人、参加付款人、预备保证人等。票据上的非基本当事人在各种票据行为中都有自己特定的名称，所以，同一当事人可以有两个名称，即双重身份，如汇票中的付款人在承兑汇票后称为承兑人，第一次背书中的被背书人就是第二次背书中的背书人等。

　　2. 票据法律关系的内容

　　票据法律关系的内容是主体依法所享有的权利和承担的义务，包括持票人（债权人）的付款请求权和追索权，债务人的付款义务和偿付义务等。《票据法》规定，票据的原记载人可以对票据上一些非主要记载事项进行更改，持票人可以要求承兑人或者其他付款人按票据上所记载的金额付款等等，这就是票据法律关系主体享有的权利。《票据法》规定，票据上的记载事项应真实，不得伪造、变造，出票人应无条件地按票据上所记载的金额支付给收款人或者持票人等，这就是票据法律关系主体的义务。

　　3. 票据法律关系的客体

　　票据法律关系的客体是票据法律关系主体享有的权利和承担的义务所共同指

向的对象。票据法律关系地客体只能是一定数额的金钱而不能是别的东西，这是
因为签发票据的目的是为了支付一定数额的金钱，或者为了清偿一定数额的金钱
债务。

11.2.2　票据行为

11.2.2.1　票据行为的概念

票据行为是指以票据关系的发生、变更或消灭为目的所实施的要式法律行
为。包括出票、背书、承兑、保证、涂改、禁止背书、付款和参加付款等活动。
在我国，《票据法》第 4 条规定，在票据上签名和盖章的人，依票据上记载的文
义，承担票据责任。确定票据行为是一种单方行为，有利于票据的流通和对善意
相对人的保护。

票据行为分为基本票据行为（主票据行为）和附属票据行为（从票据行为）。
出票是创设票据权利义务的基本行为，票据上的权利和义务都由出票而产生，因
而，出票是基本票据行为。在主票据行为的基础上产生的背书、承兑、参加承兑
和保证等行为被称为附属票据行为。当基本票据行为有效时，附属票据行为才能
有效存在，当基本票据行为无效时，附属票据行为也不可能得到法律的保护。

不同的票据涉及的票据行为也不同：汇票具备了上述全部票据行为；本票由
于出票人即是付款人，故无需承兑；支票的付款人是银行或其他金融机构，一般
无需保证和承兑，只有出票和背书两种行为。

11.2.2.2　票据行为的特征

1. 票据行为具有要式性

票据行为必须按照票据法规定的形式和要求进行。采取要式是为了使票据的
款式明确、便于接受、加快流通，其不允许当事人自主决定或变更。它具体体现
在以下几个方面：首先，无论哪一种票据行为，行为人必须签名（或盖章），只
有签名后，该票据行为才发生法律效力。其次，每一种票据行为都必须以书面形
式作出，口头方式不发生票据法上的效力，而且每一种行为在票据上记载的位置
也都是一定的，比如出票、承兑一般应在票据的正面记载，而背书则应在票据的
背面或在票据的粘单上记载等。最后，各种票据行为都有一定的款式，即一定的
内容和对此内容的记载方式。违反了法律规定的形式和要求，就会影响票据行为
的效力。

2. 票据行为具有独立性

票据行为之间互不依赖，独立发生效力。虽然所有附属票据行为都以出票为

前提，但各票据行为之间是独立的，只要该票据行为符合法律规定的要件就发生法律效力。其他票据行为纵然无效或被撤销，也不影响该票据行为继续有效。因而又称"票据行为独立原则"。例如，出票人某甲是限制行为能力的人，其出票行为被认为无效。但该票据的收款人某乙收下票据，并经背书转让给丙，在这种情况下，乙不得以出票行为无效而推脱对自己的背书行为所应承担的责任，即出票行为虽然无效也并不影响背书的法律效力。

3. 抽象性

票据行为的成立，只要具备票据法规定的要件，即为有效的票据行为，而不问票据原因关系是否存在及合法与否。例如，甲、乙双方因买卖关系的成立，甲签发汇票给乙，乙又将汇票背书转让给丙。后甲乙买卖关系被撤销，但甲不得以该理由拒绝付款。一般说来，甲的出票行为在形式上只要符合票据法的要求就属有效行为，该行为成立后，其借贷关系究竟怎样便在所不问了。票据行为的抽象性使票据关系与原因关系相分离，持票人为收款人时，不承担证明给付原因的责任，从而维护了票据交易的安全性。

4. 文义性

票据行为的内容以票据上的文字记载为准，在票据上签章的行为人，必须依票据上的文字记载内容承担票据义务，纵然票据上的某些记载与实际情况不符，也不允许以文字记载以外的证据作变更或补充。

5. 书面性

这是指票据行为具有严格的书面形式，表现为必须在票据上签名盖章。无论何种票据行为，都必须在票据上有所记载方能发生法律效力。

11.2.2.3　票据行为的代理

为了保护善意第三人（持票人），《票据法》对票据行为代理的规定较一般民事代理要严格，具体表现为：

（1）票据当事人委托其代理人在票据上签章时，应当在票据上表明其代理关系，形式比一般的民事代理要求更严格。

（2）对于没有代理权而以代理人名义在票据上签章的和代理人超越代理权限的，法律不问被代理人事后是否追认，直接强令签章人承担票据责任或就其超越权限的部分承担票据责任。如果签章人拒绝承担支付的责任，除非他能举证证明其签章行为具有委托代理关系，并且是在代理权限内的行为，否则就导致追索和承担票据责任及其他的法律责任。

11.3　票据权利

11.3.1　票据权利的概念和种类

11.3.1.1　概念

票据权利，是指持票人向票据债务人请求支付票据金额的权利，包括付款请求权和追索权。票据权利的形成须是由出票人在票据上设定一定的金额，然后再由持票人合法持有票据，凭票据享有相应的权利。

11.3.1.2　种类

（1）付款请求权，即持票人可对票据主债务人行使的权利，请求付款人按票据金额支付款项。付款请求权是票据权利的第一次请求权。票据主债务人，就汇票而言是指汇票的付款人或承兑人及其保证人，就本票而言是指本票发票人及其保证人，就支票而言是指支票的付款人。票据主债务人对票据负有绝对的付款责任。付款请求权须符合以下条件：

第一，持票人持有有效期内的票据，其中汇票和本票的有效期为票据到期日起2年以内；见票即付的汇票和本票，自出票日起2年以内；支票自出票起6个月以内。如果票据已经过了此期限，持票人的票据权利便丧失。

第二，持票人须将原票据向付款人提示付款，如果不能提示票据原件的，不能请求付款，付款人也不得付款。

第三，持票人只能请求付款人支付票据上确定的金额，付款人须一次性将债务履行完毕，因此，持票人也不得向付款人请求少于票据确定的金额付款。

第四，持票人得到付款后，必须将票据移交给付款人，原票据上的权利可由付款人承受，向其他债务人请求付款，从而使付款请求权呈持续状态。

第五，付款人支付票据金额后，如果发现该票据有伪造、变造情况的，有权向持票人（接受付款人）请求返还所给付的金额。

（2）追索权，指持票人行使付款请求权被拒绝承兑或拒绝付款或有其他法定事由请求付款未果时，向其前手请求支付票据金额的权利，又称偿还请求权。

追索权是票据的第二次请求权。只有在票据权利的第一次请求权得不到实现时，即持票人行使付款请求权遭拒绝或有其他法定原因时，方可行使。追索权行使的对象视票据种类的不同，可以分别包括出票人、背书人、保证人、承兑人和参加承兑人等。这些人在票据法律关系中的地位是连带债务人，持票人可以不按汇票债务人的先后顺序，对其中的任何一人、数人或者全体行使追索权；持票人对汇票债务人中的一人或数人已经进行追索的，对其他汇票债务人仍可行使追索权。被追索人清偿债务后，与持票人享有相同权利。

票据法规定票据权利的双重请求权，目的在于保护持票人，保证票据流通的安全和便利。

11.3.2　票据权利的特征

（1）票据权利是金钱债权，债务人履行义务时，不能以货物、劳务或其他无形财产权利来代替给付金钱的义务。票据持有人可凭票据向主债务人请求给付，在不能得到额定的金钱时，可以凭票据行使追索权。

（2）票据权利的行使范围限定在当事人之中，当事人包括出票人、背书人、承兑人、保证人、付款人，这些人在票据中的地位均处在持票人之前，即持票人有权向这些人中的付款人或任何一个人请求实现自己的票据权利，不受被请求人所处票据活动中的阶段限制，但是，持票人不得向在自己后面的当事人追索。

（3）票据权利的确定性，出票人签发票据时须根据票据法的规定将确定的金额、收款人的名称、出票日期、本人的签章和无条件承诺事项填写在票据上，之后该票据无论流通到何人手中，无论持票人与付款人之间存在何种关系，该票据上所确定的票据种类、金额和支付时间是不会有任何改变的。

11.3.3　票据权利的取得

票据权利的取得可分为原始取得和继受取得、善意取得和恶意取得。

11.3.3.1　原始取得和继受取得

原始取得，是指票据上载明的收款人取得出票人开出的票据的行为，此行为既包含取得票据的原件，也包括取得票据上所记载的权利。因为这个行为是票据被开出后收款人第一次接到票据，所以称之为原始取得。票据的继受取得，是指第三人自收款人手中取得票据的行为。由出票行为产生票据的原始取得；当票据进行第一次转让时，就派生出票据权利的继受取得。票据的继受取得除背书、贴现、质押、保证、付款等形式外，还有继承、赠与、公司的分立与合并以及清算等方式。

11.3.3.2　善意取得和恶意取得

善意取得是指票据上的受让人，依票据法所规定的转让方法，主观上无恶意或重大过失，从无票据处分权人处取得票据，从而享有票据上的权利。明知或应当知道票据转让人无处分票据的权利而受让票据的是恶意取得。由于恶意而取得票据的持票人可能遭到拒绝付款，因此，对于持票人是否恶意取得票据必须加以证明才能确认。《票据法》第 12 条规定，"以欺诈、偷盗或者胁迫等手段取得票据的，或者明知有前列情形，出于恶意取得票据的，不得享有票据权利"。

由于受让人应当或有可能知道让与人无处分票据的权利而不认真审查就取得票据的行为，被认为是有重大过失的取得票据的行为。重大过失取得的票据的后果与责任，同恶意取得票据的情况相仿。《票据法》规定："持票人因重大过失取得不符合本法规定的票据的，也不得享有票据权利。"

票据权利的取得，必须给付对价，即应当给付票据双方当事人认可的相对应的代价。因税收、继承、赠与可以依法无偿取得票据的，不受给付对价的限制。但是，所享有的票据权利不得优于其前手。

11.3.4　票据权利的转让

票据是一种流通证券，票据权利可以通过背书而自由转让。为了保持票据的流通性，各国票据法对票据权利转让作了不同于一般债权转让的规定。

（1）票据权利可通过背书等行为转让，票据权利的转让不必通知债务人。按照一般的民事法律原则，债权的转让以通知债务人为其生效的要件，如果债务人未收到通知，他可拒绝向受让人清偿债务，而继续向原债权人清偿。而票据权利的转让不必通知债务人，只要票据的持票人按法定方式把票据转让给受让人，债务人就须按票据所载向受让人承担到期付款的义务。

（2）善意而支付了对价的受让人可取得票据的所有权，并且其享有的票据权利不因让予人对票据权利有缺陷而受到影响。按一般民事法律原则，债权转让中让与人只能把自己所享有的权利转让给他人，而不能转让不属于自己的权利，否则转让无效。例如，偷盗物的受让人即使支付了对价，也不能取得合法所有权，一旦失主提出要求，必须将该物退还给失主。但票据权利的转让有所不同，为了使票据权利便于流通，各国都对善意取得票据者给予特殊保护，即善意取得人可享有票据上的一切权利。也就是说，即使票据是让与人偷来的，只要受让人符合善意取得的条件，原票据所有人也不能要求受让人返还票据，而只能向偷窃者追偿。

11.3.5　票据抗辩

票据抗辩，是指票据债务人根据票据法规定对票据债权人拒绝履行义务的行为。票据抗辩是票据债务人依法享有的权利。《票据法》规定，票据债务人可以对不履行约定义务的与自己有直接债权债务关系的持票人，进行抗辩。依据票据抗辩的事由，票据抗辩可分为以下几种。

11.3.5.1　对物的抗辩

这是指基于票据本身内容发生的事由而提出的抗辩。这种抗辩完全来自票据本身，不论持票人是谁，债务人都可以根据票据上所记载的内容进行抗辩，理由可以是票据无效、日期未至、签名不符、金额的大小写不一致、有涂改痕迹等。抗辩的理由须以票据法的规定为依据，不得自定理由。

11.3.5.2　对人的抗辩

这是指票据债务人对特定票据债权人的抗辩，也称相对的抗辩或主观的抗辩。这一抗辩往往与票据的基础关系有关。例如，甲从乙处购买商品，为支付货款，甲向乙签发一张票据，如果乙未交货，则甲可以乙未交货，不具有对价为由向乙提出抗辩。《票据法》规定，"票据债务人可以对不履行约定义务的与自己有直接债权债务关系的持票人进行抗辩"。但是，票据债务人不得以自己与出票人或者与持票人的前手之间的抗辩事由对抗持票人，持票人明知存在抗辩事由而得票据的除外。

11.3.5.3　恶意抗辩

此即票据债务人能以自己与出票人或持票人的前手之间的抗辩事由对抗持票人。此种抗辩只限于对恶意或重大过失取得票据者而言，对善意取得票据者，不得行使。

11.3.5.4　对抗辩权的限制

抗辩权的行使是有限制的。票据债务人不得以自己与出票人或者与持票人的前手之间的抗辩事由对抗持票人，但是，持票人明知存在抗辩事由而取得票据的除外。

11.3.6　票据的伪造、变造及丧失

11.3.6.1　票据的伪造

票据的伪造是指伪造人假借他人名义或者虚构他人的名义而进行的票据行为。票据上的伪造包括票据的伪造和票据上签章的伪造两种行为，前者是假借他人名义或者虚构人的名义而进行出票的行为，后者是假冒他人名义而进行出票行为之外的其他行为，如票据上签章的伪造。

票据伪造行为扰乱社会经济秩序，损害他人利益，在法律上不具有任何票据行为的效力。伪造票据将产生下列法律后果：①被伪造人因没有真正在票据签章而不负票据上的责任；②伪造人除负刑法规定的伪造有价证券的刑事责任和民事赔偿责任外，也不负票据上的责任；③票据的伪造不影响其他真实签章的效力。所以，票据上既有伪造签章，又有真实的签章时，真实签章人应依票据上所载的

文义负相应责任。

11.3.6.2　票据的变造

票据的变造是指无权更改票据内容的人，采用技术手段改变票据上签章以外的记载事项的内容，或者增加、减少票据记载事项的内容从而达到变更票据权利义务关系的目的。票据变造对票据关系人的权利义务发生影响，各票据关系人按其在票据上签章的时间确定其责任。签章在变造之前的，按变造前的票据文义负责，变造后进行签章的按变造后的文义负责。无法辨别签章是在票据变造前或变造后，视同在变造之前签章。

11.3.6.3　票据的丧失

票据的丧失是指票据的持票人丧失对票据的占有，包括绝对的丧失即票据的灭失和相对的丧失即遗失、被盗等。

票据丧失，失票人可以及时通知票据的付款人挂失止付，但是，未记载付款人或者无法确定付款人及其代理付款人的票据除外。收到挂失止付通知的付款人，应当暂停支付。失票人应当在通知挂失止付后3日内，也可以在票据丧失后，依法向人民法院申请公示催告，或者向人民法院提起诉讼。

11.3.7　票据权利的消灭

票据权利的消灭是指因发生一定的法律事由而使票据权利不存在。票据权利消灭，票据上的债权债务也随之消灭。

11.3.7.1　因付款而消灭

付款是指票据到期时，经持票人提示，票据债务人支付票款的行为。付款有广义和狭义之分。广义的付款指一切票据关系人依据票据的记载文义向票据债权人支付票载金额的行为。广义的付款，付款后票据关系并不绝对消灭。所谓一切票据关系人既包括票据主债务人，如汇票的承兑人，本票的出票人，支票的付款人，又包括其他关系人，如背书人、保证人等。主债务人付款后，票据关系消灭，而背书人，保证人等付款后，则可向其前手或被保证人行使追索权，因此票据关系尚未消灭。狭义的付款指票据主债务人为消灭票据关系而向票据债权人清偿票款。狭义的付款在票据法上具有特殊意义，即付款后一切票据关系因此而消灭。我们这里所讲的付款是指狭义的付款。

11.3.7.2　时效消灭

《票据法》规定，票据权利在下列期限内不行使而消灭：① 持票人对票据的出票人和承兑人的权利，自票据到期日起 2 年，见票即付的汇票、本票，自出票日起 2 年；②持票人对支票出票人的权利，自出票日起 6 个月；③持票人对前手的追索权，自被拒绝承兑或者被拒绝付款之日起 6 个月；④持票人对前手的再追索权，自清偿日或者被提起诉讼之日起 3 个月。

11.3.7.3　因票据记载事项欠缺而消灭

持票人因超过票据权利时效或者因票据记载事项欠缺而丧失票据权利的，仍享有民事权利，可以请求出票人或者承兑人返还其与未支付的票据金额相当的利益。

11.4　汇　　票

11.4.1　汇票概述

11.4.1.1　汇票的概念和特征

1. 概念

汇票是支付工具中最重要的一种。《票据法》第 19 条规定，汇票是由出票人签发的，委托付款人在见票时或者在指定日期无条件支付确定的金额给收款人或者持票人的票据。

汇票的基本当事人包括出票人、付款人和收款人。随着汇票的背书转让，汇票设立保证等，背书人、保证人等也成为汇票当事人。

2. 特征

（1）汇票是一种金钱证券，也是一种支付工具，为了保证使用可靠，在该票据上必须标明"汇票"的字样，以便使用者和其他利害关系人了解这种支付工具。

（2）汇票须有无条件支付一定金额的委托的字样，是委托证券，不是自付证券。

（3）汇票是确定一定的日期才履行支付义务的票据，汇票有见票即付、定日付款、出票后定期付款、见票后定期付款等四种形式。

（4）汇票是付款人无条件支付确定的金额给收款人或者持票人的票据。

11.4.1.2　汇票的分类

从不同的角度对汇票可以有不同的分类。

（1）《票据法》将汇票分为银行汇票与商业汇票。银行汇票是指汇款人将款项交存当地银行，由银行签发给汇款人持往异地办理转账结算或支取现金的票据；商业汇票是收款人或付款人（或承兑申请人）签发，由承兑人承兑，并于到期日向收款人或被背书人支付款项的票据。

（2）以付款期限长短为标准可以将汇票分为即期汇票与远期汇票。即期汇票是指以提示日期为到期日，持票人持票到银行或其他委托付款人处，后者见票必须付款的一种汇票；远期汇票是指约定一定的期日付款的汇票。

（3）以记载受款人的方式不同为标准可以将汇票分为记名汇票和不记名汇票。

（4）以签发和支付地点不同可以将汇票分为国内汇票和国际汇票。国际汇票是指汇票签发和付款的一方在国外，国内汇票是指在一国境内签发和付款的汇票。

（5）以银行对付款要求的不同可以将汇票分为光单汇票与跟单汇票。光单汇票也称原票，是指只需提出汇票本身即可付款，不需附加其他单据的汇票。

11.4.2　出票

11.4.2.1　出票的概念及其法律效力

出票，是指出票人按法定形式签发票据并将其交付给收款人的票据行为。《票据法》第 20 条规定，"出票是指出票人签发票据并将其交付给收款人的票据行为"。出票包括两个内容：一是作成票据并在票据上签章，二是将票据交付给收款人，两者缺一不可。

汇票的出票人必须与付款人具有真实的委托付款关系，并且具有支付汇票金额的可靠资金来源。不得签发无对价的汇票用以骗取银行或者其他票据当事人的资金。出票人完成出票行为，票据即发生票据效力。对出票人而言，出票人签发汇票后，即承担保证该汇票承兑和付款的责任。出票人在汇票得不到承兑或者付款时，应当依法向持票人清偿汇票金额及有关损失和费用。对收款人而言，收款人取得出票人发出的汇票后，即取得票据权利，一方面就票据金额享有付款请求权，另一方面在该项请求权不能满足时享有追索权。而对于付款人，由于出票行为是单方行为，付款人并不因此而有付款义务，但是如果出票人对汇票进行承兑后即成为汇票的主债务人。

11.4.2.2　汇票的格式

1. 绝对必要记载事项

即依法必须记载、否则将导致汇票无效的事项。《票据法》第 22 条规定：汇票必须记载下列事项：①表明"汇票"的字样；②无条件支付的委托；③确定的金额；④付款人名称；⑤收款人名称；⑥出票日期；⑦出票人签章。汇票上未记载前款规定事项之一的，汇票无效。

2. 相对必要记载事项

即当事人认为除绝对必要记载事项以外需载明的事项，这些事项记载则发生法律效力，不记载也不影响汇票的效力，如记载违法则仅该事项无效，并不导致汇票无效。《票据法》第 24 条规定："汇票上可以记载本法规定事项以外的其他出票事项，但是该记载事项不具有汇票上的效力。"这些事项包括出票地、付款地、付款日期等。汇票上未记载出票地的，出票人的营业场所、住所或经常居住地为出票地；未记载付款地的，付款人的营业场所、住所或者经常居住地为付款地；未记载付款日期的，为见票即付。付款日期即汇票的到期日，可以按下列形式之一记载：①见票即付；②定日付款；③出票后定期付款；④见票后定期付款。

11.4.3　背书

11.4.3.1　背书的概念及其法律效力

背书是指在票据背面或者粘单上记载有关事项并签章的票据行为。依据《票据法》的规定，背书是票据权利转让的重要方式。除无记名票据仅以票据交付即可转让外，记名票据必须由转让人在票据背面签名作背书才能转让。但出票人在汇票上记载"不得转让"字样的，汇票不得转让。

汇票上的权利，依背书由背书人转让给被背书人，被背书人取代背书人而取得票据所有权及其他一切权利。因此，背书产生转让汇票权利的效力。需要指出的是，背书人虽因背书而丧失了票据上的权利，但他的责任并没有解除，他应对其后手负责担保承兑和担保付款的责任。另外，通过背书的连续性，可以证明持票人是正当的取得权利，即背书具有证明权利资格的效力。

11.4.3.2　背书的原则

背书应遵循下列原则：

（1）背书由背书人签章并记载背书日期，背书未记载日期的，视为在汇票到期日前背书。

（2）以背书转让的汇票，背书应当连续。背书连续，是指在票据转让中，转让汇票的背书人与受让汇票的被背书人在汇票上的签章依次前后衔接。持票人以背书的连续，证明其汇票权利。

（3）汇票被拒绝承兑、被拒绝付款或者超过付款提示期限的，不得背书转让；背书转让的，背书人应当承担汇票责任。

11.4.3.3　背书的方式

从理论上讲，背书的方式有完全背书和空白背书。完全背书是背书人在票据背面记明被背书人的姓名或名称、背书年月日以及背书人签章；空白背书是指不记载被背书人姓名或名称，仅由背书人在票据背面签章的背书。但我国《票据法》规定："汇票以背书转让或者以背书将一定的汇票权利授予他人行使时，必须记载被背书人。"也就是说，我国法律不承认空白背书。

11.4.4　承兑

11.4.4.1　承兑的概念

承兑是指汇票付款人承诺在汇票到期日支付汇票金额的票据行为，也就是承担支付汇票金额的债务的行为，是一种明确付款人的付款责任，确定持票人票据权力的制度。

11.4.4.2　承兑的法律效力

付款人承兑汇票后，应当承担到期付款的责任。汇票未经承兑之前，主债务人是出票人而不是付款人；汇票经承兑后，付款人成为汇票的承兑人，承兑人是主债务人，而出票人、背书人却成了从债务人。但承兑前债务人主次的变化，并不意味着出票人和背书人对汇票责任的解除。若汇票承兑人到期拒不付款，持票人有权向出票人或背书人等行使追索权。可见，承兑前后债务人主次的变化，只能说明清偿债务的顺序而已。事实上，出票人、背书人及承兑人对汇票付款负有连带责任。付款人承兑汇票，不得附有条件；承兑附有条件的，视为拒绝承兑。

11.4.4.3　提示承兑

提示承兑是指持票人向付款人出示汇票，要求付款人承诺付款的行为。定日付款或者出票后定期付款的汇票，持票人应当在汇票到期日前向付款人提示承兑。见票后定期付款的汇票，持票人应当自出票日起1个月内向付款人提示承兑。汇票未按照规定期限提示承兑的，持票人丧失对其前手的追索权。见票即付的汇票无需提示承兑。

11.4.4.4　承兑成立

付款人对向其提示承兑的汇票，应当自收到提示承兑的汇票之日起3日内承兑或者拒绝承兑。付款人收到持票人提示承兑的汇票时，应当向持票人签发收到汇票的回单。回单上应当记明汇票提示承兑日期并签章。

付款人承兑汇票的，应当在汇票正面记载"承兑"字样和承兑日期并签章；见票后定期付款的汇票，应当在承兑时记载付款日期。汇票上未记载承兑日期的，收到提示承兑的汇票之日起第 3 日为承兑日期。

11.4.5　保证

11.4.5.1　保证的概念

《票据法》规定，汇票的债务可以由保证人承担。所谓保证是票据债务人以外的第三人以担保特定债务人履行票据债务为目的，而在票据上所为的一种附属票据行为。保证人由汇票债务人以外的他人担当。保证不得附有条件；附有条件的，不影响对汇票的保证责任。保证人对合法取得汇票的持票人所享有的汇票权利，承担保证责任。但是，被保证人的债务因汇票记载事项欠缺而无效的除外。

11.4.5.2　保证的法律效力

被保证的汇票，保证人应当与被保证人对持票人承担连带责任。汇票到期后得不到付款的，持票人有权向保证人请求付款，保证人应当足额付款。保证人为两人以上的，保证人之间承担连带责任。保证人清偿汇票债务后，可以行使持票人对被保证人及其前手的追索权。

11.4.6　付款

11.4.6.1　付款的概念

付款即付款人依据票据文义向持票人支付汇票金额，以消灭票据关系的行为。付款人依法足额付款后，全体汇票债务人的责任解除。

11.4.6.2　提示付款

提示付款是指持票人向付款人或者承兑人出示票据，请求付款的行为。持票人必须在法律规定的时间内提示付款，才发生法律效力。

持票人依法应按下列期限提示付款：①见票即付的汇票，自出票日起 1 个月内向付款人提示付款；②定日付款、出票后定期付款或者见票后定期付款的汇票，自到期日起 10 日内向承兑人提示付款。通过委托收款银行或者通过票据交换系统向付款人提示付款的，视同持票人提示付款。持票人未按上述规定期限提示付款的，在作出说明后，承兑人或者付款人仍应当继续对持票人承担付款责任。

11.4.6.3　支付票款

支付票款是持票人向付款人或者承兑人进行付款提示后，付款人无条件地在当日按票据金额足额支付给持票人的行为。

《票据法》规定，持票人获得付款的，应当在汇票上签收，并将汇票交给付款人。持票人委托银行收款的，受委托的银行将代收的汇票金额转账收入持票人账户，视同签收。

实践中，付款收款行为往往委托银行进行，持票人委托的收款银行的责任，限于按照汇票上记载事项将汇票金额转入持票人账户。付款人委托的付款银行的责任，限于按照汇票上记载事项从付款人账户支付汇票金额。

付款人及其代理付款人付款时，应当审查汇票背书是否连续，并审查提示付款人的合法身份证明或者有效证件。付款人及其代理付款人因恶意或者有重大过失付款的，应当自行承担责任。

对定日付款、出票后定期付款或者见票后定期付款的汇票，付款人在到期日前付款的，由付款人自行承担所产生的责任。

11.4.7　追索权

11.4.7.1　追索权的概念

追索权即汇票到期被拒绝付款或期前不获承兑以及其他法定原因出现时，持票人请求背书人、出票人以及汇票的其他债务人偿还汇票金额及有关损失和费用的权利。

行使追索权必须满足以下条件：

（1）汇票到期被拒绝付款。汇票到期日前，有下列情形之一的，持票人也可以行使追索权：①汇票被拒绝承兑；②承兑人或者付款人死亡、逃匿的；③承兑人或者付款人被依法宣告破产或者因违法被责令终止业务活动的。

（2）提供被拒绝承兑或者被拒绝付款的有关证明。持票人不能出示拒绝证明、退票理由书或者未按照规定期限提供其他合法证明的，丧失对其前手的追索权。但是，承兑人或者付款人仍应当对持票人承担责任。

（3）在法定期限内行使。持票人应当自收到被拒绝承兑或者被拒绝付款的有关证明之日起3日内，将被拒绝事由书面通知其前手；其前手应当自收到通知之日起3日内书面通知其再前手。持票人也可以同时向各汇票债务人发出书面通知。未按上述规定期限通知的，持票人仍可以行使追索权。因延期通知给其前手或者出票人造成损失的，由没有按照规定期限通知的汇票当事人，承担对该损失的赔偿责任，但是所赔偿的金额以汇票金额为限。在规定期限内将通知按照法定地址或者约定地址邮寄的，视为已经发出通知。

11.4.7.2　拒绝证明及其代替

拒绝证明是用以证明持票人曾经依法行使票据权利而被拒绝，或者无法行使票据权利的一种书面文件。

持票人提示承兑或者提示付款被拒绝的，承兑人或者付款人必须出具拒绝证明，或者出具退票理由书。未出具拒绝证明或者退票理由书的，应当承担由此产生的民事责任。

拒绝证明的代替有以下几种情况：

（1）持票人因承兑人或者付款人死亡、逃匿或者其他原因，不能取得拒绝证明的，可以依法取得其他有关证明；

（2）承兑人或者付款人被人民法院依法宣告破产的，人民法院的有关司法文件具有拒绝证明的效力；

（3）承兑人或者付款人因违法被责令终止业务活动的，有关行政主管部门的处罚决定具有拒绝证明的效力。

11.5　本票与支票

由于本票与支票在很多方面均适用汇票的有关规定，故下文仅简单介绍一下本票和支票。

11.5.1　本票

11.5.1.1　本票的概念

本票是由出票人签发的，承诺自己在见票时无条件支付确定的金额给收款人或者持票人的票据。《票据法》所指本票为银行本票。

本票的出票人必须具有支付本票金额的可靠的资金来源，并保证支付。

11.5.1.2　本票的格式

本票必须记载下列事项：表明"本票"的字样；无条件支付的承诺；确定的金额；收款人名称；出票日期；出票人签章。本票上未记载上述事项之一的，本票无效。

本票上记载付款地、出票地等事项的，应当清楚、明确。本票上未记载付款地的，出票人的营业场所为付款地；本票上未记载出票地的，出票人的营业场所为出票地。

11.5.1.3　本票的特征

1. 自付票据

本票是由出票人本人对持票人付款，而不是像汇票和支票委托银行付款，所以也可将本票称为自付证券。

2. 基本当事人少

本票的基本当事人只有出票人和收款人两个，与汇票和支票相比，在很多情况下少了付款人这个基本当事人，其债权债务关系也相应简单一些。

3. 无须承兑

由于本票是由出票人本人付款，并无委托银行付款，所以，本票不用承兑即能保证付款。

11.5.2　支票

11.5.2.1　支票的概念和种类

支票是出票人签发的，委托其办理支票存款业务的银行或者其他金融机构在见票时无条件支付确定的金额给收款人或者持票人的票据。支票与汇票、本票不同，具有见票即付的特点，以银行或者其他金融机构为付款人。

《票据法》规定的支票有三种，即普通支票、现金支票和转账支票。普通支票可以支取现金，也可以转账，用于转账时，应当在支票正面注明。现金支票和转账支票只能分别用于支取现金和转账。

11.5.2.2　支票的格式

支票必须记载下列事项：表明"支票"的字样；无条件支付的委托；确定的金额；付款人名称；出票日期；出票人签章。支票上未记载上述事项之一的，支票无效。支票上的金额可以由出票人授权补记，未补记前的支票，不得使用。

支票上未记载收款人名称的，经出票人授权，可以补记；支票上未记载付款地的，付款人的营业场所为付款地；未记载出票地的，出票人的营业场所、住所或者经常居住地为出票地；出票人可以在支票上记载自己为收款人。

11.5.2.3　支票的出票原则

（1）支票的出票人所签发的支票金额不得超过其付款时在付款人处实有的存款金额。出票人签发的支票金额超过其付款时在付款人处实有的存款金额的，为空头支票。《票据法》禁止签发空头支票。

（2）支票的出票人不得签发与其预留本名的签名式样或者印鉴不符的支票。

（3）支票限于见票即付，不得另行记载付款日期。另行记载付款日期的，该记载无效。

11.6　涉外票据的法律适用

11.6.1　涉外票据的概念和原则

11.6.1.1　涉外票据的概念

涉外票据，是指出票、背书、承兑、保证、付款等行为中，既有发生在中华人民共和国境内又有发生在中华人民共和国境外的票据。

11.6.1.2　涉外票据的法律适用遵循的原则

（1）根据《票据法》的规定确定；

（2）国际条约优先，即中华人民共和国缔结或者参加的国际条约与《票据法》有不同规定的，适用国际条约的规定，但中华人民共和国声明保留的条款除外；

（3）《票据法》和中华人民共和国缔结或者参加的国际条约没有规定的，可以适用国际惯例。

11.6.2　《票据法》关于涉外票据法律适用的规定

11.6.2.1　适用当事人本国法律

票据债务人的民事行为能力，适用其本国法律。但如依照其本国法律为无民事行为能力人或者限制民事行为能力人，而依照行为地法律为完全民事行为能力人的，适用行为地法律。

11.6.2.2　适用出票地法律

（1）汇票、本票出票时的记载事项，适用出票地法律；

（2）支票出票时的记载事项，适用出票地法律，经当事人协议，也可以适用付款地法律；

（3）票据追索权的行使期限，适用出票地法律。

11.6.2.3　适用付款地法律

（1）票据的提示期限、有关拒绝证明的方式、出具拒绝证明的期限，适用付款地法律；

(2) 票据丧失时，失票人请求保全票据权利的程序，适用付款地法律。

11.6.2.4　适用行为地法律

票据的背书、承兑、付款和保证行为，适用行为地法律。

思　考　题

1. 什么是票据？票据的性质是什么？
2. 什么是票据行为？票据行为具有哪些特征？
3. 票据权利的取得方式和种类有哪些？
4. 伪造票据将产生怎样的法律后果？
5. 涉外票据的法律适用原则是什么？

案 例 分 析

【案情简介】[①]

从 2003 年起，某贸易公司是某化妆品公司江苏地区的代理销售商。2006 年 9 月 18 日至 10 月 25 日，某贸易公司以购买某化妆品公司的化妆品付款为由，先后对化妆品公司签发四张金额分别为 50 358 元、606 438 元、115 556 元、123 760 元，到期日分别为 2006 年 10 月 28 日、11 月 14 日、11 月 25 日、11 月 30 日的商业承兑汇票，某贸易公司并在汇票上签章承诺，本汇票已经本单位承兑，到期日无条件付款。化妆品公司收票后即按约定给贸易公司发出货物。贸易公司收货后于同年 11 月 7 日给化妆品公司发出传真一份，明确对 10 月 10 日、10 月 28 日、10 月 31 日收到的货物提出质量异议。化妆品公司于同月 8 日回函一份，要求贸易公司将发现有质量问题的产品品名、批号、数量和开箱数告知化妆品公司，待事实查清，化妆品公司会全额退款。之后，双方数次传真往来，未能协商一致。贸易公司将化妆品公司生产的唇膏和面膜送国家化妆品质量监督检验中心检验，检验结果为产品质量不合格。汇票到期后，化妆品公司持上述四张汇票委托银行收款时，均被银行以付款人无款支付、该账号已结清、无此账号等为由拒付。

化妆品公司遂于 2007 年 1 月以票据纠纷为由诉至人民法院。诉称：被告开出的商业承兑汇票已经被告承兑，到期应无条件支付。被告贸易公司答辩称：原告货物出现了质量问题，我公司提出了质量异议，并要求原告退回我公司开出的

---

① 案例来源：最高人民法院网站，www.court.gov

汇票。我公司作为票据债务人，可以对不履行约定义务的与自己有直接债权、债务关系的持票人进行抗辩，故我公司拒绝履行票据义务合理。要求原告赔偿我公司的经济损失。

【问题】

1. 当事人能否依据票据原因关系行使票据抗辩权？
2. 贸易公司仅以货物质量有瑕疵为由提出的抗辩理由能否成立？

第12章　证券法律制度

课程要求： 通过对证券法的学习，了解掌握证券、证券市场的概念；股票发行的概念、条件和程序，股票上市的条件和程序；公司债券的概念、条件和发行程序，公司债券上市的条件和程序；证券承销的基本问题；信息披露的要求和信息披露的内容；法律禁止的交易行为；上市公司收购的方式，证券交易所的设立、组织机构、交易规则、职责；证券公司的设立及其内部管理；证券的监督管理等证券法律制度的基本内容。

12.1　概　　述

12.1.1　证券

12.1.1.1　证券的概念

证券是指表示一定权利的书面凭证，即记载并代表一定权利的书面凭证。证券是权利与权利载体的结合体。证券有广义和狭义之分。广义的证券一般包括财物证券（如货运单、提单等），货币证券（如汇票、支票、本票等）和资本证券（如股票、公司债券、基金凭证等）。狭义的证券仅指资本证券，是发行人为筹集资本而发行的，表示持有人对发行人享有股权或债权的书面凭证。我国证券法规定的证券为股票、公司债券和国务院依法认定的其他证券。其他证券主要指投资基金凭证、非公司企业债券、国家政府债券等。

12.1.1.2　证券的种类

1. 股票

股票是指股份有限公司公开发行的、用以证明投资者的股东身份和权益，并据以获得股息和红利的凭证。

股票按照不同的划分标准可以分成不同的种类。

（1）股票按其所代表的股东权利的不同可以分为普通股股票和优先股股票。

（2）股票按票面上是否记载股东的姓名或名称可以分为记名股票和无记名股票。

（3）股票按投资主体的不同可以分为国家股股票、法人股股票和个人股股票。

（4）股票按发行时间可以分为原始股股票和新股股票。

2. 债券

债券是社会经济组织为筹集资金而依照法定程序发行的承诺在一定期限还本付息的证券。债券根据发行主体的不同可以分为政府债券、金融债券、企业债券、国际债券。

3. 投资基金券

投资基金是一种利益共享、风险共担的集合投资方式，它通过发行基金证券，集中投资者的资金，交基金托管人托管，由基金管理人管理和运用资金，主要从事证券投资。在我国，基金托管人必须由合格的商业银行担任，基金管理人必须由专业的基金管理公司担任。投资基金券是指由投资基金发起人向社会公开发行的，表示持有人按其所持份额享有资产所有权、收益分配权和剩余资产分配权的凭证。投资基金券的持有人可以据此享受证券投资基金的收益，同时承担亏损的风险。

12.1.2 证券市场

12.1.2.1 证券市场的概念

证券市场是进行证券发行和交易的场所，是证券集资、配置社会资源、进行金融宏观调控以及企业现代化转变等功能得以实现的依托，是证券制度的重要组成部分。

12.1.2.2 证券市场的类型

对证券市场可以依据不同的标准进行不同的分类。比较常见的有以下几种：

（1）根据证券市场所处的阶段和任务的不同，可将证券市场分为发行市场和流通市场，即一级市场和二级市场。

（2）根据证券市场所处的场所的不同，可将证券市场分为场内市场与场外市场，即证券交易所和证券交易所以外的其他市场。

（3）根据证券性质的不同，可将证券市场分为股票市场、债券市场、基金市场和衍生证券市场。

12.1.2.3 证券市场的主体

证券市场的主体包括证券发行人、投资者、中介机构、交易场所以及证券监管机构等。

1. 证券发行人

证券发行人是在证券市场上发行证券的单位，一般有政府、金融机构和企业。

2. 投资者

投资者是证券市场上证券的购买者，也是资金的供给者。依据投资者的身份，可以把投资者分为个人投资者和机构投资者，其中机构投资者又包括法定金融机构、基金组织、企业和其他机构。依据投资者的国籍和注册地，投资者可以分为境内投资者和境外投资者。

3. 交易场所、证券登记结算机构

证券交易场所是进行证券发行和交易的场所，也就是前面所讲的证券交易市场，其中，证券交易所是依法设立的提供证券集中竞价交易场所的组织。证券登记结算机构是为证券发行和交易提供集中的登记、存管和结算服务的法人。

4. 证券中介服务机构

证券中介服务机构泛指在证券市场上为证券发行和交易提供服务的连接证券发行人和投资者的机构，除了证券公司以外，还包括投资咨询机构、财务顾问机构、资信评级机构、资产评估机构、会计师事务所等。

5. 证券监管机构

证券监管机构是对证券市场进行监督管理的机构，包括自律性组织和政府监管机构。自律性组织包括证券交易所、证券业协会等，主要是在本所或本行业内实行自我监管；政府监管机构是代表政府对证券市场进行监督管理的机构，在我国为国务院证券监督管理机构及其派出机构。

12.1.3　证券法

12.1.3.1　证券法的概念和调整对象

证券法是指调整证券发行关系、交易关系以及监管关系的法律规范的总称。证券法这一概念有广义和狭义之分。广义的证券法除了《中华人民共和国证券法》以外，还包括其他法律中有关证券管理内容的部分、有关证券管理的行政法规、有关证券管理的部门规章和地方性法规等。狭义的证券法是指《中华人民共和国证券法》，该法于 1998 年 12 月 29 日第九届全国人民代表大会常务委员会第

六次会议通过，2004 年 8 月 28 日第十届全国人民代表大会常务委员会第十一次
会议修正，2005 年 10 月 27 日第十届全国人民代表大会常务委员会第十八次会
议修订，自 2006 年 1 月 1 日起施行。本章将以《中华人民共和国证券法》（以下
简称《证券法》）为主，结合其他有关法律、法规和规章的有关内容，介绍我国
证券法律制度的有关内容。

关于证券法调整对象的种类和范围，各国证券法存在较大的差别。我国《证
券法》第 2 条规定："在中华人民共和国境内，股票、公司债券和国务院依法认
定的其他证券的发行和交易，适用本法；本法未规定的，适用《中华人民共和国
公司法》和其他法律、行政法规的规定。政府债券、证券投资基金份额的上市交
易，适用本法；其他法律、行政法规有特别规定的，适用其规定。证券衍生品种
发行、交易的管理办法，由国务院依照本法的原则规定。"可见，我国证券法调
整的证券范围为股票、公司债券、政府债券、证券投资基金份额以及证券衍生
形式。

12.1.3.2　证券法的立法目的

证券法的立法重心是保护社会公众投资者，只有在证券法调整下形成规范、
有序的证券市场，才能够使广大投资者有安全感，才能实现保护投资者合法权益
的根本目的。各国证券法大多在第 1 条就开宗明义阐明其立法目的，我国《证券
法》第 1 条规定："为了规范证券发行和交易行为，保护投资者的合法权益，维
护社会经济秩序和社会公共利益，促进社会主义市场经济的发展，制定本法。"

12.1.3.3　证券法规定的证券活动和证券管理的原则

证券法的基本原则是由证券法确立的，贯穿于证券法始终，必须有普遍遵循
的具有全局性、根本性的准则。根据我国《证券法》的规定，在证券活动和证券
管理中应坚持以下几项原则。

1. 公开、公平、公正原则

《证券法》第 3 条规定："证券的发行、交易活动，必须实行公开、公平、公
正的原则。"该条确立的"三公"原则是进行证券发行、交易活动必须遵循的总
的原则，也是对证券市场参与者的基本要求，是由证券市场的基本性质和特点决
定的。

2. 平等、自愿、有偿、诚实信用原则

我国《证券法》第 4 条规定："证券发行、交易活动的当事人具有平等的法
律地位，应当遵守自愿、有偿、诚实信用的原则。"

3. 守法原则

守法即是遵守法律、法规，这是我们在一切社会活动中必须遵守的原则。我国《证券法》第 5 条规定："证券的发行、交易活动，必须遵守法律、行政法规；禁止欺诈、内幕交易和操纵证券市场的行为。"这里不仅强调要遵守法律、行政法规，还明确提出了法律禁止的三种证券欺诈行为。

4. 证券业与其他金融业分业经营、分业管理原则

我国《证券法》第 6 条规定："证券业和银行业、信托业、保险业实行分业经营、分业管理，证券公司与银行、信托、保险业务机构分别设立。国家另有规定的除外。"该条奠定了我国证券业、银行业、信托业、保险业分业经营管理的法律基础。同时，《证券法》在强调分业管理的同时，新增"国家另有规定的除外"字句，为未来可能实现的混业经营以及银行资金入市预留了空间。

5. 政府统一监管、行业自律管理与审计监督相结合的原则

我国根据证券市场的发展现状，实行政府统一监管、行业自律管理与审计监督三者相结合的模式。我国《证券法》第 7 条规定 ："国务院证券监督管理机构依法对全国证券市场实行集中统一监督管理。国务院证券监督管理机构根据需要可以设立派出机构，按照授权履行监督管理职责。"第 8 条规定："在国家对证券发行、交易活动实行集中统一监督管理的前提下，依法设立证券业协会，实行自律性管理。"第 9 条规定："国家审计机关依法对证券交易所、证券公司、证券登记结算机构、证券监督管理机构进行审计监督。"

12.2　证券的发行

12.2.1　证券发行的概念和种类

证券发行是指符合发行条件的发行人，以筹集资金为直接目的，依照法律规定的程序和条件向投资者销售证券的行为。

根据不同的标准，证券发行可以分为不同的类型。

（1）按照证券法规定的证券类型，证券发行主要分为股票发行、公司债券发行和其他证券的发行。

（2）根据证券发行的价格与证券票面金额的关系，证券发行可以分为平价发行、溢价发行和折价发行。我国公司法禁止股份公司以折价方式发行股票。

（3）按照证券是否通过证券公司承销分为直接发行和间接发行，其中，间接发行又可以根据证券发行人与证券公司的约定分为证券包销和证券代销两种。

（4）按照证券发行的对象不同，可以将证券发行分为公开发行和非公开发行。

12.2.2　证券的发行条件

12.2.2.1　股票发行的条件

为了规范股票发行市场，防止出现欺诈行为，危害投资者的合法权益，我国现行法律、行政法规规定了一系列的股票发行条件。这里介绍主要的股票发行条件，即设立发行条件和新股发行条件。

1. 设立发行条件

设立发行分为发起设立和募集设立。发起设立是指由发起人认购公司应发行的全部股份而设立公司。募集设立是指由发起人认购公司应发行股份的一部分，其余股份向社会公开募集或者向特定对象募集而设立公司。设立发行也称初次发行，是旨在设立股份有限公司而发行股票的行为。根据有关法律规定，发行人必须是具有股票发行资格的经批准筹备设立中的股份有限公司，同时还要满足相应的条件。

我国证券法对设立股份有限公司公开发行股票作出规定：设立股份有限公司公开发行股票，应当符合我国公司法规定的条件和经国务院批准的国务院证券监督管理机构规定的其他条件，向国务院证券监督管理机构报送募股申请和下列文件：①公司章程；②发起人协议；③发起人姓名或者名称，发起人认购的股份数、出资种类及验资证明；④招股说明书；⑤代收股款银行的名称及地址；⑥承销机构名称及有关的协议。依法应当聘请保荐人的，还应当报送保荐人出具的发行保荐书。法律、行政法规规定设立公司必须报经批准的，还应当提交相应的批准文件。

2. 新股发行条件

这里所称的新股发行主要限于增资发行。增资发行是新股发行的主要形式，是股份有限公司为了扩大生产经营规模，通过发行股票来增加资本的行为。我国《证券法》规定，上市公司发行新股，可以向社会公开募集，也可以向原股东配售，应当符合有关发行新股的条件。

我国证券法规定了公司公开发行新股的条件：①具备健全且运行良好的组织机构；②具有持续盈利能力，财务状况良好；③最近3年财务会计文件无虚假记载，无其他重大违法行为；④经国务院批准的国务院证券监督管理机构规定的其他条件。

我国证券法规定,上市公司非公开发行新股,应当符合经国务院批准的国务院证券监督管理机构规定的条件,并报国务院证券监督管理机构核准。

公司公开发行新股,应当向国务院证券监督管理机构报送募股申请和下列文件:①公司营业执照;②公司章程;③股东大会决议;④招股说明书;⑤财务会计报告;⑥代收股款银行的名称及地址;⑦承销机构名称及有关的协议。依照本法规定聘请保荐人的,还应当报送保荐人出具的发行保荐书。

12.2.2.2　公司债券的发行条件

债券是企业或政府为筹集资金而依照法定程序发行的承诺在一定期限还本付息的债务凭证。债券根据发行主体的不同可以分为政府债券、金融债券、企业债券等。这里主要讨论企业债券中的公司债券。

《证券法》规定,公开发行公司债券,应当符合下列条件:①股份有限公司的净资产不低于人民币 3000 万元,有限责任公司的净资产不低于人民币 6000 万元;②累计债券余额不超过公司净资产的 40%;③最近 3 年平均可分配利润足以支付公司债券 1 年的利息;④筹集的资金投向符合国家产业政策;⑤债券的利率不超过国务院限定的利率水平;⑥国务院规定的其他条件。公开发行公司债券筹集的资金,必须用于核准的用途,不得用于弥补亏损和非生产性支出。上市公司发行可转换为股票的公司债券,除应当符合以上规定的条件外,还应当符合关于公开发行股票的条件,并报国务院证券监督管理机构核准。

同时,《证券法》还规定,有下列情形之一的,不得再次公开发行公司债券:①前一次公开发行的公司债券尚未募足;②对已公开发行的公司债券或者其他债务有违约或者延迟支付本息的事实,仍处于继续状态;③违反本法规定,改变公开发行公司债券所募资金的用途。

申请公开发行公司债券,应当向国务院授权的部门或者国务院证券监督管理机构报送下列文件:①公司营业执照;②公司章程;③公司债券募集办法;④资产评估报告和验资报告;⑤国务院授权的部门或者国务院证券监督管理机构规定的其他文件。依法聘请保荐人的,还应当报送保荐人出具的发行保荐书。

12.2.3　证券的发行程序

《证券法》规定,公开发行证券,除了必须符合法律、行政法规规定的条件,还要依法报经国务院证券监督管理机构或者国务院授权的部门核准;未经依法核准,任何单位和个人不得公开发行证券。有下列情形之一的,为公开发行:①向不特定对象发行证券;②向累计超过 200 人的特定对象发行证券;③法律、行政法规规定的其他发行行为。非公开发行证券,不得采用广告、公开劝诱和变相公开方式。

　　根据法律的有关规定，关于公开发行证券的程序，在发行人权力机构作出发行证券决定之后，到证券发行交付到投资者手中，需要经历以下几个阶段。

　　1. 申请发行证券

　　发行人依法申请核准发行证券，应当报送由依法负责核准的机构或者部门规定其格式、报送方式的申请文件。发行人向国务院证券监督管理机构或者国务院授权的部门报送的证券发行申请文件，必须真实、准确、完整。发行人申请首次公开发行股票的，在提交申请文件后，应当按照国务院证券监督管理机构的规定预先披露有关申请文件。

　　2. 发行人申请公开发行股票，应当聘请具有保荐资格的机构担任保荐人

　　《证券法》通过保荐人制度来督导证券的规范发行，防止造假问题。发行人申请公开发行股票、可转换为股票的公司债券，依法采取承销方式的，或者公开发行法律、行政法规规定实行保荐制度的其他证券的，应当聘请具有保荐资格的机构担任保荐人。保荐人应当遵守业务规则和行业规范，诚实守信，勤勉尽责，对发行人的申请文件和信息披露资料进行审慎核查，督导发行人规范运作。

　　3. 国务院证券监督管理机构核准

　　为了规范证券的发行，维护投资者的权益，证券发行应当依法报经国务院证券监督管理机构或者国务院授权的部门核准。其中，股票的核准机构为国务院证券监督管理机构，债券的核准机构为国务院授权的其他机构，如财政部、中国人民银行等。

　　国务院证券监督管理机构设发行审核委员会，依法审核股票发行申请。发行审核委员会由国务院证券监督管理机构的专业人员和所聘请的该机构外的有关专家组成，以投票方式对股票发行申请进行表决，提出审核意见。国务院证券监督管理机构和国务院授权的部门依照法定条件负责核准股票和公司债券的发行申请；核准程序应当公开，依法接受监督。参与审核和核准股票发行申请和核准公司债券发行申请的人员，不得与发行申请人有利害关系，不得直接或者间接接受发行申请人的馈赠，不得持有所核准的发行申请的股票，不得私下与发行申请人进行接触。

　　国务院证券监督管理机构或者国务院授权的部门应当自受理证券发行申请文件之日起 3 个月内，依照法定条件和法定程序作出予以核准或者不予核准的决定，发行人根据要求补充、修改发行申请文件的时间不计算在内；不予核准的，应当说明理由。

　　国务院证券监督管理机构或者国务院授权的部门对已作出的核准证券发行的

决定，发现不符合法定条件或者法定程序，尚未发行证券的，应当予以撤销，停止发行。已经发行尚未上市的，撤销发行核准决定，发行人应当按照发行价并加算银行同期存款利息返还证券持有人；保荐人应当与发行人承担连带责任，但是能够证明自己没有过错的除外；发行人的控股股东、实际控制人有过错的，应当与发行人承担连带责任。

4. 公告募集文件

证券发行申请经核准，发行人应当依照法律、行政法规的规定，在证券公开发行前，公告公开发行募集文件，并将该文件置备于指定场所供公众查阅。发行证券的信息依法公开前，任何知情人不得公开或者泄露该信息。发行人不得在公告公开发行募集文件前发行证券。

5. 承销机构承销证券

公开发行股票和公司债券一般采用证券承销进行销售。证券承销是指具有经营资格的证券公司，接受证券发行人的委托，代理销售发行人向社会公开发行的证券，并依约取得手续费或报酬的行为。

证券的承销方式包括代销和包销两种。证券代销是指证券公司代发行人发售证券，在承销期结束时，将未售出的证券全部退还给发行人的承销方式。证券包销是指证券公司将发行人的证券按照协议全部购入或者在承销期结束时将售后剩余证券全部自行购入的承销方式。

证券承销的机构为证券公司。根据我国《证券法》的规定，我国的证券公司有两种：一种是综合类证券公司；一种是经纪类证券公司。只有综合类证券公司可以从事证券承销业务。根据承销机构的数量，证券承销分为单独承销和承销团承销两种形式。单独承销是指只有一名证券公司承销发行人发行的证券的承销方式。单独承销适用于向社会公开发行的证券票面总值不超过人民币 5000 万元的情形。承销团承销是指有两名或两名以上的证券承销机构承销发行人发行的证券的承销方式。向不特定对象公开发行的证券票面总值超过人民币 5000 万元的，应当由承销团承销。

证券公司承销证券，应当同发行人签订代销或者包销协议，载明下列事项：①当事人的名称、住所及法定代表人姓名；②代销、包销证券的种类、数量、金额及发行价格；③代销、包销的期限及起止日期；④代销、包销的付款方式及日期；⑤代销、包销的费用和结算办法；⑥违约责任；⑦国务院证券监督管理机构规定的其他事项。

证券公司在承销过程中，还有遵守以下规则：①公开发行证券的发行人有权依法自主选择承销的证券公司。证券公司不得以不正当竞争手段招揽证券承销业务。②证券公司承销证券，应当对公开发行募集文件的真实性、准确性、完整性进行核查；发现有虚假记载、误导性陈述或者重大遗漏的，不得进行销售活动；已经销售的，必须立即停止销售活动，并采取纠正措施。③向不特定对象公开发行的证券票面总值超过人民币 5000 万元的，应当由承销团承销。承销团应当由主承销和参与承销的证券公司组成。④证券的代销、包销期限最长不得超过 90日。⑤证券公司在代销、包销期内，对所代销、包销的证券应当保证先行出售给认购人，证券公司不得为本公司预留所代销的证券和预先购入并留存所包销的证券。⑥股票发行采取溢价发行的，其发行价格由发行人与承销的证券公司协商确定。⑦发行失败后，发行人应当按照发行价并加算银行同期存款利息返还股票认购人。股票发行采用代销方式，代销期限届满，向投资者出售的股票数量未达到拟公开发行股票数量 70% 的，为发行失败。⑧公开发行股票，代销、包销期限届满，发行人应当在规定的期限内将股票发行情况报国务院证券监督管理机构备案。

12.3　证券的交易

12.3.1　证券交易的一般规则

证券交易是指证券的买卖与转让。证券可以在市场上依法买进、卖出和转让，其价格随着市场行情的变化而变化，这是它吸引人的地方，也是证券投资的风险所在。国家对证券的交易一般要作出严格的规定。由于证券的种类不同，其交易规则也不完全一样，但证券交易中有一些共性的地方，根据《证券法》的规定，证券交易中应当遵守以下几项共同的规则。

1. 交易的证券必须合法

这个规则包含两个内容：一是证券交易当事人依法买卖的证券，必须是依法发行并交付的证券。非依法发行的证券，不得买卖。二是依法发行的股票、公司债券及其他证券，法律对其转让期限有限制性规定的，在限定的期限内不得买卖。

2. 证券应当在法定的场所、以法定的形式和方式进行交易

依法公开发行的股票、公司债券及其他证券，应当在依法设立的证券交易所上市交易或者在国务院批准的其他证券交易场所转让。证券在证券交易所上市交易，应当采用公开的集中交易方式或者国务院证券监督管理机构批准的其他方式。

证券交易当事人买卖的证券可以采用纸面形式或者国务院证券监督管理机构

规定的其他形式。国务院证券监督管理机构规定的其他形式主要是指无纸化形式，目前在我国上海证券交易所和深圳证券交易所交易的股票，全部都是无纸化股票。

证券交易以现货和国务院规定的其他方式进行交易。

3. 证券从业人员和管理人员不得持有和买卖股票

证券交易所、证券公司和证券登记结算机构的从业人员、证券监督管理机构的工作人员以及法律、行政法规禁止参与股票交易的其他人员，在任期或者法定限期内，不得直接或者以化名、借他人名义持有、买卖股票，也不得收受他人赠送的股票。任何人在成为上述人员时，其原已持有的股票，必须依法转让。

4. 为股票发行出具审计报告、资产评估报告或者法律意见书等文件的专业人员买卖股票要受到限制

为股票发行出具审计报告、资产评估报告或者法律意见书等文件的证券服务机构和人员，在该股票承销期内和期满后 6 个月内，不得买卖该种股票。除此之外，为上市公司出具审计报告、资产评估报告或者法律意见书等文件的证券服务机构和人员，自接受上市公司委托之日起至上述文件公开后 5 日内，不得买卖该种股票。

5. 对特定主体的 6 个月以内买卖股票的短线交易进行规制

上市公司董事、监事、高级管理人员、持有上市公司股份 5% 以上的股东，将其持有的该公司的股票在买入后 6 个月内卖出，或者在卖出后 6 个月内又买入，由此所得收益归该公司所有，公司董事会应当收回其所得收益。但是，证券公司因包销购入售后剩余股票而持有 5% 以上股份的，卖出该股票不受 6 个月时间限制。

6. 证券交易的收费必须合理

证券交易的收费必须合理，并公开收费项目、收费标准和收费办法。证券交易的收费项目、收费标准和管理办法由国务院有关主管部门统一规定。

7. 为客户保密

证券交易所、证券公司、证券登记结算机构必须依法为客户开立的账户保密，即除法律和行政法规有规定的外，证券交易所、证券公司、证券登记结算不向任何人提供客户开立账户的情况，否则将承担相应的法律责任。

12.3.2 证券的上市

证券上市是指已经依法发行的证券经证券交易所批准后，在交易所公开挂牌交易的行为。证券上市交易是证券交易的典型形式。这里主要讲股票和公司债券的上市。

12.3.2.1 证券上市的条件

1. 股票上市的条件

股份有限公司申请股票上市，应当符合下列条件：①股票经国务院证券监督管理机构核准已公开发行；②公司股本总额不少于人民币 3000 万元；③公开发行的股份达到公司股份总数的 25% 以上；公司股本总额超过人民币 4 亿元的，公开发行股份的比例为 10% 以上；④公司最近 3 年无重大违法行为，财务会计报告无虚假记载。

证券交易所可以规定高于前款规定的上市条件，并报国务院证券监督管理机构批准。

2. 公司债券上市的条件

根据我国法律的规定，公司债券也可以上市交易。与股票不同，公司债券有一个固定的存续期限，而且发行人必须按照约定的条件还本付息。因此，公司债券上市的条件与股票有所差异。

公司申请公司债券上市交易，应当符合下列条件：①公司债券的期限为 1 年以上；②公司债券实际发行额不少于人民币 5000 万元；③公司申请债券上市时仍符合法定的公司债券发行条件。

12.3.2.2 证券上市的程序

1. 股票上市的程序

（1）向证券交易所申请。申请证券上市交易，应当向证券交易所提出申请。申请股票上市交易，应当聘请具有保荐资格的机构担任保荐人，应当向证券交易所报送下列文件：上市报告书；申请股票上市的股东大会决议；公司章程；公司营业执照；依法经会计师事务所审计的公司最近 3 年的财务会计报告；法律意见书和上市保荐书；最近一次的招股说明书；证券交易所上市规则规定的其他文件。

（2）证券交易所进行审核。证券交易所收到申请人的证券上市申请后，依法对其进行审核。

(3) 订立上市协议。股票上市交易申请由证券交易所审核同意后，申请人应当与证券交易所签订上市协议书。

(4) 上市公告。股票上市交易申请经证券交易所审核同意后，签订上市协议的公司应当在规定的期限内公告股票上市的有关文件，并将该文件置备于指定场所供公众查阅；同时，还应当公告下列事项：股票获准在证券交易所交易的日期；持有公司股份最多的前 10 名股东的名单和持股数额；公司的实际控制人；董事、监事、高级管理人员的姓名及其持有本公司股票和债券的情况。

(5) 挂牌交易。在履行上述程序后，该股票即可以在证券交易所指定的日期上市交易。

2. 公司债券上市的程序

(1) 向证券交易所申请。申请证券上市交易，应当向证券交易所提出申请。申请可转换为股票的公司债券上市交易，应当聘请具有保荐资格的机构担任保荐人。申请公司债券上市交易，应当向证券交易所报送下列文件：上市报告书；申请公司债券上市的董事会决议；公司章程；公司营业执照；公司债券募集办法；公司债券的实际发行数额；证券交易所上市规则规定的其他文件。申请可转换为股票的公司债券上市交易，还应当报送保荐人出具的上市保荐书。

(2) 证券交易所进行审核。证券交易所收到申请人的证券上市申请后，依法对其进行审核。

(3) 订立上市协议。股票上市交易申请由证券交易所审核同意后，申请人应当与证券交易所签订上市协议书。

(4) 上市公告。公司债券上市交易申请经证券交易所审核同意后，签订上市协议的公司应当在规定的期限内公告公司债券上市文件及有关文件，并将其申请文件置备于指定场所供公众查阅。

(5) 挂牌交易。在履行上述程序后，该公司债券即可以在证券交易所指定的日期上市交易。

12.3.2.3 证券的暂停上市和终止上市

1. 股票的暂停上市和终止上市

我国证券法规定，上市公司丧失公司法规定的上市条件的，其股票依法暂停上市或者终止上市。我国公司法对股票暂停上市或者终止上市的情形作了具体的规定。

(1) 股票的暂停上市。上市公司有下列情形之一的，由证券交易所决定暂停其股票上市交易：①公司股本总额、股权分布等发生变化不再具备上市条件；

②公司不按照规定公开其财务状况，或者对财务会计报告作虚假记载，可能误导投资者；③公司有重大违法行为；④公司最近 3 年连续亏损；⑤证券交易所上市规则规定的其他情形。

（2）股票的终止上市。上市公司有下列情形之一的，由证券交易所决定终止其股票上市交易：①公司股本总额、股权分布等发生变化不再具备上市条件，在证券交易所规定的期限内仍不能达到上市条件；②公司不按照规定公开其财务状况，或者对财务会计报告作虚假记载，且拒绝纠正；③公司最近 3 年连续亏损，在其后一个年度内未能恢复盈利；④公司解散或者被宣告破产；⑤证券交易所上市规则规定的其他情形。

2. 公司债券的暂停上市和终止上市

（1）公司债券的暂停上市。公司债券上市交易后，公司有下列情形之一的，由证券交易所决定暂停其公司债券上市交易：①公司有重大违法行为；②公司情况发生重大变化不符合公司债券上市条件；③公司债券所募集资金不按照核准的用途使用；④未按照公司债券募集办法履行义务；⑤公司最近 2 年连续亏损。

（2）公司债券的终止上市。公司有前条第①项、第④项所列情形之一经查实后果严重的，或者有前条第②项、第③项、第⑤项所列情形之一，在限期内未能消除的，由证券交易所决定终止其公司债券上市交易。公司解散或者被宣告破产的，由证券交易所终止其公司债券上市交易。

12.3.3　持续信息公开

12.3.3.1　持续信息公开的概念和要求

1. 持续信息公开的概念

信息公开，也叫做信息披露，是指证券发行人或上市公司按照法定要求将自身财务、经营等情况向证券监督管理机构报告，并向社会公众投资者公告的活动。从证券发行、证券上市到证券上市期间，信息公开必须一直进行，这整个过程的信息公开被称为持续信息公开。持续信息公开包括发行证券时的信息公开、证券上市时的信息公开以及证券上市后的信息公开。

2. 持续信息公开的基本要求

我国《证券法》规定，发行人、上市公司依法披露的信息，必须真实、准确、完整，不得有虚假记载、误导性陈述或者重大遗漏。发行人、上市公司公告的招股说明书、公司债券募集办法、财务会计报告、上市报告文件、年度报告、中期报告、临时报告以及其他信息披露资料，有虚假记载、误导性陈述或者重大遗漏，致使投资者在证券交易中遭受损失的，发行人、上市公司应当承担赔偿责任；发行人、上市公司的董事、监事、高级管理人员和其他直接责任人员以及保荐人、承销的证券公司，应当与发行人、上市公司承担连带赔偿责任，但是能够证明自己没有过错的除外；发行人、上市公司的控股股东、实际控制人有过错的，应当与发行人、上市公司承担连带赔偿责任。依法必须披露的信息，应当在国务院证券监督管理机构指定的媒体发布，同时将其置备于公司住所、证券交易所，供社会公众查阅。国务院证券监督管理机构对上市公司年度报告、中期报告、临时报告以及公告的情况进行监督，对上市公司分派或者配售新股的情况进行监督，对上市公司控股股东及其他信息披露义务人的行为进行监督。证券监督管理机构、证券交易所、保荐人、承销的证券公司及有关人员，对公司依照法律、行政法规规定必须作出的公告，在公告前不得泄露其内容。

总体而言，持续信息公开应遵守以下基本要求：①真实性要求。即公开的数据、资料必须真实可靠，不得作虚假记载。②准确性要求。即会计方法应统一，不能随意改动，内容表达应通俗易懂而且用语适当，不得故意作引起歧义的误导性陈述。③完整性要求。即公开的信息必须全面，不得故意隐瞒或有重大遗漏。④及时性要求。即与证券发行、上市或交易有关的信息应在规定的时间内及时公告，确保重要信息利用的平等性。

12.3.3.2　持续信息公开的内容

应当公开的信息应当包括：证券发行时应披露的信息即发行说明书，对于股票而言叫做招股说明书，对于公司债券而言叫做公司债券募集办法；证券上市时应披露的信息即上市报告文件，包括股票的上市报告书和公司债券的上市报告书；公司上市后存续期间应披露的信息即定期报告和临时报告。下面分述之。

1. 招股说明书和公司债券募集办法

招股说明书，是公司向社会公众发出招股要约邀请的法律文件，是记载公司主要事项及招股情况的公开文件。招股说明书的有效期为 3 个月，自中国证监会下发核准通知之日起计算。发行人可在特别情况下申请延长招股说明书的有效期限，但至多不超过 1 个月。招股说明书应载明法律规定的主要事项。

公司债券募集办法，是记载公司主要事项及发行公司债券有关情况的公开文件，它相对招股说明书而言要简单得多。公司债券募集办法中应当载明法律规定的主要事项。

2. 股票和公司债券的上市报告文件

股票的上市报告书，是公司股票上市前的重要信息披露资料，上市公司在被核准上市并经证券交易所同意上市交易后，应当在上市交易的 5 日前公告经核准的股票上市的有关文件。股票的上市报告书的内容除了招股说明书的主要内容外，还应包括法律规定的其他事项。

公司债券的上市报告书，是公司债券上市前的重要信息披露资料，公司债券被核准上市并经证券交易所同意其上市交易后，应当在公司债券上市交易的 5 日前公告公司债券上市报告、核准文件及有关上市申请文件。公司债券的上市报告书记载的内容应与股票的上市报告书的内容有所差异，而且前者的内容应该简单一些，并且更侧重于对公司赢利能力的预测。

3. 定期报告和临时报告

定期报告，是股票或者公司债券上市交易的公司信息持续披露最主要的形式之一，包括中期报告和年度报告两种形式。

根据我国《证券法》的规定，上市公司和公司债券上市交易的公司，应当在每一会计年度的上半年结束之日起 2 个月内，向国务院证券监督管理机构和证券交易所报送记载以下内容的中期报告，并予公告：①公司财务会计报告和经营情况；②涉及公司的重大诉讼事项；③已发行的股票、公司债券变动情况；④提交股东大会审议的重要事项；⑤国务院证券监督管理机构规定的其他事项。

根据我国《证券法》的规定，上市公司和公司债券上市交易的公司，应当在每一会计年度结束之日起 4 个月内，向国务院证券监督管理机构和证券交易所报送记载以下内容的年度报告，并予公告：①公司概况；②公司财务会计报告和经营情况；③董事、监事、高级管理人员简介及其持股情况；④已发行的股票、公司债券情况，包括持有公司股份最多的前 10 名股东名单和持股数额；⑤公司的实际控制人；⑥国务院证券监督管理机构规定的其他事项。

临时报告，是指当发生可能对上市公司股票交易价格产生较大影响的重大事件，投资者尚未得知时，上市公司应当立即将有关该重大事件的情况向国务院证券监督管理机构和证券交易所报送临时报告，并予公告，说明事件的起因、目前的状态和可能产生的法律后果。以下情况为前面所称的重大事件：①公司的经营方针和经营范围的重大变化；②公司的重大投资行为和重大的购置财产的决定；③公司订立重要合同，可能对公司的资产、负债、权益和经营成果产生重要影响；④公司发生重大债务和未能清偿到期重大债务的违约情况；⑤公司发生重大亏损或者重大损失；⑥公司生产经营的外部条件发生的重大变化；⑦公司的董事、1/3 以上监事或者经理发生变动；⑧持有公司 5% 以上股份的股东或者实际控制人，其持有股份或者控制公司的情况发生较大变化；⑨公司减资、合并、分立、解散及申请破产的决定；⑩涉及公司的重大诉讼，股东大会、董事会决议被依法撤销或者宣告无效；⑪公司涉嫌犯罪被司法机关立案调查，公司董事、监事、高级管理人员涉嫌犯罪被司法机关采取强制措施；⑫国务院证券监督管理机构规定的其他事项。

12.3.4　禁止的交易行为

12.3.4.1　内幕交易行为

1. 内幕交易行为的概念

内幕交易行为是指证券交易内幕信息的知情人和非法获取内幕信息的人，在内幕信息公开前，买卖该公司的证券，或者泄露该信息，或者建议他人买卖该证券的行为。《证券法》规定，禁止证券交易内幕信息的知情人和非法获取内幕信息的人利用内幕信息从事证券交易活动。内幕交易行为给投资者造成损失的，行为人应当依法承担赔偿责任。持有或者通过协议、其他安排与他人共同持有公司5％以上股份的自然人、法人、其他组织依照法律规定收购上市公司的股份，不以内幕交易行为论。

2. 知情人员

根据我国《证券法》的规定，知情人员包括七种类型：①发行人的董事、监事、高级管理人员；②持有公司5％以上股份的股东及其董事、监事、高级管理人员，公司的实际控制人及其董事、监事、高级管理人员；③发行人控股的公司及其董事、监事、高级管理人员；④由于所任公司职务可以获取公司有关内幕信息的人员；⑤证券监督管理机构工作人员以及由于法定职责对证券的发行、交易进行管理的其他人员；⑥保荐人、承销的证券公司、证券交易所、证券登记结算机构、证券服务机构的有关人员；⑦国务院证券监督管理机构规定的其他人。

3. 内幕信息

证券交易活动中，涉及公司的经营、财务或者对该公司证券的市场价格有重大影响的尚未公开的信息，为内幕信息。下列信息皆属内幕信息：①《证券法》第67条第2款所列重大事件；②公司分配股利或者增资的计划；③公司股权结构的重大变化；④公司债务担保的重大变更；⑤公司营业用主要资产的抵押、出售或者报废一次超过该资产的30％；⑥公司的董事、监事、高级管理人员的行为可能依法承担重大损害赔偿责任；⑦上市公司收购的有关方案；⑧国务院证券监督管理机构认定的对证券交易价格有显著影响的其他重要信息。

12.3.4.2　操纵市场行为

1. 操纵市场行为的概念

操纵市场是指单位或个人以获取利益或者减少损失为目的，利用其资金、信息等优势或者滥用职权影响证券市场价格，制造证券市场假象，诱导或者致使投资者在不了解事实真相的情况下作出买卖证券的决定，从而扰乱证券市场秩序的行为。我国《证券法》规定，禁止任何人以不正当手段操纵证券市场。操纵证券市场行为给投资者造成损失的，行为人应当依法承担赔偿责任。

2. 操纵市场行为的种类

《证券法》规定了四类操纵市场行为：①单独或者通过合谋，集中资金优势、持股优势或者利用信息优势联合或者连续买卖，操纵证券交易价格或者证券交易量；②与他人串通，以事先约定的时间、价格和方式相互进行证券交易，影响证券交易价格或者证券交易量；③在自己实际控制的账户之间进行证券交易，影响证券交易价格或者证券交易量；④以其他手段操纵证券市场。

12.3.4.3　制造虚假信息行为

制造虚假信息是指信息披露义务人以及其他机构和人员编造、散布、传播虚假信息，欺诈、误导投资者或客户的行为。我国《证券法》规定：禁止国家工作人员、传播媒介从业人员和有关人员编造、传播虚假信息，扰乱证券市场。禁止证券交易所、证券公司、证券登记结算机构、证券服务机构及其从业人员，证券业协会、证券监督管理机构及其工作人员，在证券交易活动中作出虚假陈述或者信息误导。各种传播媒介传播证券市场信息必须真实、客观，禁止误导。

12.3.4.4　欺诈客户行为

1. 欺诈客户行为的概念

欺诈客户是指证券公司及其从业人员在证券交易中违背客户的真实意愿，侵害客户利益的行为。为了保障证券投资者的合法权益，证券法禁止证券公司及其从业人员从事损害投资者利益的欺诈行为。

2. 欺诈客户行为的具体表现

欺诈客户行为的具体表现为：①违背客户的委托为其买卖证券；②不在规定时间内向客户提供交易的书面确认文件；③挪用客户所委托买卖的证券或者客户账户上的资金；④未经客户的委托，擅自为客户买卖证券，或者假借客户的名义买卖证券；⑤为谋取佣金收入，诱使客户进行不必要的证券买卖；⑥利用传播媒介或者通过其他方式提供、传播虚假或者误导投资者的信息；⑦其他违背客户真实意思表示，损害客户利益的行为。

欺诈客户行为给客户造成损失的，行为人应当依法承担赔偿责任。

12.3.4.5　其他禁止交易的行为

其他在证券交易中为证券法所禁止的交易行为还包括：法人非法利用他人账户从事证券交易；法人出借自己或者他人的证券账户；资金违规流入股市；挪用公款买卖证券。

另外，《证券法》还规定，国有企业和国有资产控股的企业买卖上市交易的股票，必须遵守国家有关规定；证券交易所、证券公司、证券登记结算机构、证券服务机构及其从业人员对证券交易中发现的禁止的交易行为，应当及时向证券监督管理机构报告。

12.3.5　上市公司的收购

12.3.5.1　上市公司的收购的概念和方式

所谓上市公司的收购，是指投资者向上市公司的股票持有人公开购买部分或全部股票，以达到对该上市公司控股或者兼并的目的的法律行为。也就是说，收购上市公司其目的是为了控制该上市公司，而不是为了连续买卖该上市公司的股票。根据我国《证券法》的规定，投资者可以采取要约收购、协议收购及其他合法方式收购上市公司。

12.3.5.2　持股大户报告制度

为了保护广大中小投资者的利益，防止持股大户操纵股票交易价格的现象出现，《证券法》规定了持股大户报告制度。收购人在采取要约收购的先期阶段，也会成为持股大户，应当履行法律规定的报告义务。

《证券法》对持股大户报告制度的规定如下：

通过证券交易所的证券交易，投资者持有或者通过协议、其他安排与他人共同持有一个上市公司已发行的股份达到5%时，应当在该事实发生之日起3日内，向国务院证券监督管理机构、证券交易所作出书面报告，通知该上市公司，并予公告；在上述期限内，不得再行买卖该上市公司的股票。

投资者持有或者通过协议、其他安排与他人共同持有一个上市公司已发行的股份达到5%后，其所持该上市公司已发行的股份比例每增加或者减少5%，应当在该事实发生之日起3日内，向国务院证券监督管理机构、证券交易所作出书面报告，通知该上市公司，并予公告。在报告期限内和作出报告、公告后 2 日内，不得再行买卖该上市公司的股票。

依照上面规定所作的书面报告和公告，应当包括下列内容：①持股人的名称、住所；②持有的股票的名称、数额；③持股达到法定比例或者持股增减变化达到法定比例的日期。

12.3.5.3 要约收购制度

1. 要约收购的发起

要约收购可以自愿发起，也可以由法律强制发起。我国《证券法》对强制发起要约收购作出了规定："通过证券交易所的证券交易，投资者持有或者通过协议、其他安排与他人共同持有一个上市公司已发行的股份达到 30% 时，继续进行收购的，应当依法向该上市公司所有股东发出收购上市公司全部或者部分股份的要约。收购上市公司部分股份的收购要约应当约定，被收购公司股东承诺出售的股份数额超过预定收购的股份数额的，收购人按比例进行收购。"

2. 收购要约的特点、报告、公告、撤销和变更

（1）收购要约的特点。从合同法的角度看，收购要约是要约的一种特殊形式，当然首先要符合合同法对要约的规定，即内容和意图都要具体明确。就收购要约而言，它毕竟是一种非常特殊的要约，与一般要约相比，具有公开性、公平性、期限法定性、排他性等特征。我国《证券法》规定：收购要约约定的收购期限不得少于 30 日，并不得超过 60 日；收购要约提出的各项收购条件，适用于被收购公司的所有股东；采取要约收购方式的，收购人在收购期限内，不得卖出被收购公司的股票，也不得采取要约规定以外的形式和超出要约的条件买入被收购公司的股票。

（2）发出收购要约之前的报告。收购人在发起收购之前应当向政府部门报告，以便于政府对收购活动的宏观控制。我国《证券法》规定，发出收购要约，收购人必须事先向国务院证券监督管理机构报送上市公司收购报告书，并载明下列事项：收购人的名称、住所；收购人关于收购的决定；被收购的上市公司名称；收购目的；收购股份的详细名称和预定收购的股份数额；收购期限、收购价格；收购所需资金额及资金保证；报送上市公司收购报告书时持有被收购公司股份数占该公司已发行的股份总数的比例。收购人还应当将上市公司收购报告书同时提交证券交易所。

（3）收购要约的公告。公告收购要约的目的在于使得证券市场的参与人能够知道收购活动开始进行，目标公司的股东能够了解收购要约的内容从而进行投资

决策。收购要约必须公告是其重要特征，是证券市场信息公开制度的要求。我国《证券法》规定，收购人在依照规定报送上市公司收购报告书之日起 15 日后，公告其收购要约。在上述期限内，国务院证券监督管理机构发现上市公司收购报告书不符合法律、行政法规规定的，应当及时告知收购人，收购人不得公告其收购要约。

（4）收购要约的撤销和变更。收购要约的受要约人为目标公司的不特定股东，收购要约以公告的形式发出，收购要约一旦公告，就应该视为送达受要约人，要约开始生效。因此收购要约公告后不存在撤回的问题，而是撤销的问题。证券法规定，在收购要约确定的承诺期限内，收购人不得撤销其收购要约。

（5）收购要约的变更。《证券法》虽然禁止要约人撤销收购要约，但允许要约人在得到批准时变更收购要约。《证券法》规定，收购人需要变更收购要约的，必须事先向国务院证券监督管理机构及证券交易所提出报告，经批准后，予以公告。

12.3.5.4 协议收购制度

1. 协议收购的特点

《证券法》规定，上市公司收购可以采取协议收购方式，采取协议收购方式的，收购人可以依照法律、行政法规的规定同被收购公司的股东以协议方式进行股权转让。协议收购与要约收购相比，不具备要约收购的相应特点，即协议收购不具有要约收购的公开性、公平性、期限法定性和排他性。

2. 收购协议的报告、公告和履行

我国《证券法》规定，以协议方式收购上市公司时，达成协议后，收购人必须在 3 日内将该收购协议向国务院证券监督管理机构及证券交易所作出书面报告，并予公告。在公告前不得履行收购协议。

另外，为了使收购协议能够顺利履行，《证券法》规定，采取协议收购方式的，协议双方可以临时委托证券登记结算机构保管协议转让的股票，并将资金存放于指定的银行。

3. 协议收购向要约收购的转化

采取协议收购方式的，收购人收购或者通过协议、其他安排与他人共同收购一个上市公司已发行的股份达到 30% 时，继续进行收购的，应当向该上市公司所有股东发出收购上市公司全部或者部分股份的要约。但是，经国务院证券监督管理机构免除发出要约的除外。

12.3.5.5　上市公司收购完成后的规定

收购期限届满，被收购公司股权分布不符合上市条件的，该上市公司的股票应当由证券交易所依法终止上市交易；其余仍持有被收购公司股票的股东，有权向收购人以收购要约的同等条件出售其股票，收购人应当收购。收购行为完成后，被收购公司不再具备股份有限公司条件的，应当依法变更企业形式。

在上市公司收购中，收购人持有的被收购的上市公司的股票，在收购行为完成后的 12 个月内不得转让。

收购行为完成后，收购人与被收购公司合并，并将该公司解散的，被解散公司的原有股票由收购人依法更换。

收购行为完成后，收购人应当在 15 日内将收购情况报告国务院证券监督管理机构和证券交易所，并予公告。

12.4　证券交易所、证券登记结算机构、证券中介服务机构、证券监管机构

证券市场的主体除了证券发行人和投资者以外，就是证券交易场所、证券登记结算机构、证券中介服务机构和证券监管机构。证券交易场所中最重要的要数证券交易所，证券中介服务机构包括证券公司和各种证券服务机构等，证券监管机构包括自律性组织——证券业协会和政府监管机构——国务院证券监督管理机构，证券法对这些主体专门作出了规定，本节就以此为内容。

12.4.1　证券交易所

12.4.1.1　证券交易所的概念

证券交易所是为证券集中交易提供场所和设施，组织和监督证券交易，实行自律管理的法人。证券交易所有会员制证券交易所和公司制证券交易所两种。会员制证券交易所是以会员协会的形式成立的不以营利为目的的法人组织，其会员主要为证券商，只有会员以及有特许权的经纪人才有资格在交易所中交易。会员制证券交易所不承担任何交易责任，一切交易风险和损失均由投资者自己承担。目前大多数国家的证券交易所都实行会员制。我国证券交易所采取的也是会员制证券交易所的形式，我国目前有两个会员制证券交易所，即上海证券交易所和深圳证券交易所。公司制证券交易所是以营利为目的的公司法人，是由股东投资组成的、以营利为目的的一种提供证券集中竞价交易的公司。公司制证券交易所对场内交易负有担保责任，也就是说，证券交易所须对交易中任何一方的违约行为

所造成的损失承担赔偿责任。典型的公司制证券交易所如美国的纽约证券交易所和英国的伦敦证券交易所。

12.4.1.2　证券交易所的设立和组织机构

1. 证券交易所的设立

证券交易所的设立由国务院决定。关于证券交易所的设立条件和程序，我国《证券法》没有单独规定，但从证券交易所的设立目的及应具有的职能上看，证券交易所的设立应具备资金条件、设施条件、从业人员条件和内部管理条件等。

我国《证券法》对设立证券交易所时章程的制定和名称的选定作出了专门规定。《证券法》规定，设立证券交易所必须制定章程。证券交易所章程的制定和修改，必须经国务院证券监督管理机构批准；证券交易所必须在其名称中标明证券交易所字样，其他任何单位或者个人不得使用证券交易所或者近似的名称。

《证券法》对证券交易所的从业人员作出了限制规定。有我国公司法规定的不得担任公司董事、监事、高级管理人员的情形或者以下情形之一的，不得担任证券交易所的负责人：①因违法行为或者违纪行为被解除职务的证券交易所、证券登记结算机构的负责人或者证券公司的董事、监事、高级管理人员，自被解除职务之日起未逾 5 年；②因违法行为或者违纪行为被撤销资格的律师、注册会计师或者投资咨询机构、财务顾问机构、资信评级机构、资产评估机构、验证机构的专业人员，自被撤销资格之日起未逾 5 年。因违法行为或者违纪行为被开除的证券交易所、证券登记结算机构、证券服务机构、证券公司的从业人员和被开除的国家机关工作人员，不得招聘为证券交易所的从业人员。

2. 证券交易所的组织机构

（1）会员大会。证券交易所由全体会员组成会员大会，依照章程的规定行使职权。会员大会是证券交易所的最高权力机构，其他机构如理事会、总经理都直接或间接地由它产生，都必须服从它的领导。证券交易所所接纳的会员应当是监管部门批准设立并具有法人地位的证券经营机构。

（2）理事会。《证券法》规定，证券交易所设理事会。理事会是由证券交易所的会员大会产生的负责证券交易所日常管理事务和执行会员大会有关决议的常设机构。

证券交易所应当设立监察委员会。理事会还可以根据需要设立其他专门委员会。

（3）总经理。《证券法》规定，证券交易所设总经理一人，由国务院证券监督管理机构任免。总经理是证券交易所设立的依法负责证券交易所日常管理工作的协助证券交易所理事会工作的人员。

12.4.1.3　证券交易所的交易规则和工作职责

1. 证券交易所的交易规则

（1）进入证券交易所参与集中交易的，必须是证券交易所的会员。

（2）投资者不能自己直接到证券交易所进行证券交易，而应当与证券公司签订证券交易委托协议，并在证券公司开立证券交易账户，以书面、电话以及其他方式，委托该证券公司代其买卖证券。

（3）证券公司根据投资者的委托，按照证券交易规则提出交易申报，参与证券交易所场内的集中交易，并根据成交结果承担相应的清算交收责任；证券登记结算机构根据成交结果，按照清算交收规则，与证券公司进行证券和资金的清算交收，并为证券公司客户办理证券的登记过户手续。

（4）证券交易所的负责人和其他从业人员在执行与证券交易有关的职务时，与其本人或者其亲属有利害关系的，应当回避。

（5）按照依法制定的交易规则进行的交易，不得改变其交易结果。对交易中违规交易者应负的民事责任不得免除；在违规交易中所获利益，依照有关规定处理。

（6）在证券交易所内从事证券交易的人员，违反证券交易所有关交易规则的，由证券交易所给予纪律处分；对情节严重的，撤销其资格，禁止其入场进行证券交易。

2. 证券交易所的工作职责

根据我国《证券法》的有关规定，证券交易所主要有以下工作职责：

（1）证券交易所应当为组织公平的集中交易提供保障，公布证券交易即时行情，并按交易日制作证券市场行情表，予以公布。未经证券交易所许可，任何单位和个人不得发布证券交易即时行情。

（2）证券交易所依照证券法律、行政法规制定上市规则、交易规则、会员管理规则和其他有关规则，并报国务院证券监督管理机构批准。

（3）因突发性事件而影响证券交易的正常进行时，证券交易所可以采取技术性停牌的措施；因不可抗力的突发性事件或者为维护证券交易的正常秩序，证券交易所可以决定临时停市。证券交易所采取技术性停牌或者决定临时停市，必须及时报告国务院证券监督管理机构。

（4）证券交易所对证券交易实行实时监控，并按照国务院证券监督管理机构的要求，对异常的交易情况提出报告。证券交易所应当对上市公司及相关信息披露义务人披露信息进行监督，督促其依法及时、准确地披露信息。证券交易所根据需要，可以对出现重大异常交易情况的证券账户限制交易，并报国务院证券监督管理机构备案。

（5）证券交易所应当从其收取的交易费用和会员费、席位费中提取一定比例的金额设立风险基金。风险基金由证券交易所理事会管理。证券交易所应当将收存的风险基金存入开户银行专门账户，不得擅自使用。

（6）证券交易所可以自行支配的各项费用收入，应当首先用于保证其证券交易场所和设施的正常运行并逐步改善。实行会员制的证券交易所的财产积累归会员所有，其权益由会员共同享有，在其存续期间，不得将其财产积累分配给会员。

12.4.2　证券登记结算机构

12.4.2.1　证券登记结算机构的概念和职能

证券登记结算机构是为证券交易提供集中登记、存管与结算服务，不以营利为目的的法人。

根据《证券法》规定，证券登记结算机构履行下列职能：

（1）证券账户、结算账户的设立；

（2）证券的存管和过户；

（3）证券持有人名册登记；

（4）证券交易所上市证券交易的清算和交收；

（5）受发行人的委托派发证券权益；

（6）办理与上述业务有关的查询；

（7）国务院证券监督管理机构批准的其他业务。

12.4.2.2　证券登记结算机构的设立条件

设立证券登记结算机构必须经国务院证券监督管理机构批准。证券登记结算机构申请解散，应当经国务院证券监督管理机构批准。

根据《证券法》的规定，设立证券登记结算机构，应当具备下列条件：

（1）自有资金不少于人民币 2 亿元；

（2）具有证券登记、存管和结算服务所必需的场所和设施；

（3）主要管理人员和从业人员必须具有证券从业资格；

（4）国务院证券监督管理机构规定的其他条件。证券登记结算机构的名称中应当标明证券登记结算字样。

12.4.2.3　证券登记结算机构的运营规则

（1）证券登记结算采取全国集中统一的运营方式。证券登记结算机构章程、业务规则应当依法制定，并须经国务院证券监督管理机构批准。

（2）证券持有人持有的证券，在上市交易时，应当全部存管在证券登记结算机构。证券登记结算机构不得挪用客户的证券。

（3）证券登记结算机构应当向证券发行人提供证券持有人名册及其有关资料。证券登记结算机构应当根据证券登记结算的结果，确认证券持有人持有证券的事实，提供证券持有人登记资料。证券登记结算机构应当保证证券持有人名册和登记过户记录真实、准确、完整，不得隐匿、伪造、篡改或者毁损。

（4）证券登记结算机构应当采取下列措施保证业务的正常进行：第一，具有必备的服务设备和完善的数据安全保护措施；第二，建立完善的业务、财务和安全防范等管理制度；第三，建立完善的风险管理系统。

（5）证券登记结算机构应当妥善保存登记、存管和结算的原始凭证及有关文件和资料。其保存期限不得少于 20 年。

（6）证券登记结算机构应当设立结算风险基金，用于垫付或者弥补因违约交收、技术故障、操作失误、不可抗力造成的证券登记结算机构的损失。证券结算风险基金从证券登记结算机构的业务收入和收益中提取，并可以由结算参与人按照证券交易业务量的一定比例缴纳。证券结算风险基金的筹集、管理办法，由国务院证券监督管理机构会同国务院财政部门规定。证券结算风险基金应当存入指定银行的专门账户，实行专项管理。证券登记结算机构以风险基金赔偿后，应当向有关责任人追偿。

（7）投资者委托证券公司进行证券交易，应当申请开立证券账户。证券登记结算机构应当按照规定以投资者本人的名义为投资者开立证券账户。投资者申请开立账户，必须持有证明中国公民身份或者中国法人资格的合法证件。国家另有规定的除外。

（8）证券登记结算机构为证券交易提供净额结算服务时，应当要求结算参与人按照货银对付的原则，足额交付证券和资金，并提供交收担保。在交收完成之前，任何人不得动用用于交收的证券、资金和担保物。结算参与人未按时履行交收义务的，证券登记结算机构有权按照业务规则处理前款所述财产。

（9）证券登记结算机构按照业务规则收取的各类结算资金和证券，必须存放于专门的清算交收账户，只能按业务规则用于已成交的证券交易的清算交收，不得被强制执行。

12.4.3　证券中介服务机构

12.4.3.1　证券公司

1. 证券公司的概念

证券公司是指依照我国公司法和证券法规定设立的经营证券业务的有限责任公司或者股份有限公司。证券公司根据组织形式的不同可以分为两类：一是证券有限责任公司；一是证券股份有限公司。《证券法》规定，证券公司必须在其名称中标明证券有限责任公司或者证券股份有限公司字样。

2. 证券公司的设立条件

设立证券公司，必须经国务院证券监督管理机构审查批准。未经国务院证券监督管理机构批准，任何单位和个人不得经营证券业务。

设立证券公司，应当具备下列条件：①有符合法律、行政法规规定的公司章程；②主要股东具有持续盈利能力，信誉良好，最近 3 年无重大违法违规记录，净资产不低于人民币 2 亿元；③有符合本法规定的注册资本；④董事、监事、高级管理人员具备任职资格，从业人员具有证券从业资格；⑤有完善的风险管理与内部控制制度；⑥有合格的经营场所和业务设施；⑦法律、行政法规规定的和经国务院批准的国务院证券监督管理机构规定的其他条件。

国务院证券监督管理机构应当自受理证券公司设立申请之日起 6 个月内，依照法定条件和法定程序并根据审慎监管原则进行审查，作出批准或者不予批准的决定，并通知申请人；不予批准的，应当说明理由。证券公司设立申请获得批准的，申请人应当在规定的期限内向公司登记机关申请设立登记，领取营业执照。证券公司应当自领取营业执照之日起 15 日内，向国务院证券监督管理机构申请经营证券业务许可证。未取得经营证券业务许可证，证券公司不得经营证券业务。

证券公司设立、收购或者撤销分支机构，变更业务范围或者注册资本，变更持有 5% 以上股权的股东、实际控制人，变更公司章程中的重要条款，合并、分立、变更公司形式、停业、解散、破产，必须经国务院证券监督管理机构批准。证券公司在境外设立、收购或者参股证券经营机构，必须经国务院证券监督管理机构批准。

3. 证券公司的业务范围

经国务院证券监督管理机构批准，证券公司可以经营下列部分或者全部业务：①证券经纪；②证券投资咨询；③与证券交易、证券投资活动有关的财务顾问；④证券承销与保荐；⑤证券自营；⑥证券资产管理；⑦其他证券业务。证券公司经营以上第①项至第③项业务的，注册资本最低限额为人民币 5000 万元；经营第④项至第⑦项业务之一的，注册资本最低限额为人民币 1 亿元；经营第④项至第⑦项业务中两项以上的，注册资本最低限额为人民币 5 亿元。证券公司的注册资本应当是实缴资本。国务院证券监督管理机构根据审慎监管原则和各项业务的风险程度，可以调整注册资本最低限额，但不得少于上述规定的限额。

4. 证券公司的内部管理制度

为确保证券公司的安全，防止因意外证券事故损害投资者的利益，《证券法》对证券公司的各项内部管理制度作出了规定。

（1）资产管理制度。证券法除了对证券公司的最低注册资本进行规定外，还对证券公司的资产负债比例和风险准备金的提取以及交纳资金到证券投资者保护基金作了明确规定。①资产负债管理。国务院证券监督管理机构应当对证券公司的净资本，净资本与负债的比例，净资本与净资产的比例，净资本与自营、承销、资产管理等业务规模的比例，负债与净资产的比例，以及流动资产与流动负债的比例等风险控制指标作出规定。证券公司不得为其股东或者股东的关联人提供融资或者担保。②交易风险管理。证券公司从每年的税后利润中提取交易风险准备金，用于弥补证券交易的损失，其提取的具体比例由国务院证券监督管理机构规定。③国家设立证券投资者保护基金。证券投资者保护基金由证券公司缴纳的资金及其他依法筹集的资金组成，其筹集、管理和使用的具体办法由国务院规定。

（2）人员任职资格制度。证券公司的董事、监事、高级管理人员，应当正直诚实，品行良好，熟悉证券法律、行政法规，具有履行职责所需的经营管理能力，并在任职前取得国务院证券监督管理机构核准的任职资格。

有《公司法》规定的不得担任公司董事、监事、高级管理人员情形或者以下情形之一的，不得担任证券公司的董事、监事、高级管理人员：①因违法行为或者违纪行为被解除职务的证券交易所、证券登记结算机构的负责人或者证券公司的董事、监事、高级管理人员，自被解除职务之日起未逾 5 年；②因违法行为或者违纪行为被撤销资格的律师、注册会计师或者投资咨询机构、财务顾问机构、资信评级机构、资产评估机构、验证机构的专业人员，自被撤销资格之日起未逾5 年。

因违法行为或者违纪行为被开除的证券交易所、证券登记结算机构、证券服务机构、证券公司的从业人员和被开除的国家机关工作人员，不得招聘为证券公司的从业人员。

国家机关工作人员和法律、行政法规规定的禁止在公司中兼职的其他人员，不得在证券公司中兼任职务。

（3）资金管理制度。资金是证券公司进行业务的物质基础，证券法对证券公司所运用的资金作出了相应规定。首先，《证券法》禁止银行资金违规流入股市。其次，《证券法》规定，证券公司的自营业务必须使用自有资金和依法筹集的资金，严禁挪用客户交易结算资金。

（4）内部控制制度。证券公司应当建立健全内部控制制度，采取有效隔离措施，防范公司与客户之间、不同客户之间的利益冲突。证券公司必须将其证券经纪业务、证券承销业务、证券自营业务和证券资产管理业务分开办理，不得混合操作。

（5）操作管理制度。《证券法》规定了证券公司相应的操作规则：①证券公司自营业务的操作规则。《证券法》规定，证券公司的自营业务必须以自己的名义进行，不得假借他人名义或者以个人名义进行。证券公司的自营业务必须使用自有资金和依法筹集的资金。证券公司不得将其自营账户借给他人使用。②证券公司经纪业务的操作规则。证券公司的经纪业务是证券公司业务中最基本、最重要的业务，《证券法》对证券公司的经纪业务使用了大量条款进行规范，具体规定如下：

第一，证券公司客户的交易结算资金应当存放在商业银行，以每个客户的名义单独立户管理。具体办法和实施步骤由国务院规定。证券公司不得将客户的交易结算资金和证券归入其自有财产。禁止任何单位或者个人以任何形式挪用客户的交易结算资金和证券。证券公司破产或者清算时，客户的交易结算资金和证券不属于其破产财产或者清算财产。非因客户本身的债务或者法律规定的其他情形，不得查封、冻结、扣划或者强制执行客户的交易结算资金和证券。

第二，证券公司办理经纪业务，应当置备统一制定的证券买卖委托书，供委托人使用。采取其他委托方式的，必须作出委托记录。客户的证券买卖委托，不论是否成交，其委托记录应当按照规定的期限，保存于证券公司。

第三，证券公司接受证券买卖的委托，应当根据委托书载明的证券名称、买卖数量、出价方式、价格幅度等，按照交易规则代理买卖证券，如实进行交易记录；买卖成交后，应当按照规定制作买卖成交报告单交付客户。证券交易中确认交易行为及其交易结果的对账单必须真实，并由交易经办人员以外的审核人员逐笔审核，保证账面证券余额与实际持有的证券相一致。

第四，证券公司为客户买卖证券提供融资融券服务，应当按照国务院的规定并经国务院证券监督管理机构批准。

第五，证券公司办理经纪业务，不得接受客户的全权委托而决定证券买卖、选择证券种类、决定买卖数量或者买卖价格。

第六，证券公司不得以任何方式对客户证券买卖的收益或者赔偿证券买卖的损失作出承诺。

第七，证券公司及其从业人员不得未经过其依法设立的营业场所私下接受客户委托买卖证券。

第八，证券公司的从业人员在证券交易活动中，执行所属的证券公司的指令或者利用职务违反交易规则的，由所属的证券公司承担全部责任。

第九，证券公司应当妥善保存客户开户资料、委托记录、交易记录和与内部管理、业务经营有关的各项资料，任何人不得隐匿、伪造、篡改或者毁损。上述资料的保存期限不得少于 20 年。

（6）监管制度。我国《证券法》引入国际证券业领域的行之有效的审慎性监管要求贯穿于券商监管的全过程，大大增加了对证券公司的监管力度。

第一，证券公司应当按照规定向国务院证券监督管理机构报送业务、财务等经营管理信息和资料。国务院证券监督管理机构有权要求证券公司及其股东、实际控制人在指定的期限内提供有关信息、资料。证券公司及其股东、实际控制人向国务院证券监督管理机构报送或者提供的信息、资料，必须真实、准确、完整。

第二，国务院证券监督管理机构认为有必要时，可以委托会计师事务所、资产评估机构对证券公司的财务状况、内部控制状况、资产价值进行审计或者评估。具体办法由国务院证券监督管理机构会同有关主管部门制定。

第三，证券公司的净资本或者其他风险控制指标不符合规定的，国务院证券监督管理机构应当责令其限期改正；逾期未改正，或者其行为严重危及该证券公司的稳健运行、损害客户合法权益的，国务院证券监督管理机构可以区别情形，对其采取下列措施：限制业务活动，责令暂停部分业务，停止批准新业务；停止批准增设、收购营业性分支机构；限制分配红利，限制向董事、监事、高级管理人员支付报酬、提供福利；限制转让财产或者在财产上设定其他权利；责令更换董事、监事、高级管理人员或者限制其权利；责令控股股东转让股权或者限制有关股东行使股东权利；撤销有关业务许可。证券公司整改后，应当向国务院证券监督管理机构提交报告。国务院证券监督管理机构经验收，符合有关风险控制指标的，应当自验收完毕之日起 3 日内解除对其采取的前款规定的有关措施。

第四，证券公司的股东有虚假出资、抽逃出资行为的，国务院证券监督管理机构应当责令其限期改正，并可责令其转让所持证券公司的股权。在前款规定的股东按照要求改正违法行为、转让所持证券公司的股权前，国务院证券监督管理机构可以限制其股东权利。

第五，证券公司的董事、监事、高级管理人员未能勤勉尽责，致使证券公司存在重大违法违规行为或者重大风险的，国务院证券监督管理机构可以撤销其任职资格，并责令公司予以更换。

第六，证券公司违法经营或者出现重大风险，严重危害证券市场秩序、损害投资者利益的，国务院证券监督管理机构可以对该证券公司采取责令停业整顿、指定其他机构托管、接管或者撤销等监管措施。

第七，在证券公司被责令停业整顿、被依法指定托管、接管或者清算期间，或者出现重大风险时，经国务院证券监督管理机构批准，可以对该证券公司直接负责的董事、监事、高级管理人员和其他直接责任人员采取以下措施：通知出境管理机关依法阻止其出境；申请司法机关禁止其转移、转让或者以其他方式处分财产，或者在财产上设定其他权利。

12.4.3.2　证券服务机构

1. 证券服务机构的概念

证券服务机构是指为证券交易提供证券投资咨询和资信评估以及证券发行与交易中的会计、审计和法律服务的机构，包括专业的证券服务机构和其他证券服务机构。《证券法》规定，投资咨询机构、财务顾问机构、资信评级机构、资产评估机构、会计师事务所从事证券服务业务，必须经国务院证券监督管理机构和有关主管部门批准。投资咨询机构、财务顾问机构、资信评级机构、资产评估机构、会计师事务所从事证券服务业务的审批管理办法，由国务院证券监督管理机构和有关主管部门制定。

2. 对证券交易服务机构及其从业人员的规定

投资咨询机构、财务顾问机构、资信评级机构从事证券服务业务的人员，必须具备证券专业知识和从事证券业务或者证券服务业务 2 年以上经验。认定其证券从业资格的标准和管理办法，由国务院证券监督管理机构制定。

投资咨询机构及其从业人员从事证券服务业务不得有下列行为：①代理委托人从事证券投资；②与委托人约定分享证券投资收益或者分担证券投资损失；③买卖本咨询机构提供服务的上市公司股票；④利用传播媒介或者通过其他方式提供、传播虚假或者误导投资者的信息；⑤法律、行政法规禁止的其他行为。有前款所列行为之一，给投资者造成损失的，依法承担赔偿责任。

从事证券服务业务的投资咨询机构和资信评级机构，应当按照国务院有关主管部门规定的标准或者收费办法收取服务费用。

证券服务机构为证券的发行、上市、交易等证券业务活动制作、出具审计报告、资产评估报告、财务顾问报告、资信评级报告或者法律意见书等文件，应当勤勉尽责，对所制作、出具的文件内容的真实性、准确性、完整性进行核查和验证。其制作、出具的文件有虚假记载、误导性陈述或者重大遗漏，给他人造成损失的，应当与发行人、上市公司承担连带赔偿责任，但是能够证明自己没有过错的除外。

12.4.4 证券监管机构

对证券业的监管包括证券业的自律性组织证券业协会的监管和政府机构即证券监督管理机构的监管，因此，这里证券监管机构包括证券业协会和证券监督管理机构两个。

12.4.4.1 证券业协会

1. 证券业协会的概念和组织机构

证券业协会是证券业的自律性组织，是社会团体法人。中国证券业协会于1991 年 8 月 28 日成立，总部设在北京。中国证券业协会的会员分为团体会员和个人会员，团体会员为证券公司，我国《证券法》规定，证券公司应当加入证券业协会，个人会员只限于证券市场管理部门有关领导以及从事证券研究及业务工作的专家，由协会根据需要吸收。

证券业协会的权力机构为全体会员组成的会员大会。证券业协会的章程由会员大会制定，并报国务院证券监督管理机构备案。证券业协会设理事会，理事会成员依章程的规定由选举产生。

2. 证券业协会的职责

根据《证券法》规定，证券业协会履行下列职责：①教育和组织会员遵守证券法律、行政法规；②依法维护会员的合法权益，向证券监督管理机构反映会员的建议和要求；③收集整理证券信息，为会员提供服务；④制定会员应遵守的规则，组织会员单位从业人员的业务培训，开展会员间的业务交流；⑤对会员之间、会员与客户之间发生的证券业务纠纷进行调解；⑥组织会员就证券业的发展、运作及有关内容进行研究；⑦监督、检查会员行为，对违反法律、行政法规或者协会章程的，按照规定给予纪律处分；⑧证券业协会章程规定的其他职责。

12.4.4.2 证券监督管理机构

1. 证券监督管理机构的概念

我国《证券法》所称国务院证券监督管理机构是指中国证券监督管理委员会。中国证券监督管理委员会是国务院直属事业单位，是全国证券期货市场的主管部门。《证券法》规定，国务院证券监督管理机构依法对证券市场实行监督管理，维护证券市场秩序，保障其合法运行。

2. 国务院证券监督管理机构的职责

《证券法》规定，国务院证券监督管理机构在对证券市场实施监督管理中履行下列职责：①依法制定有关证券市场监督管理的规章、规则，并依法行使审批或者核准权；②依法对证券的发行、上市、交易、登记、存管、结算，进行监督管理；③依法对证券发行人、上市公司、证券交易所、证券公司、证券登记结算机构、证券投资基金管理公司、证券服务机构的证券业务活动，进行监督管理；④依法制定从事证券业务人员的资格标准和行为准则，并监督实施；⑤依法监督检查证券发行、上市和交易的信息公开情况；⑥依法对证券业协会的活动进行指导和监督；⑦依法对违反证券市场监督管理法律、行政法规的行为进行查处；⑧法律、行政法规规定的其他职责。

国务院证券监督管理机构可以和其他国家或者地区的证券监督管理机构建立监督管理合作机制，实施跨境监督管理。

12.4.4.3 国务院证券监督管理机构为履行职权采取的措施

《证券法》规定，国务院证券监督管理机构依法履行职责，有权采取下列措施：①对证券发行人、上市公司、证券公司、证券投资基金管理公司、证券服务机构、证券交易所、证券登记结算机构进行现场检查；②进入涉嫌违法行为发生场所调查取证；③询问当事人和与被调查事件有关的单位和个人，要求其对与被调查事件有关的事项作出说明；④查阅、复制与被调查事件有关的财产权登记、通信记录等资料；⑤查阅、复制当事人和与被调查事件有关的单位和个人的证券交易记录、登记过户记录、财务会计资料及其他相关文件和资料；对可能被转移、隐匿或者毁损的文件和资料，可以予以封存；⑥查询当事人和与被调查事件有关的单位和个人的资金账户、证券账户和银行账户；对有证据证明已经或者可能转移或者隐匿违法资金、证券等涉案财产或者隐匿、伪造、毁损重要证据的，经国务院证券监督管理机构主要负责人批准，可以冻结或者查封；⑦在调查操纵证券市场、内幕交易等重大证券违法行为时，经国务院证券监督管理机构主要负责人批准，可以限制被调查事件当事人的证券买卖，但限制的期限不得超过 15个交易日；案情复杂的，可以延长 15 个交易日。

国务院证券监督管理机构依法履行职责，进行监督检查或者调查，其监督检查、调查的人员不得少于 2 人，并应当出示合法证件和监督检查、调查通知书。监督检查、调查的人员少于 2 人或者未出示合法证件和监督检查、调查通知书的，被检查、调查的单位有权拒绝。

国务院证券监督管理机构依法履行职责，被检查、调查的单位和个人应当配合，如实提供有关文件和资料，不得拒绝、阻碍和隐瞒。

国务院证券监督管理机构应当与国务院其他金融监督管理机构建立监督管理信息共享机制。国务院证券监督管理机构依法履行职责，进行监督检查或者调查时，有关部门应当予以配合。

国务院证券监督管理机构依法履行职责，发现证券违法行为涉嫌犯罪的，应当将案件移送司法机关处理。

12.5　违反证券法的法律责任

法律责任是指相关主体违反法律上的义务规定而应承担的具有法定强制力的不利后果。相关主体违反证券法应当承担法律责任。我国《证券法》专章规定违反证券法的法律责任。

12.5.1　证券法的法律责任主体

我国《证券法》规定法律责任涉及的主体很广泛，主要有：证券发行人，证券交易所，证券公司，证券登记结算机构，证券交易服务机构，证券业协会，证券监督管理机构，上述机构的从业人员或者工作人员，保荐机构，内幕知情人员，禁止参与股票交易的人员，有证券从业资格的会计师事务所、资产评估机构、律师事务所及其从业人员，国家工作人员，其他单位或个人等。

12.5.2　证券违法行为的具体表现

证券法规定大量的应当承担法律责任的证券违法行为，并且各种证券违法行为表现形式多种多样，各不相同。《证券法》从第 188 条到第 235 条用大量的篇幅概括了常见的证券违法行为，并对相应法律责任作出了规定。这里不再逐条介绍。

12.5.3　违反证券法的法律责任的具体形式

违反证券法的主体应当承担的法律责任具体又分为三种：民事责任、行政责任和刑事责任。

违反证券法的民事责任是指在证券发行和证券交易过程中，证券发行人、证券投资者、证券交易所、证券公司、证券交易服务机构、证券监督管理机构因违反合同或者侵犯其他主体的民事权益，而应承担的法律责任。民事责任以补偿受害人为目的，承担补偿性的财产责任，而非惩罚性的责任。具体体现在《证券法》规定的法律责任中的民事责任形式有：返还本金及同期银行存款利息、赔偿损失等。

违反证券法的行政责任是指在证券发行和证券交易过程中，证券发行人、证券投资者、证券交易所、证券公司、证券交易服务机构，及其从业人员因违反法律、法规而由证券监督管理机构依法追究的法律责任。行政责任依照责任对象与追究责任的机关的关系不同可以分为：行政处分和行政处罚。《证券法》规定的行政处罚种类繁多，包括：警告，罚款，责令停止，责令改正，责令关闭，取消从业资格，取消许可证，暂停或者撤销相关业务许可，撤销任职资格或者证券从业资格，吊销营业执照，没收，予以取缔，责令依法处理非法持有的股票，责令其转让所持证券公司股权等。

违反证券法的刑事责任是指有关主体违反证券法规定构成犯罪应承担的刑事法律责任。证券犯罪行为是承担刑事责任的前提。《证券法》对哪些证券违法行为可能触及刑律构成犯罪进行了规定，但要追究该犯罪行为人的具体刑事责任，还必须结合刑律的具体规定。

违反《证券法》规定，应当承担民事赔偿责任和缴纳罚款、罚金，其财产不足以同时支付时，先承担民事赔偿责任。

违反法律、行政法规或者国务院证券监督管理机构的有关规定，情节严重的，国务院证券监督管理机构可以对有关责任人员采取证券市场禁入的措施。前款所称证券市场禁入是指在一定期限内直至终身不得从事证券业务或者不得担任上市公司董事、监事、高级管理人员的制度。

依照《证券法》收缴的罚款和没收的违法所得全部上缴国库。

当事人对证券监督管理机构或者国务院授权的部门的处罚决定不服的，可以依法申请行政复议，或者依法直接向人民法院提起诉讼。

思　考　题

1. 什么是证券？什么是证券市场？
2. 什么是股票的发行？股票发行应符合哪些条件？简述股票发行的程序。
3. 什么是公司债券？发行公司债券的条件是什么？简述公司债券发行的程序。
4. 简述股票和公司债券上市的条件。
5. 证券承销的基本规则。
6. 什么是信息披露？信息披露的要求是什么？信息披露的内容包括哪些？
7. 试述法律禁止的证券交易行为。
8. 上市公司收购的方式有哪些？
9. 证券公司的设立应符合哪些条件？
10. 国家通过哪些机构对证券进行监管？

案 例 分 析

【案情简介】①

　　李定兴，男，30 岁，湖南省株洲县人。1993 年 3 月，李定兴被株洲县物资局派往株洲县人民政府驻广西北海市办事处设立的广西北海凌海贸易公司任业务员。同年 5 月 5 日，李定兴与该公司签订承包合同，约定：公司拨给李定兴 100 万元人民币做流动资金，从事合法贸易经营；李定兴于同年 11 月 30 日前交回 100 万元本金，并向公司交纳纯利润 15 万元。公司一方履行了合同义务。李定兴在拿到 100 万元流动资金后打算做锡锭生意，因某些原因，生意未做成。同年 6 月 1 日，李定兴将从公司取得的 100 万元流动资金汇入湖南省证券股份有限公司深圳业务部炒股。同年 9 月 13 日，李定兴向该业务部借得现金 100 万元。同年 10 月 7 日，李定兴在深圳证券交易所购进价格为每股 9.85 元的江苏省昆山市三山实业股份有限公司（以下简称"苏三山"公司）的股票 9 万股；次日，又购进价格为每股 9.60 元的"苏三山"公司股票 6 万股。包括购股票的手续费在内，这两次购"苏三山"公司股票 15 万股共花去人民币 1 472 737.50 元。不久，"苏三山"公司股价连续下跌。李定兴为挽回其股票交易损失，遂编造并传播"苏三山"公司股票交易的虚假信息，以促使其价格回升。同年 10 月 8 日，李定兴以"北海一投资公司"的名义，分别向深圳证券交易所、"苏三山"公司邮寄匿名信，谎称该公司已持有"苏三山"公司股票，并准备再收购"苏三山"公司 18.8% 以上的股份，成为"苏三山"公司的大股东。但李定兴的这一行为未能奏效。同年 10 月 28 日，李定兴在北海市中山路一个体摊位上私刻了一枚"广西北海正大置业有限公司"的假印章。同年 11 月 2 日，李定兴以"广西北海正大置业有限公司"的名义，分别向"苏三山"公司、深圳证券交易所、《深圳特区报》编辑部、海南省《特区证券报》编辑部等单位邮寄信函，称已持有"苏三山"公司股票 228 万股，占该公司流通股份的 4.56%，并称已将上述数据报告中国证监会、深圳证券交易所，要求报社根据中国证监委发布的《股票发行与交易管理暂行条例》第 47 条规定，公布这一"信息"。然后，李定兴从北海市回到株洲县。同月 5 日，李定兴见报社没有登报公布，即于当日下午 5 时许采用内部传真形式，在株洲县邮电局 8641 传真机上分别向海南省《特区证券报》编辑部、《深圳特区报》编辑部等单位发出传真稿件，谎称至 11 月 5 日下午 3 时 30 分止，"广西北海正大置业有限公司"共收购"苏三山"公司股票 250.33 万股，占"苏三山"公司流通股的 5.006%，要求报社公布此事。当日晚 6 时许，李定兴又分别打电话给《深圳特区报》编辑部和海南省《特区证券报》编辑部，询问函件与

---

　　① 案例来源：最高人民法院网站，www.court.gov

传真是否收到，并询问是否登报公布。11月6日，海南省《特区证券报》原文刊登了李定兴提供的假信息并加了"编者按"。11月7日是交易所的休息日。11月8日是李定兴编造并传播的假信息见诸报端后的第一个股票交易日。这天，"苏三山"公司股票的成交价即由开盘时的每股8.30元涨至每股11.50元，到当日收盘时仍达到每股11.40元；"苏三山"公司股票成交股数高达2105.8万股，占该公司流通股份的42.12%，其单股成交金额高达2.2亿元，破深圳个股交易纪录。李定兴于当日打电话给湖南省证券股份有限公司深圳业务部大户室经理舒某，询问"苏三山"公司股票价格变动情况。当得知已涨至每股11.40元时，李定兴即委托舒某代为抛售"苏三山"公司股票9500股，得款108 300元。即日下午，深圳交易所及时召开新闻发布会，向社会说明该所和深圳证券登记公司均没有"广西北海正大置业有限公司"开户及其交易记录，也未发现拥有"苏三山"公司5%以上流通股份的股东，且在北海市工商行政管理部门登记过的公司或企业中未见有"广西北海正大置业有限公司"，并告诫股民，所谓"收购事件"不排除有人实施欺诈行为的可能，请投资者慎重决策。同年11月9日，"苏三山"公司股票价格跳空跌至每股8.60元，后又稳定在每股9.45元。李定兴得知这一情况，当即又委托舒某以每股9.45元的价格将所剩14.05万股全部抛售出去，得款1 327 725元。李定兴的行为，造成了1993年11月8日和9日深圳股市中"苏三山"股票价格异常波动，严重损害了广大股民的利益，扰乱了证券交易市场的正常管理秩序。

【问题】

　　1. 李定兴的行为构成《证券法》所禁止的何种交易行为？

　　2.《证券法》禁止的各种交易行为如何区分？

第 13 章　税收法律制度

课程要求：通过对税收基本理论的学习，掌握税收的概念、特征、原则和种类，以此进一步理解和掌握各种税收实体法。尤其需要对税收实体法中的各种税制有清晰的认识。

13.1　税收基本原理

13.1.1　税收的概念与实质

税收是国家财政的主要来源，是政府用以调节经济的重要手段。税收是国家为了实现其职能，满足社会共同需要，凭借国家强制力，按税法事先确定的对象、比例和方法，参与国民收入分配与再分配，强制、无偿地取得财政收入的一种分配关系。

第一，税收是凭借国家权力、国家强制力实现的。这就说明：税收是一个历史范畴，只有在人类社会发展到一定阶段，国家出现后，税收才能产生；税收具有强制性，任何违背税收的行为，都会受到这种国家强制力的惩罚；因此，税收不同于根源于生产资料所有人的所有权而形成的利润分配。

第二，税收的目的是为了满足社会的共同需要。只要社会存在，就必然有社会共同需要。在阶级社会的社会共同需要，主要来源于税收。这正是税收在任何阶级社会存在的必要性。

第三，税收来源于对社会剩余产品所进行的分配。因此，税收（主要指税种）存在的可能性与合理性，主要决定于是否存在作为税源的社会剩余产品，以及该社会剩余产品的多少。任何税种的设置，都必须以社会剩余产品为基础。

第四，税收具有规范性。税收关系作为一种经济关系，必然被作为上层建筑的税法调整，成为一种法律关系，即税收法律关系。任何税种的纳税人、征税范围与对象、征税比例、征收方法，都是由税法事先规定的。任何超越税法的规定的行为，都是非法的。

13.1.2　税收的形式特征

税收的形式特征是指税收的外在表现，是税收区别于其他财政收入形式的基本标志。包括税收的强制性、固定性与无偿性。

13.1.2.1 税收的强制性

税收的强制性主要是指国家以社会管理者的身份，用法律法规等形式对征税加以规定，并依照国家法律强制征税。

税收的强制性根源于国家的权力，而非生产资料的所有权。正是由于国家权力是一种强制性的权力，表现为国家强制力，因而通过税法规定的税收必然具有强制性，否则基于该权力而产生的民事法律关系都是无效的、非法的。利润的取得来源于所有权中的收益权，因而就利润取得所形成的关系，为平等主体间的民事法律关系，它可表现为所有权的产生、债的发生和侵权行为，但它们都不可能具有内在强制性。

税收虽然也导致国家所有权形成，但是这种所有权的形成并不是基于所有人的意愿，因而税收法律关系并非债的关系，而是一种公法上的强制性的关系。

税收的强制性还表现为惩罚性，任何违反税收规定的行为，都将受到公法上的制裁，而不是承担民事责任。税收的强制性，使其与其他财政收入形式区别开来。

13.1.2.2 税收的固定性

税收的固定性即税收的法定性或规范性，是指在征税以前，以法的形式预先规定课税对象、课税额度、课税方法等。

税收的固定性，首先要求税收征税对象具有定性化特点，征税对象应该是经常的、反复的、较普遍地存在。对难以确定的事物不能作为征税对象。其次，税收的固定性要求征税对象能够量化，并且根据该量化的结果，确定一定限度的、较稳定的征收比例。该比例应该是统一的，一般不能因纳税人的个别情况而有差别。最后，税收的固定性并不要求税收比例一成不变、永久固定，可视具体情况和确定比例的理由的变化而变化。

税收的固定性意义在于：

第一，税收的固定性使税收具有可预测性。纳税人可以根据预先由法律确定的比例，预测自己活动的税收效果，调节活动的领域和方式，从而也实现了国家通过税收对经济的调控作用。

第二，税收的固定性，使国家的财政收入相对稳定，从而为国家的国民经济和社会发展的预决算活动提供了现实的条件。

第三，税收的固定性还易于为纳税人所接受，同时为税务机关的税收征管工作提供了一个客观标准。

13.1.2.3　税收的无偿性

税收的无偿性是指国家取得税收收入时，并不需要支付给纳税人任何对价或补偿。也就是说，国家征税后，税款即成为财政收入，不再归还纳税人，也不支付任何报酬。税收具有无偿性是针对具体的纳税人而言的。由于税收的目的是为了满足一般的社会共同需要，因而对抽象的纳税人来说，还是从税收收入中取得了一定的报偿。但这种报偿并不能否认税收的无偿性。税收的无偿性决定了税收与国债、规费等收入方式的区别。

13.1.3　税收的种类

税收可按不同的标准，划分为不同的种类。

13.1.3.1　税收基本种类

按照税收的征税对象与征税方法不同，可将税收划分为不同的税种。我国目前的税种有 24 个。不同的税种，按照征税对象的性质和作用，可归纳为流转税、所得税、财产和行为税、资源税等类。

1. 流转税

该类税种主要在生产流通或者服务业中发挥调节作用，是以商品或劳务的流转额作为征税对象所征收的一类税。流转税易于转嫁，即由法律上的纳税人（商品生产者、经营者、劳务的提供者），向作为经济上税负人的消费者转嫁。流转税一般采用比例税率，实行按次课征，税额是商品价格或服务收费标准的组成部分。包括增值税、消费税、营业税、进出口关税等。流转税与商品生产、流通、消费有密切联系，易于发挥对经济的宏观调控作用。

2. 所得税

该类税种是对纳税人的总收益或纯收益所征收的税种，主要是在国民收入形成后，对生产经营者的利润和个人纯收入发挥调节作用，发挥公平税负、调整分配关系的作用。所得税实行比例税率和累进税率，并按期计征。所得税税种包括企业所得税、个人所得税等。

3. 财产和行为税

该类税是以纳税人法定财产的价值额或者纳税人所进行的一定行为作为征税对象的一类税种。包括房产税、城市房地产税、契税、车船使用税、车船使用牌照税、印花税、屠宰税等。主要对某些财产和行为发挥调节作用。

4. 资源税

资源税是为了保护和合理使用国家自然资源而课征的税，资源税只对《税法》规定的资源征税，采用差别税额。主要是对因开发和利用自然资源差异而形成的级差收入发挥调节作用。包括资源税、城镇土地使用税。

13.1.3.2　税收其他种类

以税负能否转嫁为标准，可将税收分为直接税和间接税。直接税是指纳税人直接承受税负而不能转嫁他人的税种，如所得税。间接税是指纳税人能够将税负转嫁于他人承受的税种，如流转税。

以计税依据为标准，可将税收划分为从价税、从量税和混合从价从量税。从价税是指以商品或劳务或收益的价格或金额作为计税依据的税种，如增值税、营业税、关税、所得税等。从量税是以商品或劳务或收益的数量为计税依据的税种，如屠宰税、土地使用税。混合从价从量税是指以商品或劳务的数量或价格或金额作为综合计税依据的税种，如消费税。

以计税依据中是否包括税额为标准，可将税收分为价内税和价外税。价内税是指应纳税额包括在计税依据之中的税种。价外税则相反，是指计税依据中不包括应纳税额的税种。

税收以税收收入的归属，可以划分为中央税、地方税、中央与地方共享税。中央税是指维护国家权益、实施宏观调控必需的税种；将同经济发展直接相关的主要税种划分为中央与地方共享税；将适合地方征管的税种划分为地方税。

13.1.4　税收原则

税收原则是税收立法活动必须遵循的原则，税收原则的意义不仅在于它是制定有关税收法律规范的指导思想，而且也是执行税收法律规范的指导思想，在税收法律规范的具体运用过程中，可以帮助对税法中原则性的规范以及税法中没有规定内容的理解。因此，如果把握了税收的基本原则，不仅有利于把握《税法》中的具体规范，而且还可以利用它来解释和运用《税法》规范，使《税法》得以正确、全面执行。

制定税法必须坚持从实际出发原则。任何一个国家的立法都必须植根于该国的现实，税收立法也不例外。我国的税收立法一定要尊重我国的国情，尊重我国经济发展状况和税收基本理论，不能脱离我国社会、经济、政治的实际情况。应坚持实事求是的原则，从我国的实际出发，制定出适合我国经济发展的税收法律。

公平税负原则是市场经济对税收制度最基本的要求。在市场经济条件下，经济活动的主体的经济地位是完全平等的，反映在法律上，就要求法律对这种平等性予以充分的肯定。具体到《税法》上说，同一类纳税人的税负水平应当相当。同时，作为参与同一类市场活动，同一类征税对象，都应统一税负，不能歧视对待。

在税法的制定过程中，要广泛听取群众意见，确保税收法律体现广大人民群众的根本利益。在税法制定过程中一定要坚持民主决策原则。

原则性与灵活性相结合的原则也是税收立法的原则。税收法律规范必须具体、明确、严谨、周密，体现高度的原则性，同时，也要有灵活性，允许不同地区尤其是少数民族地区根据其不同的特点和情况，在遵守国家法律、法规的前提下，制定适合当地的实施办法，这既体现了法制的统一，又适应了不同地区的不同情况。

法律的严肃性和法律的稳定性密切相连，法律如果朝令夕改，权威就无法建立。强调法律的稳定性并不意味着法律一经制定便一成不变，而应根据客观情况的变化及时立、改、废。税收立法也要坚持稳定性、连续性与立、改、废相结合的原则。

13.1.5　税收的作用

税收的作用即职能主要有两个，即调节经济的职能与财政收入职能。

税收调节经济的职能是通过税法规定的纳税人、征税范围、征税对象、税率、税收优惠来实现的。主要表现为对国民经济的再分配关系调整；在特定范围内提高或降低税率或者减少、增加税收优惠，使社会资源进行合理配置；鼓励出口及采用先进技术的优惠的税收政策等。

税收具有财政收入的职能。国家为了实现社会管理职能，必然了为了满足社会公共需要而采用税收形式来保障。税收产生的基本目的是为了筹措社会共同需要的收入，这种收入就是财政收入。国家通过征税形式，将纳税人财产所有权变为国家所有权，成为国家财政收入的一部分。

13.2　税法基本原理

13.2.1　税法概述

税法是国家制定的，用以调整国家与纳税人之间在征税纳税方面的权利义务、调整税收关系的法律规范。税法是规定国家与纳税人之间征收与缴纳税款的权利与义务的法律规范，也是国家向纳税人征税的法律依据和纳税人履行纳税义务的准绳。主要包括征税权、纳税义务及税收程序、税收处罚和税收救济等内容。《税法》具有以下特征：

第一，税法属公法范畴。

税收征纳关系的调整，完全排斥当事人的意思自治自由。纳税义务的发生、税款的多少及缴纳环节和时间，都是由税法事先规定的，当事人无权作出选择。即使是税务机关的核定权的行使，也应严格遵照法定条件和程序。纳税人行使税收救济权时，也应首先履行税法义务后，才能行使。

第二，税法所调整的关系中的权利义务具有不对等性。

代表国家行使征税权的税务机关或其他机关行使权利时，虽然也应承担一定义务，但这种权利义务并不对等也非相应。履行纳税义务的纳税人并不因承担纳税及其他义务而享有了对等的或相应的权利。这正是税收的强制性的无偿性所决定的。

第三，税法的立、改、废较为频繁。

由于税法中所规定的各个税种在市场经济生活中发挥着重要作用，因此随着经济生活的变化，相应地，作为其调整器的税收制度及规定该税收制度的税法，必然随之立、废、改。

第四，税法不仅规定了税收实体规范，也包括税收程序规范。

税收实体规范为规定税收实体权利和实体义务的法律规范，如纳税义务人、征税对象、税率、税目、税额确定、税收减免等。税收程序规范是规定税收征管程序的法律规范，如纳税登记、纳税申报、税款的征收、税务检查、法律责任等。

第五，税法具有较强的技术性。

税法所调整的税收征纳和管理关系涉及复杂的社会经济生活的各个方面，而且税制结构、征税对象、税率的确定都应对经济生活进行定量分析，因此，税法为保证完成税收职能、实现税收，必然具有较强的技术性和科学性。

13.2.2　税收法律关系

13.2.2.1　税收法律关系的概念和特征

税收法律关系是指国家、税务征管机关、纳税人、扣缴义务人等相互之间，根据税法的规定而形成的具体的权利和义务关系。它是以国家参与国民经济的分配与再分配关系为内容的税收关系的法律体现。税收法律关系有如下特征：

第一，税收法律关系的一方主体一般是国家。税款征收只能由代表国家的税收征收机关（税务部门、海关等）来进行。征税机关代表国家行使征税权，税款应解交入库。

第二，税收法律关系是财产所有权无偿转移，从而形成国家所有权的依据。

第三，税收法律关系依据一定的法律事实和税法的规定而产生、变更和终止。

第四，税收法律关系是国家实行宏观调控和取得财产收入的法律途径。

13.2.2.2　税收法律关系的要素

同任何法律关系一样，税收法律关系也是由主体、内容和客体三部分构成。

税收法律关系的主体是指参加具体税收关系的当事人，即在税收法律关系中享有权利、承担义务的当事人。税收法律关系主体的资格是由税法直接规定的。税收法律关系的主体可分为征税主体和纳税主体。征税主体是代表国家行使征税职责的国家税务机关，纳税主体是指纳税义务人，即法人、自然人和其他社会组织。

税收法律关系的内容即征税主体与纳税主体所享有的权利和应承担的义务。这是税收法律关系中最实质的东西，是税法的灵魂。国家税务主管机关的权利主要表现在依法征税、进行税务检查以及对违章者进行处罚；义务主要是向纳税人提供咨询、及时把征收的税款解缴国库，依法受理纳税人对税收争议的申诉等。纳税义务人的权利主要有多缴税款申请退还权、延期纳税权、依法申请减免税权、申请复议和提起诉讼权等；义务主要有按照《税法》的规定办理税务登记、进行纳税申报、接受税务检查、依法缴纳税款等。税收法律关系主体法律地位平等，但是，由于主体双方是行政管理者与被管理者的关系，因此，双方的权利义务具有不对等性。

税收法律关系的客体是指征税主体、纳税主体权利义务共同指向的对象，包括货币、实物和行为三个方面。它与征税客体不同，征税客体是专指征税对象，即对什么东西征税。税收法律关系的客体中的行为，主要是指在税法制定和执行过程中，发生与国家权利机关之间、行政机关与税务机关之间拟订税收指标的行为和对税款核实、报解等行为。

13.2.3　税法结构

税法结构即构成税收实体法的各个要素。

13.2.3.1　纳税义务人

纳税义务人是指依照税法规定承担税法上履行缴纳税款义务的法人、自然人和其他组织。

纳税义务人与税负承担人有区别。税负承担人是经济上的税收承担者，而纳税义务人是法律上的税收缴纳人。在流转税中，纳税义务人与税负承担人一般不一致，纳税义务人可将税负转嫁于税负承担人；在所得税中，纳税义务人与税负承担人一般一致，因为纳税义务人一般不能转嫁所得税负。

纳税义务人与扣缴义务人、代征人不同。扣缴义务人是指依照法律、行政法规的规定，负有代扣代缴、代收代缴税款义务的人，包括代扣代缴人和代收代缴人。代征人是指依照法律、行政法规的规定或者税务机关的授权，依法行使国家征税权利的人，如海关等。

13.2.3.2　征税对象

征税对象，是税收法律关系中征纳双方权利义务所指向的物或者行为。征税对象是区分不同税种的主要标志。不同的征税对象构成不同的税种：流转税、所得税、财产和行为税、资源税等。企业所得税的征税对象是企业应税所得；增值税的征税对象是商品或者劳务在生产或者流通过程中的增值额。

13.2.3.3　税目

税目是指税法规定的具体的征税项目。税目是征税对象的具体化，表明征税的范围和广度。税法规定税目，可以通过明确征税对象的范围，制定不同的税率。

13.2.3.4　税率

税率即对征税对象的征收比例或征收额度。税率是税法基本内容的核心部分，是计算应征税额的尺度。我国现行税率分为比例税率、累进税率、定额税率。

比例税率，是对同一征税对象，不分税额大小，规定相同的征收比例的税率。通常用于流转额的征税。我国的增值税、营业税、城市维护建设费、企业所得税等采用的就是比例税率。

累进税率指按征税对象数额的大小，划分若干等级，每个等级由低到高规定相应的税率，征税对象数额越大税率越高，数额越小税率越低。累进税率因计算方法和依据的不同，又分全额累进税率、全率累进税率、超额累进税率和超率累进税率。

全额累进税率是对征税对象的金额按照与之相适应等级的税率计算税额。我国的企业所得税采用这种税率。全率累进税率与全额累进税率的原理相同，只是税率累进的依据不同。全额累进税率的依据是征税对象的数额，而全率累进税率的依据是征税对象的某种比率，我国尚未实施过全率累进税。

超额累进税率是把征税对象按照数额的大小分成若干等级，每一个等级规定一个税率，税率依次提高，但是每一纳税人的征税对象则依照所属等级同时适用几个税率分别计算，将计算结果相加后得出应纳税款。我国的个人所得税就适用这种税率。

超率累进税率，以征税对象数额的相对率划分若干级距，分别规定相应的差别税率，相对率超过一个级距的，对超过的部分就按高一级的税率计算征税。目前，土地增值税目前采用这种税率。

定额税率也称固定税额，是按征税对象的计量单位直接规定应纳税额的税率形式，采用定额税率征税，税额的多少同征税对象的数量成正比。它一般适用于从量定额征收，如资源税、城镇土地使用税、车船使用税等都采用定额税率。

13.2.3.5　纳税环节

纳税环节是指税法规定的征税对象在从生产到消费的流转过程中应当缴纳税款的环节。一般商品从生产到消费往往要经过许多环节，但在税收上只选择其中的一个环节，规定为纳税环节。在市场经济条件下，商品课税的纳税环节，应当选择在商品流转的必经环节。我国《税法》一般是根据不同税种和征税对象的特点，遵循有利于控制税源、简化纳税手续、保证收入及时和便于集中管理等原则来确定纳税环节的。例如，所得税在分配环节纳税。

13.2.3.6　纳税期限

纳税期限是指税法规定的纳税人向国家缴纳税款的具体期限。纳税人不按纳税期限缴纳税款的，要加收滞纳金。

13.2.3.7　减税免税

减税免税是指税法对某些纳税人和征税对象给予减轻或免除税负的一种优惠规定。在我国税收征管中，税收减免主要有三种：固定减免、定期减免和临时减免。减免税措施主要包括起征点、免税额和减税、免税。根据我国现行《税法》规定，减、免税主要是从鼓励生产、社会保障和自然灾害等方面给予减免税照顾。

13.2.3.8　法律责任

法律责任是指违反税法规定的纳税人和直接责任人应当承担的法律后果。对违反税法的纳税人、扣缴义务人以及其他当事人，应按其违法行为的情节、性质，分别追究其经济责任、行政责任、刑事责任。

13.3　税收实体法

税收实体法主要是指确定税种立法，具体规定各税种的征收对象、征收范围、税目、税率、纳税地点等，如《中华人民共和国个人所得税法》。

13.3.1　流转税制

13.3.1.1　增值税

1. 增值税的概念与特点

我国增值税，是根据国务院 1993 年 12 月 13 日发布的《中华人民共和国增值税暂行条例》，于 1994 年 1 月 1 日起开征的税种。它是对在中华人民共和国境内销售货物或者提供加工、修理修配劳务及进口货物的单位和个人征收的一种税，属流转税类。

我国的增值税，有如下特点：

第一，增值税的纳税人是我国境内销售货物或者提供加工、修理修配劳务以及进口货物的单位和个人。也就是说，不论是单位或个人，也不管是内资企业或中国人，还是外资企业或外国人，只要在境内销售货物或提供加工、修理修配劳务以及进口货物的，都是增值税的纳税人。另外，企业如果租赁或承包给他人的，则以承租人或承包人为纳税人；凡是出口货物的单位和个人，都不是增值税的纳税人。

第二，除对农业生产环节和不动产不征收外，对所有销售货物或进口货物的行为都征收增值税，并且对提供工业性的以及非工业性的加工、修理修配劳务也征收增值税。

第三，增值税以不含增值税的价格为计税依据来计算纳税，因而增值税为完全意义上的价外税。

第四，增值税基本上是生产型的，在计算税额时不允许扣除固定资产的税金。

第五，增值税实行凭增值税专用发票上所记载的增值税税额进行抵扣的制度。凡该发票中未记载的税款，以及普通发票中所包含的税款，都不得作为进项税额予以抵扣。

第六，增值税统一采用规范化的购进税额扣除法。纳税人购进货物所缴纳的全部增值税税款，除另有规定外，都可以从该货物销售后的销项税额中扣除，扣除后的余额即为该纳税人的应纳增值税税额。

第七，增值税实行严格的减免税制度。其减免权统一集中于国务院。

第八，对应纳增值税的货物或劳务所缴纳的增值税税款，由纳税人向购买方收取。收取后，由纳税人向主管税务机关缴纳。

第九，增值税区别纳税人的不同规模，将纳税人划分为一般纳税人和小规模纳税人，分别对其应纳增值税采用不同的计算方法和征收方法。

2. 增值税的应税行为

增值税的应税行为可分一般应税行为、视同销售货物行为、混合销售行为及特别销售行为。

（1）一般应税行为。它是指在中国境内销售货物或者提供加工、修理修配劳务以及进口货物的应税行为。销售货物的行为是否发生在中国境内，以所销售货物的起运地或所在地为判断标准。货物销售行为是指有偿转让货物的所有权的法律行为，属合法的、双务的、有偿的行为。销售货物的范围包括电力、热力、气体在内的有形动产。货物销售的有偿性包括从购买方取得货币、货物或其他经济利益，货物销售行为包括货物的买卖行为、货物的互易行为、变卖行为与折价受偿行为等。销售应税劳务的行为是指有偿提供加工、修理修配劳务的行为。

（2）视同销售行为。视同销售货物的应税行为的行为人必须是单位或者个体经营者，个人不能成为其纳税主体。该行为主要包括：将货物交付他人代销；销售代销货物；设有两个以上机构并实行统一核算的纳税人，将货物从一个机构移送其他机构用于销售，但相关机构设在同一县或市的除外；将自产或委托加工或购买的货物作为投资，提供给其他单位或个体经营者的；将自产、委托加工或购买的货物分配给股东或投资者；将自产、委托加工或购买的货物无偿赠与他人。

（3）混合销售行为。凡从事货物的生产、批发或零售的企业、企业性单位及个体经营者，包括以从事货物的生产、批发或零售为主，并兼营非应税劳务的企业、企业性单位以及个体经营者的混合销售行为，都视为销售货物，合并征收增值税。

（4）特别销售行为。它是指行为主体具有特殊身份，且行为性质比较特别的货物销售行为。行为主体一般为营业税的纳税人。

3. 增值税税率

增值税采用比例税率，包括基本税率（17%）、低税率（13%）和零税率（0%）三档。低税率适用于纳税人销售或者进口下列货物：①粮食、食用植物油；②自来水、暖气、冷气、热、煤气、石油液化气、天然气、沼气、居民用煤炭制品；③图书、报纸、杂志；④饲料、化肥、农药、农机、农膜；⑤国务院规定的其他货物。纳税人出口货物，除国务院另有规定的以外，税率为零。纳税人销售或者进口除上述货物外的任何货物，以及提供加工、修理修配劳务的税率为 17%。

4. 销售额的确定

确定销售额的方法有两种，即确定方式与核定方式。

（1）不含税销售额的确定。销售额是纳税销售货物或者应税劳务向购买方收取的价款和价外费用，但不包括收取的销项税额。因此，全部收入减去销项税额即为应纳增值税的销售额。

（2）含税收入的销售额确定。小规模纳税人、零售商业以及一般纳税人不开专用发票而取得的收入，是包含了销项税额在内的含税收入，应将其换成不含税销售额。其换算公式为

$$销售额＝含税销售额÷（1＋增值税税率）$$

（3）销售额的核定。纳税人销售货物或者应税劳务的价格明显偏低，并且没有正当理由的，或者视同销售行为无销售额的，主管税务机关有权核定其销售额。核定的顺序是：第一，按纳税人当月同类货物的平均销售价格确定；第二，按纳税人最近时期同类货物的平均销售价格确定；第三，按组成计税价格确定，即

$$组成计税价格＝成本×（1＋成本利润率）$$

5. 增值税税额的计算

增值税税额区分一般纳税人、小规模纳税人和进口货物三种类型，分别适用不同的方法。

小规模纳税人是指经营规模较小，会计核算不健全，采用特殊办法征收增值税的增值税纳税人。小规模纳税人，包括视同小规模纳税人的纳税人，销售货物或应税劳务，实行简易办法计税税额，即

$$应纳税额＝销售额×征收率（征收率一般为6％）$$

除小规模纳税人采用单独的应纳增值税税额的计算方法外，一般纳税人销售货物或者提供应税劳务的应纳增值税额，为当期销项税额抵扣当期进项税额后的余额，其计算公式为

$$应纳税额＝当期销项税额－当期进项税额$$

销项税额是指增值税的纳税人在销售货物或者应税劳务时，按照依法确定的销售额和增值税税率计算的，并向购买方收取的增值税税额，其计算公式为

$$销项税额＝销售额×税率$$

进项税额是指纳税人购进货物或者接受应税劳务所支付或者负担的增值税税额。对于某些用于免税项目或者具有最终消费性的购进货物或者应税劳务的进项税额不得抵扣。

不管是一般纳税人，还是小规模纳税人，在进口应税货物时，都应当按照组成计税价格和增值税税率，计算应纳税额，不允许抵扣任何税。

$$组成计税价格＝关税完税价格＋关税＋消费税$$

6.增值税的免税

增值税的免税项目包括：①农业生产者销售的自产初级农业产品；②避孕药品和用具；③古旧图书；④直接用于科学研究、科学试验和教学的进口仪器、设备；⑤外国政府、国际组织无偿援助的进口物资和设备；⑥来料加工、来料装配和补偿贸易所需进口的设备；⑦由残疾人组织直接进口供残疾人专用的物品；⑧销售自己使用过的游艇、摩托车、应征消费税的汽车等以外的物品。

其他减免税项目，由国务院规定。纳税人销售额达到财政部规定的增值税起征点的个人纳税人，免征增值税。

13.3.1.2　消费税

我国现行的消费税制是根据国务院 1993 年 12 月 13 日发布的《中华人民共和国消费税暂行条例》的规定，于 1994 年 1 月 1 日起开征的税种。它是对在中华人民共和国境内生产、委托加工和进口应税消费品的单位和个人所征收的一种税。目前只对烟、酒、化妆品等少数商品征收。

1.我国消费税的纳税义务人

凡是在中国境内生产、委托加工和进口应税消费品的单位和个人，都是我国消费税的纳税人，都应按照《消费税暂行条例》及其实施细则的规定，缴纳消费税。

2.税目

我国征收消费税的只有 11 个税目。具体包括：烟（进口卷烟、白包卷烟、手工卷烟和未经国务院批准纳入计划的企业和个人生产的卷烟、雪茄烟、烟丝），酒及酒精（包括粮食白酒、薯类白酒、黄酒、啤酒、其他酒、工业酒精、医用酒精和食用酒精），化妆品，护肤护发品，贵重首饰及珠宝玉石，鞭炮、焰火，汽油，柴油，汽车轮胎，摩托车，小汽车等。除上述所列消费品外的任何消费品，都不征收消费税。

3.税率

消费税采用比例税率和定额税率两种形式，根据不同的税目或子目确定相应的税率或者税额，如摩托车的税率为 10%，黄酒每吨税额为 240 元。

4.纳税环节

消费税无法对应税消费品本身征税，也不能对就应税消费品的所有行为（如吸烟行为）征税。因此，只有就应税消费品所进行的应税行为，才能征收消费税。应当缴纳消费税的应税行为包括：①生产应税消费品的行为；②委托加工应税消费品行为；③进口应税消费品的行为。《消费税暂行条例》规定："纳税人生产的应税消费品，于销售时纳税。纳税人自产自用的应税消费品，用于连续生产应税消费品的，不纳税；用于其他方面的，于移送使用时纳税。委托加工的应税消费品，由受托方在向委托方交货时代收代缴税款。委托加工的应税消费品，委托方用于连续生产应税消费品的，所纳税款准予按规定抵扣。进口的应税消费品，于报关进口时纳税。"

5. 应纳税额的计算

（1）消费税实行从价定率或者从量定额的办法计算应纳税额。应纳税额计算公式有

$$实行从价定率办法计算的应纳税额＝销售额×税率$$
$$实行从量定额办法计算的应纳税额＝销售数量×单位税额$$

销售额，为纳税人销售应税消费品向购买方收取的全部价款和价外费用。纳税人销售的应税消费品，以外汇计算销售额的，应当按外汇市场价格折合成人民币计算应纳税额。

（2）纳税人自产自用的应税消费品，依法应当纳税的，按照纳税人生产的同类消费品的销售价格计算纳税；没有同类消费品销售价格的，按照组成计税价格计算纳税。组成计税价格计算公式为

$$组成计税价格＝（成本＋利润）÷（1－消费税税率）$$

（3）委托加工的应税消费品，按照受托方的同类消费品的销售价格计算纳税；没有同类消费品销售价格的，按照组成计税价格计算纳税。组成计税价格计算公式为

$$组成计税价格＝（材料成本＋加工费）÷（1－消费税税率）$$

（4）进口的应税消费品，实行从价定率办法计算应纳税额的，按照组成计税价格计算纳税。组成计税价格计算公式为

$$组成计税价格＝（关税完税价格＋关税）÷（1－消费税税率）$$

6. 消费税与增值税的关系

消费税与增值税是交叉、重叠征收的，即选择应纳增值税的某些消费品征收消费税。一般而言，增值税对生产经营活动都普遍征收。对属于应纳增值税的货物中，某些为国家应当调节消费结构、引导消费方向、抑制超前消费需求，采用特殊调节手段的消费品，征收消费税。消费税的征收主要是发挥消费税的独特灵活调节功能来弥补市场调节的局限性，运用消费税限制消费。

13.3.1.3　营业税

我国营业税是 1984 年开征的税种，其法律依据是 1993 年 12 月 13 日国务院颁布的《中华人民共和国营业税暂行条例》。我国营业税是对在中华人民共和国境内提供应税劳务、转让无形资产或者销售不动产的单位和个人征收的一种税。

1. 营业税的纳税义务人扣缴义务人

我国营业税的纳税义务人，是在中国境内提供应税劳务，转让无形资产或者销售不动产的单位和个人。

现实生活中，有些情况难以确定纳税义务人，法律规定了扣缴义务人，如委托金融机构发放贷款，以受托发放贷款的金融机构为扣缴义务人；建筑安装业务实行分包或者转包的，以总承包人为扣缴义务人等。

2. 税目

我国营业税的税目按照行业、类别不同分别设置现行营业税共设 9 个税目。包括交通运输业、建筑业、金融保险业、邮电通信业、文化体育业、娱乐业、服务业（除加工和修理修配外）、无形资产、不动产等。

3. 营业税税率

营业税税率一般实行行业差别税率，税率简单整齐，除对娱乐业实行 5%～20% 幅度税率外，其他税率为 3% 和 5%。

4. 应纳税额的计算

纳税人提供应税劳务、转让无形资产或者销售不动产，按照营业额和规定的税率计算应纳税额。应纳税额计算公式为

$$应纳税额 = 营业额 \times 税率$$

纳税人的营业额为纳税人提供应税劳务、转让无形资产或者销售不动产向对方收取的全部价款和价外费用；但是，下列情形除外：

（1）运输企业自中华人民共和国境内运输旅客或者货物出境，在境外改由其他运输企业承运乘客或者货物的，以全程运费减去付给该承运企业的运费后的余额为营业额。

（2）旅游企业组织旅游团到中华人民共和国境外旅游，在境外改由其他旅游企业接团的，以全程旅游费减去付给该接团企业的旅游费后的余额为营业额。

（3）建筑业的总承包人将工程分包或者转包给他人的，以工程的全部承包额减去付给分包人或者转包人的价款后的余额为营业额。

（4）转贷业务，以贷款利息减去借款利息后的余额为营业额。

（5）外汇、有价证券、期货买卖业务，以卖出价减去买入价后的余额为营业额。

（6）财政部规定的其他情形。

13.3.2　所得税制

13.3.2.1　企业所得税

企业所得税是指国家对境内企业和其他取得收入的组织（以下统称企业）生产经营所得和其他所得依法征收的一种税。现行企业所得税的基本法律依据是2007年3月16日第十届全国人民代表大会第五次会议通过，2008年1月1日起施行的《中华人民共和国企业所得税法》。

1. 企业所得税的纳税人

根据《企业所得税法》的规定，我国的企业所得税的纳税人分为居民企业和非居民企业。居民企业，是指依法在中国境内成立，或者依照外国（地区）法律成立但实际管理机构在中国境内的企业；非居民企业，是指依照外国（地区）法律成立且实际管理机构不在中国境内，但在中国境内设立机构、场所的，或者在中国境内未设立机构、场所，但有来源于中国境内所得的企业。

个人独资企业和合伙企业不适用企业所得税法的规定。根据2000年9月《国务院关于个人独资企业和合伙企业征收所得税问题的通知》，个人独资企业和合伙企业不缴纳企业所得税，其投资者依法缴纳个人所得税。

2. 企业所得税的征税对象和税率

企业所得税的征税对象为其生产、经营所得和其他所得。

根据纳税人种类的不同，其征税的地域范围也不同。具体而言，居民企业应当就其来源于中国境内、境外的所得缴纳企业所得税；非居民企业在中国境内设立机构、场所的，应当就其所设机构、场所取得的来源于中国境内的所得，以及发生在中国境外但与其所设机构、场所有实际联系的所得，缴纳企业所得税；非居民企业在中国境内未设立机构、场所的，或者虽设立机构、场所但取得的所得与其所设机构、场所没有实际联系的，应当就其来源于中国境内的所得缴纳企业所得税。

生产经营所得是指从事制造业、采掘业、交通运输业、建筑安装业、农业、林业、畜牧业、渔业、水利业、商业、金融业、保险业、邮电通信业、服务业，以及其他行业的生产经营经税务机关确认的所得。其他所得，是指股息、利息

（不包括国库券利息）、租金、转让各类资产收益以及营业外收益等经税务机关确认的所得。

企业所得税对居民企业和非居民企业实行统一比例税率，企业所得税的税率为25％，但在中国境内未设立机构、场所的，或者虽设立机构、场所但取得的所得与其所设机构、场所没有实际联系的非居民企业，应当就来源于中国境内的所得适用20％的税率。

3. 企业所得税的应纳税所得额

应纳税所得额是指纳税人每一纳税年度的收入总额，减除不征税收入、免税收入、各项扣除以及允许弥补的以前年度亏损后的余额。

纳税人的收入总额是指纳税人以货币形式和非货币形式从各种来源取得的收入，包括：销售货物收入，提供劳务收入，转让财产收入，股息、红利等权益性投资收益利息收入，租金收入，特许权使用费收入，接受捐赠收入其他收入。

根据《企业所得税法》的规定，收入总额中的下列收入为不征税收入：财政拨款、依法收取并纳入财政管理的行政事业性收费、政府性基金以及国务院规定的其他不征税收入。

根据《企业所得税法》的规定，下列项目准予在计算应纳税所得额时扣除：

（1）企业实际发生的与取得收入有关的、合理的支出，包括成本、费用、税金、损失和其他支出，准予在计算应纳税所得额时扣除。

（2）企业发生的公益性捐赠支出，在年度利润总额12％以内的部分，准予在计算应纳税所得额时扣除。

（3）在计算应纳税所得额时，企业按照规定计算的固定资产折旧，准予扣除。但下列固定资产不得计算折旧扣除：房屋、建筑物以外未投入使用的固定资产；以经营租赁方式租入的固定资产；以融资租赁方式租出的固定资产；已足额提取折旧仍继续使用的固定资产；与经营活动无关的固定资产；单独估价作为固定资产入账的土地以及其他不得计算折旧扣除的固定资产。

（4）在计算应纳税所得额时，企业按照规定计算的无形资产摊销费用，准予扣除。但下列无形资产不得计算摊销费用扣除：自行开发的支出已在计算应纳税所得额时扣除的无形资产、自创商誉、与经营活动无关的无形资产以及其他不得计算摊销费用扣除的无形资产。

（5）在计算应纳税所得额时，企业发生的下列支出作为长期待摊费用，按照规定摊销的，准予扣除：已足额提取折旧的固定资产的改建支出、租入固定资产的改建支出、固定资产的大修理支出、其他应当作为长期待摊费用的支出。

（6）企业使用或者销售存货，按照规定计算的存货成本，准予在计算应纳税所得额时扣除。

（7）企业转让资产，该项资产的净值，准予在计算应纳税所得额时扣除。

但下列项目在计算应纳税所得额时不得扣除：向投资者支付的股息、红利等权益性投资收益款项；企业所得税税款；税收滞纳金；罚金、罚款和被没收财物的损失；《企业所得税法》第9条规定以外的捐赠支出；赞助支出；未经核定的准备金支出以及与取得收入无关的其他支出。此外，企业对外投资期间，投资资产的成本在计算应纳税所得额时也不得扣除。

在中国境内未设立机构、场所的，或者虽设立机构、场所但取得的所得与其所设机构、场所没有实际联系的非居民企业，应当就其来源于中国境内的所得按照下列方法计算其应纳税所得额：股息、红利等权益性投资收益和利息、租金、特许权使用费所得，以收入全额为应纳税所得额；转让财产所得，以收入全额减除财产净值后的余额为应纳税所得额；其他所得，参照前两项规定的方法计算应纳税所得额。

4. 企业所得税的应纳税额

企业的应纳税所得额乘以适用税率，减除依照企业所得税法关于税收优惠的规定减免和抵免的税额后的余额，为应纳税额。

根据《企业所得税法》的规定，企业取得的下列所得已在境外缴纳的所得税税额，可以从其当期应纳税额中抵免，抵免限额为该项所得依照《企业所得税法》规定计算的应纳税额；超过抵免限额的部分，可以在以后5个年度内，用每年度抵免限额抵免当年应抵税额后的余额进行抵补：居民企业来源于中国境外的应税所得；非居民企业在中国境内设立机构、场所，取得发生在中国境外但与该机构、场所有实际联系的应税所得。

居民企业从其直接或者间接控制的外国企业分得的来源于中国境外的股息、红利等权益性投资收益，外国企业在境外实际缴纳的所得税税额中属于该项所得负担的部分，可以作为该居民企业的可抵免境外所得税税额，在上述规定的抵免限额内抵免。

5. 税收优惠

国家对重点扶持和鼓励发展的产业和项目，给予企业所得税优惠。

根据《企业所得税法》的规定，企业的下列收入为免税收入：国债利息收入；符合条件的居民企业之间的股息、红利等权益性投资收益；在中国境内设立机构、场所的非居民企业从居民企业取得与该机构、场所有实际联系的股息、红利等权益性投资收益以及符合条件的非营利组织的收入。

企业的下列所得，可以免征、减征企业所得税：从事农、林、牧、渔业项目的所得；从事国家重点扶持的公共基础设施项目投资经营的所得；从事符合条件的环境保护、节能节水项目的所得；符合条件的技术转让所得；在中国境内未设立机构、场所的或者虽设立机构、场所，但取得的所得与其所设机构、场所没有实际联系的非居民企业，就其来源于中国境内的所得。

符合条件的小型微利企业，减按 20％的税率征收企业所得税。国家需要重点扶持的高新技术企业，减按 15％的税率征收企业所得税。

企业的下列支出，可以在计算应纳税所得额时加计扣除：开发新技术、新产品、新工艺发生的研究开发费用；安置残疾人员及国家鼓励安置的其他就业人员所支付的工资。创业投资企业从事国家需要重点扶持和鼓励的创业投资，可以按投资额的一定比例抵扣应纳税所得额。

企业的固定资产由于技术进步等原因，确需加速折旧的，可以缩短折旧年限或者采取加速折旧的方法。企业综合利用资源，生产符合国家产业政策规定的产品所取得的收入，可以在计算应纳税所得额时减计收入。企业购置用于环境保护、节能节水、安全生产等专用设备的投资额，可以按一定比例实行税额抵免。

13.3.2.2　个人所得税

个人所得税是指对在中国境内有住所，或者无住所而在境内居住满一年的个人，就其在中国境内和境外取得的所得，或对在中国境内无住所又不居住或者无住所而在境内居住不满 1 年的个人，就其从中国境内取得的所得，所征收的一种税。《中华人民共和国个人所得税法》是 1980 年 9 月 10 日第五届全国人民代表大会第三次会议通过的，已经经过了 1993 年 10 月、1999 年 8 月、2005 年 10 月和 2007 年 6 月和 12 月五次修订。

1. 个人所得税的纳税人

个人所得税的纳税人主要指四类人：①在中国境内有住所的个人；②在中国境内无住所但在境内居住满 1 年的个人；③在中国境内无住所而在境内居住不满 1 年但有来源于中国境内收入的个人；④在中国境内无住所又不居住但有来源于中国境内收入的个人。①②类个人为无限纳税人，应就其从中国境内外的所得，依法缴纳个人所得税。③④类个人为有限纳税人，仅就其从中国境内取得的所得，依法缴纳个人所得税。

另外，根据 2000 年 9 月《国务院关于个人独资企业和合伙企业征收所得税问题的通知》，个人独资企业和合伙企业的投资者依法缴纳个人所得税。

2. 个人应税所得的法定范围

应纳个人所得税的个人所得包括工资、薪金所得，个体工商户的生产、经营所得,对企事业单位的承包经营、承租经营所得,劳务报酬所得,稿酬所得,特许权使用费所得,利息、股息、红利所得,财产租赁所得,财产转让所得和偶然所得以及国务院财政部门确定的其他所得。

3. 个人所得税税率

个人所得税实行分类课征,对不同性质的所得适用不同的超额累进税率和比例税率。

工资、薪金所得适用5%～45%的超额累进税率,如表13-1所示。

表 13-1

级数	全月应纳税所得额	税率/%
1	不超过500元的	5
2	超过500～2 000元的部分	10
3	超过2 000～5 000元的部分	15
4	超过5 000～20 000元的部分	20
5	超过20 000～40 000元的部分	25
6	超过40 000～60 000元的部分	30
7	超过60 000～80 000元的部分	35
8	超过80 000～100 000元的部分	40
9	超过100 000元的部分	45

个体工商户的生产、经营所得和对企业事业单位的承包经营、承租经营所得,运用5%～35%的超额累进税率,见表13-2。

表 13-2

级数	全年应纳税所得额	税率/%
1	不超过5 000元的	5
2	超过5 000～10 000元的部分	10
3	超过10 000～30 000元的部分	20
4	超过30 000～50 000元的部分	30
5	超过50 000元的部分	35

另外,稿酬所得适用20%的比例税率,并按应纳税额减征30%;劳务报酬所得适用20%的比例税率,对该项所得一次收入畸高的,实行加成征收;特许权使用费所得,利息、股息、红利所得,财产租赁所得,财产转让所得,偶然所得

和其他所得，适用 20％的比例税率。

4. 个人所得税的应纳税额的确定

《个人所得税法》规定了应纳税所得额的计算：

(1) 工资、薪金所得，以每月收入额减除费用 2000 元后的余额，为应纳税所得额。

(2) 个体工商户的生产、经营所得，以每一纳税年度的收入总额，减除成本、费用以及损失后的余额，为应纳税所得额。

(3) 对企事业单位的承包经营、承租经营所得，以每一纳税年度的收入总额，减除必要费用后的余额，为应纳税所得额。

(4) 劳务报酬所得、稿酬所得、特许权使用费所得、财产租赁所得，每次收入不超过 4000 元的，减除费用 800 元；4000 元以上的，减除 20％的费用，其余额为应纳税所得额。

(5) 财产转让所得，以转让财产的收入额减除财产原值和合理费用后的余额，为应纳税所得额。

(6) 利息、股息、红利所得，偶然所得和其他所得，以每次收入额为应纳税所得额。

个人将其所得对教育事业和其他公益事业捐赠的部分，按照国务院有关规定从应纳税所得中扣除。

对在中国境内无住所而在中国境内取得工资、薪金所得的纳税义务人和在中国境内有住所而在中国境外取得工资、薪金所得的纳税义务人，可以根据其平均收入水平、生活水平以及汇率变化情况确定附加减除费用，附加减除费用适用的范围和标准由国务院规定。纳税义务人从中国境外取得的所得，准予其在应纳税额中扣除已在境外缴纳的个人所得税税额。但扣除额不得超过该纳税义务人境外所得依照个人所得税法规定计算的应纳税额。

5. 个人所得税的减免

个人所得税的免税包括：省级人民政府、国务院部委和中国人民解放军军以上单位，以及外国组织、国际组织颁发的科学、教育、技术、文化、卫生、体育、环保等方面的奖金；国债和国家发行的金融债券利息；按照国家统一规定发给的补贴、津贴；福利费、抚恤金、救济金；保险赔款；军人的转业费、复员费；按照国家统一规定发给干部、职工的安家费、退职费、退休工资、离休工资、离休生活补助费；依照我国有关法律规定应予免税的各国驻华使馆、领事馆的外交代表，领事官员和其他人员的所得；中国政府参加的国际公约、签订的协议中规定免税的所得；经国务院财政部门批准免税的所得。

经批准对下列所得或损失可减征个人所得税：残疾、孤老人员和烈属的所得；因严重自然灾害造成重大损失的；其他经国务院财政部门批准减税的。

6. 个人所得税的申报

个人所得税，以所得人为纳税义务人，以支付所得的单位或者个人为扣缴义务人。个人所得超过国务院规定数额的，在两处以上取得工资、薪金所得或者没有扣缴义务人的，以及具有国务院规定的其他情形的，纳税义务人应当按照国家规定办理纳税申报。扣缴义务人应当按照国家规定办理全员全额扣缴申报。

13.3.3　资源税制

资源税是指对在中华人民共和国境内从事开采矿产品及生产盐的单位和个人所征收的一种税。征收资源税的法律依据是 1993 年 12 月 15 日国务院发布、1994 年 1 月 1 日起施行的《中华人民共和国资源税暂行条例》。

1. 资源税的纳税人

在中国境内开采应税的矿产品或生产盐的单位和个人，是资源税的纳税人。

2. 资源税税目和单位税额（表 13-3）

表 13-3　资源税税目、税额幅度

序号	税目		税额幅度
1	原油		8～30 元/吨
2	天然气		2～15 元/千立方米
3	煤炭		0.3～5 元/吨
4	其他非金属矿原矿		0.5～20 元/吨或者立方米
5	黑色金属矿原矿		2～30 元/吨
6	有色金属矿原矿		0.4～30 元/吨
7	盐	固体盐	10～60 元/吨
		液体盐	2～10 元/吨

3. 资源税的应纳税额

资源税的应纳税额，按照应税产品的课税数量和规定的单位税额计算。应纳税额计算公式为

$$应纳税额＝课税数量×单位税额$$

　　纳税人开采或者生产应税产品销售的，以销售数量为课税数量。纳税人开采或者生产应税产品自用的，以自用数量为课税数量。

　　纳税人具体适用的单位税额，由财政部国务院有关部门，根据纳税人所开采或者生产应税产品的资源状况，在规定的幅度额中确定纳税人开采或者生产不同税目应税产品的，应当分别核算不同税目应税产品的课税数量；未分别核算或者不能准确提供不同税目应税产品的课税数量的，从高适用税额。

　　4. 资源税的减免

　　有下列情形之一的，减征或者免征资源税：①开采原油过程中用于加热、修井的原油，免税。②纳税人开采或者生产应税产品过程中，因意外事故或者自然灾害等原因遭受重大损失的，由省、自治区、直辖市人民政府酌情决定减税或者免税。③国务院规定的其他减税、免税项目。纳税人的减税、免税项目，应当单独核算课税数量；未单独核算或者不能准确提供课税数量的，不予减税或者免税。

13.3.4　土地增值税

　　土地增值税是指对转让国有土地使用权、地上建筑物及其附着物并取得收入的单位和个人所征收的一种税，是我国新开征的税种。1993 年 12 月 13 日国务院发布《中华人民共和国土地增值税暂行条例》，自 1994 年 1 月 1 日起实施。

　　1. 土地增值税纳税人

　　土地增值税的纳税人是指转让国有土地使用权、地上的建筑物及其附着物并取得收入的单位和个人，具体包括机关、团体、部队、企事业单位、个体经营者及其他单位和个人，也包括外商投资企业、外国企业及外国机构、华侨、港澳同胞及外国公民。

　　2. 土地增值额

　　纳税人转让房地产取得的收入减除法定扣除项目金额后的余额，为增值额。转让房地产收入包括货币收入、实物收入和其他收入。法定扣除项目包括：取得土地使用权所支付的金额；开发土地的成本、费用；新建房及配套设施的成本、费用，或者旧房及建筑物的评估价格；与转让房地产有关的税金；财政部规定的其他扣除项目。

　　纳税人隐瞒、虚报房地产成交价格，或者提供扣除项目金额不实，或者转让房地产的成交价格低于房地产评估价格，又无正当理由的，按照房地产评估价格计算征收。

3. 土地增值税税率

土地增值税采用四级超率累进税率，最低税率为30％，最高税率为60％。这个税率比较合理，一方面，对利润率不可能太高的正常房地产开发经营采用优惠性的低税率；另一方面，对取得过高收入特别是获取暴利的房地产交易，采用高税率，予以调节。

4. 土地增值税的应纳税额

$$土地增值税的应纳税额＝土地增值额×适用税率$$
$$土地增值额＝出售房地产的总收入－扣除项目金额$$

若土地增值额超过扣除项目金额50％以上，即同时适用二档或二档以上税率的，则需分档计算。

考虑到我国房地产业的特殊情况，以及人民居住条件仍然较差等情况。对纳税人建造普通标准住宅出售，增值额未超过扣除项目20％的，免征土地增值税。对因国家建设需要依法征用、收回的房地产也免征土地增值税。

13.4　税收程序法

税收程序法是指税务管理方面的法律。目前实施的税收程序法主要是2001年修订的《中华人民共和国税收征管法》（以下简称《税收征管法》），该法对税务管理、纳税申报、税款征收、税务检查、法律责任等作了细致的规定。2002年10月新的《中华人民共和国税收征收管理法实施细则》开始实施。细则加强了税务机关对于税源的监管和对纳税人的税收监控。

13.4.1　税务管理机关

《税收征管法》规定，国务院税务主管部门主管全国税收征收管理工作。各地国家税务局和地方税务局应当按照国务院规定的税收征收管理范围分别进行征收管理。

目前，我国税务机关的设置是国家设国家税务总局，省及省以下税务机关分为国家税务局和地方税务局两个系统。

地方各级人民政府应当依法加强对本行政区域内税收征收管理工作的领导或者协调，支持税务机关依法执行职务，依照法定税率计算税额，依法征收税款。各有关部门和单位应当支持、协助税务机关依法执行职务。税务机关依法执行职务，任何单位和个人不得阻挠。

13. 4. 2　税务管理

税务管理包括税务登记、账簿凭证管理和纳税申报。

13.4.2.1　税务登记

税务登记是税务机关对纳税人的开业、变更和注销以及生产经营范围实行法定登记的一项管理制度。

《税收征管法》规定，企业，企业在外地设立的分支机构和从事生产、经营的场所，个体工商户和从事生产、经营的事业单位（以下统称从事生产、经营的纳税人）自领取营业执照之日起 30 日内，持有关证件，向税务机关申报办理税务登记。税务机关应当自收到申报之日起 30 日内审核并发给税务登记证件。

从事生产、经营的纳税人，税务登记内容发生变化的，自工商行政管理机关办理变更登记之日起 30 日内或者在向工商行政管理机关申请办理注销登记之前，持有关证件向税务机关申报办理变更或者注销税务登记。

13.4.2.2　账簿、凭证管理

从事生产、经营的纳税人、扣缴义务人应按照国务院财政、税务主管部门的规定设置账簿，根据合法有效的凭证记账，进行核算。经税务机关核准的个体工商户可不设置账簿。有关账簿、记账凭证、完税凭证及其他有关资料，必须按照规定的保管期限保管，不得伪造、变造或者擅自损毁。发票必须由省、自治区、直辖市人民政府税务主管部门指定的企业印制；未经省、自治区、直辖市人民政府税务主管部门批准，不得印制发票。

从事生产、经营的纳税人的财务、会计制度或者财务、会计的处理办法，应当报送税务机关备案。纳税人未报备案，以及未按规定设置，保管账簿或者保管记账凭证和有关资料的也应承担相应的法律责任。

13.4.2.3　纳税申报

纳税申报是纳税人、扣缴义务人履行义务的法定手续，也是税务机关征收税款的主要依据。纳税人必须在规定或确定的申报期限内办理纳税申报，报送纳税申报表、财务会计报表以及税务机关根据实际需要要求报送的其他纳税资料。扣缴义务人也应在申报期限内报送代扣代缴、代收代缴税款报告表以及其他有关资料。纳税人、扣缴义务人不能按期办理纳税申报或报告表的，以批准可以延期申报。

13.4.3　税款征收

税款征收是税收征收管理中的一个重要环节，是指纳税人依法缴纳税款及税务机关及时足额上缴税款的活动。具体包括税务机关自征活动，扣缴义务人、代征人代收、代扣、代征活动，缓缴活动，滞纳金的处罚与缴纳活动，核定征收款活动，离境清缴税款，超缴税款退还以及追征等。《税收征管法》就上述税款征收活动规定了相应的制度，明确了税务机关、扣缴义务人及纳税人的权利、义务和责任，以及享有权利、承担义务和责任的程序和方法。

《税收征管法》明确规定，税务机关依照法律、行政法规的规定征收税款，不得违反法律、行政法规的规定开征、停征、多征、少征、提前征收、延缓征收或者摊派税款。除税务机关、税务人员以及经税务机关依照法律、行政法规委托的单位和人员外，任何单位和个人不得进行税款征收活动。

为保证税收征管工作的顺利进行，《税收征管法》规定了税务机关可以依法采取税收保全措施："税务机关有根据认为从事生产、经营的纳税人有逃避纳税义务行为的，可以在规定的纳税期之前，责令限期缴纳应纳税款；在限期内发现纳税人有明显的转移、隐匿其应纳税的商品、货物以及其他财产或者应纳税的收入的迹象的，税务机关可以责成纳税人提供纳税担保。如果纳税人不能提供纳税担保，经县以上税务局（分局）局长批准，税务机关可以采取下列税收保全措施：①书面通知纳税人开户银行或者其他金融机构冻结纳税人的金额相当于应纳税款的存款；②扣押、查封纳税人的价值相当于应纳税款的商品、货物或者其他财产。""纳税人在前款规定的限期内缴纳税款的，税务机关必须立即解除税收保全措施；限期期满仍未缴纳税款的，经县以上税务局（分局）局长批准，税务机关可以书面通知纳税人开户银行或者其他金融机构从其冻结的存款中扣缴税款，或者依法拍卖或者变卖所扣押、查封的商品、货物或者其他财产，以拍卖或者变卖所得抵缴税款。""个人及其所扶养家属维持生活必需的住房和用品，不在税收保全措施的范围之内。"但是，"纳税人在限期内已缴纳税款，税务机关未立即解除税收保全措施，使纳税人的合法利益遭受损失的，税务机关应当承担赔偿责任。"

《税收征管法》还对税务机关可以依法采取的强制措施作了规定："从事生产、经营的纳税人、扣缴义务人未按照规定的期限缴纳或者解缴税款，纳税担保人未按照规定的期限缴纳所担保的税款，由税务机关责令限期缴纳，逾期仍未缴纳的，经县以上税务局（分局）局长批准，税务机关可以采取下列强制执行措施：①书面通知其开户银行或者其他金融机构从其存款中扣缴税款；②扣押、查封、依法拍卖或者变卖其价值相当于应纳税款的商品、货物或者其他财产，以拍卖或者变卖所得抵缴税款。""税务机关采取强制执行措施时，对前款所列纳税人、扣缴义务人、纳税担保人未缴纳的滞纳金同时强制执行。""个人及其所扶养家属维持生活必需的住房和用品，不在强制执行措施的范围之内。"

13.4.4　税务检查

税务检查是指税务机关依法对纳税人、扣缴义务人履行的纳税义务和代扣代缴、代收代缴税款义务的情况进行的监督检查。税务机关的税务检查权包括查账权、场地检查权、资料提供责成权、询问权、查证权、账户查核权。具体而言税务机关有权进行下列税务检查："①检查纳税人的账簿、记账凭证、报表和有关资料，检查扣缴义务人代扣代缴、代收代缴税款账簿、记账凭证和有关资料；②到纳税人的生产、经营场所和货物存放地检查纳税人应纳税的商品、货物或者其他财产，检查扣缴义务人与代扣代缴、代收代缴税款有关的经营情况；③责成纳税人、扣缴义务人提供与纳税或者代扣代缴、代收代缴税款有关的文件、证明材料和有关资料；④询问纳税人、扣缴义务人与纳税或者代扣代缴、代收代缴税款有关的问题和情况；⑤到车站、码头、机场、邮政企业及其分支机构检查纳税人托运、邮寄应纳税商品、货物或者其他财产的有关单据、凭证和有关资料；⑥经县以上税务局（分局）局长批准，凭全国统一格式的检查存款账户许可证明，查询从事生产、经营的纳税人、扣缴义务人在银行或者其他金融机构的存款账户。税务机关在调查税收违法案件时，经设区的市、自治州以上税务局（分局）局长批准，可以查询案件涉嫌员的储蓄存款。税务机关查询所获得的资料，不得用于税收以外的用途。"

税务机关对从事生产、经营的纳税人以前纳税期的纳税情况依法进行税务检查时，发现纳税人有逃避纳税义务行为，并有明显的转移、隐匿其应纳税的商品、货物以及其他财产或者应纳税的收入的迹象的，可以按照《税收征管法》的规定，采取税收保全措施或者强制执行措施。

纳税人、扣缴义务人必须接受税务依法进行的税务检查，如实反映情况，提供有关资料，不得拒绝、隐瞒。有关部门和单位对税务检查应当支持、协助，如实反映有关情况，提供有关的资料及证明材料。税务人员进行检查时应出示证件，并有责任为被检查人保守秘密。

税务机关调查税务违法案件时，对与案件有关的情况和资料，可以记录、录音、照相、录像和复制。

13.4.5　法律责任

《税收征管法》对税收违法行为规定了明确的制裁措施，包括违反税务管理基本规定行为的处罚；扣缴义务人违反账簿、凭证管理的处罚；纳税人、扣缴义务人按规定进行纳税申报的法律责任；对偷税的认定及其法律责任；进行虚假申报或不进行申报行为的法律责任；逃避追缴欠；税的法律责任；骗取出口退税的法律责任；抗税的法律责任；扣缴义务人不履行扣缴义务的法律责任；不配合税务机关依法检查的法律责任；非法印刷发票的法律责任；有税法违法行为而拒不接受税务机关处理的法律责任、银行及其他金融机构拒绝配合税务机关依法执行职务的法律责任、擅自改变税收征收管理范围的法律责任；税务人员不依法行政的法律责任；渎职行为；不按规定征收税款的法律责任、违反税务代理的法律责任等。下面简要介绍其中的几个问题。

13.4.5.1　对偷税的认定及法律责任

纳税人伪造、变造、隐匿、擅自销毁账簿、记账凭证，或者在账簿上多列支出或者不列、少列收入，或者经税务机关通知申报而拒不申报或者进行虚假的纳税申报，不缴或者少缴应纳税款的，是偷税。

对纳税人偷税的，由税务机关追缴其不缴或者少缴的税款、滞纳金，并处不缴或者少缴的税款50％以上5倍以下的罚款；构成犯罪的，依法追究刑事责任。扣缴义务人偷税，不缴或者少缴已扣、已收税款，由税务机关追缴其不缴或者少缴的税款、滞纳金，并处不缴或者少缴的税款50％以上5倍以下的罚款；构成犯罪的，依法追究刑事责任。

《刑法》第201条对偷税的刑事责任作了规定："纳税人采取伪造、变造、隐匿、擅自销毁账簿、记账凭证，在账簿上多列支出或者不列、少列收入，经税务机关通知申报而拒不申报或者进行虚假的纳税申报的手段，不缴或者少缴应纳税款，偷税数额占应纳税额的百分之十以上不满百分之三十并且偷税数额在一万元以上不满十万元的，或者因偷税被税务机关给予二次行政处罚又偷税的，处三年以下有期徒刑或者拘役，并处偷税数额一倍以上五倍以下罚金；偷税数额占应纳税额的百分之三十以上并且偷税数额在十万元以上的，处三年以上七年以下有期徒刑，并处偷税数额一倍以上五倍以下罚金。""扣缴义务人采取前款所列手段，不缴或者少缴已扣、已收税款，数额占应缴税额的百分之十以上并且数额在一万元以上的，依照前款的规定处罚。""对多次犯有前两款行为，未经处理的，按照累计数额计算。"

13.4.5.2　逃避追缴欠税的法律责任

纳税人欠缴应纳税款，采取转移或者隐匿财产的手段，妨碍税务机关追缴欠缴的税款的，由税务机关追缴欠缴的税款、滞纳金，并处欠缴税款50％以上5倍以下的罚款；构成犯罪的，依法追究刑事责任。

《刑法》第203条规定，纳税人欠缴应纳税款，采取转移或者隐匿财产的手段，致使税务机关无法追缴欠缴的税款，数额在1万元以上不满10万元的，处

3 年以下有期徒刑或者拘役，并处或者单处欠缴税款 1 倍以上 5 倍以下罚金；数额在 10 万元以上的，处 3 年以上 7 年以下有期徒刑，并处欠缴税款 1 倍以上 5 倍以下罚金。

13.4.5.3　骗取出口退税的法律责任

以假报出口或者其他欺骗手段，骗取国家出口退税款的，由税务机关追缴其骗取的退税款，并处骗取税款 1 倍以上 5 倍以下的罚款；构成犯罪的，依法追究刑事责任。对骗取国家出口退税款的，税务机关可以在规定期间内停止为其办理出口退税。

《刑法》第 204 条规定，以假报出口或者其他欺骗手段，骗取国家出口退税款，数额较大的，处 5 年以下有期徒刑或者拘役，并处骗取税款 1 倍以上 5 倍以下罚金；数额巨大或者有其他严重情节的，处 5 年以上 10 年以下有期徒刑，并处骗取税款 1 倍以上 5 倍以下罚金；数额特别巨大或者有其他特别严重情节的，处 10 年以上有期徒刑或者无期徒刑，并处骗取税款 1 倍以上 5 倍以下罚金或者没收财产。纳税人缴纳税款后，采取上述欺骗方法，骗取所缴纳的税款的，依照《刑法》第 201 条的规定定罪处罚；骗取税款超过所缴纳的税款部分，依照前款的规定处罚。

13.4.5.4　抗税的法律责任

以暴力、威胁方法拒不缴纳税款的，是抗税，除由税务机关追缴其拒缴的税款、滞纳金外，依法追究刑事责任。情节轻微，未构成犯罪的，由税务机关追缴其拒缴的税款、滞纳金，并处拒缴税款 1 倍以上 5 倍以下的罚款。

《刑法》第 202 条规定，以暴力、威胁方法拒不缴纳税款的，处 3 年以下有期徒刑或者拘役，并处拒缴税款 1 倍以上 5 倍以下罚金；情节严重的，处 3 年以上 7 年以下有期徒刑，并处拒缴税款 1 倍以上 5 倍以下罚金。

13.4.5.5　虚开增值税专用发票的法律责任

虚开增值税专用发票的行为近年来时有发生。虚开增值税专用发票或者虚开用于骗取出口退税、抵扣税款的其他发票，包括为他人虚开、为自己虚开、让他人为自己虚开、介绍他人虚开等行为。

虚开增值税专用发票除应承担行政责任外，情节严重构成犯罪的还要承担刑事责任。《刑法》第 205 条规定："虚开增值税专用发票或者虚开用于骗取出口退税、抵扣税款的其他发票的，处三年以下有期徒刑或者拘役，并处二万元以上二十万元以下罚金；虚开的税款数额较大或者有其他严重情节的，处三年以上十年以下有期徒刑，并处五万元以上五十万元以下罚金；虚开的税款数额巨大或者有其他特别严重情节的,处十年以上有期徒刑或者无期徒刑,并处五万元以上五十万元以下罚金或者没收财产。""有前款行为骗取国家税款,数额特别巨大,情节特别严重,给国家利益造成特别重大损失的,处无期徒刑或者死刑,并处没收财产。""单位犯本条规定之罪的,对单位判处罚金,并对其直接负责的主管人员和其他直接责任人员,处三年以下有期徒刑或者拘役;虚开的税款数额较大或者有其他严重情节的,处三年以上十年以下有期徒刑;虚开的税款数额巨大或者有其他特别严重情节的,处十年以上有期徒刑或者无期徒刑。"

《刑法》第 206 条、第 207 条、第 208 条还对伪造、非法出售增值税专用发票、非法购买增值税专用发票或者购买伪造的增值税专用发票的行为的刑事责任作了规定。

13.4.6 税务争议

税务争议包括纳税人、扣缴义务人同税务机关在纳税上发生的争议和当事人对税务机关的处罚决定,强制执行措施或者税收保全措施不服发生的争议。

纳税人、扣缴义务人、纳税担保人同税务机关在纳税上发生争议,必须先依照法律、行政法规的规定缴纳或者解缴税款及滞纳金,然后可以在收到税务机关填发的缴款凭证之日起 60 日内向上一级税务机关申请复议。上一级税务机关应当自收到复议申请之日起 60 日内作出复议决定。对复议决定不服的,可以在接到复议决定书之日起 15 日内向人民法院起诉。

当事人对税务机关的处罚决定、强制执行措施或者税收保全措施不服的,可以在接到处罚通知之日起 16 日内向作出处罚决定或者采取强制执行措施、税收保全措施的机关的上一级机关申请复议;对复议决定不服的,可以在接到复议决定之日起 15 日内向人民法院起诉。当事人也可以在接到出发通知之日起或者税务机关采取强制执行措施、税收保全措施之日起 15 日内直接向人民法院起诉。复议和诉讼期间,强制执行措施和税收保全措施不停止执行。

当事人对税务机关的处罚决定逾期不申请复议或者不向人民法院起诉、又不履行的,作出处罚决定逾期不申请复议或不向人民法院起诉、又不履行的,作出处罚决定的机关可以申请人民法院强制执行。

思 考 题

1. 什么是税收?税收的意义是什么?
2. 简述税收的种类。
3. 什么是税收法律关系?其要素有哪些?
4. 分别简述我国现行税率的规定。

案 例 分 析

【案情简介】①

　　30 岁的浙江临海市农民陈学军，只有初中文化。他化名陈方，从 1997 年起在中关村替人卖计算机配件。在此期间，他认识了一个倒卖增值税发票的老乡，而且摸清了倒卖、虚开增值税发票的门路。2000 年 3 月，陈学军花了近 2 万元钱，从一熟人手中买下了一家小企业。此后，陈学军又利用假身份证、假照片等手段，在北京市注册或购买了多家公司。其中捷优特公司是陈学军以女朋友吴晓红的名义买下的。这些公司大多冠以商贸公司或科技公司名字。陈学军以这些公司的名义，通过行贿等手段勾结了北京某国税局干部、29 岁的吴芝刚。吴芝刚与陈学军共谋后，利用工作之便和自己掌握的计算机专业技术，肆无忌惮地违规操作，并利用其非法获得的密码进入防伪税控"认证"体系，为其虚开增值税发票提供 10 000 余份增值税专业发票。陈学军的女友吴晓红为陈学军领票、领传真件、打票，并担任陈学军非法注册的公司的法定代表人。

　　从 2000 年 3 月至 12 月间，被告人陈学军伙同吴芝刚、吴晓红，以其非法控制的盛博公司、捷优特公司、泰和永兴公司等名义，利用吴芝刚在国税局工作的便利，先后从北京市某国税局领购增值税专用发票 10 900 份，为数百家企业虚开增值税专用发票 2800 余份，虚开税款共计人民币 3.93 亿余元，已抵扣税款 3.6 亿余元，现已追缴税款人民币 8300 余万元，未追回税款人民币 3.5 亿余元，其中，企业因停产、歇业等原因不能追回税款人民币 4600 余万元。另外，吴芝刚对其人民币 380 余万元的财产不能说明合法来源。

【问题】

　　虚开增值税专用发票是否应承担刑事责任？

---

① 案例来源：王东、郭京霞，北京最大虚开增值税发票案宣判，中国法院网，www.chinacourt.org

第 14 章　劳动法律制度

课程要求： 通过对本章的学习，掌握劳动法调整的范围、劳动关系的概念和特征、劳动者权利、劳动合同的内容、劳动合同的效力、解除劳动合同的条件和程序、劳动安全、社会保障以及劳动争议的解决等内容，能够用所学知识解决劳动者权益保护的现实问题。

14.1　劳动法概述

14.1.1　劳动法的概念

14.1.1.1　劳动法的概念

劳动法是调整劳动关系以及与劳动关系密切联系的其他社会关系的法律规范的总和。劳动法是以劳动者权益保护为宗旨，融实体法与程序法为一体的独立法律部门。

14.1.1.2　我国调整劳动关系的主要立法

目前我国调整劳动法律关系的法律主要有《中华人民共和国劳动法》（以下简称《劳动法》）和《中华人民共和国劳动合同法》（以下简称《劳动合同法》）、《中华人民共和国促进就业法》（以下简称《促进就业法》）、《中华人民共和国劳动争议调解仲裁法》（以下简称《劳动争议调解仲裁法》）等。

《中华人民共和国劳动法》是调整我国劳动法律关系的基本法，该法于 1995 年 1 月 1 日起实施。我国劳动法的内容包括：促进就业法、劳动合同法、集体合同法、工作时间和休息休假法、工资法、劳动安全卫生法、女职工和未成年工特殊保护法、职业培训法、劳动纪律法、社会保险和福利法、工会和职工民主管理法、劳动争议处理法、劳动监督检查法等。《中华人民共和国劳动法》第 2 条明确规定："在中华人民共和国境内的企业、个体经济组织（以下统称用人单位）和与之形成劳动关系的劳动者，适用本法。国家机关、事业组织、社会团体和与之建立劳动合同关系的劳动者，依照本法执行。"

在劳动者合法权益保障问题中，如何签订劳动合同事关重大。为了完善劳动合同制度，明确劳动合同双方当事人的权利和义务，保护劳动者的合法权益，构建和发展和谐稳定的劳动关系，2007 年 6 月 29 日第十届全国人民代表大会常务委员会第二十八次会议通过了《中华人民共和国劳动合同法》。为了促进就业，促进经济发展与扩大就业相协调，促进社会和谐稳定，该次会议还于同日通过了《中华人民共和国促进就业法》。两部法律都于 2008 年 1 月 1 日起实施。《劳动合同法》规定了该法的适用范围："中华人民共和国境内的企业、个体经济组织、民办非企业单位等组织（以下称用人单位）与劳动者建立劳动关系，订立、履行、变更、解除或者终止劳动合同，适用本法。""国家机关、事业单位、社会团体和与其建立劳动关系的劳动者，订立、履行、变更、解除或者终止劳动合同，依照本法执行。""事业单位与实行聘用制的工作人员订立、履行、变更、解除或者终止劳动合同，法律、行政法规或者国务院另有规定的，依照其规定；未作规定的，依照本法有关规定执行。"

2008 年 5 月 1 日起施行的《中华人民共和国劳动争议调解仲裁法》是劳动争议解决的程序法，规定了劳动争议解决的程序，该法对保护劳动法律关系的当事人的合法权益、公正及时解决劳动争议提供了程序依据。

另外，国务院所颁布的有关调整劳动关系的行政法规和有关部门颁布的部门规章，也是劳动法的组成部分。

14.1.1.3　劳动关系

劳动关系是在实现劳动过程中发生的社会关系。所谓实现劳动过程，就是劳动者参加到某一用人单位中去劳动，使劳动者与用人单位提供的生产资料相结合，而不是劳动者同自有的生产资料结合。所以，劳动关系的当事人一方是劳动者，另一方是用人单位。劳动者是劳动力的所有者，可以释放其脑力和体力的劳动能力以从事物质创造和完成其他工作任务；用人单位是生产资料的所有者、经营者和管理者，支配和使用其掌握的生产资料，有偿使用劳动者。

劳动关系具有人身关系的属性。劳动者向用人单位提供劳动力，就是将其人身在一定限度内交给用人单位支配，因而劳动者应遵守用人单位的内部劳动规则，按照劳动力使用者的要求进行劳动。这一属性也决定了用人单位对劳动力的使用和管理直接关系到劳动者的人身，关系到其健康和生命，因而劳动力使用者应负责提供劳动安全卫生条件。

劳动关系具有财产关系的属性。劳动者有偿提供劳动力，用人单位向劳动者支付劳动报酬，由此缔结的社会关系具有财产关系的性质。这种财产关系与民法调整的财产关系有一定区别。但是，民法上的以提供劳务为标的的合同，如委任合同、演出合同，与劳动关系有相似之处。

劳动关系具有平等性和隶属性。在市场经济条件下，劳动关系是通过双向选择确立的，双方当事人在建立、变更或终止劳动关系时，是依照平等、自愿、协商原则进行的，因而劳动关系具有平等性；但劳动关系一经确立，劳动者一方就从属于用人单位一方，成为用人单位的职工，须听从用人单位的指挥和调度，双方形成管理与被管理、支配与被支配的关系，因而具有隶属性。

14.1.2　劳动法的调整对象

《劳动法》的主要调整对象是劳动关系，这里的劳动关系是狭义的，即劳动者与用人单位之间在实现劳动过程中发生的社会关系。

《劳动法》还调整与劳动关系密切联系的其他社会关系。这些关系本身虽不是劳动关系，但是它与劳动关系有密切联系，有的是发生劳动关系的必要前提，有的是劳动关系的直接后果，有的是伴随劳动关系而产生的社会关系，因而也成为劳动法的调整对象。其包括：

（1）管理劳动力方面的社会关系。即劳动保障行政部门与用人单位和职工之间因招收、流动、职业教育和培训等问题而发生的社会关系。

（2）社会保险方面的社会关系。即参加社会保险的用人单位和劳动者与社会保险机构之间发生的关系。

（3）工会组织与用人单位之间发生的关系。即工会履行职责，为保护劳动者合法权益而与用人单位或劳动者发生的社会关系。

（4）处理劳动争议方面的关系。即处理劳动争议的调解机构、仲裁机构和司法机构与劳动争议当事人之间在处理劳动争议过程中发生的关系。

（5）监督劳动法执行方面的关系。即国家有关机关因监督劳动法的执行而与用人单位之间发生的社会关系。

14.1.3　劳动者

14.1.3.1　劳动者的主体资格

劳动者是依据劳动法律和劳动合同规定，在用人单位从事体力或脑力劳动，并获取劳动报酬的自然人。我国《劳动法》规定凡年满 16 周岁、有劳动能力的公民是具有劳动权利能力和劳动行为能力的人。即劳动者的法定最低就业年龄为 16 周岁，除法律另有规定以外，任何单位不得与未满 16 周岁的公民发生劳动法律关系。对有可能危害未成年人健康、安全或道德的职业或工作，最低就业年龄不应低于 18 周岁，用人单位不得招用已满 16 周岁未满 18 周岁的公民从事过重、有毒、有害的劳动或者危险作业。

14.1.3.2　劳动者的劳动权利和劳动义务

根据《劳动法》的规定，劳动者的劳动权利主要有：平等就业和选择职业的权利；取得劳动报酬的权利；休息休假的权利；获得劳动安全卫生保护的权利；接受职业培训的权利；享受社会保险和福利的权利；依法参加工会和职工民主管理的权利；提请劳动争议处理的权利；法律规定的其他劳动权利。

劳动者的劳动义务主要有：劳动者应如实提供个人真实情况，按时完成劳动任务，提高职业技能，执行劳动安全卫生规程，遵守劳动纪律和职业道德，爱护和保卫公共财产，保守国家秘密和用人单位商业秘密以及竞业限制等。

14.2　促　进　就　业

14.2.1　促进就业概述

14.2.1.1　促进就业的概念

促进就业是指国家为实现充分就业的目标，保障公民实现劳动权而采取的创造就业条件、扩大就业机会的各种措施的总称。促进就业的目标是为了解决失业问题，实现充分就业。

劳动就业，是指具有劳动能力的公民在法定劳动年龄内从事某种有报酬或经营收入的社会职业的法律行为。即作为就业主体的劳动者须有就业愿望，劳动者必须从事为国家和社会承认的社会职业，即是合法的劳动；而且劳动者所从事的社会职业必须是有一定的劳动报酬或经营收入，能够用来维持劳动者本人及其赡养一定的家庭人口的基本生活需要。

14.2.1.2　劳动就业的方针

劳动就业方针，是指国家制定的劳动就业工作的总原则。根据我国劳动力资源、就业结构以及经济发展的状况，《促进就业法》规定，国家把扩大就业放在经济社会发展的突出位置，实施积极的就业政策，坚持劳动者自主择业、市场调节就业、政府促进就业的方针，多渠道扩大就业。

劳动者自主择业，指的是充分调动劳动者就业的主动性和能动性，促进他们发挥就业潜能和提高职业技能，依靠自身努力，自谋职业和自主创业，尽快实现就业。

市场调节就业，指的是充分发挥人力资源市场在促进就业中的基础性作用。通过市场职业供求信息，引导劳动者合理流动和就业；通过用人单位自主用人和劳动者自主择业，实现供求双方相互选择；通过市场工资价位信息，调节劳动力的供求。

政府促进就业，指的是充分发挥政府在促进就业中的重要职责。

14.2.2　政府在促进就业中的职责

各级政府在促进就业中担负重要责任。县级以上人民政府应把扩大就业作为经济和社会发展的重要目标，纳入国民经济和社会发展规划，并制定促进就业的中长期规划和年度工作计划，通过发展经济和调整产业结构、实行有利于促进就业的各项经济和社会政策，拓宽就业渠道，增加就业岗位；规范人力资源市场，消除就业歧视；完善就业服务，加强职业教育和培训，为劳动者就业提供帮助；实施就业援助，扶持就业困难人员就业；建立健全失业保险制度，依法确保失业人员的基本生活，并促进其实现就业；建立劳动力调查统计制度和就业登记、失业登记制度，开展劳动力资源和就业、失业状况调查统计；建立失业预警制度；发挥工会、共青团、妇联、残联、用人单位以及其他社会组织在促进就业工作中的作用等。

14.2.3　政策扶持

《促进就业法》规定的政策支持体系包括有利于促进就业的产业政策、投资政策、财政政策、税收优惠政策、金融政策、城乡统筹、区域统筹和群体统筹的就业政策等。

14.2.3.1　产业政策

国家鼓励各类企业在法律、法规规定的范围内，通过兴办产业或者拓展经营，增加就业岗位。国家鼓励发展劳动密集型产业、服务业，扶持中小企业，鼓励、支持、引导非公有制经济发展，以各种有效方式拓宽就业渠道，增加就业岗位。

14.2.3.2　财政政策

国家实行有利于促进就业的财政政策，加大资金投入，改善就业环境，扩大就业。县级以上人民政府应当根据就业状况和就业工作目标，在财政预算中安排就业专项资金用于促进就业工作。该就业专项资金用于职业介绍、职业培训、公益性岗位、职业技能鉴定、特定就业政策和社会保险等的补贴，小额贷款担保基金和微利项目的小额担保贷款贴息，以及扶持公共就业服务等。

14.2.3.3　税收政策

国家鼓励企业增加就业岗位，扶持失业人员和残疾人就业，对下列企业、人员依法给予税收优惠：①吸纳符合国家规定条件的失业人员达到规定要求的企业；②失业人员创办的中小企业；③安置残疾人员达到规定比例或者集中使用残疾人的企业；④从事个体经营的符合国家规定条件的失业人员；⑤从事个体经营的残疾人；⑥国务院规定给予税收优惠的其他企业、人员。

14.2.3.4　金融政策

国家实行有利于促进就业的金融政策，增加中小企业的融资渠道；鼓励金融机构改进金融服务，加大对中小企业的信贷支持，并对自主创业人员在一定期限内给予小额信贷等扶持。

14.2.3.5　城乡统筹、区域统筹和群体统筹

国家实行城乡统筹的就业政策，建立健全城乡劳动者平等就业的制度，引导农业富余劳动力有序转移就业。县级以上地方人民政府推进小城镇建设和加快县域经济发展，引导农业富余劳动力就地就近转移就业；在制定小城镇规划时，将本地区农业富余劳动力转移就业作为重要内容，引导农业富余劳动力有序向城市异地转移就业；劳动力输出地和输入地人民政府应当互相配合，改善农村劳动者进城就业的环境和条件。

国家支持区域经济发展，鼓励区域协作，统筹协调不同地区就业的均衡增长。国家支持民族地区发展经济，扩大就业。

各级人民政府统筹做好城镇新增劳动力就业、农业富余劳动力转移就业和失业人员就业工作。

14.2.4　公平就业

劳动者依法享有平等就业和自主择业的权利，即劳动者就业，不因民族、种族、性别、宗教信仰等不同而受歧视。国家保障残疾人的劳动权利。这是公民宪法权利在劳动法领域的体现。

各级人民政府创造公平就业的环境，用人单位招用人员、职业中介机构从事职业中介活动，应当向劳动者提供平等的就业机会和公平的就业条件，不得实施就业歧视。

《促进就业法》特别规定：用人单位录用女职工，不得在劳动合同中规定限制女职工结婚、生育的内容。用人单位招用人员，不得以是传染病病原携带者为由拒绝录用。但是，经医学鉴定传染病病原携带者在治愈前或者排除传染嫌疑前，不得从事法律、行政法规和国务院卫生行政部门规定禁止从事的易使传染病扩散的工作。

14.2.5　就业服务与管理

县级以上人民政府培育和完善统一开放、竞争有序的人力资源市场，建立健全公共就业服务体系，设立公共就业服务机构，为劳动者免费提供就业政策法规咨询、职业供求信息、市场工资指导价位信息和职业培训信息发布等免费服务；

加强人力资源市场信息网络及相关设施建设，建立健全人力资源市场信息服务体系，完善市场信息发布制度。

鼓励社会各方面依法开展就业服务活动，加强对公共就业服务和职业中介服务的指导和监督，逐步完善覆盖城乡的就业服务体系。

职业中介机构的职业中介活动，应当遵循合法、诚实信用、公平、公开的原则。县级以上人民政府和有关部门加强对职业中介机构的管理，鼓励其提高服务质量，发挥其在促进就业中的作用。职业中介必须依法设立，依法提供服务。

14.2.6　职业教育和培训体系

为了提供合格的劳动者以满足社会的需求，应该对劳动者进行职业教育和培训，建立面向所有劳动者的职业教育和培训体系。

国家依法发展职业教育，鼓励开展职业培训，促进劳动者提高职业技能，增强就业能力和创业能力。县级以上人民政府制定并实施职业能力开发计划，加强统筹协调。鼓励和支持各类职业院校、职业技能培训机构和用人单位依法开展就业前培训、在职培训、再就业培训和创业培训；鼓励劳动者参加各种形式的培训。

企业应当按照国家有关规定提供职工教育经费，对劳动者进行职业技能培训和继续教育培训。

国家采取措施建立健全劳动预备制度，县级以上地方人民政府对有就业要求的初高中毕业生实行一定期限的职业教育和培训，使其取得相应的职业资格或者掌握一定的职业技能。对从事涉及公共安全、人身健康、生命财产安全等特殊工种的劳动者，实行职业资格证书制度。

14.2.7　就业援助

国家对就业困难人员实行就业援助。就业困难人员是指因身体状况、技能水平、家庭因素、失去土地等原因难以实现就业，以及连续失业一定时间仍未能实现就业的人员。援助措施包括采取税费减免、贷款贴息、社会保险补贴、岗位补贴等办法，通过公益性岗位安置等途径，对就业困难人员实行优先扶持和重点帮助。对因资源枯竭或者经济结构调整等原因造成就业困难人员集中的地区，上级人民政府应当给予必要的扶持和帮助。

各级人民政府采取特别扶助措施，促进残疾人就业。要采取多种就业形式，拓宽公益性岗位范围，开发就业岗位，确保城市有就业需求的家庭至少有一人实现就业。

国家鼓励资源开采型城市和独立工矿区的发展与市场需求相适应的产业，引导劳动者转移就业。

14.3　劳 动 合 同

14.3.1　劳动合同的概念和特征

劳动合同，是劳动者与用人单位之间确立劳动关系，明确双方权利和义务的书面协议。劳动合同除具有一般合同的特征外，有其独有的特征：

（1）劳动合同主体具有特定性。即劳动合同的主体一方是劳动者，另一方是用人单位。

（2）劳动合同是劳动者与用人单位确立劳动关系的法律形式，其内容是明确劳动权利和劳动义务。劳动合同是确立劳动关系的普遍性法律形式，建立劳动关系应当订立劳动合同。

（3）劳动合同具有较强的法定性和强制性。即劳动合同内容等主要以劳动法律、法规为依据，且均有强制性规定，法律虽允许双方当事人协商签订劳动合同，但协商的内容不得违反或排斥强制性规范，否则无效。

（4）劳动合同的客体具有单一性。劳动合同的客体是劳动行为，双方权利义务的指向对象是劳动行为。

14.3.2　劳动合同的订立原则

订立劳动合同，应当遵循合法、公平、平等自愿、协商一致、诚实信用的原则。依法订立的劳动合同具有约束力，用人单位与劳动者应当履行劳动合同约定的义务。

14.3.2.1　合法原则

合法原则即指劳动合同必须依法订立，不得违反法律、行政法规的规定。首先，劳动合同的主体合法，即劳动合同的当事人必须具备合法资格，劳动者应是年满 16 周岁，身体健康，具有劳动权利能力和劳动行为能力的自然人，可以是中国人、外国人、无国籍人。用人单位应是依法成立或核准登记的企业、个体经济组织、民办非企业单位、国家机关、事业组织、社会团体，具有用人的权利能力和行为能力。其次，劳动合同的内容合法，即劳动合同的内容是对劳动合同双方当事人劳动权利义务的具体规定，其内容必须符合国家法律、行政法规的规定，包括国家的劳动法律、法规，也包括国家的其他法律、行政法规。再次，劳动合同订立行为合法，即用人单位招用劳动者，不得扣押劳动者的居民身份证和其他证件，不得要求劳动者提供担保或者以其他名义向劳动者收取财物。

14.3.2.2　平等自愿，协商一致的原则

平等是指在订立劳动合同过程中，双方当事人的法律地位平等，不存在管理与服从的关系；自愿是指劳动合同的订立及其合同内容的达成，完全出于当事人自己的意志，是其真实意思的表示，任何一方不得将自己的意志强加于对方，也不允许第三者非法干预；协商一致是指经过双方当事人充分协商，达成一致意见，签订劳动合同。

14.3.2.3　诚实信用原则

诚实信用是指在劳动合同订立的过程中，用人单位招用劳动者时，应当如实告知劳动者工作内容、工作条件、工作地点、职业危害、安全生产状况、劳动报酬，以及劳动者要求了解的其他情况；用人单位有权了解劳动者与劳动合同直接相关的基本情况，劳动者应当如实说明。

14.3.3　劳动合同的种类

按照劳动合同的期限，可将劳动合同分为固定期限劳动合同、无固定期限劳动合同和以完成一定的工作为期限的劳动合同等三种。按照劳动者是否全日制提供劳务，劳动合同还可以分为全日制用工合同和非全日制用工合同。劳动合同法对非全日制用工作了特别的规定。

14.3.3.1　固定期限的劳动合同

固定期限劳动合同，是指用人单位与劳动者约定合同终止时间的劳动合同。用人单位与劳动者协商一致，可以订立固定期限劳动合同。合同双方当事人可根据生产、工作的需要确定期限。

14.3.3.2　无固定期限的劳动合同

无固定期限劳动合同，是指用人单位与劳动者约定无确定终止时间的劳动合同。只要不出现法律、法规或合同约定的可以变更、解除、终止劳动合同的情况双方当事人就不得擅自变更、解除、终止劳动关系。

用人单位与劳动者协商一致，可以订立无固定期限劳动合同。《劳动合同法》规定，有下列情形之一，劳动者提出或者同意续订、订立劳动合同的，除劳动者提出订立固定期限劳动合同外，应当订立无固定期限劳动合同："（一）劳动者在该用人单位连续工作满十年的；（二）用人单位初次实行劳动合同制度或者国有企业改制重新订立劳动合同时，劳动者在该用人单位连续工作满十年且距法定退休年龄不足十年的；（三）连续订立二次固定期限劳动合同，且劳动者没有本法

第三十九条和第四十条第一项、第二项规定的情形，续订劳动合同的。"

用人单位自用工之日起满一年不与劳动者订立书面劳动合同的，视为用人单位与劳动者已订立无固定期限劳动合同。

14.3.3.3　完成一定工作任务为期限的劳动合同

以完成一定工作任务为期限的劳动合同，是指用人单位与劳动者约定以某项工作的完成为合同期限的劳动合同。用人单位与劳动者协商一致，可以订立以完成一定工作任务为期限的劳动合同。这类合同不明确约定合同的起始和终止日期，某项工作或工程完工之日就是合同终止之时。

14.3.3.4　非全日制用工

非全日制用工，是指以小时计酬为主，劳动者在同一用人单位一般平均每日工作时间不超过 4 小时，每周工作时间累计不超过 24 小时的用工形式。

从事非全日制用工的劳动者可以与一个或者一个以上用人单位订立劳动合同；但是，后订立的劳动合同不得影响先订立的劳动合同的履行。

由于非全日制用工不具有连贯性或持续性，所以，非全日制用工双方当事人既可以订立书面合同，也可以订立口头协议。

由于非全日制用工是以小时为计酬单位，所以，非全日制用工双方当事人不得约定试用期。并且，非全日制用工双方当事人任何一方都可以随时通知对方终止用工。终止用工，用人单位可以不向劳动者支付经济补偿。同时，非全日制用工小时计酬标准不得低于用人单位所在地人民政府规定的最低小时工资标准。非全日制用工劳动报酬结算支付周期最长不得超过 15 日。

14.3.4　劳动合同形式与内容

《劳动合同法》规定，建立劳动关系，应当订立书面劳动合同。已建立劳动关系，未同时订立书面劳动合同的，应当自用工之日起 1 个月内订立书面劳动合同。

劳动合同的内容具体表现为劳动合同的条款。一般分为必备条款和可备条款。

14.3.4.1　必备条款

必备条款是法律规定劳动合同必须具备的条款。《劳动法》第 17 条规定，劳动合同应当具备以下条款：

(1) 合同主体。劳动合同应写明用人单位的名称、住所和法定代表人或者主要负责人；劳动者的姓名、住址和居民身份证或者其他有效身份证件号码。

（2）劳动合同期限。劳动合同的期限是指劳动合同有效的期间。劳动合同的期限分为有固定期限、无固定期限和以完成一定工作为期限。

（3）工作内容和工作地点。用人单位对劳动者提供劳动的具体要求，如工作岗位，劳动的数量、质量，工作任务以及工作完成的具体地点等。

（4）工作时间和休息休假。用人单位按照工作内容和需要规定符合法律要求的工作时间，并保证劳动者的法定休息权利。

（5）劳动报酬。包括劳动者应享有的工资、奖金、津贴等待遇，不得低于国家规定标准。

（6）劳动保护、劳动条件和职业危害防护。用人单位应当为劳动者提供劳动保护措施和符合国家规定标准的工作环境。

（7）社会保险。用人单位按照法律规定，为劳动者提供医疗保险、失业保险和养老保险等社会保险。

（8）法律、法规规定应当纳入劳动合同的其他事项。

14.3.4.2　可备条款

可备条款是除法定必备条款外劳动合同可以具备的条款。劳动合同除规定的必备条款外，用人单位与劳动者可以约定试用期、培训、保守秘密、补充保险和福利待遇等其他事项。

1. 试用期

劳动合同的试用期是劳动者和用人单位为相互了解、选择而约定的考察期。试用期包括在劳动合同期限内。同一用人单位与同一劳动者只能约定一次试用期。如果劳动合同仅约定试用期的，试用期不成立，该期限为劳动合同期限。《劳动合同法》规定，劳动合同期限 3 个月以上不满 1 年的，试用期不得超过 1 个月；劳动合同期限 1 年以上不满 3 年的，试用期不得超过 2 个月；3 年以上固定期限和无固定期限的劳动合同，试用期不得超过 6 个月。

以完成一定工作任务为期限的劳动合同或者劳动合同期限不满 3 个月的，不得约定试用期。

劳动者在试用期的工资不得低于本单位相同岗位最低档工资或者劳动合同约定工资的 80%，并不得低于用人单位所在地的最低工资标准。

《劳动合同法》规定，"在试用期中，除劳动者有本法第 39 条和第 40 条第 1 项、第 2 项规定的情形外，用人单位不得解除劳动合同。用人单位在试用期解除劳动合同的，应当向劳动者说明理由。"

2. 保密义务与竞业限制

在市场竞争日益激烈的今天，用人单位对企业商业秘密的保护越来越重视。法律允许用人单位与劳动者在劳动合同中约定保守用人单位的商业秘密和与知识产权相关的保密事项。

对负有保密义务的劳动者，用人单位可以在劳动合同或者保密协议中与劳动者约定竞业限制条款，并约定在解除或者终止劳动合同后，在竞业限制期限内按月给予劳动者经济补偿。劳动者违反竞业限制约定的，应当按照约定向用人单位支付违约金。在解除或者终止劳动合同后，负有竞业限制义务的人员到与本单位生产或者经营同类产品、从事同类业务的有竞争关系的其他用人单位，或者自己开业生产或者经营同类产品、从事同类业务的竞业限制期限，不得超过两年。

承担竞业限制义务的人员应限制在一定范围内，不能任意扩大，《劳动合同法》规定，竞业限制的人员限于用人单位的高级管理人员、高级技术人员和其他负有保密义务的人员。竞业限制的范围、地域、期限由用人单位与劳动者约定，竞业限制的约定不得违反法律、法规的规定。

3. 专项培训费用与服务期

用人单位为劳动者提供专项培训费用，对其进行专业技术培训的，可以与该劳动者订立协议，约定服务期。

劳动者违反服务期约定的，应当按照约定向用人单位支付违约金。违约金的数额不得超过用人单位提供的培训费用。用人单位要求劳动者支付的违约金不得超过服务期尚未履行部分所应分摊的培训费用。

用人单位与劳动者约定服务期的，不影响按照正常的工资调整机制提高劳动者在服务期期间的劳动报酬。

14.3.4.3　禁止约定的条款

除以上必备条款和可备条款外，我国《劳动法》和《劳动合同法》还规定了禁止约定的条款，用人单位招用劳动者，不得扣押劳动者的居民身份证和其他证件，不得要求劳动者提供担保或者以其他名义向劳动者收取财物。除劳动者违反竞业限制约定的，用人单位为劳动者提供专项培训费用时与劳动者约定服务期，劳动者违反服务期约定的，用人单位可以收取违约金外，用人单位不得与劳动者约定由劳动者承担违约金。

14.3.5　劳动合同的效力

劳动合同的效力是指劳动合同对合同当事人的法律约束力。劳动合同由用人单位与劳动者协商一致，并经用人单位与劳动者在劳动合同文本上签字或者盖章生效。但是并不是所有签字或者盖章的劳动合同都必然具有法律约束力，如果当事人违反法律、行政法规签订劳动合同会导致劳动合同全部或者部分无效。劳动合同部分无效，不影响其他部分效力的，其他部分仍然有效。

《劳动合同法》规定，下列劳动合同无效或者部分无效：①以欺诈、胁迫的手段或者乘人之危，使对方在违背真实意思的情况下订立或者变更劳动合同的；②用人单位免除自己的法定责任、排除劳动者权利的；③违反法律、行政法规强制性规定的。

对劳动合同的无效或者部分无效有争议的，由劳动争议仲裁机构或者人民法院确认。

劳动合同被确认无效，劳动者已付出劳动的，用人单位应当向劳动者支付劳动报酬。劳动报酬的数额，参照本单位相同或者相近岗位劳动者的劳动报酬确定。

14.3.6 劳动合同的履行和变更

14.3.6.1 劳动合同的履行

劳动合同一经确定，即具有法律上的约束力，用人单位与劳动者应当按照劳动合同的约定，全面履行各自的义务。

为保护劳动者权益，《劳动合同法》规定，在合同的履行过程中，用人单位应当按照劳动合同约定和国家规定，向劳动者及时足额支付劳动报酬。用人单位拖欠或者未足额支付劳动报酬的，劳动者可以依法向当地人民法院申请支付令，人民法院应当依法发出支付令。用人单位应当严格执行劳动定额标准，不得强迫或者变相强迫劳动者加班。用人单位安排加班的，应当按照国家有关规定向劳动者支付加班费。

劳动者拒绝用人单位管理人员违章指挥、强令冒险作业的，不视为违反劳动合同。劳动者对危害生命安全和身体健康的劳动条件，有权对用人单位提出批评、检举和控告。

用人单位发生分立或合并、用人单位变更名称、法定代表人、主要负责人或者投资人等事项，都不影响劳动合同的履行。用人单位发生合并或者分立等情况，原劳动合同继续有效，劳动合同由承继其权利和义务的用人单位继续履行。

14.3.6.2 劳动合同的变更

劳动合同的变更是指当事人双方对尚未履行或尚未完全履行的劳动合同，依照法律规定的条件和程序，对原劳动合同进行修改或增删的法律行为。劳动合同一经签订，任何一方不得擅自变更，否则要承担相应的法律责任。但这不意味合同签订后就是绝对不可变更的，根据我国《劳动合同法》的规定，双方当事人可经协商达成变更合同的内容的协议。用人单位与劳动者协商一致，可以变更劳动合同约定的内容。变更劳动合同，应当采用书面形式。

14.3.7　劳动合同的解除和终止

劳动合同的解除是指劳动合同当事人在劳动合同期限届满之前终止劳动合同关系的法律行为。劳动合同的解除可分为协商解除、用人单位或者劳动者单方解除以及自行解除等。劳动合同终止是指依法生效的劳动合同因具备法定情形或者当事人约定的情形，劳动合同的当事人的权利义务归于消灭。

14.3.7.1　劳动者单方解除劳动合同

具备法律规定的条件时，劳动者享有单方解除权，无须双方协商达成一致意见。劳动者单方解除劳动合同有以下两种情况。

1. 预告解除

《劳动合同法》第 30 条规定，劳动者应当提前 30 日以书面形式通知用人单位方可解除劳动合同。劳动者无需说明任何法定事由，只需提前预先告之用人单位即可解除劳动合同。劳动者在试用期内提前 3 日通知用人单位，也可以解除劳动合同。

2. 即时解除

《劳动合同法》第 38 条规定，当存在下列情形之一时，劳动者无须提前通知用人单位即可提出解除劳动合同：①未按照劳动合同约定提供劳动保护或者劳动条件的；②未及时足额支付劳动报酬的；③未依法为劳动者缴纳社会保险费的；④用人单位的规章制度违反法律、法规的规定，损害劳动者权益的；⑤因欺诈、胁迫的手段或者乘人之危，使对方在违背真实意思情况下订立或者变更劳动合同的；⑥法律、行政法规规定劳动者可以解除劳动合同的其他情形。

用人单位以暴力、威胁或者非法限制人身自由的手段强迫劳动者劳动的，或者用人单位违章指挥、强令冒险作业危及劳动者人身安全的，劳动者可以立即解除劳动合同，不需事先告知用人单位。

14.3.7.2　用人单位单方解除劳动合同

在具备法律规定的条件时，用人单位享有单方解除权，无须双方协商达成一致意见。用人单位单方解除劳动合同有三种情况：即时解除、预告解除、裁员。

1. 即时解除

《劳动合同法》第 39 条规定，劳动者有下列情形之一的，用人单位无须以任何形式提前通知劳动者，可随时通知劳动者解除合同。①在试用期内被证明不符合录用条件的；②严重违反用人单位规章制度的；③严重失职，营私舞弊，对用人单位利益造成重大损害的；④劳动者同时与其他用人单位建立劳动关系，对完成本单位的工作任务造成严重影响，或者经用人单位提出，拒不改正的；⑤因欺诈、胁迫的手段或者乘人之危，使对方在违背真实意思情况下订立或者变更劳动合同的；⑥被依法追究刑事责任的。

2. 预告解除

《劳动合同法》第 40 条规定，有下列情形之一的，用人单位提前 30 日以书面形式通知劳动者本人或者额外支付劳动者 1 个月工资后，可以解除劳动合同：①劳动者患病或者非因工负伤，在规定的医疗期满后不能从事原工作，也不能从事由用人单位另行安排的工作的；②劳动者不能胜任工作，经过培训或者调整工作岗位，仍不能胜任工作的；③劳动合同订立时所依据的客观情况发生重大变化，致使劳动合同无法履行，经用人单位与劳动者协商，未能就变更劳动合同内容达成协议的。

3. 裁员

《劳动合同法》第 41 条规定，有下列情形之一，需要裁减人员 20 人以上或者裁减不足 20 人但占企业职工总数 10% 以上的，用人单位提前 30 日向工会或者全体职工说明情况，听取工会或者职工的意见后，裁减人员方案经向劳动行政部门报告，可以裁减人员：①依照企业破产法规定进行重整的；②生产经营发生严重困难的；③企业转产、重大技术革新或者经营方式调整，经变更劳动合同后，仍需裁减人员的；④其他因劳动合同订立时所依据的客观经济情况发生重大变化，致使劳动合同无法履行的。

用人单位依照上述规定裁减人员，在 6 个月内重新招用人员的，应当通知被裁减的人员，并在同等条件下优先招用被裁减的人员。

裁减人员时，应当优先留用下列人员：①与本单位订立较长期限的固定期限劳动合同的；②与本单位订立无固定期限劳动合同的；③家庭无其他就业人员，有需要扶养的老人或者未成年人的。

4. 预告解除与裁员的限制

《劳动合同法》第 42 条规定，劳动者有下列情形之一的，用人单位不得依照劳动合同法第 40 条、41 条的规定即预告解除或者进行裁员的规定解除劳动合同：①从事接触职业病危害作业的劳动者未进行离岗前职业健康检查，或者疑似职业病病人在诊断或者医学观察期间的；②在本单位患职业病或者因工负伤并被确认丧失或者部分丧失劳动能力的；③患病或者非因工负伤，在规定的医疗期内的；④女职工在孕期、产期、哺乳期的；⑤在本单位连续工作满 15 年，且距法定退休年龄不足 5 年的；⑥法律、行政法规规定的其他情形。

5. 用人单位单方解除合同的程序

用人单位单方解除劳动合同，应当事先将理由通知工会。用人单位违反法律、行政法规规定或者劳动合同约定的，工会有权要求用人单位纠正。用人单位应当研究工会的意见，并将处理结果书面通知工会。

14.3.7.3　劳动合同的终止

《劳动合同法》规定，有下列情形之一的，劳动合同终止：①劳动合同期满的；②劳动者开始依法享受基本养老保险待遇的；③劳动者死亡，或者被人民法院宣告死亡或者宣告失踪的；④用人单位被依法宣告破产的；⑤用人单位被吊销营业执照、责令关闭、撤销或者用人单位决定提前解散的；⑥法律、行政法规规定的其他情形。

劳动合同期满，有《劳动合同法》第 42 条规定的情形之一的，劳动合同应当续延至相应的情形消失时终止。但是，劳动者因患病或非因工负伤，在规定的医疗期内丧失或者部分丧失劳动能力劳动者的劳动合同的终止，按照国家有关工伤保险的规定执行。

用人单位应当在解除或者终止劳动合同时出具解除或者终止劳动合同的证明，并在 15 日内为劳动者办理档案和社会保险关系转移手续。

劳动者应当按照双方约定，办理工作交接。用人单位依法应向劳动者支付经济补偿的，在办理工作交接时支付。

14.3.7.4　用人单位解除劳动合同应支付的经济补偿

解除劳动合同的经济补偿，是指因解除劳动合同而由用人单位给予劳动者的一次性经济补偿。

1. 用人单位应支付经济补偿的法定情形

有下列情形之一的，用人单位应当向劳动者支付经济补偿：①劳动者依法即时解除劳动合同的；②用人单位依照《劳动合同法》第 36 条规定向劳动者提出解除劳动合同并与劳动者协商一致解除劳动合同的；③用人单位依法预期解除劳动合同的；④用人单位依据企业破产法的规定进行重整而依法进行裁员时解除劳动合同的；⑤除用人单位维持或者提高劳动合同约定条件续订劳动合同，劳动者不同意续订的情形外，依照劳动合同法的规定终止固定期限劳动合同的；⑥依照劳动合同法用人单位依法宣告破产、用人单位被吊销营业执照、责令关闭、撤销或者用人单位提前解散而终止劳动合同的；⑦法律、行政法规规定的其他情形。

2. 补偿标准

经济补偿按劳动者在本单位工作的年限，每满一年支付 1 个月工资的标准向劳动者支付。6 个月以上不满一年的，按一年计算；不满 6 个月的，向劳动者支付半个月工资的经济补偿。

劳动者月工资高于用人单位所在直辖市、设区的市级人民政府公布的本地区上年度职工月平均工资三倍的，向其支付经济补偿的标准按职工月平均工资三倍的数额支付，向其支付经济补偿的年限最高不超过 12 年。这里的"月工资"是指劳动者在劳动合同解除或者终止前 12 个月的平均工资。

用人单位违法规定解除或者终止劳动合同，劳动者要求继续履行劳动合同的，用人单位应当继续履行；劳动者不要求继续履行劳动合同或者劳动合同已经不能继续履行的，用人单位应当依照一般经济补偿标准的两倍支付赔偿金。

14.3.8　违反劳动合同法的法律责任

《劳动合同法》对于违反《劳动合同法》的法律责任作了细致的规定，充分体现了保护劳动者合法权益的立法宗旨。

14.3.8.1　用人单位的责任

（1）用人单位直接涉及劳动者切身利益的规章制度违反法律、法规规定的，由劳动行政部门责令改正，给予警告；给劳动者造成损害的，应当承担赔偿责任。

（2）用人单位提供的劳动合同文本未载明劳动合同必备条款或者用人单位未将劳动合同文本交付劳动者的，由劳动行政部门责令改正；给劳动者造成损害的，应当承担赔偿责任。

（3）用人单位自用工之日起超过一个月不满一年未与劳动者订立书面劳动合同的，应当向劳动者每月支付两倍的工资。

用人单位违反劳动合同法规定不与劳动者订立无固定期限劳动合同的，自应当订立无固定期限劳动合同之日起向劳动者每月支付二倍的工资。

（4）用人单位违法规定与劳动者约定试用期的，由劳动行政部门责令改正；违法约定的试用期已经履行的，由用人单位以劳动者试用期满月工资为标准，按已经履行的超过法定试用期的期间向劳动者支付赔偿金。

（5）用人单位违法扣押劳动者居民身份证等证件的，由劳动行政部门责令限期退还劳动者本人，并依照有关法律规定给予处罚。用人单位违反《劳动合同法》规定，以担保或者其他名义向劳动者收取财物的，由劳动行政部门责令限期退还劳动者本人，并以每人 500 元以上 2000 元以下的标准处以罚款；给劳动者造成损害的，应当承担赔偿责任。劳动者依法解除或者终止劳动合同，用人单位扣押劳动者档案或者其他物品的，也依照这一规定处罚。

（6）用人单位有下列情形之一的，由劳动行政部门责令限期支付劳动报酬、加班费或者经济补偿；劳动报酬低于当地最低工资标准的，应当支付其差额部分；逾期不支付的，责令用人单位按应付金额 50%～100% 以下的标准向劳动者加付赔偿金：①未按照劳动合同的约定或者国家规定及时足额支付劳动者劳动报酬的；②低于当地最低工资标准支付劳动者工资的；③安排加班不支付加班费的；④解除或者终止劳动合同，未依照劳动合同法规定向劳动者支付经济补偿的。

（7）劳动合同依法被确认无效，给对方造成损害的，有过错的一方应当承担赔偿责任。

（8）用人单位违反规定解除或者终止劳动合同的，应当依照《劳动合同法》规定的经济补偿标准的二倍向劳动者支付赔偿金。

（9）用人单位有下列情形之一的，依法给予行政处罚；构成犯罪的，依法追究刑事责任；给劳动者造成损害的，应当承担赔偿责任：①以暴力、威胁或者非法限制人身自由的手段强迫劳动的；②违章指挥或者强令冒险作业危及劳动者人身安全的；③侮辱、体罚、殴打、非法搜查或者拘禁劳动者的；④劳动条件恶劣、环境污染严重，给劳动者身心健康造成严重损害的。

（10）用人单位违反《劳动合同法》规定未向劳动者出具解除或者终止劳动合同的书面证明，由劳动行政部门责令改正；给劳动者造成损害的，应当承担赔偿责任。

（11）对不具备合法经营资格的用人单位的违法犯罪行为，依法追究法律责任；劳动者已经付出劳动的，该单位或者其出资人应当依照《劳动合同法》有关规定向劳动者支付劳动报酬、经济补偿、赔偿金；给劳动者造成损害的，应当承担赔偿责任。

（12）个人承包经营违反本法规定招用劳动者，给劳动者造成损害的，发包的组织与个人承包经营者承担连带赔偿责任。

14.3.8.2　劳动者违反《劳动合同法》的责任

劳动者违反《劳动合同法》的规定解除劳动合同，或者违反劳动合同中约定的保密义务或者竞业限制，给用人单位造成损失的，应当承担赔偿责任。劳动合同依法被确认无效，如果劳动者的过错给用人单位造成损害的，劳动者应当承担赔偿责任。

14.3.8.3　连带责任

用人单位招用与其他用人单位尚未解除或者终止劳动合同的劳动者，给其他用人单位造成损失的，应当承担连带赔偿责任。

14.3.8.4　行政部门及工作人员的责任

劳动行政部门和其他有关主管部门及其工作人员玩忽职守、不履行法定职责，或者违法行使职权，给劳动者或者用人单位造成损害的，应当承担赔偿责任；对直接负责的主管人员和其他直接责任人员，依法给予行政处分；构成犯罪的，依法追究刑事责任。

14.4　集体合同

14.4.1　集体合同的概念和特征

14.4.1.1　集体合同的概念

集体合同，是集体合同的双方当事人根据法律、法规的规定就劳动报酬、工作时间、休息休假、劳动安全卫生、保险福利等事项在平等协商一致的基础上签订的书面协议。集体合同是协调劳动关系、保护劳动者权益的重要手段。在我国，集体合同草案应当提交职工代表大会或者全体职工讨论通过。集体合同由工会代表企业职工一方与用人单位订立；尚未建立工会的用人单位，由上级工会指导劳动者推举的代表与用人单位订立。

集体合同可以是专项的、行业性的、区域性的。《劳动合同法》规定，企业职工一方与用人单位可以订立劳动安全卫生、女职工权益保护、工资调整机制等专项集体合同。在县级以下区域内，建筑业、采矿业、餐饮服务业等行业可以由工会与企业方面代表订立行业性集体合同，或者订立区域性集体合同。

14.4.1.2　集体合同特征

（1）集体合同的主体一方是劳动者的团体组织——企事业工会或职工代表，另一方是企业或事业组织；

（2）集体合同以集体劳动关系中全体劳动者的最低劳动条件、劳动标准和全体职工的义务为主要内容，目的是协调用人单位内部劳动关系；

（3）集体合同是要式合同，我国《劳动法》规定集体合同必须报送劳动保障行政部门登记、审查、备案，方能发生法律效力；

（4）集体合同的效力高于劳动合同的效力，其效力及于企业或事业组织及其工会和全体职工。劳动合同规定的劳动者的个人劳动条件和劳动标准不得低于集体合同的规定，否则无效。

14.4.2　集体合同的内容

集体合同应包括以下内容：①劳动报酬；②工作时间；③休息休假；④保险福利；⑤劳动安全与卫生；⑥合同期限；⑦变更、解除、终止集体合同的协商程序；⑧双方履行集体合同的权利和义务；⑨履行集体合同发生争议时协商处理的约定；⑩违反集体合同的责任；⑪双方认为应当协商约定的其他内容。

集体合同中劳动报酬和劳动条件等标准不得低于当地人民政府规定的最低标准；用人单位与劳动者订立的劳动合同中劳动报酬和劳动条件等标准不得低于集体合同规定的标准。

14.4.3　集体合同的订立、履行、变更、解除和终止

14.4.3.1　集体合同订立

集体合同的订立是指工会或职工代表与企业或事业单位之间，为规定用人单位和全体职工的权利义务而依法就集体合同条款经过协商一致，确立集体合同关系的法律行为。

集体合同按如下程序订立：

（1）确定集体协商双方代表。集体协商代表每方为 3 人至 10 人，双方人数对等，并各确定三名首席代表。职工一方由工会代表，工会主席可为首席代表。未建立工会的企事业单位由职工民主推举代表，并须得到半数以上职工的同意。企业或事业单位代表由其法定代表人担任或指派。

（2）拟定集体合同草案，进行集体协商。集体协商是工会或职工代表与相应的企业或事业单位代表，为签订集体合同进行商谈的行为。协商未达成一致或出现事先未预料的问题时，经双方同意，可以暂时中止协商。协商中止期限最长不超过 60 天。

（3）审议通过，双方签字。工会代表或职工代表将集体合同草案提交职工代表大会或全体职工讨论通过。企业代表将集体合同草案提交董事会、企业管理委员会或主要负责人确认。然后由双方首席代表在集体合同文本上签字。

（4）报送登记、审查、备案。集体合同签订后，应当在 7 日内由企业或事业组织一方将集体合同一式三份及说明书报送劳动保障行政部门登记、审查、备

案。劳动保障行政部门自收到集体合同文本之日起 15 日内未提出异议的，集体合同即行生效。

（5）公布。经劳动保障行政部门审查的集体合同，双方应及时以适当的形式向各自代表的全体成员公布。

14.4.3.2　集体合同的履行

集体合同的履行，是指集体合同双方按照集体合同的规定履行自己应承担的义务。集体合同的履行应遵循全面履行、协作履行、相互监督履行的原则。依法订立的集体合同对用人单位和劳动者具有约束力。行业性、区域性集体合同对当地本行业、本区域的用人单位和劳动者具有约束力。

14.4.3.3　集体合同的变更和解除

集体合同的变更是指集体合同双方对依法成立、尚未履行或尚未完全履行的集体合同条款所作的修改或增删。集体合同的解除是指提前终止集体合同的法律效力。

在集体合同有效期限内，有下列情形之一的，允许变更或解除集体合同：①经双方当事人协商同意；②订立集体合同依据的法律、法规已经修改或废止；③因不可抗力的原因致使集体合同部分或全部不能履行；④企业转产、停产、破产、被兼并，致使集体合同无法履行；⑤工会组织被依法撤销；⑥双方约定的变更或解除集体合同的情况出现；⑦其他需要解除集体合同的情况出现。

变更或解除集体合同的程序：①提出变更和解除集体合同的要求。②双方达成书面协议。签订集体合同的一方就集体合同的变更或解除提出商谈时，另一方应给予答复，并在 7 日内双方进行协商。经协商一致，达成变更或解除集体合同的书面协议。③审议通过变更或解除集体合同的书面协议。由职工代表大会或职工大会审议、通过变更或解除集体合同的书面协议。④提交劳动保障行政部门审议。对原集体合同进行变更或解除后，应在 7 日内向审查原集体合同的劳动保障行政部门提交变更或解除集体合同的书面协议及说明书，履行登记、审查、备案手续。

14.4.3.4　集体合同的终止

集体合同的终止是指因某种法律事实的发生而导致集体合同法律关系消灭。集体合同期限届满或双方约定的终止条件出现，集体合同即告终止。

14.4.4　集体合同争议处理

14.4.4.1　因签订集体合同发生争议的处理

因签订集体合同发生争议，首先双方应谋求协商解决，协商解决不成可由劳动保障行政部门协调处理。当事人一方或双方可向劳动保障行政部门的劳动争议协调处理机构提出协调处理的书面申请；未提出申请的，劳动保障行政部门认为必要时可视情况协调处理。

劳动保障行政部门处理因签订集体合同发生的争议，应自决定受理之日起30 日内结束。争议复杂或遇到影响处理的其他客观原因需要延期时，延期最长不得超过 15 日。

14.4.4.2　因履行集体合同而发生的争议的处理

用人单位违反集体合同，侵犯职工劳动权益的，工会可以依法要求用人单位承担责任；因履行集体合同发生争议，经协商解决不成的，工会可以依法申请仲裁、提起诉讼。

14.5　劳 务 派 遣

14.5.1　劳务派遣的概念

劳务派遣，亦称人才租赁、人才派遣，是指在《劳动法》、《劳动合同法》等法律法规的框架下，劳务派遣单位根据用工单位的需要，选择合适的人才，并与其签订劳动合同，将劳务派遣到用工单位工作的一种新型用人机制。这一用人方式最早起源于美国，风行于日本和欧美。随着我国改革开放的不断深化、社会劳动保障制度的完善以及新一代求职者就业观念的变化，劳务派遣开始在不同层次的劳动力市场、人才市场得到发展，并顺应这种国际化的趋势成为今后劳动力市场不断成熟完善的用工模式之一。

劳务派遣涉及三方当事人，即劳务派遣单位、用工单位和劳动者。劳务派遣单位是劳动合同法规定的用人单位，应当履行用人单位对劳动者的义务。与劳动者签订劳务派遣合同；接受以劳务派遣形式用工的单位为用工单位，劳务派遣单位与用工单位签订派遣协议。劳务派遣单位必须是符合法律规定的公司，合伙企业和个人独资企业等不能成为劳务派遣单位。《劳动合同法》规定，劳务派遣单位应当依照公司法的有关规定设立，注册资本不得少于 50 万元。用人单位不得设立劳务派遣单位向本单位或者所属单位派遣劳动者。

劳务派遣一般在临时性、辅助性或者替代性的工作岗位上实施，形式灵活多样。

14.5.2　劳动派遣合同和劳务派遣协议

劳动派遣合同和劳务派遣协议是不同的法律概念，涉及的合同主体是不同的。

14.5.2.1　劳动派遣合同

劳动合同法中所称的派遣合同是指劳务派遣单位与被派遣劳动者订立的劳动合同。

劳务派遣单位与被派遣劳动者订立的劳动合同，除应当载明一般劳动合同所应规定的事项外，还应当载明被派遣劳动者的用工单位以及派遣期限、工作岗位等情况。

14.5.2.2　劳务派遣协议

所谓劳务派遣协议是指劳务派遣单位与用工单位订立的向用工单位派遣劳务的协议。《劳动合同法》规定，劳务派遣单位派遣劳动者应当与接受以劳务派遣形式用工的单位即用工单位订立劳务派遣协议。劳务派遣协议应当约定派遣岗位和人员数量、派遣期限、劳动报酬和社会保险费的数额与支付方式以及违反协议的责任。

为了维护劳动者权益，《劳动合同法》规定，用工单位应当根据工作岗位的实际需要与劳务派遣单位确定派遣期限，不得将连续用工期限分割订立数个短期劳务派遣协议。

14.5.3　劳动力派遣中的权利义务关系

14.5.3.1　劳务派遣单位的义务

为保证劳动者（被派遣劳动者）的根本权益，《劳动合同法》规定：劳务派遣单位应当与被派遣劳动者订立两年以上的固定期限劳动合同，按月支付劳动报酬；被派遣劳动者在无工作期间，劳务派遣单位应当按照所在地人民政府规定的最低工资标准，向其按月支付报酬。劳务派遣单位应当将劳务派遣协议的内容告知被派遣劳动者、不得克扣用工单位按照劳务派遣协议支付给被派遣劳动者的劳动报酬、不得向被派遣劳动者收取费用。

14.5.3.2　用工单位的权利和义务

由于用工单位与被派遣劳动者之间虽然是一种接受服务和服务的关系，但是劳动者实际上是完成用工单位指定的工作内容，所以，用工单位应在用工期间，履行以下义务：①执行国家劳动标准，提供相应的劳动条件和劳动保护；②告知被派遣劳动者的工作要求和劳动报酬；③支付加班费、绩效奖金，提供与工作岗位相关的福利待遇；④对在岗被派遣劳动者进行工作岗位所必需的培训；⑤连续用工的，实行正常的工资调整机制。

用工单位不得将被派遣劳动者再派遣到其他用人单位。

被派遣劳动者有《劳动合同法》第 39 条和第 40 条第 1 项、第 2 项规定情形的，也就是用人单位依法可以即时解除和预告解除劳动合同的法定情形，用工单位可以将劳动者退回劳务派遣单位，劳务派遣单位依照劳动合同法的有关规定，可以与劳动者解除劳动合同。

14.5.3.3　劳动者的权利和义务

被派遣劳动者作为劳动活动中的提供劳动力的一方，在与用人单位形成劳动关系后，到用工单位完成工作内容，为了保护劳动者的合法权利，《劳动合同法》特别规定了被派遣劳动者的权利：被派遣劳动者享有与用工单位的劳动者同工同酬的权利。用工单位无同类岗位劳动者的，参照用工单位所在地相同或者相近岗位劳动者的劳动报酬确定。被派遣劳动者有权在劳务派遣单位或者用工单位依法参加或者组织工会，维护自身的合法权益，被派遣劳动者可以依照《劳动合同法》的规定与劳务派遣单位解除劳动合同。

14.6　工作时间和休息休假

14.6.1　工作时间的概念和种类

工作时间又称劳动时间，是指法律规定的劳动者在一昼夜和一周内从事劳动的时间。它包括每日工作的小时数，每周工作的天数和小时数。工作时间的种类分为以下几种。

14.6.1.1　工作周

是指法律规定的劳动者在一周（7 日）内从事劳动的时间。我国实行劳动者每周工作 5 天，平均每周工作时间不超过 40 小时的工作周制度。

14.6.1.2　工作日

又称劳动日，是指法律规定的劳动者一昼夜内工作时间的小时数。我国目前的工作日种类有如下几种。

1. 标准工作日

标准工作日是指法律规定的在一般情况下统一实行的标准长度工作日。我国的标准工作日是每日工作 8 小时，即 8 小时工作制。实行计件工作的劳动者，用人单位应当根据每日工作 8 小时、每周工作 40 小时的工时制度，合理确定其劳动定额和计件报酬标准。

2. 缩短工作日

缩短工作日是指法律规定的少于标准工作日时数的工作日。即每日工作少于 8 小时。缩短工作日适用于：①从事矿山井下、高山、有毒有害、特别繁重或过度紧张等作业的劳动者；②从事夜班工作的劳动者；③哺乳期内的女职工。

3. 延长工作日

延长工作日是指超过标准工作日长度的工作日。即超过 8 小时的工作日。延长工作时间必须符合法律、法规的规定。

4. 不定时工作日

不定时工作日是指无固定工作时数限制的工作日。适用于工作性质和职责范围不受固定工作时间限制的劳动者，如企业中的高级管理人员、外勤人员、推销人员、部分值班人员，从事交通运输的工作人员以及其他因生产特点、工作特殊需要或职责范围的关系，适合实行不定时工作制的职工等。

5. 综合计算工作日

综合计算工作日是指以一定时间为周期，集中安排并综合计算工作时间和休息时间的工作日。即分别以周、月、季、年为周期综合计算工作时间，但其平均日工作时间和平均周工作时间应与法定标准工作时间基本相同。对符合下列条件之一的职工，可以实行综合计算工作日：①交通、铁路、邮电、水运、航空、渔业等行业中因工作性质特殊，需连续作业的职工；②地质及资源勘探、建筑、制盐、制糖、旅游等受季节和自然条件限制的行业的部分职工；③其他适合实行综合计算工时工作制的职工。

6. 弹性工作日

弹性工作日是指在工作周时数不变的前提下，在标准工作日的基础上，按照预先规定的办法，由职工个人自主安排工作时间长度的工作日。它是标准工作日的转换形式。每周工作时数不变，保证每天核心工作时间不缺勤，由职工个人安排上下班时间。

14.6.2　休息休假的概念和种类

休息休假是指劳动者为行使休息权在国家规定的法定工作时间以外，不从事生产或工作而自行支配的时间。

14.6.2.1　休息时间的种类

1. 工作日内的间歇时间

工作日内的间歇时间是指在工作日内给予劳动者休息和用膳的时间。一般为1至2小时，最少不得少于半小时。

2. 工作日间的休息时间

工作日间的休息时间是指两个邻近工作日之间的休息时间。一般不少于16小时。

3. 公休假日

公休假日又称周休息日，是劳动者在一周（7日）内享有的休息日。公休假日一般为每周2日，一般安排在周六和周日休息。企业和不能实行国家统一工作时间的事业组织，可根据实际情况灵活安排周休息日。用人单位应当保证劳动者每周至少休息1日。

14.6.2.2　休假的种类

1. 法定节假日

法定节假日是指法律规定用于开展纪念、庆祝活动的休息时间。目前，我国全体公民放假的节日有新年、春节、清明节、劳动节、端午节、中秋节、国庆节。部分公民放假的节日及纪念日有妇女节、青年节、儿童节、中国人民解放军建军纪念日。

2. 探亲假

探亲假是指劳动者享有保留工资、工作岗位而同分居两地的父母或配偶团聚的假期。职工探望配偶的，每年给予一方探亲假一次，假期为30天。

3. 年休假

年休假是指职工工作满一定年限，每年可享有的带薪连续休息的时间。2007

年 12 月 7 日国务院第 198 次常务会议通过了《职工带薪年休假条例》，该条例自 2008 年 1 月 1 日起施行。根据该条例，机关、团体、企业、事业单位、民办非企业单位、有雇工的个体工商户等单位的职工连续工作 1 年以上的，享受带薪年休假（以下简称年休假）。单位应当保证职工享受年休假。职工在年休假期间享受与正常工作期间相同的工资收入。职工累计工作已满 1 年不满 10 年的，年休假 5 天；已满 10 年不满 20 年的，年休假 10 天；已满 20 年的，年休假 15 天。国家法定休假日、休息日不计入年休假的假期。

为保证劳动者的休假权，条例规定，单位根据生产、工作的具体情况，并考虑职工本人意愿，统筹安排职工年休假。单位确因工作需要不能安排职工年休假的，经职工本人同意，可以不安排职工休年休假。对职工应休未休的年休假天数，单位应当按照该职工日工资收入的 300％支付年休假工资报酬。

14.6.3　加班加点的主要法律规定

加班是指劳动者在法定节日或公休假日从事生产或工作。加点是指劳动者在标准工作日以外延长工作的时间。加班加点又统称为延长工作时间。为保证劳动者休息权的实现，《劳动法》规定任何单位和个人不得擅自延长职工工作时间。

14.6.3.1　一般情况下加班加点的规定

《劳动法》第 41 条规定："用人单位由于生产经营需要，经与工会和劳动者协商后可以延长工作时间，一般每日不得超过一小时；因特殊原因需要延长工作时间的，在保障劳动者身体健康的条件下延长工作时间每日不得超过三小时，但是每月不得超过三十六小时。"

14.6.3.2　特殊情况下延长工作时间的规定

劳动法规规定在下述特殊情况下，延长工作时间不受《劳动法》第 41 条的限制：①发生自然灾害、事故或者因其他原因，威胁劳动者生命健康和财产安全，或使人民的安全健康和国家财产遭到严重威胁，需要紧急处理的；②生产设备、交通运输线路、公共设施发生故障，影响生产和公共利益，必须及时抢修的；③在法定节日和公休假日内工作不能间断，必须连续生产、运输或营业的；④必须利用法定节日或公休假日的停产期间进行设备检修、保养的；⑤为了完成国防紧急生产任务，或者完成上级在国家计划外安排的其他紧急生产任务，以及商业、供销企业在旺季完成收购、运输、加工农副产品紧急任务的；⑥法律、行政法规规定的其他情形。

14.6.3.3　加班加点的工资标准

《劳动法》规定：安排劳动者延长工作时间的，支付不低于工资的 150％的工资报酬；休息日安排劳动者工作又不能安排补休的，支付不低于工资的 200％的工资报酬；法定休假日安排劳动者工作的，支付不低于工资的 300％的工资报酬。

14.6.3.4　劳动保障行政部门的监督检查

《劳动法》规定，县级以上各级人民政府劳动保障行政部门对本行政区域内的用人单位组织劳动者加班加点的工作依法监督检查，区别不同情况，予以行政处罚：

用人单位未与工会或劳动者协商，强迫劳动者延长工作时间的，给予警告，责令改正，并可按每名劳动者延长工作时间每小时罚款 100 元以下的标准处罚。

用人单位每日延长劳动者工作时间超过 3 小时或每月延长工作时间超过 36 小时的，给予警告，责令改正，并可按每名劳动者每超过工作时间 1 小时罚款 100 元以下的标准处罚。

14.7　工　　资

14.7.1　工资的概念和特征

14.7.1.1　工资的概念

工资是指用人单位依据国家有关规定和集体合同、劳动合同约定的标准，根据劳动者提供劳动的数量和质量，以货币形式支付给劳动者的劳动报酬。

用人单位与劳动者签订的劳动合同中应约定工资标准。用人单位未在用工的同时订立书面劳动合同，与劳动者约定的劳动报酬不明确的，新招用的劳动者的劳动报酬按照集体合同规定的标准执行；没有集体合同或者集体合同未规定的，实行同工同酬。

14.7.1.2　工资的特征

首先，工资是基于劳动关系而对劳动者付出劳动的物质补偿；

其次，工资标准必须是事先规定的，事先规定的形式可以是工资法规、工资政策、集体合同、劳动合同等；

再次，工资须以法定货币形式定期支付给劳动者本人；

最后，工资的支付是以劳动者提供的劳动数量和质量为依据的。

14.7.2　工资形式

工资形式是指计量劳动和支付劳动报酬的方式。企业可根据本单位的生产经营特点和经济效益，依法自主确定本单位的工资分配形式。我国的工资形式主要有以下几种。

14.7.2.1　计时工资

计时工资是按单位时间工资标准和劳动者实际工作时间计付劳动报酬的工资形式。我国常见的有小时工资、日工资、月工资。

14.7.2.2　计件工资

计件工资是按照劳动者生产合格产品的数量或作业量以及预先规定的计件单价支付劳动报酬的一种工资形式。计件工资是计时工资的转化形式。

14.7.2.3　奖金

奖金是给予劳动者的超额劳动报酬和增收节支的物质奖励。其包括：月奖、季度奖和年度奖；经常性奖金和一次性奖金；综合奖和单项奖等。

14.7.2.4　津贴

津贴是对劳动者在特殊条件下的额外劳动消耗或额外费用支出给予物质补偿的一种工资形式。主要有岗位津贴、保健性津贴、技术性津贴等。

14.7.2.5　补贴

补贴是为了保障劳动者的生活水平不受特殊因素的影响而支付给劳动者的工资形式。它与劳动者的劳动没有直接联系，其发放根据主要是国家有关政策规定，如物价补贴、边远地区生活补贴等。

14.7.2.6　特殊情况下的工资

特殊情况下的工资是对非正常工作情况下的劳动者依法支付工资的一种工资形式。主要有加班加点工资、事假、病假、婚假探亲假等工资以及履行国家和社会义务期间的工资等。

14.7.3　工资分配原则

14.7.3.1　工资总量宏观调控原则

工资总量宏观调控原则是指国家对一定时期内国民生产总值用于工资分配的

总量，以及地区、行业、产业、企业、各类人员之间的工资关系，通过一定的手段进行调节和控制，以保持工资增长的正常速度和合理比例。

14.7.3.2　用人单位自主分配、劳动者参与工资分配过程原则

用人单位自主分配、劳动者参与工资分配过程原则是指用人单位根据本单位的生产经营特点和经济效益，有权依法自主确定本单位的工资分配方式和工资水平，劳动者可以通过集体协商参与工资分配过程。我国目前享有工资分配自主权的主要是企业、实行企业化管理的事业组织等。

14.7.3.3　按劳分配为主体、多种分配方式并存原则

按劳分配为主体、多种分配方式并存原则是指工资分配应根据劳动者提供的劳动数量和质量来进行，等量劳动取得等量报酬，多劳多得，少劳少得，同时鼓励资本、技术等生产要素参与收益分配。

14.7.3.4　同工同酬原则

同工同酬原则是指用人单位对于从事相同工作、熟练程度相同的劳动者，不分其性别、年龄、民族等差别，付出了同等数量、质量的劳动，应支付给同等的劳动报酬。

14.7.3.5　工资水平随经济发展逐步提高原则

工资水平随经济发展逐步提高原则是指工资水平的提高必须建立在国家经济发展和用人单位劳动生产率提高的基础上，随着经济发展逐步提高工资水平。工资总额的增长速度必须低于国民收入的增长速度，平均工资的增长速度必须低于社会劳动生产率增长的速度，以保证经济发展与工资水平的增长比例适当，保持国民经济的稳定和协调发展。

14.7.4　基本工资制度

基本工资制度是指用人单位依法确定的工资总额、工资标准、工资水平、工资形式和工资增长办法等的总称。

我国企业基本工资制度主要有等级工资制、结构工资制、岗位工资制、岗位技能工资制以及经营者年薪制等。

我国国家机关基本工资制度主要有职员的职务级别工资制、技术工人的岗位技术等级（职务）工资制和普通工人的岗位工资制。

我国事业单位基本工资制度比较复杂，有条件的事业单位可以实行企业的基本工资制度。事业单位的工资等级标准一般由国家统一规定，按事业单位人员的

工作业绩、任职年限、工作年限和学历等因素综合考虑其工资标准和构成；事业单位在国家统一规定的基础上可以结合本单位的实际情况，确定具体的工资发放办法等。

14.7.5　工资支付保障

工资支付保障是为保障劳动者劳动报酬权的实现，防止用人单位滥用工资分配权而制定的有关工资支付的一系列规则。工资支付应遵守如下规则：

（1）工资应以法定货币支付，不得以实物及有价证券代替货币支付。

（2）工资应在用人单位与劳动者约定的日期支付。工资一般按月支付，至少每月支付一次。实行周、日、小时工资制的，可按周、日、小时支付。

（3）劳动者依法享受年休假、探亲假、婚假、丧假期间，以及依法参加社会活动期间，用人单位应按劳动合同规定的标准支付工资。

（4）工资应支付给劳动者本人，也可由劳动者家属或委托他人代领，用人单位可委托银行代发工资。

（5）工资应依法足额支付，除法定或约定允许扣除工资的情况外，严禁非法克扣或无故拖欠劳动者工资。为保证用人单位足额支付劳动者工资，劳动法规作了如下限制性规定：①对代扣工资的限制。用人单位不得非法克扣劳动者工资，但是有下列情况之一的，用人单位可以代扣劳动者工资：（a）用人单位代扣代缴的个人所得税。（b）用人单位代扣代缴的应由劳动者个人负担的社会保险费用。（c）用人单位依审判机关判决、裁定扣除劳动者工资。依照人民法院判决、裁定，用人单位可以从应负法律责任的劳动者工资中扣除其应负担的扶养费、赡养费、抚养费和损害赔偿等款项。（d）法律、法规规定可以从劳动者工资中扣除的其他费用。②对扣除工资金额的限制：（a）因劳动者本人原因给用人单位造成经济损失的，用人单位可以按照劳动合同的约定要求劳动者赔偿其经济损失。经济损失的赔偿，可从劳动者本人的工资中扣除。但每月扣除全额不得超过劳动者月工资的 20%；若扣除后的余额低于当地月最低工资标准的，则应按最低工资标准支付。（b）用人单位对劳动者违纪罚款，一般不得超过本人月工资标准的 20%。

（6）用人单位依法破产时，劳动者有权获得其工资。在破产清偿顺序中用人单位应按《中华人民共和国企业破产法》规定的清偿顺序，首先支付本单位劳动者的工资。

14.7.6　最低工资

14.7.6.1　最低工资的概念

最低工资是指劳动者在法定工作时间内提供了正常劳动的前提下，其所在用人单位应支付的最低劳动报酬。

最低工资的支付以劳动者在法定工作时间内提供了正常劳动为条件。劳动者因探亲、结婚、直系亲属死亡按照规定休假期间，以及依法参加国家和社会活动，视为提供了正常劳动，用人单位支付给劳动者的工资不得低于其适用的最低工资标准。最低工资不包括下列各项：①加班加点工资；②中班、夜班、高温、低温、井下、有毒有害等特殊工作环境条件下的津贴；③国家法律、法规和政策规定的劳动者保险、福利待遇；④用人单位通过贴补伙食、住房等支付给劳动者的非货币性收入。

14.7.6.2　最低工资标准的确定和调整

《劳动法》规定："最低工资的具体标准由省、自治区、直辖市人民政府规定，报国务院备案。"在确定和调整最低工资标准时，综合参考下列因素：①劳动者本人及平均赡养人口的最低生活费用；②社会平均工资水平；③劳动生产率；④就业状况；⑤地区之间经济发展水平的差异。

最低工资标准应当高于当地的社会救济金和失业保险金标准，低于平均工资。最低工资标准发布实施后，如确定最低工资标准参考的因素发生变化，或本地区职工生活费用价格指数累计变动较大时，应当适时调整，但每年最多调整一次。例如 2007 年北京市最低工资标准由每小时不低于 3.82 元、每月不低于 640元，提高到每小时不低于 4.36 元、每月不低于 730 元。非全日制从业人员小时最低工资标准由 7.9 元/小时提高到 8.7 元/小时；非全日制从业人员法定节假日小时最低工资标准由 18 元/小时提高到 20 元/小时。

14.7.6.3　最低工资的适用范围

劳动和社会保障部发布的《企业最低工资规定》明确我国最低工资保障制度适用范围为："本规定适用于中华人民共和国境内各种经济类型的企业以及在其中领取报酬的劳动者"，"乡镇企业，是否适用本规定，由省、自治区、直辖市人民政府决定。"

14.7.6.4　最低工资支付

《劳动法》明确规定："用人单位支付劳动者的工资不得低于当地最低工资标准。"最低工资应以法定货币支付。用人单位支付给劳动者的工资低于最低工资标准的，由当地人民政府劳动保障行政部门责令其限期改正，逾期未改正的，由劳动保障行政部门对用人单位和责任者给予经济处罚，并视其欠付工资时间的长短向劳动者支付赔偿金。

14.8　劳动安全卫生与女职工、未成年工特殊劳动保护

14.8.1　劳动安全卫生的概念

　　劳动安全卫生，是指国家为了改善劳动条件，保护劳动者在劳动过程中的安全与健康而制定的各种法律规范的总称。它包括劳动安全、劳动卫生两类法律规范。劳动安全是为防止和消除劳动过程中的伤亡事故而制定的各种法律规范，劳动卫生是为保护劳动者在劳动过程中的健康，预防和消除职业病、职业中毒和其他职业危害而制定的各种法律规范。

14.8.2　劳动安全卫生工作的方针和制度

　　劳动安全卫生工作方针是：安全第一，预防为主。安全第一是指在劳动过程中，始终把劳动者的安全放在第一位；预防为主是指采取有效措施消除事故隐患和防止职业病的发生。安全是目的，预防是手段，二者密不可分。

　　劳动安全卫生制度，是指为保障劳动者在劳动过程中的安全健康，国家、用人单位制定的劳动安全卫生管理制度。包括规定企业各级领导、职能科室人员、工程技术人员和生产工人在劳动过程中的安全生产责任的制度；为改善劳动条件、防止和消除伤亡事故及职业病而编制的预防和控制计划的安全技术措施计划制度；对劳动者进行劳动安全卫生法规、基本知识、操作技术教育的制度；劳动安全卫生检查制度；劳动安全卫生监督制度；伤亡事故和职业病统计报告处理制度。

14.8.3　女职工特殊劳动保护

　　女职工特殊劳动保护是指根据女职工生理特点和抚育子女的需要，对其在劳动过程中的安全健康所采取的有别于男子的特殊保护。主要包括禁止或限制女职工从事某些作业的规定、女职工"四期"保护等。

14.8.3.1　女职工禁忌劳动范围

　　禁忌女职工从事下列繁重体力劳动的作业：①矿山井下作业；②森林业伐木、归楞及流放作业；③《体力劳动强度分级》标准中第四级体力劳动强度的作业；④建筑业脚手架的组装和拆除作业，以及电力、电信行业的高处架线作业；⑤连续负重（指每小时负重次数在6次以上）每次负重超过20千克，间断负重每次负重超过25千克的作业；⑥已婚待孕女职工禁忌从事铅、汞、苯、镉等作业场所属于《有毒作业分级》标准中第三、第四级的作业。

14.8.3.2　女职工"四期"保护

（1）月经期保护。不得安排女职工在经期从事高处、高温、低温、冷水作业和国家规定的第三级体力劳动强度的劳动。

（2）怀孕期保护。不得安排女职工在怀孕期间从事国家规定的第三级体力劳动强度和孕期禁忌从事的劳动，对怀孕 7 个月以上的女职工，不得安排其延长工作时间和夜班劳动。

（3）生育期保护。女职工生育享受不少于 90 天的产假。

（4）哺乳期保护。不得安排女职工在哺乳未满 1 周岁的婴儿期间从事国家规定的第三级体力劳动强度的劳动和哺乳期禁忌从事的其他劳动，不得安排其延长工作时间和夜班劳动。

14.8.4　未成年工特殊劳动保护

未成年工是指年满 16 周岁未满 18 周岁的劳动者。对未成年工特殊劳动保护的措施主要有：①上岗前培训。未成年工上岗，用人单位应对其进行有关的职业安全卫生教育、培训。②禁止安排未成年工从事有害健康的工作。用人单位不得安排未成年工从事矿山井下、有毒有害、国家规定的第四级体力劳动强度和其他禁忌从事的劳动。③提供适合未成年工身体发育的生产工具等。④定期进行健康检查。

用人单位应按规定在下列时间对未成年工定期进行健康检查：①安排工作岗位之前；②工作满 1 年；③年满 18 周岁，距前一次的体检时间已超过半年。

14.9　社　会　保　险

14.9.1　社会保险的概念

社会保险是国家通过立法的形式，由社会集中建立基金，以使劳动者在年老、患病、工伤、失业、生育等丧失劳动能力的情况下能够获得国家和社会补偿和帮助的一种社会保障制度。《劳动法》规定："国家发展社会保险事业，建立社会保险制度，设立社会保险基金，使劳动者在年老、患病、工伤、失业、生育等情况下获得帮助和补偿。"我国的社会保险项目有：养老保险、失业保险、工伤保险、医疗保险和生育保险等。2007 年 12 月 23 日，《社会保险法（草案）》已提交全国人大常委会审议。

14.9.2　社会保险的特征

14.9.2.1　国家强制性

社会保险通过国家立法强制实施，国家基本保险是法定的强制保险，保险的项目、费用的缴纳标准、保险金领取的数额等都由法律统一规定，用人单位和劳动者不得以任何借口拒绝缴纳。

14.9.2.2　保障性

社会保险旨在保障每个参加社会劳动的劳动者都能得到必要的安全保障，使劳动者在生、老、病、死、伤、残、失业等情况下，仍能获得基本生活保障。

14.9.2.3　互济性

社会保险基金是按照社会共担风险的原理进行筹集的，一般由国家、用人单位和劳动者三方合理负担；在保险基金的使用上，统一调剂使用，互助互济，实行收入再分配，使参加社会保险的劳动者生活得到保障。

14.9.2.4　福利性

社会保险不以营利为目的，它以最少的花费，解决最大的社会保障问题，属于社会福利性质。

14.9.2.5　普遍性

社会保险实施范围广，一般在所有职工及其供养的直系亲属中实行。

14.9.3　各项社会保险制度

14.9.3.1　基本养老保险

基本养老保险是由国家立法强制实施的一项社会保障制度。其目的是保障劳动者在年老退休后，从国家和社会获得物质帮助，保障其基本生活的需要。它是一项强制性、公益性、非营利性质的社会保险。

1. 基本养老保险覆盖范围

城镇各类企业职工、个体工商户和灵活就业人员都要参加企业职工基本养老保险。当前及今后一个时期，要以非公有制企业、城镇个体工商户和灵活就业人员参保工作为重点，扩大基本养老保险覆盖范围。要进一步落实国家有关社会保险补贴政策，帮助就业困难人员参保缴费。

基本养老保险制度坚持覆盖广泛、水平适当、结构合理、基金平衡的原则。

2. 基本养老保险基金的构成

基本养老保险基金由下列部分构成：①企业和被保险人缴纳的基本养老保险费；②基本养老保险费利息和其他收益；③财政补贴；④滞纳；⑤其他可以纳入基本养老保险基金的资金。

3. 保险养老费的缴纳

企业和被保险人应当按时、足额缴纳基本养老保险费。城镇职工缴纳的基本养老保险费，由所在企业从其本人工资中代扣代缴。企业以货币形式全额缴纳基本养老保险费。个体工商户和灵活就业人员按照本规定确定的缴费基数和缴费比例按月缴纳。

城镇职工以本人上一年度月平均工资为缴费工资基数，按照 8% 的比例缴纳基本养老保险费，全额计入个人账户。

缴费工资基数低于本市上一年度职工月平均工资 60% 的，以本市上一年度职工月平均工资的 60% 作为缴费工资基数；超过本市上一年度职工月平均工资 300% 的部分，不计入缴费工资基数，不作为计发基本养老金的基数。

企业以全部城镇职工缴费工资基数之和作为企业缴费工资基数，按照 20% 的比例缴纳基本养老保险费。企业缴纳的基本养老保险费在税前列支。

城镇个体工商户和灵活就业人员以本市上一年度职工月平均工资作为缴费基数，按照 20% 的比例缴纳基本养老保险费，其中 8% 计入个人账户。

4. 基本养老保险个人账户

社会保险经办机构应当按照国家有关规定为被保险人建立基本养老保险个人账户。个人账户由被保险人缴纳的基本养老保险费和个人账户储存额的利息构成。个人账户储存额只能用于被保险人养老，不得提前支取。被保险人死亡后，个人账户储存额或者余额中个人缴纳的基本养老保险费及其利息可以依法继承，其余部分并入基本养老保险基金。

5. 基本养老保险待遇

基本养老保险基金支付下列基本养老保险待遇：①被保险人的基本养老金；②被保险人退休后死亡的丧葬补助费；③国家和各地区规定的其他支付项目的费用。

被保险人符合下列条件的，自劳动保障行政部门核准后的次月起，按月领取基本养老金：①达到国家规定的退休条件并办理相关手续的；②按规定缴纳基本养老保险费累计缴费年限满 15 年的。

基本养老待遇上，实施老人老办法、新人新办法的原则。

14.9.3.2　失业保险

享受失业保险待遇的是城镇企业事业单位失业人员。根据 1999 年 1 月 20 日国务院发布施行的《失业保险条例》，失业保险的主要内容包括以下几个方面。

1. 失业保险费的负担

城镇企业事业单位按照本单位工资总额的 2% 缴纳失业保险费。城镇企业事业单位职工按照本人工资的 1% 缴纳失业保险费，城镇企业事业单位招用的农民合同制工人本人不缴纳失业保险费。失业保险基金在直辖市和设区的市实行全市统筹；其他地区的统筹层次由省、自治区人民政府规定。

2. 享受失业保险的条件

具备下列条件的失业人员，可以领取失业保险金：①按照规定参加失业保险，所在单位和本人已按照规定履行缴费义务满 1 年的；②非因本人意愿中断就业的；③已办理失业登记，并有求职要求的。

3. 失业保险金的领取

城镇企业事业单位职工失业后，应当持本单位为其出具的终止或者解除劳动关系的证明，及时到指定的社会保险经办机构办理失业登记，失业保险金自办理失业登记之日起计算。失业保险金的领取期限以职工失业前所在本单位和本人累计缴费时间为据：失业人员失业前所在单位和本人按照规定累计缴费时间满 1 年不足 5 年的，领取失业保险金的期限最长为 12 个月；累计缴费时间满 5 年不足 10 年的，领取失业保险金的期限最长为 18 个月；累计缴费时间 10 年以上的，领取失业保险金的期限最长为 24 个月。重新就业后，再次失业的，缴费时间重新计算，领取失业保险金的期限可以与前次失业应领取而尚未领取的失业保险金的期限合并计算，但是最长不得超过 24 个月。

4. 失业保险待遇的范围

失业保险待遇包括：失业保险金、医疗补助金、家用的供养费、生活补助费等。失业保险金的标准按照低于当地最低工资标准，高于城市居民最低生活保障标准的水平，由省、自治区、直辖市人民政府确定。

5. 失业保险待遇的停止

凡发生下列情形之一的，停止发给失业保险金，并同时停止享受其他失业保险待遇：①重新就业的；②应征服兵役的；③移居境外的；④享受基本养老保险待遇的；⑤被判刑收监执行或者被劳动教养的；⑥无正当理由，拒不接受当地人民政府指定的部门或者机构介绍的工作的；⑦有法律、行政法规规定的其他情形的。

14.9.3.3　工伤保险

工伤保险是社会保险制度中的重要组成部分，是指国家和社会为在生产、工作中遭受事故伤害和患职业性疾病的劳动及亲属提供医疗救治、生活保障、经济补偿、医疗和职业康复等物质帮助的一种社会保障制度。

为了保障因工作遭受事故伤害或者患职业病的职工获得医疗救治和经济补偿，促进工伤预防和职业康复，分散用人单位的工伤风险，《工伤保险条例》于2004 年 1 月 1 日起施行。

1. 工伤保险费的负担

工伤保险费由用人单位承担，劳动者不需缴纳任何费用。用人单位缴纳工伤保险费后，即将其对劳动者的补偿责任转于工伤保险机构承担。

2. 无过失补偿原则

工伤保险实行无过失补偿原则，即在劳动过程中发生的职业伤害，无论用人单位有无过错，受害者均应得到必要的补偿。用人单位即使对工伤事故的发生没有过错，也应当对受害者承担补偿责任。

3. 工伤的概念和范围

工伤是指企业职工在工作时间、工作区域因执行职务而受到的伤害。包括工业事故造成的伤害、职业病造成的伤害。

依照《工伤保险条例》的规定。职工有下列情形之一的，应当认定为工伤："（一）在工作时间和工作场所内，因工作原因受到事故伤害的；（二）工作时间前后在工作场所内，从事与工作有关的预备性或者收尾性工作受到事故伤害的；（三）在工作时间和工作场所内，因履行工作职责受到暴力等意外伤害的；（四）患职业病的；（五）因工外出期间，由于工作原因受到伤害或者发生事故下落不明的；（六）在上下班途中，受到机动车事故伤害的；（七）法律、行政法规规定应当认定为工伤的其他情形。"

职工有下列情形之一的，视同工伤："（一）在工作时间和工作岗位，突发疾病死亡或者在四十八小时之内经抢救无效死亡的；（二）在抢险救灾等维护国家利益、公共利益活动中受到伤害的；（三）职工原在军队服役，因战、因公负伤致残，已取得革命伤残军人证，到用人单位后旧伤复发的。""职工有前款第（一）项、第（二）项情形的，按照本条例的有关规定享受工伤保险待遇；职工有前款第（三）项情形的，按照本条例的有关规定享受除一次性伤残补助金以外的工伤保险待遇。"

职工有下列情形之一的，不得认定为工伤或者视同工伤：①因犯罪或者违反治安管理伤亡的；②醉酒导致伤亡的；③自残或者自杀的。

4. 工伤保险待遇

工伤保险待遇包括以下各项：

（1）职工因工负伤治疗，其全部挂号费、住院费、医疗费、药费、就医路费，均由企业承担。由所在单位按照本单位因公出差伙食补助标准的 70% 发给住院伙食补助费。

（2）职工因工作遭受事故伤害或者患职业病需要暂停工作接受工伤医疗的，在停工留薪期内，原工资福利待遇不变，由所在单位按月支付。停工留薪期一般不超过 12 个月。伤情严重或者情况特殊，可以适当延长，但延长不得超过 12 个月。工伤职工评定伤残等级后，停发原待遇，按照保险条例的有关规定享受伤残待遇。工伤职工在停工留薪期满后仍需治疗的，继续享受工伤医疗待遇。

（3）工伤职工经评残并确认需要护理的，按月发给护理费。

（4）工伤职工须安置假肢、义眼、镶牙或配置代步车等辅助器具的，按国内普及型标准报销费用。

（5）职工因工致残，经劳动鉴定委员会确认，部分丧失或完全丧失劳动能力的，根据其伤残等级，决定是否按退休处理，决定是否享受伤残抚恤金、一次性伤残补助金等待遇。

（6）职工因工死亡或因工残废退职后死亡的，发给丧葬补助金、供养亲属抚恤金、一次性伤亡补助金。

（7）职工被确诊患有职业病的，享受工伤保险待遇，其所在单位应根据职业病诊断机构的意见，安排其医治和疗养。在医治和疗养后被确认不宜继续从事原有害作业或工作的，应将其调离原工作岗位。

14.9.3.4 医疗保险

医疗保险就是当人们生病或受到伤害后，由国家或社会给予的一种物质帮助，即提供医疗服务或经济补偿的一种社会保障制度。它是国家社会保障制度的重要组成部分，也是社会保险的重要项目之一。

1998 年 12 月 24 日国务院发布了《关于建立城镇职工基本医疗保险制度的决定》，决定在全国范围内进行城镇职工医疗保险制度改革。主要内容如下：

（1）基本医疗保险费由用人单位和职工双方共同负担。用人单位缴费率应控制在职工工资总额的 6% 左右，职工缴费率一般为本人工资收入的 2%。随着经济发展，用人单位和职工缴费率可作相应调整。

（2）覆盖范围和缴费办法。基本医疗保险的覆盖范围为：城镇所有用人单位，包括企业（国有企业、集体企业、外商投资企业、私营企业等）、机关、事业单位、社会团体、民办非企业单位及其职工，都要参加基本医疗保险。乡镇企业及其职工、城镇个体经济组织业主及其从业人员是否参加基本医疗保险，由各省、自治区、直辖市人民政府决定。

（3）建立基本医疗保险统筹基金和个人账户。基本医疗保险基金由统筹基金和个人账户构成。职工个人缴纳的基本医疗保险费，全部计入个人账户。用人单位缴纳的基本医疗保险费分为两部分，一部分用于建立统筹基金，一部分划入个人账户。划入个人账户的比例一般为用人单位缴费的30%左右，具体比例由统筹地区根据个人账户的支付范围和职工年龄等因素确定。

（4）基本医疗保险费的支付。统筹基金和个人账户要划定各自的支付范围，分别核算，不得互相挤占。要确定统筹基金的起付标准和最高支付限额，起付标准原则上控制在当地职工年平均工资的10%左右。最高支付限额原则上控制在当地职工年平均工资的4倍左右。起付标准以下的医疗费用，从个人账户中支付或由个人自付。起付标准以上、最高支付限额以下的医疗费用，主要从统筹基金中支付，个人也要负担一定比例。超过最高支付限额的医疗费用，可以通过商业医疗保险等途径解决。统筹基金的具体起付标准、最高支付限额以及在起付标准以上和最高支付限额以下医疗费用的个人负担比例，由统筹地区根据以收定支、收支平衡的原则确定。

14.9.3.5 生育保险

生育保险是国家通过立法，对怀孕、分娩女职工给予生活保障和物质帮助的一项社会政策。其宗旨在于通过向职业妇女提供生育津贴、医疗服务和产假，帮助她们恢复劳动能力，重返工作岗位。生育保险提供的生活保障和物质帮助通常由现金补助和实物供给两部分组成。现金补助主要是指给予生育妇女发放的生育津贴。有些国家还包括一次性现金补助或家庭津贴。实物供给主要是指提供必要的医疗保健、医疗服务以及孕妇、婴儿需要的生活用品等。提供的范围、条件和标准主要根据本国的经济实力而确定。我国目前生育保险主要适用于城镇企业女职工。

1. 生育保险基金的负担

生育保险实行社会统筹，由用人单位按国家规定标准缴纳，职工个人不负担。

2. 生育保险待遇

包括产假、产假期生育津贴、生育医疗费、生育疾病医疗费等。

14.10　劳动争议的解决

14.10.1　概述

　　劳动争议又称劳动纠纷，是指劳动关系双方当事人因执行劳动法律、法规或履行劳动合同、集体合同发生的纠纷。劳动争议可以通过协商、调解、仲裁、诉讼等四种方式解决。

　　为了公正、及时解决劳动争议，保护当事人合法权益，促进劳动关系和谐稳定，2007 年 12 月 29 日第十届全国人民代表大会常务委员会第三十一次会议通过《中华人民共和国劳动争议调解仲裁法》（以下简称《劳动争议调解仲裁法》），该法自 2008 年 5 月 1 日起施行。我国境内的用人单位与劳动者发生的下列六类劳动争议案件，适用该法：①因确认劳动关系发生的争议；②因订立、履行、变更、解除和终止劳动合同发生的争议；③因除名、辞退和辞职、离职发生的争议；④因工作时间、休息休假、社会保险、福利、培训以及劳动保护发生的争议；⑤因劳动报酬、工伤医疗费、经济补偿或者赔偿金等发生的争议；⑥法律、法规规定的其他劳动争议。事业单位实行聘用制的工作人员与本单位发生劳动争议的，依照该法执行；法律、行政法规或者国务院另有规定的，依照其规定。

14.10.2　协商

　　《劳动争议调解仲裁法》规定，发生劳动争议，劳动者可以与用人单位协商，也可以请工会或者第三方共同与用人单位协商，达成和解协议。

14.10.3　调解

　　发生劳动争议，当事人不愿协商、协商不成或者达成和解协议后不履行的，可以向企业劳动争议调解委员会、依法设立的基层人民调解组织和在乡镇、街道设立的具有劳动争议调解职能的组织申请调解。劳动争议调解机关应当充分听取双方当事人对事实和理由的陈述，耐心疏导，帮助其达成协议。劳动争议经调解达成协议的，应当制作调解协议书。生效的调解协议书对双方当事人具有约束力，当事人应当履行。

　　自劳动争议调解组织收到调解申请之日起 15 日内未达成调解协议的，当事人可以依法申请仲裁。达成调解协议后，一方当事人在协议约定期限内不履行调解协议的，另一方当事人可以依法申请仲裁。

　　因支付拖欠劳动报酬、工伤医疗费、经济补偿或者赔偿金事项达成调解协议，用人单位在协议约定期限内不履行的，劳动者可以持调解协议书依法向人民法院申请支付令。人民法院应当依法发出支付令。

14.10.4　仲裁

发生劳动争议，当事人不愿调解、调解不成或者达成调解协议后不履行的，可以向劳动争议仲裁委员会申请仲裁。劳动争议仲裁公开进行，但当事人协议不公开进行或者涉及国家秘密、商业秘密和个人隐私的除外。劳动争议仲裁实行回避制度。为避免一些用人单位通过恶意诉讼以拖延时间，加大劳动者维权成本，使劳动者合法权益受到用人单位侵害时不能及时得到法律救济，《劳动争议调解仲裁法》规定，部分劳动争议案件实行有条件的"一裁终局"。

14.10.4.1　劳动争议仲裁委员会的设立和组成

劳动争议仲裁委员会不按行政区划层层设立。劳动争议仲裁委员会按照统筹规划、合理布局和适应实际需要的原则设立。省、自治区人民政府可以决定在市、县设立；直辖市人民政府可以决定在区、县设立。直辖市、设区的市也可以设立一个或者若干个劳动争议仲裁委员会。

劳动争议仲裁委员会由劳动行政部门代表、工会代表和企业方面代表组成。劳动争议仲裁委员会组成人员应当是单数。

14.10.4.2　劳动争议仲裁的管辖

劳动争议仲裁委员会负责管辖本区域内发生的劳动争议。劳动争议由劳动合同履行地或者用人单位所在地的劳动争议仲裁委员会管辖。双方当事人分别向劳动合同履行地和用人单位所在地的劳动争议仲裁委员会申请仲裁的，由劳动合同履行地的劳动争议仲裁委员会管辖。

14.10.4.3　劳动争议仲裁时效

劳动争议申请仲裁的时效期间为 1 年。仲裁时效期间从当事人知道或者应当知道其权利被侵害之日起计算。该时效，因当事人一方向对方当事人主张权利，或者向有关部门请求权利救济，或者对方当事人同意履行义务而中断。从中断时起，仲裁时效期间重新计算。因不可抗力或者有其他正当理由，当事人不能在上述仲裁时效期间申请仲裁的，仲裁时效中止。从中止时效的原因消除之日起，仲裁时效期间继续计算。

劳动关系存续期间因拖欠劳动报酬发生争议的，劳动者申请仲裁不受上述仲裁时效期间的限制；但是，劳动关系终止的，应当自劳动关系终止之日起 1 年内提出。

14.10.4.4　劳动争议仲裁案件的审理

申请人申请仲裁应当提交书面仲裁申请，书写仲裁申请确有困难的，可以口头申请。劳动争议仲裁委员会收到仲裁申请之日起 5 日内，认为符合受理条件的，应当受理，并通知申请人；认为不符合受理条件的，应当书面通知申请人不予受理，并说明理由。对劳动争议仲裁委员会不予受理或者逾期未作出决定的，申请人可以就该劳动争议事项向人民法院提起诉讼。

劳动争议仲裁委员会裁决劳动争议案件实行仲裁庭制。仲裁庭由三名仲裁员组成，简单劳动争议案件可以由一名仲裁员独任仲裁。

当事人在仲裁过程中有权进行质证和辩论。质证和辩论终结时，首席仲裁员或者独任仲裁员应当征询当事人的最后意见。

当事人申请劳动争议仲裁后，可以自行和解。达成和解协议的，可以撤回仲裁申请。仲裁庭在作出裁决前，应当先行调解。调解达成协议的，仲裁庭应当制作调解书。调解书经双方当事人签收后，发生法律效力。

仲裁庭裁决劳动争议案件，应当自劳动争议仲裁委员会受理仲裁申请之日起45 日内结束。案情复杂需要延期的，经劳动争议仲裁委员会主任批准，可以延期并书面通知当事人，但是延长期限不得超过 15 日。逾期未作出仲裁裁决的，当事人可以就该劳动争议事项向人民法院提起诉讼。

仲裁庭裁决劳动争议案件时，其中一部分事实已经清楚，可以就该部分先行裁决。

14.10.4.5　证据

发生劳动争议，当事人对自己提出的主张，有责任提供证据。劳动者无法提供由用人单位掌握管理的与仲裁请求有关的证据，仲裁庭可以要求用人单位在指定期限内提供。用人单位在指定期限内不提供的，应当承担不利后果。当事人提供的证据经查证属实的，仲裁庭应当将其作为认定事实的根据。

14.10.4.6　一裁终局的劳动争议案件

为缩短劳动争议的处理时间，《劳动争议调解仲裁法》第 47 条规定，"下列劳动争议，除本法另有规定的外，仲裁裁决为终局裁决，裁决书自作出之日起发生法律效力：（一）追索劳动报酬、工伤医疗费、经济补偿或者赔偿金，不超过当地月最低工资标准 12 个月金额的争议；（二）因执行国家的劳动标准在工作时间、休息休假、社会保险等方面发生的争议"。

14.10.4.7 执行

仲裁庭对追索劳动报酬、工伤医疗费、经济补偿或者赔偿金的案件，如果当事人之间权利义务关系明确或者不先予执行将严重影响申请人的生活的，根据当事人的申请，可以裁决先予执行，移送人民法院执行。劳动者申请先予执行的，可以不提供担保。

当事人对发生法律效力的调解书、裁决书，应当依照规定的期限履行。一方当事人逾期不履行的，另一方当事人可以依照民事诉讼法的有关规定向人民法院申请执行。受理申请的人民法院应当依法执行。

14.10.5 诉讼

为维护劳动者的权益，《劳动争议调解仲裁法》规定，劳动者对依据该法第47条作出的仲裁裁决不服的，可以自收到仲裁裁决书之日起 15 日内向人民法院提起诉讼。

用人单位有证据证明该法第 47 条规定的仲裁裁决有下列情形之一，可以自收到仲裁裁决书之日起 30 日内向劳动争议仲裁委员会所在地的中级人民法院申请撤销裁决：适用法律、法规确有错误的；劳动争议仲裁委员会无管辖权的；违反法定程序的；裁决所根据的证据是伪造的；对方当事人隐瞒了足以影响公正裁决的证据的；仲裁员在仲裁该案时有索贿受贿、徇私舞弊、枉法裁决行为的。

人民法院经组成合议庭审查核实裁决有上述规定情形之一的，应当裁定撤销。仲裁裁决被人民法院裁定撤销的，当事人可以自收到裁定书之日起 15 日内就该劳动争议事项向人民法院提起诉讼。

劳动争议案件的当事人对《劳动争议调解仲裁法》第 47 条规定以外的其他劳动争议案件的仲裁裁决不服的，可以自收到仲裁裁决书之日起 15 日内向人民法院提起诉讼；期满不起诉的，裁决书发生法律效力。仲裁庭逾期未作出仲裁裁决的，当事人可以就该劳动争议事项向人民法院提起诉讼。

思 考 题

1. 什么叫劳动关系？劳动关系有何特点？
2. 哪些情况用人单位可以解除劳动合同？
3. 哪些情况劳动者可以解除劳动合同？
4. 我国对延长工作时间有怎样的限制条件？
5. 哪些劳动争议案件实行一裁终局？
6. 试述劳动争议仲裁时效。

案 例 分 析

【案情简介】[①]

2008 年 1 月 1 日，《中华人民共和国劳动合同法》实施。2007 年底，有关裁员的报道纷纷见诸报端，先是华为的 7 000 人大裁员、大竞聘，接下来是沃尔玛的中国区大裁员。2007 年 11 月 03 日新浪网（www. sina. com. cn）报道沃尔玛中国区突击裁员。下面是新闻报道的主要内容：

全球零售业巨头沃尔玛在中国掀起了一场裁员风暴。

沃尔玛全球采购中心上海分部的一名被裁员工 Ivan Hu 告诉记者，10 月 22 日，他收到沃尔玛的一个通知："我们很遗憾地通知您，您和沃尔玛全球采购中心上海分部的劳动关系在 2007 年 11 月 30 日将被终止。"

Ivan 收到通知后，即被"扫地出门"：工作章当天必须全部上交，公司为员工办的信用卡即日起停用，胸牌的使用日期当天截止。次日，Ivan 就无法再迈入公司一步。

一名被裁撤的沃尔玛员工透露，同一天，沃尔玛全球采购中心位于中国深圳、上海、莆田、东莞的四个分部，全部下达了裁撤令。"总数超过 1200 名员工，将分批次裁掉约 200 人，比例超过 15％。"

"新劳动法实施后，用工成本将大幅度增加，到时候裁员将更加困难，沃尔玛在此时裁员，不排除有降低人力成本的考虑。"某大型外企人力资源主管表示。

针对此次裁撤员工事件，沃尔玛中国区公关总监董玉国回应记者说："中国此次裁员，是沃尔玛全球采购办公室优化重组计划的一部分，并非只针对中国。"

而另一个值得注意的背景是，有迹象表明，沃尔玛在中国的巨额采购已经出现了向其他成本更低的国家和地区转移的趋势。

沃尔玛的员工说，这一切来得太过突然。甚至在裁员前两天，他们还在外地旅游，全然不知将要发生什么。

10 月 22 日 9 点，沃尔玛全球采购中心上海分部的员工突然被通知开会，"来上海分部的经理 Roger Lee 在会上说，今天，我有重要的事情要宣布，由于公司 2007 年增长速度放慢，而费用持续增长，所以，我们决定，有一些同事要离开公司"。一名被裁撤的员工回忆说。Roger Lee 给大家放了一些 PPT，PPT 显示了 2007 年沃尔玛全球采购中心的经营情况，据员工们说，"仍然在增长，只是幅度放缓"。

10 点 30 分，分部门会议开始。QA 质检部的运行经理 Tomas Young 给 QA 部的 50 多名员工开会，他宣布："这次裁员的原则是'没有原则'，即不论工作

---

① 案例来源：http://www.sina.com.cn, 2007 年 11 月 03 日 00：21

年限长短，不论业绩，不论个人能力。"

随后，员工们挨个被叫到 QA 经理 Joseph Zhou 和 HR 经理 Vivian Wei 的小会议室，接受命运的裁决。Ivan 第四个被叫进会议室，"很遗憾，你被裁了。" QA 经理跟他说。Joseph Zhou 递给 Ivan 一份通知函和补偿协议。

这在 Ivan 看来有点像是掷骰子。"我完全不知道今天来开会要说什么，然后在三个小时内，就突然被通知解雇了，完全没有协商的余地。"随后，Ivan 被要求立刻交出公司门卡、银行信用卡、工作章"以及一切和公司有关的东西"。"我完全没有办法接受，我们已经完成了今年年初制定的计划，业绩还在增长，为什么要解雇我们？" Ivan 说。

董玉国则向记者表示，此次裁员决定由沃尔玛全球采购中心作出，而具体的裁员方式，则是根据各地的劳动法纪律分别决定，中国适用中国的劳动法规定。

"裁员中个别员工程序上的处理，我不了解情况，不能给出明确的回应。"董玉国说。

针对被裁的员工，沃尔玛给出了 $n+1$ 的补偿方案（n 为工作年限），也就是说，一个工作两年的人，能得到 3 个月工资的补偿。

沃尔玛已经不是第一次就劳工问题和员工发生争议。此前，沃尔玛曾经因为拒建工会，被中华全国总工会批评。

目前，沃尔玛在中国有两个系统，一个是沃尔玛全球采购中心（采购系统），一个是沃尔玛中国（超市系统）。到目前为止，沃尔玛仅在超市系统建立了工会，而在采购系统，至今没有建立工会。

沃尔玛员工 Hill 提供给记者的一份加班表显示，在 2007 年 7～9 月的三周内，工作时间分别为 49 小时、48 小时、51 小时。而按照《劳动法》的规定，职工每周工作不超过 40 个小时，超时加班要付加班费。

2008 年 1 月 1 日之后，新的《劳动合同法》将实施，在超时加班、合同解除等方面，都对员工更为有利。

中国此次裁员，被指是沃尔玛全球采购办公室优化重组计划的一部分。

董玉国透露，沃尔玛此次优化重组方案，是根据全球的采购趋势变化而决定的。他同时承认，此次全球裁员规模超过 200 人，而中国裁员约 100 人，一半左右的裁员都发生在中国，沃尔玛在中国采购部门的人数要减少 15%。

目前，被裁员工正在经上海外国服务公司与沃尔玛方面进行调解，据悉，若调解不成，被裁员工将诉诸法律。

【问题】

1. 工会在劳动者权益保障中发挥怎样的作用？

2. 新闻中提及的周工作时间分别为 49 小时、48 小时、51 小时，是否符合

《劳动法》的规定？

　　3. 沃尔玛的裁员是否符合法律规定？

　　4. 沃尔玛的补偿方案是否符合法律规定？

第 15 章　经济纠纷的解决

课程要求：通过本章的学习，了解经济纠纷的解决方式。了解诉讼与仲裁的区别和联系，掌握诉讼的管辖、审判组织、诉讼参加人、一审及二审程序、执行程序、审判监督程序等；掌握仲裁的基本原则、仲裁的条件、仲裁的程序等问题。

经济纠纷是指经济法律关系中，当事人之间就其经济权利和义务发生的争议。解决经济纠纷的方式主要有协商、调解、诉讼和仲裁等四种。

协商是当事人在平等协商的基础上，本着互谅互让的原则，在法律规定的范围内，就当事人之间发生的纠纷达成一致意见的方式。以合同法律关系为例，由于合同是当事人意思表示一致的结果，是合同当事人在平等协商基础上达成的协议。因此，在履行协议过程中出现的问题和纠纷也是完全有可能经过协商得以解决的。协商不是经济纠纷解决的必经程序，然而，几乎所有的纠纷解决都是以此为起点的。当事人之间通过协商的方式解决纠纷有利于保守商业秘密，不伤和气，相对于其他纠纷解决方式而言，耗费的人力和财力较低，省时省力，方便、灵活，是解决纠纷的一种简便易行的方式。

调解是在纠纷当事人自愿的基础上，请求共同信任的第三人出面调停，解决当事人之间纠纷的一种方式。第三人调解以事实为根据，分清责任，辨明是非，不能和稀泥。调解一般是在当事人协商不成的情况下采取的一种解决争议的方式。这种调解与民事诉讼程序中的调解和仲裁程序中的调解都是不同的。这种调解不具有法律上的强制执行效力，也不是纠纷解决的必经程序。

如果当事人无法通过协商或者调解解决纠纷，就应根据具体情况决定采取诉讼或者仲裁的方式解决纠纷。本章将重点介绍我国的民事诉讼法律制度和仲裁法律制度。

15.1　民事诉讼法律制度

15.1.1　民事诉讼法的适用范围

《中华人民共和国民事诉讼法》（以下简称《民事诉讼法》）是人民法院处理民事纠纷所依据的程序法。该法于 1991 年 4 月 9 日第七届全国人民代表大会第四次会议通过，2007 年 10 月 28 日第十届全国人民代表大会常务委员会第三十次会议修正，修正后的《民事诉讼法》自 2008 年 4 月 1 日起施行。

凡人民法院受理的、在中华人民共和国领域内进行的公民之间、法人之间、其他组织之间以及他们相互之间因财产关系和人身关系提起的民事诉讼，全部适用《民事诉讼法》。外国人、无国籍人、外国企业和组织在人民法院起诉、应诉，同中国公民、法人和其他组织有同等的诉讼权利义务。外国法院对中国公民、法人和其他组织的民事诉讼权利加以限制的，根据对等原则，中国法院对该国公民、法人和其他组织的民事诉讼权利也加以限制。

15.1.2 管辖

《民事诉讼法》规定，管辖分为三类。

15.1.2.1 级别管辖

级别管辖是人民法院内部上下级法院之间审理一审经济纠纷案件的分工和权限。

在我国，基层人民法院管辖第一审民事案件，除法律规定由中级人民法院、高级人民法院和最高级人民法院管辖的第一审经济纠纷案件外，其余的第一审案件都由基层人民法院管辖。中级人民法院管辖的一审民事案件包括重大涉外案件，即争议标的额大，或案情复杂，或居住在国外的外国人，人数众多的涉外案件，在本辖区有重大影响的案件，以及最高人民法院确定由中级人民法院管辖的案件，如专利纠纷案件由最高人民法院确定的中级人民法院管辖。另外，海事、海商案件由海事法院管辖。高级人民法院管辖本辖区有重大影响的第一审民事案件。最高人民法院管辖的第一审民事案件为：在全国有重大影响的案件，以及最高人民法院认为应当由其审理的案件。

15.1.2.2 地域管辖

地域管辖是指不同地区的同级人民法院之间管辖一审案件的权限划分。

1. 普通地域管辖

普通地域管辖的一般原则为"以原告就被告"，即对公民、法人或其他组织提起的民事诉讼，由被告住所地人民法院管辖。公民作为被告时，如住所地与经常居住地不一致的，由经常居住地人民法院管辖。同一诉讼的几个被告住所地、经常居住地在两个以上人民法院辖区的，各该人民法院都有管辖权。公民的住所地是指公民的户籍所在地，法人的住所地是指法人的主要营业地或主要办事机构所在地。公民的经常居住地是指公民离开住所至起诉时已连续居住1年以上的地方。但公民保外就医的地方除外。

作为"以原告就被告"原则的例外，下列案件由原告住所地人民法院管辖；

原告住所地与经常居住地不一致的，由原告经常居住地人民法院管辖：①对不在中国领域内居住的人提起的有关身份关系的诉讼；②对下落不明或宣告失踪的人提起的有关身份关系的诉讼；③对被劳动教养的人提起的诉讼；④对被监禁的人提起的诉讼。

2. 特殊地域管辖

特殊地域管辖是以诉讼标的物所在地、法律行为发生地以及被告住所地为标准确定管辖。

因合同纠纷提起的诉讼，由被告住所地或合同履行地人民法院管辖。

因保险合同纠纷提起的诉讼，由被告住所地或者保险标的物所在地人民法院管辖。

因票据纠纷提起的诉讼，由票据支付地或被告住所地人民法院管辖。票据支付地是指票据上载明的付款地。票据未载明付款地的，票据付款人（包括代理付款人）的住所地或主营业所所在地为票据付款地。

因铁路、公路、水上、航空运输和联合运输合同纠纷提起的诉讼、由运输始发地、目的地或被告住所地人民法院管辖。

因侵权行为提起的诉讼，由侵权行为地或被告住所地人民法院管辖。侵权行为地包括侵权行为实施地、侵权结果发生地。

因铁路、公路、水上和航空事故请求损害赔偿提起的诉讼，由事故发生地或车辆、船舶到达地、航空器最先降落地或被告住所地人民法院管辖。值得注意的是，铁路运输合同纠纷及与铁路运输有关的侵权纠纷，由铁路运输法院管辖。

因船舶碰撞或者其他海事损害事故请求损害赔偿提起的诉讼，由碰撞发生地、碰撞船舶最先到达地、加害船舶被扣留地或者被告住所地人民法院管辖。

因海难救助费用提起的诉讼，由救助地或被救助船舶最先到达地人民法院管辖。

因共同海损提起的诉讼，由船舶最先到达地、共同海损理算地或航程终止地人民法院管辖。

3. 协议管辖

由双方当事人在纠纷发生前或者发生后，协商选择争议管辖法院。协议管辖只能选择一审法院，不能选择二审法院。目前我国的协议管辖只适用于合同纠纷案件。合同双方当事人可以在书面合同中协议选择被告住所地、合同履行地、合同签订地、原告住所地、标的物所在地的人民法院管辖。当事人的协议管辖不得违反民事诉讼法对级别管辖和专属管辖的规定。合同的双方当事人选择管辖的协议不明确或选择两个以上人民法院管辖，协议管辖无效。

4. 专属管辖

专属管辖是指法律规定某些案件必须由特定的人民法院管辖，其他法院无权管辖，当事人也不能协议管辖。下列案件实行专属管辖：①因不动产纠纷提起的诉讼，由不动产所在地人民法院管辖；②因港口作业中发生纠纷提起的诉讼，由港口所在地人民法院管辖；③因继承遗产纠纷提起的诉讼，由被继承人死亡时住所地或主要遗产所在地人民法院管辖。

5. 共同管辖

共同管辖是指对同一诉讼法律规定两个或者两个以上人民法院都有管辖权。民事诉讼法规定，两个以上人民法院都有管辖权的诉讼，原告可向其中一个法院起诉，若原告向两个以上有管辖权的人民法院起诉，由最先立案的人民法院管辖。

15.1.2.3　移送管辖和指定管辖

人民法院发现受理的案件不属其管辖，应当移送有管辖权的人民法院。受移送人民法院认为受移送案件不属自己管辖，应报请上级人民法院指定管辖，不得自行移送。

有管辖权的人民法院由于特殊原因，不能行使管辖权的，由上级法院指定管辖。人民法院之间发生管辖权争议，由双方协商解决，协商不成，由其共同的上级人民法院管辖。

人民法院受理案件后，当事人对管辖权提出异议的，人民法院应认真审查，异议成立的，裁定将案件移送有管辖权的人民法院，异议不成立的，裁定驳回。

上级人民法院有权审理下级人民法院管辖的一审案件，也可把本院管辖的一审民事案件交下级人民法院审理。下级人民法院对它所管辖的第一审民事案件，认为需要由上一级人民法院审理的，可以报请上级人民法院审理。

15.1.3　审判组织和回避

人民法院审理案件实行两审终审制。

人民法院审理第一审民事案件，由审判员、陪审员共同组成合议庭或者由审判员组成合议庭。合议庭组成人员必须是单数，适用简易程序审理的民事案件，由审判员一人独任审理。人民法院审理第二审民事案件，由审判员组成合议庭。合议庭组成人员必须是单数。发回重审的案件，原审法院按第一审程序另行组成合议庭。审理再审案件，按原审程序另行组成合议庭。合议庭的庭长由院长或庭长指定审判员一人担任；院长或庭长参加审判的，由院长、庭长担任。合议庭评审案件，实行少数服从多数的原则。评议应当制作笔录，由合议庭成员签名。评议中的不同意见，必须如实记入笔录。

审判人员必须依照法官及有关法律规定履行自己的职责，秉公办案。有下列情形之一的，必须回避：①是本案当事人或当事人诉讼代理人的近亲属；②与本案有利害关系；③与本案当事人有其他关系，能够影响案件公正审理的。另外，书记员、翻译人员、鉴定人、勘验人也实行回避制度。

15.1.4　诉讼参加人

15.1.4.1　当事人

公民、法人和其他组织可以作为民事诉讼的当事人。法人由其法定代表人进行诉讼，其他组织由其主要负责人进行诉讼。这里所称的其他组织是指合法成立、有一定的组织机构和财产、但又不具有法人资格的组织。

民事诉讼的当事人享有广泛的诉讼权利。原告有提起诉讼的权利，有提出变更、放弃诉讼请求和提起反诉的权利。胜诉方有申请执行的权利。当事人双方有权委托代理人提出回避申请，收集、提供证据、进行辩论、请求调解、自行和解、提起上诉、申请执行。当事人可以依照有关规定查阅本案有关材料，并可以复制本案有关材料和法律文书。在开庭审理过程中，有要求重新调查、鉴定和勘验的权利，有对法庭笔录的遗漏和差错的申请补正权利，以及使用本民族语言文字进行诉讼的权利。对于诉讼权利，当事人必须依法行使，必须遵守诉讼秩序，履行发生法律效力的判决书、裁定书和调解书。

15.1.4.2　共同诉讼人

当事人一方或者双方为 2 人以上，其诉讼标的是共同的，或者诉讼标的是同一种类，人民法院认为可以合并审理并经当事人同意的，为共同诉讼。共同起诉或共同应诉的人，为共同诉讼人。共同诉讼的一方当事人对诉讼标的有共同权利义务的，其中一人的诉讼行为经其他共同诉讼人承认，对其他共同诉讼人发生效力；对诉讼标的没有共同权利义务的，其中一人的诉讼行为对其他共同诉讼人无效。

15.1.4.3　诉讼代表人

诉讼代表人分为共同诉讼代表人和集团诉讼代表人两类。

当事人一方人数众多的共同诉讼，可以由当事人推选代表人进行诉讼，此种情况下的代表人，即为共同诉讼代表人。集团诉讼代表人产生于下列情况：诉讼标的是同一种类、当事人一方人数众多在起诉时人数尚未确定的，人民法院可以发出公告，说明案件情况和诉讼请求，通知权利人在一定期间向人民法院登记。登记的权利人可以推选代表进行诉讼；推选不出代表人的，人民法院可以与参加登记的权利人商定代表人。

诉讼代表人的诉讼行为对其所代表的当事人发生效力，但代表人变更、放弃诉讼请示或承认对方当事人的诉讼请示，进行和解，必须经被代表的当事人同意。在集团诉讼中，人民法院作出的判决、裁定，对参加登记的全体权利人发生效力。未参加登记的诉讼人在诉讼期间提起诉讼的，适用该判决、裁定。

15.1.4.4　第三人

对当事人双方的诉讼标的，第三人认为有独立请示权的，有权提起诉讼。如果第三人虽然没有独立请求权，但案件的处理结果与他有法律上的利害关系，也可以申请参加诉讼，或由人民法院通知他参加诉讼。人民法院判决承担民事责任的第三人，有当事人的诉讼权利和义务。

15.1.4.5　诉讼代理人

无诉讼行为能力人由他的监护人作为法定代理人代为诉讼。

当事人、法定代理人可以委托1～2人作为诉讼代理人。律师、当事人的近亲属、有关的社会团体或所在单位推荐的人，经人民法院许可的其他公民，都可以被委托为诉讼代理人。委托他人代为诉讼，必须向人民法院提交书面授权委托书。诉讼代理人代为承认、放弃、变更诉讼请求、进行和解、提起反诉或上诉、代为提出执行业申请，必须有委托人的特别授权。代表诉讼的律师和其他诉讼代理人有权调查收集证据，可以查阅本案有关材料。

15.1.5　证据

民事诉讼证据包括书证、物证、视听资料、证人证言、当事人的陈述、鉴定结论和勘验笔录。证据必须查证属实，才能作为认定事实的根据。

15.1.5.1　举证责任

当事人对自己提出的主张，有责任提供证据。没有证据或者证据不足以证明当事人的事实主张的，由负有举证责任的当事人承担不利后果。

依据有关司法解释，因新产品制造方法发明专利引起的专利侵权诉讼，由制造同样产品的单位或者个人对其产品制造方法不同于专利方法承担举证责任。

在合同纠纷案件中，主张合同关系成立并生效的一方当事人对合同订立和生效的事实承担举证责任；主张合同关系变更、解除、终止、撤销的一方当事人对引起合同关系变动的事实承担举证责任。对合同是否履行发生争议的，由负有履行义务的当事人承担举证责任。对代理权发生争议的，由主张有代理权一方当事人承担举证责任。

在劳动争议纠纷案件中，因用人单位作出开除、除名、辞退、解除劳动合同、减少劳动报酬、计算劳动者工作年限等决定而发生劳动争议的，由用人单位负举证责任。

在法律没有具体规定，依有关司法解释无法确定举证责任承担时，人民法院可以根据公平原则和诚实信用原则、综合当事人举证能力等因素确定举证责任的承担。

诉讼过程中，一方当事人对另一方当事人陈述的案件事实明确表示承认的，另一方当事人无须举证。但涉及身份关系的案件除外。对一方当事人陈述的事实，另一方当事人既未表示承认也未否认，经审判人员充分说明并询问后，其仍不明确表示肯定或者否定的，视为对该项事实的承认。

15.1.5.2　境外形成的证据

当事人向人民法院提供的证据系在中华人民共和国领域外形成的，该证据应当经所在国公证机关予以证明，并经我国驻该国使领馆予以认证，或者履行我国与该所在国订立的有关条约中规定的证明手续。

当事人向人民法院提供的证据是在中国香港、中国澳门、中国台湾地区形成的，应当履行相关的证明手续。

当事人向人民法院提供外文书证或者外文说明资料，应当附有中文译本。

15.1.5.3　举证期限

当事人应当在举证期限内向人民法院提交证据。举证期限可以由当事人协商一致，并经人民法院认可。由人民法院指定举证期限的，指定的期限不得少于30 日，自当事人收到案件受理通知书和应诉通知书的次日起计算。当事人应当在举证期限内向人民法院提交证据材料，当事人在举证期限内不提交的，视为放弃举证权利。对于当事人逾期提交的证据材料，人民法院审理时不组织质证。但对方当事人同意质证的除外。

当事人在举证期限内提交证据材料确有困难的，应当在举证期限内向人民法院申请延期举证，经人民法院准许，可以适当延长举证期限。当事人在延长的举证期限内提交证据材料仍有困难的，可以再次提出延期申请，是否准许由人民法院决定。

15.1.5.4　证据交换

经当事人申请，人民法院可以组织当事人在开庭审理前交换证据。人民法院对于证据较多或者复杂疑难的案件，应当组织当事人在答辩期届满后、开庭审理前交换证据。

交换证据的时间可以由当事人协商一致并经人民法院认可，也可以由人民法院指定。人民法院组织当事人交换证据的，交换证据之日举证期限届满。当事人申请延期举证经人民法院准许的，证据交换日相应顺延。

证据交换一般不超过两次。但重大、疑难和案情特别复杂的案件，人民法院认为确有必要再次进行证据交换的除外。

15.1.5.5　质证

人民法院有权向有关单位和个人调查取证。人民法院应按照法定程序，全面、客观地审查核实证据，以确定其效力。

证据应当在法庭上出示，并由当事人质证。对涉及国家秘密、商业秘密和个人隐私的证据应当保密。

15.1.5.6　证据保全

在证据可能灭失或以后难以取得的情况下，诉讼参加人可以向人民法院申请证据保全，人民法院也可以主动采取保全措施。

15.1.6　调解

根据当事人自愿的原则，在事实清楚的基础上，分清是非，进行调解，是人民法院审理民事案件的一大特色。调解的方法简便易行，即可由审判员独任进行，也可由合议庭主持。调解达成协议，必须双方自愿、不得强迫，协议不得违反法律规定。调解达成协议，人民法院制作调解书，调解书经双方当事人签收后，即具有法律效力。调解未达成协议或调解书送达前一方反悔的，人民法院应及时判决。

15.1.7　财产保全

人民法院对可能因当事人一方的行为或其他原因，使判决不能执行或难以执行的案件，可根据对方当事人的申请或人民法院认为必要时，作出财产保全的裁定。利害关系人因情况紧急，不立即申请财产保全将会使其权益受到难以弥补的损害的，也应在起诉前向人民法院申请财产保全措施。

人民法院采取财产保全措施，可以责令申请人提供担保，诉前财产保全申请人应当提供担保，不提供担保的，驳回申请。对财产保全申请接受后，对情况紧急的（包括诉前财产保全申请）必须在 48 小时内作出裁定，裁定采取保全措施的，应立即执行。诉前财产保全申请人在法院采取保全措施 15 日内不起诉的，人民法院应解除财产保全。

财产保全采取查封、扣押、冻结或法律规定的其他方法。不得对财产重复查封、冻结。人民法院应将财产冻结情况立即通知被冻结财产的人。财产保全限于请求的范围或与本案有关的财物。

被申请人提供担保的，法院应当解除财产保金。申请有错误，申请人应赔偿被申请人因财产保全所遭受的损失。

15.1.8　对妨害民事诉讼的强制措施

为了保证民事诉讼的正常进行，《民事诉讼法》对妨害民事诉讼的行为，规定了具体、详细的制裁措施。对于违反法庭规则、扰乱法庭秩序、妨害调查和执行的行为，根据不同的情节，可分别采用拘传（必须到庭的被告，经两次传票传唤，无正当理由拒不到庭的，可拘传）、训诫、责令具结悔过、责令退出法庭、责令履行协助义务、罚款、拘留等强制措施，构成犯罪的，依法追究刑事责任。采取对妨害民事诉讼的强制措施必须由人民法院决定。任何单位和个人不得非法拘禁他人或非法私自扣押他人财物。

15.1.9　第一审普通程序

当事人向人民法院提起诉讼必须符合下列条件：①原告是与本案有直接利害关系的公民、法人和其他组织；②有明确的被告；③有具体的诉讼请求和事实、理由；④ 属于人民法院受理民事诉讼的范围和受诉人民法院管辖。

起诉应向人民法院递交起诉状，书写起诉状确有困难的，可以口头起诉。法院收到起诉状或口头起诉，经审查，认为符合起诉条件的，应在 7 日内立案，并通知当事人；认为不符合起诉条件的，应在 7 日内裁定不予受理；原告对裁定不服的，可提起上诉。

人民法院应当在立案之日起 5 日内将起诉状副本发送被告，被告在收到之日起 15 日内提出答辩状。人民法院应在接到答辩状之日起 5 日内将答辩状副本发送原告，被告不提出答辩状的，不影响人民法院审理。人民法院对决定受理的案件，应向当事人以书面或口头的形式告知有关的诉讼权利和义务。

民事案件的审理，除涉及国家秘密、个人隐私或法律另有规定外，应当公开进行。离婚案件、涉及商业秘密的案件、当事人申请不公开审理的可以不公开。

人民法院审理民事案件，开庭 3 日前通知当事人和其他诉讼参与人，并予公告。

人民法院开庭审理案件，按开庭预备、法庭调查、法庭辩论和评议宣判等阶段进行。原告或被告经传票传唤，无正当理由拒不到庭的，或未经法庭许可中途退庭的，对原告可按撤诉处理，被告反诉的，可按缺席判决，对被告可缺席判决。

人民法院适用普通程序审理案件，应在立案之日起 6 个月内审结。有特殊情况需要延长的，由本院院长批准，可以延长 6 个月，还需延长的，报上级人民法院批准。

15.1.10　简易程序

基层人民法院和它派出的法庭审理事实清楚、权利义务关系明确、争议不大的简单民事案件，适用简易程序。适用简易程序的案件由审判员一人独任审理，不受法庭调查程序、法庭辩论程序、开庭通知等方面限制。可用简单方式随时传唤当事人、证人，可口头起诉。适用简易程序审理案件，应在立案之日起 3 个月内审结。

15.1.11　第二审程序

当事人不服地方人民法院等一审判决或裁定的，有权在判决书送达 15 日内，裁决书送达 10 日内向上一级人民法院上诉。

上诉应提交上诉状，上诉状应通过原审人民法院提出。若当事人直接向第二审法院上诉的，第二审法院应当在 5 日内将上诉状移交原审法院。原审法院收到上诉状，应在 5 日内将上诉状副本送达对方当事人，对方当事人在收到之日起 15 日内提出答辩状。法院在收到答辩状之日起 5 日内将副本送达上诉人。原审法院收到上诉状、答辩状，应在 5 日内连同全部案卷和证据，报送第二审法院。

第二审人民法院应当对上诉请求的有关事实和适用的法律进行审查。

对上诉案件，应当组成合议庭审理，可开庭审理，也可径行判决、裁定。经过调查审理对上诉案件按照下列情形分别处理：①原判决认定事实清楚，适用法律正确的，判决驳回上诉，维持原判决；②原判决适用法律错误的，依法改判；③原判决认定事实错误，或原判决认定事实不清，证据不足，裁定撤销原判决，发回原审人民法院重审或查清事实后改判；④原判决违反法定程序，可能影响案件正确判决的，裁定撤销原判决，发回原审人民法院重审。对发回重审的案件的判决和裁定，当事人可以上诉。

上诉案件的审理，可进行调解。

人民法院审理对判决的上诉案件，应当在第二审立案之日起 3 个月内审结。有特殊情况需延长的，由本院院长批准。对裁定的上诉案件，应在第二审立案之日起 30 日内作出终审裁定。第二审人民法院的判决和裁定，是终审的判决和裁定。

15.1.12　审判监督程序

审判监督程序又称再审程序。

《民事诉讼法》规定，各级人民法院院长对本院已经发生法律效力的判决、裁定，发现确有错误，认为需要再审的，应当提交审判委员会讨论决定。最高人民法院对地方各级人民法院已经发生法律效力的判决、裁定，上级人民法院对下级人民法院已经发生法律效力的判决、裁定，发现确有错误的，有权提审或者指令下级人民法院再审。

《民事诉讼法》规定，当事人对已经发生法律效力的判决、裁定，认为有错误的，可以向上一级人民法院申请再审，但不停止判决、裁定的执行。《民事诉讼法》第 179 条规定，当事人的申请符合下列情形之一的，人民法院应当再审：①有新的证据，足以推翻原判决、裁定的；②原判决、裁定认定的基本事实缺乏证据证明的；③原判决、裁定认定事实的主要证据是伪造的；④原判决、裁定认定事实的主要证据未经质证的；⑤对审理案件需要的证据，当事人因客观原因不能自行收集，书面申请人民法院调查收集，人民法院未调查收集的；⑥原判决、裁定适用法律确有错误的；⑦违反法律规定，管辖错误的；⑧审判组织的组成不合法或者依法应当回避的审判人员没有回避的；⑨无诉讼行为能力人未经法定代理人代为诉讼或者应当参加诉讼的当事人，因不能归责于本人或者其诉讼代理人的事由，未参加诉讼的；⑩违反法律规定，剥夺当事人辩论权利的；⑪未经传票传唤，缺席判决的；⑫原判决、裁定遗漏或者超出诉讼请求的；⑬据以作出原判决、裁定的法律文书被撤销或者变更的。对违反法定程序可能影响案件正确判决、裁定的情形，或者审判人员在审理该案件时有贪污受贿、徇私舞弊、枉法裁判行为的，人民法院应当再审。

因当事人申请裁定再审的案件由中级人民法院以上的人民法院审理。最高人民法院、高级人民法院裁定再审的案件，由本院再审或者交其他人民法院再审，也可以交原审人民法院再审。

当事人对已经发生法律效力的调解书，提出证据证明调解违反自愿原则或者调解协议的内容违反法律的，可以申请再审。经人民法院审查属实的，应当再审。

当事人申请再审，应当在判决、裁定发生法律效力后 2 年内提出；2 年后据以作出原判决、裁定的法律文书被撤销或者变更，以及发现审判人员在审理该案件时有贪污受贿、徇私舞弊、枉法裁判行为的，自知道或者应当知道之日起 3 个月内提出。

人民法院按照审判监督程序再审的案件，发生法律效力的判决、裁定是由第一审法院作出的，按照第一审程序审理，所作的判决、裁定，当事人可以上诉；发生法律效力的判决、裁定是由第二审法院作出的，按照第二审程序审理，所作的判决、裁定，是发生法律效力的判决、裁定；上级人民法院按照审判监督程序提审的，按照第二审程序审理，所作的判决、裁定是发生法律效力的判决、裁定。

最高人民检察院对各级人民法院已经发生法律效力的判决、裁定，上级人民检察院对下级人民法院已经发生法律效力的判决、裁定，地方各级人民检察院对同级人民法院已经发生法律效力的判决、裁定发现有《民事诉讼法》第 179 条规定情形之一的，应当提出抗诉。民检察院提出抗诉的案件，接受抗诉的人民法院应当自收到抗诉书之日起 30 日内作出再审的裁定；有《民事诉讼法》第 179 条第 1 款第（一）项至第（五）项规定情形之一的，可以交下一级人民法院再审。

15.1.13　督促程序

债权人请求债务人给付金钱、有价证券，债权人与债务人之间没有其他债务纠纷，支付令能送达债务人的，可向债务人所在地的基层人民法院申请支付令。人民法院按督促程序审理此类案件。

债权人提出的申请书，应当写明请求给付金钱或有价证券的数量和所根据的事实、证据。法院接到申请后 5 日内作出是否受理的决定。人民法院受理申请后，经审查债权人提供的事实和证据认为申请成立的，应在受理之日起 15 日内向债务人发出支付令，否则，驳回申请。债务人应在收到支付令 15 日内清偿债务，或向人民法院提出书面异议。人民法院收到书面异议，应裁定终结督促程序，支付令自行失效，债权人可起诉。债务人在规定期限既不履行，又不提出异议的，债权人可向人民法院申请执行。

15.1.14　公示催告程序

按规定可以背书转让的票据持有人，因票据被盗、遗失或灭失，可向票据支付地的基层人民法院申请公示催告。申请人应向法院递交写明票面金额、发票人、持票人、背书人等票。

15.1.15　执行程序

执行是人民法院对发生法律效力的法律文书确定的给付义务，采取强制行措施，强制义务人履行义务的行为。发生法律效力的民事判决、裁定，以及刑事判决、裁定中的财产部分，由第一审人民法院或者与第一审人民法院同级的被执行的财产所在地人民法院执行。法律规定由人民法院执行的其他法律文书，由被执行人住所地或者被执行的财产所在地人民法院执行。

当事人、利害关系人认为执行行为违反法律规定的，可以向负责执行的人民法院提出书面异议。当事人、利害关系人提出书面异议的，人民法院应当自收到书面异议之日起 15 日内审查，理由成立的，裁定撤销或者改正；理由不成立的，裁定驳回。当事人、利害关系人对裁定不服的，可以自裁定送达之日起 10 日内向上一级人民法院申请复议。

人民法院自收到申请执行书之日起超过 6 个月未执行的，申请执行人可以向上一级人民法院申请执行。上一级人民法院经审查，可以责令原人民法院在一定期限内执行，也可以决定由本院执行或者指令其他人民法院执行。

执行过程中，案外人对执行标的提出书面异议的，人民法院应当自收到书面异议之日起 15 日内审查，理由成立的，裁定中止对该标的的执行；理由不成立的，裁定驳回。案外人、当事人对裁定不服，认为原判决、裁定错误的，依照审判监督程序办理；与原判决、裁定无关的，可以自裁定送达之日起 15 日内向人民法院提起诉讼。

在执行中，双方当事人可以自行达成和解协议。一方当事人不履行和解协议的，人民法院可以根据对方当事人的申请，恢复对原生效法律文书的执行。

在执行中，被执行人向人民法院提供担保，并经申请执行人同意的，人民法院可以决定暂缓执行及暂缓执行的期限。被执行人逾期仍不履行的，人民法院有权执行被执行人的担保财产或者担保人的财产。

执行完毕后，据以执行的判决、裁定和其他法律文书确有错误，被人民法院撤销的，对已被执行的财产，人民法院应当作出裁定，责令取得财产的人返还；拒不返还的，强制执行。

发生法律效力的民事判决、裁定，当事人必须履行。一方拒绝履行的，对方当事人可以向人民法院申请执行，也可以由审判员移送执行员执行。调解书和其他应当由人民法院执行的法律文书，当事人必须履行。一方拒绝履行的，对方当事人可以向人民法院申请执行。对依法设立的仲裁机构的裁决，一方当事人不履行的，对方当事人可以向有管辖权的人民法院申请执行。受申请的人民法院应当执行。

对公证机关依法赋予强制执行效力的债权文书，一方当事人不履行的，对方当事人可以向有管辖权的人民法院申请执行，受申请的人民法院应当执行。

申请执行的期间为 2 年。申请执行时效的中止、中断，适用法律有关诉讼时效中止、中断的规定。

被执行人不履行法律文书确定的义务，并有可能隐匿、转移财产的，执行员可以立即采取强制执行措施。

民事诉讼法规定的执行包括：查询、冻结、划款被执行人的存款；扣留、提取被执行人的收入；查封、扣押、冻结、拍卖、变卖被执行人应当履行义务部分的财产；对被执行人及其住所或财产隐匿地进行搜查；强制被执行人交付法律文书指定的财物或票证；强制被执行人迁出房屋或退出土地；强制被执行人履行法律文书指定的行为；办理财产权证转移手续；强制被执行人支付迟延履行期间债务利息或迟延履行金；罚款、拘留；采取或者通知有关单位协助采取限制出境，在征信系统记录、通过媒体公布不履行义务信息以及法律规定的其他措施。人民法院根据具体情况，依照法律的规定决定具体采用何种执行措施。

15.1.16 涉外民事诉讼程序的特别规定

涉外民事诉讼案件，应依照我国法律规定进行审理。若我国缔结或参加的国际公约与我国民事诉讼法有不同规定的，适用该国际条约的规定，但我国声明保留的除外。审理涉外民事案件应当使用中国通用的语言文字。外国人、无国籍人、外国企业和组织在人民法院起诉、应诉，需委托律师的，必须委托中国律师，从中国领域外寄交或托交的委托书必须经所在国公证机关证明，并经中国驻该国使领馆认证，或其他证明手续后，才具有法律效力。

因合同纠纷或其他财产权益纠纷，对在中国境内无住所的被告提起的诉讼，如合同是在中国签订或履行、标的物在中国、被告在中国有可供扣押的财产、被告在中国境内设有代表机构，可由合同签订地、合同履行地、诉讼标的物所在地、可供扣押财产所在地、侵权行为地或代表机构住所地人民法院管辖。当事人可用书面协议选择与争议有实际联系的地点的法院管辖。选择中国法院管辖的，不得违反《民事诉讼法》关于级别管辖的规定。涉外民事诉讼的被告对人民法院管辖不提出异议，并应诉答辩的，视为承认中国法院有管辖权。值得注意的是，因在中国履行中外合资、合作企业合同、中外合作开放自然资源合同提起的诉讼，由中国法院管辖。

被告在中国境内没有住所，人民法院应将起诉书副本送达被告，并通知被告在收到起诉书副本 30 日内提出答辩状。在中国境内无住所的当事人，不服第一审人民法院的判决和裁定的，有权在判决书、裁定书送达之日起 30 日内提出上诉，被上诉人在收到上诉书副本 30 日内提出答辩。

涉外民事诉讼案件当事人有权向人民法院申请财产保金。人民法院裁定准许诉前财产保全后，申请人应在 30 日内提起诉讼。

《民事诉讼法》还对司法协助问题作了专门规定，指出，根据中国缔结或参加的国际条约，或按照互惠原则，人民法院和外国法院可以相互请求，代为送达文书，调查取证以及进行其他诉讼行为。外国法院请求协助的事项有损于我国主权，安全或社会公共利益的，人民法院不予执行。

15.2 仲裁法律制度

仲裁是指当事人之间的纠纷由仲裁机构居中调解，作出判断或裁决的活动。仲裁具有简便、迅速、便宜、保密等特点，是国际上通行的解决争议的重要法律制度。经过多年的努力，我国已建立起初步完善的仲裁体系。

15.2.1 仲裁的一般原则和制度

第一，当事人采用仲裁方式解决纠纷，应当双方自愿，达成仲裁协议。没有仲裁协议，一方申请仲裁的，仲裁委员会不予受理；有仲裁协议，一方向人民法院起诉的，除仲裁协议无效外，法院不予受理。

第二，仲裁必须以事实为根据，以法律为准绳，公平合理地进行，双方当事人具有平等的法律地位。

第三，仲裁依法独立进行，不受行政机关、社会团体和个人的干涉。仲裁委员会独立于行政机关，与行政机关及其他仲裁委员会间无隶属关系。

第四，仲裁实行一裁终局的制度。裁决作出后，当事人就同一纠纷再申请仲裁或向法院起诉的，仲裁委员会或法院不予受理。裁决被法院依法裁定撤销或不予执行的，当事人就该纠纷可以根据双方重新达成的仲裁协议申请仲裁，也可向法院起诉。

第五，仲裁实行回避制度。仲裁员有下列情形之一的，必须回避：是本案当事人或当事人代理人的近亲属；与本案有利害关系；与本案当事人、代理人有其他关系，可能影响公正仲裁的；私自会见当事人、代理人，或者接受当事人、代理人请客送礼的。

15.2.2 申请仲裁的条件

《仲裁法》规定，当事人仲裁应当符合下列条件：①有仲裁协议；②有具体的仲裁请求和事实、理由；③属于仲裁委员会的受理范围。

《仲裁法》规定，平等主体的公民、法人和其他组织之间发生的合同纠纷和其他财产权益纠纷，可以仲裁。婚姻、收养、监护、扶养、继承纠纷，依法应当由行政机关处理的行政争议，不能仲裁。如果约定的仲裁事项超出法律规定的仲裁范围的，则该仲裁协议无效。

仲裁协议是指平等主体的公民、法人和其他组织之间发生的合同纠纷和其他财产权益纠纷在平等协商基础上达成的将纠纷提交仲裁机构仲裁的协议。仲裁协议包括合同中订立的仲裁条款和以其他书面方式在纠纷发生前或纠纷发生后达成的请求仲裁的协议。仲裁协议应包括请求仲裁的意思表示、仲裁事项、选定的仲裁委员会等内容。

根据最高人民法院司法解释，当事人概括约定仲裁事项为合同争议的，基于合同成立、效力、变更、转让、履行、违约责任、解释、解除等产生的纠纷都可以认定为仲裁事项。

对于仲裁机构的选定，在司法实践中采取从宽认定的原则，仲裁协议约定的仲裁机构名称不准确，但能够确定具体的仲裁机构的，应当认定选定了仲裁机构。仲裁协议仅约定纠纷适用的仲裁规则的，视为未约定仲裁机构，但当事人达成补充协议或者按照约定的仲裁规则能够确定仲裁机构的除外。仲裁协议约定两个以上仲裁机构的，当事人可以协议选择其中的一个仲裁机构申请仲裁；当事人不能就仲裁机构选择达成一致的，仲裁协议无效。仲裁协议约定由某地的仲裁机构仲裁且该地仅有一个仲裁机构的，该仲裁机构视为约定的仲裁机构。该地有两个以上仲裁机构的，当事人可以协议选择其中的一个仲裁机构申请仲裁；当事人不能就仲裁机构选择达成一致的，仲裁协议无效。当事人约定争议可以向仲裁机构申请仲裁也可以向人民法院起诉的，仲裁协议无效。但一方向仲裁机构申请仲裁，另一方未在仲裁法规定期间内提出异议的除外。

关于仲裁协议的效力，《仲裁法》明确规定，无民事行为能力人或限制民事行为能力人订立的仲裁协议，一方采取胁迫手段，迫使对方订立仲裁协议的，则该仲裁协议无效。

根据最高人民法院的司法解释，除当事人订立仲裁协议时另有约定的外，当事人订立仲裁协议后合并、分立的，仲裁协议对其权利义务的继受人有效；当事人订立仲裁协议后死亡的，仲裁协议对承继其仲裁事项中的权利义务的继承人有效。

债权债务全部或者部分转让的，仲裁协议对受让人有效，但当事人另有约定、在受让债权债务时受让人明确反对或者不知有单独仲裁协议的除外。

当事人在订立合同时就争议达成仲裁协议的，合同未成立、合同成立后未生效或者被撤销的，不影响仲裁协议的效力。

合同约定解决争议适用其他合同、文件中的有效仲裁条款的，发生合同争议时，当事人应当按照该仲裁条款提请仲裁。

涉外合同应当适用的有关国际条约中有仲裁规定的，发生合同争议时，当事人应当按照国际条约中的仲裁规定提请仲裁。

15.2.3　仲裁机构和仲裁员

仲裁委员会不按行政区划层层设立。可以在直辖市、省、自治区人民政府所在地的市设立，也可根据需要在其他设区的市设立。

仲裁委员会应具备下列条件：①有自己的名称、住所和章程；②有必要的财产；③ 有该委员会的组成人员；④有聘任的仲裁员。

仲裁委员会由主任 1 人、副主任 2~4 人和委员 7~11 人组成。其中，法律和经济贸易专家不得少于 2/3。

仲裁委员会应当从公道正派的人员中聘任仲裁员。仲裁员应当符合下列条件之一：①从事仲裁工作满八年的；②从事律师工作满八年的；③曾任审判员满八年的；④从事法律研究教学工作并具有高级职称的；⑤具有法律知识、从事经济贸易等专业工作并具有高级职称或具有同等专业水平的。

中国仲裁协会是社会团体法人，是仲裁委员会的自律性组织，根据章程对仲裁委员会及其组成人员，仲裁员的违纪行为进行监督，依法制定仲裁规则。

15.2.4　仲裁程序

当事人申请仲裁，应当向仲裁委员会递交仲裁协议、仲裁申请书及副本。仲裁委员会收到仲裁申请书之日起 5 日内，通知当事人是否受理。仲裁委员会受理仲裁申请后，应在规定期限内将仲裁规则和仲裁员名册送达申请人，并将申请书副本和仲裁规则、仲裁员名册送达被申请人。被申请人收到上述文件后，在规定期限内提交答辩书。申请人可放弃或变更仲裁请求，被申请人可以承认或反驳仲裁请求，有权提出反请求。为了保证仲裁裁决的顺利，执行一方当事人因另一方当事人的行为或其他原因，可能使裁决不能执行或难以执行的，可申请财产保全。申请有错误的，申请人应当赔偿被申请人因此所遭受的损失。

仲裁庭可以由三名仲裁员或一名仲裁员组成。仲裁庭的组成方式由当事人约定，在规定期限内无约定的，由仲裁委员会主任指定。当事人约定由三名仲裁员组成仲裁庭的，应当各自选定或亲自委托仲裁委员会主任指定一名仲裁员。第三名仲裁员，即首席仲裁员，由当事人共同选定或委托仲裁委员会主任指定。当事人约定由一名仲裁员成立仲裁庭的，应当由当事人共同选定或共同委托仲裁委员会主任指定仲裁员。

仲裁应开庭进行。如当事人协议不开庭的，仲裁庭可根据仲裁申请书、答辩书及其他材料作出裁决。仲裁不公开进行。当事人也可协议公开，但涉及国家秘密的除外。仲裁开庭审理案件时，当事人应到庭。申请人被申请人经书面通知，无正当理由不到庭或未经仲裁庭许可中途退庭的，对申请人，可以视为撤回仲裁申请，对被申请人，可以缺席裁决。

当事人对自己的主张有提供证据的责任。仲裁庭也可自行收集认为有必要收集的证据。对需要鉴定的专门性问题，可以由当事人约定的或仲裁庭指定的鉴定部门鉴定。证据应当在开庭时出示，当事人可以质证。鉴定部门的鉴定人员应当根据当事人的请求或仲裁庭的要求参加开庭，并接受当事人的提问。在证据可能灭失或以后难以取得的情况下，当事人可以申请证据保全。证据保全事宜由证据所在地基层人民法院处理。

当事人在仲裁过程中有辩论权和最后陈述权。

开庭情况应当由仲裁庭记入笔录。笔录由仲裁员、记录人员、当事人和其他仲裁参与人签名或盖章。

当事人申请仲裁后，可以自行和解。达成和解协议的，可以请求仲裁庭根据和解协议作出裁决书，也可以撤回仲裁申请。但撤回申请后反悔的，可以根据仲裁协议再次申请仲裁。

在仲裁案件审理过程中，奉行先行调解的原则。当事人自愿调解的，仲裁庭应当调解。调解不成的，应当及时作出裁决。调解达成协议的，仲裁庭应当制作调解书或根据协议的结果制作裁决书。调解书与裁决书具有同等法律效力。经当事人签收后，即发生法律效力。调解书签收前当事人反悔的，仲裁庭应当及时作出裁决。裁决应当按多数仲裁员的意见作出，少数仲裁员的不同意见可以记入笔录。仲裁庭不能形成多数意见时，裁决应按首席仲裁员的意见作出。裁决书应当写明仲裁请求、争议事实、裁决理由、裁决结果，仲裁费用的负担和裁决日期。当事人协议不愿写明争议事实和仲裁裁决理由的，可以不写。裁决书由仲裁员签名，加盖仲裁委员会印章，对裁决持不同意见的仲裁员，可以签名，也可以不签名。仲裁庭在仲裁纠纷时，其中一部分事实已经清楚，可就该部分先行裁决。裁决书自作出之日起发生法律效力。

15.2.5　仲裁裁决的撤销

当事人自收到裁决书之日起 6 个月内，提出证据证明裁决有下列情形之一的，可向仲裁委员会所在地的中级人民法院申请撤销裁决：①没有仲裁协议的；②裁决的事项不属于仲裁协议的范围或者仲裁委员会无仲裁权的；③仲裁庭的组成或仲裁程序违反法定程序的；④裁决所根据的证据是伪造的；⑤对方当事人隐瞒了足以影响公正裁决的证据的；⑥仲裁员在仲裁该案时有索贿受贿，徇私舞弊，枉法裁决行为的。

人民法院组成合议庭，经审查核实有上述情形之一的，或裁决违背社会公共利益的，应当裁定撤销仲裁裁决。撤销裁决或驳回申请的裁定应当在法院受理撤销裁决申请之日起两个月内作出。法院受理撤销裁决的申请后，认为可以由仲裁庭重新仲裁的，通知仲裁庭在一定期限内重新仲裁，并裁定中止撤销程序。仲裁庭拒绝重新仲裁的，人民法院应裁定恢复撤销程序。

15.2.6　仲裁裁决的执行

履行仲裁裁决是当事人的义务，一方当事人不依法履行义务的；另一方当事人可以依照民事诉讼法的有关规定向人民法院申请执行，受申请的人民法院应当执行。如果被申请人提出证据证明该裁决符合可被撤销的裁决的情形之一者，经法院组成合议庭审查核实，裁定不予执行。仲裁裁决被人民法院裁定不予执行的，当事人可以根据双方达成的书面仲裁协议重新申请仲裁，也可以向人民法院起诉。

思 考 题

1. 可以通过哪些方式解决经济纠纷？
2. 什么是诉讼？什么是仲裁？仲裁与诉讼有何区别？
3. 简述我国民事诉讼法对管辖的规定。
4. 简述民事诉讼法对一审、二审的一般规定。
5. 提起再审应符合哪些条件？
6. 提起仲裁的条件是什么？

案 例 分 析

【案情简介】①

1994 年 12 月 16 日，福州市外贸广告装潢公司（下称福州广告公司）和香港华人国际广告有限公司（下称香港广告公司）签订了一份共同投资兴办中外合作企业福建华人第一国际广告有限公司（下称华人广告公司）的《合作合同》。合同约定：合作公司的投资总额 150 万美元，其中福州广告公司出资 45 万美元，香港广告公司出资 105 万美元。合同还对合作公司的组织形式、经营范围、管理机构、违约责任等作了约定。合同签订后，经报福州市对外贸易经济委员会批准，并经工商部门注册登记，华人广告公司依法成立。

华人广告公司成立经营一年后，福州广告公司以香港广告公司单方操纵华人广告公司和香港广告公司出资未到位为理由，向福州市中级人民法院起诉，要求终止与香港广告公司合作经营华人广告公司的合作合同，并由香港广告公司承担出资未到位的违约责任和赔偿责任。

香港广告公司收到起诉状副本后，在答辩期内向福州市中级人民法院提出管辖权异议。认为：原告提出终止双方合作合同的诉讼请求，将产生对合作企业资产的核查、清算以及债权债务的处理等问题，因该合作企业的投资总额是 150 万美元，按 100 美元兑 833.17 元人民币计算，该诉讼请求的标的额是 12 197 550 元。根据福建省高级人民法院闽高法发（1995）9 号《关于全省法院第一审经济纠纷案件级别管辖的若干规定》，本案应由福建省高级人民法院管辖，福州市中级人民法院没有管辖权。

---

① 案例来源：最高人民法院网站，www.court.gov

【问题】

1. 福州市中级人民法院对本案有无管辖权?

2. 对级别管辖异议应当如何处理?

参 考 文 献

安建 . 2006. 中华人民共和国企业破产法释义 . 北京：法律出版社

财政部注册会计师考试委员会办公室 . 2003. 经济法 . 北京：经济科学出版社

财政部注册会计师考试委员会办公室 . 1999. 经济法 . 北京：中国财政经济出版社

邓涛 . 2000. 公司法新释与例解 . 北京：同心出版社

郭俊秀，蒋进等 . 2007. 证券法（第二版）. 厦门：厦门大学出版社

胡康生 . 1999. 中华人民共和国合同法释义 . 北京：法律出版社

黄来纪等 . 1999. 证券法析义与证券规范操作 . 上海：上海社会科学出版社

江平，李国光 . 2006a. 最新公司法理解与适用 . 北京：人民法院出版社

江平，李国光 . 2006b. 最新公司法条文释义 . 北京：人民法院出版社

孔祥俊 . 1998. 反不正当竞争法的适用与完善 . 北京：法律出版社

李昌麟 . 1999. 经济法学 . 北京：中国政法大学出版社

李秀梅 . 1999. 中国劳动法 . 北京：华文出版社

李永军 . 2005. 合同法 . 北京：法律出版社

刘春田 . 1995. 知识产权法教程 . 北京：中国人民大学出版社

刘文华 . 1999. 新合同法条文精解与典型案例 . 北京：世界图书出版社

卢建平 . 2000. 经济法 . 杭州：浙江大学出版社

齐树洁 . 2007. 破产法 . 厦门：厦门大学出版社

孙应征 . 2004. 知识产权法律原理与实证解析 . 北京：人民法院出版社

王保树 . 1997. 经济法律概论 . 北京：中国经济出版社

王保树 . 1996. 中国商事法 . 北京：人民法院出版社

王利明 . 2000. 民法 . 北京：中国人民大学出版社

王利明，崔建远 . 2000. 合同法新论 . 北京：中国政法大学出版社

王卫国 . 2007. 破产法精义 . 北京：法律出版社

王小能 . 1999. 中国票据法律制度研究 . 北京：北京大学出版社

王欣新 . 2007. 破产法（第二版）. 北京：中国人民大学出版社

邢海宝 . 2007. 证券法学原理与案例教程 . 北京：中国人民大学出版社

徐杰 . 2000. 经济法概论 . 北京：首都经济贸易大学出版社

徐景和等 . 1999. 中国利用外资法律理论与实务 . 北京：人民法院出版社

杨志华 . 1995. 证券法律制度研究 . 北京：中国政法大学出版社

杨紫煊 . 1999. 经济法 . 北京：北京大学出版社，高等教育出版社

杨紫煊，徐杰 . 1997. 经济法原理 . 北京：北京大学出版社

叶林 . 2000. 证券法 . 北京：中国人民大学出版社

叶林 . 1997. 中国公司法 . 北京：中国审计出版社

虞政平 . 2001. 股东有限责任 . 北京：法律出版社

张桂龙等．1999．新合同法释解．北京：九洲图书出版社

赵旭东．2006a．新公司法讲义．北京：人民法院出版社

赵旭东．2006b．新公司法条文释解．北京：人民法院出版社

郑孟状．1999．票据法研究．北京：北京大学出版社